JN196244

WHEN PROPHECY FAILS

Leon Festinger Henry W. Riecken Stanley Schachter

予言がはずれるとき

新装版

この世の破滅を予知した現代のある集団を解明する

著 レオン・フェスティンガー
ヘンリー・W・リーケン
スタンレー・シャクター

訳 水野 博介

解説 釈 徹宗

keiso shobo

WHEN PROPHECY FAILS

An account of a modern group that predicted the destruction of the world

by Leon Festinger, Henry W. Riecken AND Stanley Schachter.

まえがき

本書に報告する研究は、ある理論的な研究から生まれてきたものであり、その研究の側面の一つは、とりわけ、特定の（そして成就されない）予言を行なう社会運動に参加した人々の行動に関連している。本書に報告する社会運動をたまたま見出すまでは、我々の理論的アイディアの適切さを判断するには、主として歴史的な記録に頼らざるをえなかった。我々がこの運動を知ったとき、それは発展途上にあり、その中心をなす予言は、まだはずれてはいなかった。我々はもちろん、理論的なアイディアを自然な条件下で検証できる研究を熱心に計画しようとした。

我々がこの研究を実施できたのは、ミネソタ大学社会関係研究実験室から得た援助によるところが大きい。この研究は、当実験室のプロジェクトの一つであり、我々が皆そのスタッフのメンバーであったときに実施された。また、フォード財団から著者の一人に与えられた助成金による援助に感謝したい。その助成金によって、フィールド状況での予備的な研究を行なうことができた。

さらに、多くの人々がこのフィールド研究の成功のために重要な貢献をしてくれた。我々が個人的に最も感謝したいのは、日々の作業の先頭に立ってくれた参与観察者であった人たち、すなわち、ドリス・ボウステッド、エリザベス・ウィリアムズ＝ナール、フランク・ナール、マーシュ・レイ、それにドナルド・ザルツマンである。

彼らがそれぞれ、いかに巧みに、そして忍耐と自己犠牲を払って行動したかを明示できないのが残念である。というのも、我々のこの物語のなかでは、人物も場所も時期も架空のものにしようとしたので、誰がどこで何をしたかを伏せておく方が望ましいからである。

社会関係研究実験室長であるジョン・G・グレイ博士には、背後で支援していただいたことに感謝したい。我々がデータ収集にまつわる無数の問題に巻き込まれ、〔研究対象である〕運動のミーティングに出席するため、また、観察者たちの仕事ぶりを監督するため頻繁に出かけている間、博士は常に冷静で、我々が博士のデスクの上に残していった事務上の混沌を整理して下さった。

最後に、我々の草稿を読んで洞察に満ちた批判を与えて下さった、ガードナー・リンゼイ、セイモア・M・リプセット、それにポーリーン・S・シアーズに感謝したい。彼らによる多くの有益な示唆は、この最終原稿に生かされている。

我々が言及する人物と場所はすべて架空の名称になっており、もし、それらの名称とどこかの現実にいる人々の名前に類似性があったとしても、それは偶然である。我々は、ここに報告する出来事の本質的な性質を変えてはいないが、匿名にすることによって、この運動に関わった現実の人々が、心ない読者の好奇心にさらされることを防ごうとしたのである。

共同研究の出版は、ときに読者の間に、それぞれの著者が栄誉（あるいは責任）のどの部分を引き受けるのかに関して疑問を感じさせるものである。我々は皆、この研究に対して同じ程度に貢献しており、したがって、表紙にアルファベット順に著者の名前を並べることにより、著者の優先順位の問題を回避しようとしたのである。

レオン・フェスティンガー、
ヘンリー・W・リーケン、
スタンレー・シャクター

一九五五年十二月二十一日

予言がはずれるとき

この世の破滅を予知した
現代のある集団を解明する

目次

凡例

一、（ ）および［ ］は原著者の註ないし補足である。

二、〔 〕は訳者が補ったものである。ただし、〔 〕を付さずに適宜、言葉を補ったところもある。

三、原文で強調のためのイタリック体には、訳文では傍点を付した。

四、†を付した人名や用語については、巻末の人名および用語集に簡単な説明を加えてある。

第一章　成就しなかった予言と失意のメシアたち

堅固な信念を持っている人の心を変えるのはむずかしい。もし、私はあなたとは意見が違うなどと言おうものなら、その人はそっぽを向いてしまうであろう。その人に事実や数字を示したとしても、その出所に疑問を呈するだろう。論理に訴えたとしても、その人は肝心な点を理解できないことであろう。

私たちは誰でも、がんこな信念を変えさせようとして、むだな骨折りをした経験があるものだ。特に、そのがんこな人が、自分の信念に打ち込んでいるような場合はそうである。私たちは、人々が自分たちの信念を守り、これ以上ないほどの過酷な攻撃からさえも、信念をなんとか無傷なままに保持しようとして、実にいろいろなうまい防御手段を考え出すということをよく知っている。

しかし、人間の機知というものは、ただ単に信念を守るだけでは終わらないものである。たとえば、心からあることを信じている人を考えてみなさい。さらに、その人がその信念に打ち込み、それ故に取り返しのつかない行動をとったとしてみなさい。そして、最後になって、まぎれもない否定のしようもない証拠によって、その人の信念が誤りであったことがわかったとしよう。そのとき、いったい何が起きるだろう？　その人は、信念がゆらぐどころか、以前よりもいっそう自分の信念を確信して、人前に立ち現われることが多いことであろう。実際、その人は、他の人々を確信させ自分と同じ考えに改宗させようとすることに、新たな情熱を示しさえするかもしれないのである。

矛盾を突きつける証拠に対して、このような反応が生じるのは、なぜ、どのようにしてなのか？　この問題こそ、本書で追求される問題なのである。本書の終わりには、この問題に対する適切な回答、すなわち、データによって証拠づけられた答えを提示できるものと思う。

信念が誤りだとわかった後、熱意がかえって増してくることが観察されると予想されるのだが、そうなる諸条件を最初に述べておこう。それには、五つの条件がある。

一、強い確信を伴なって、ある信念が保持されており、それが行動と何らかの関連を持っていること。つまり、信念を持つ者が何をし、どのようにふるまうか、ということと関連していなければならない。

二、信念を持つ者は、それにコミットしていなければならない。すなわち、自分の信念のために、〔いったん行なえばもはや〕取り消すことがむずかしいような重大な行動を行なっていなければならない。一般に、そのような行動が重大であればあるほど、取り消すことはむずかしく、その信念に対する個人のコミットメントも大きい。

三、その信念は十分に特定でき、また、〔現実の〕出来事によってそれを明白に論破できるほどに、現実世界と十分に関わっていなければならない。

四、信念の誤りを証明する、そのような否定しがたい証拠が生じなければならない。また、それは、信念を持つその個人によって認識されなければならない。

これらの条件のうち、最初の二つは、信念が変化に抵抗するようになる状況を述べたものである。他方、第三と第四の条件は一緒になって、信念を持つ者に対して信念を捨てさせるよう強力なプレッシャーをかけることになる諸要因を指している。もちろん、ある個人が、たとえある信念を強く確信していたとしても、まぎれもない誤りの確証に直面して、その信念を捨て去ることもありうる。それ故、その信念が捨て去られるような状況と、それが新たな情熱によって維持されるような状況とを特定できる、第五の条件を述べておかなければならない。

五、信念を持つ個々の者は、社会的な支持を得ていなければならない。一人の孤立した信者が、我々が述べてきたような、誤りを確証する種類の証拠に抵抗できるということはありそうもない。しかしながら、もしその信念を持つ者が、確信を抱いて互いに支持しあっているような集団のメンバーであるならば、その信念は維持され、信念を持つ者たちは、メンバーでない人々を改宗させようとしたり、自分たちの信念が正しいことを説得しようと試みるだろう、と予想する。

以上の五つの条件によって、誤りだと確証された後に〔その当の信念に〕改宗させようとする〔布教〕活動が増大するような状況を明確化できた。この仮説群を所与とすれば、次なる関心事は、布教活動が増大するというこの予測を検証できるようなデータを捜し出すことである。幸いにも、歴史上、これらの条件を適切に満たしてくれるような社会運動の事例がくり返し現われている。それらは、†千年王国運動であり、†メシア運動であるが、現代における後者の事例こそ、我々が本書の主要部分で詳しく検討しようとするものである。まず、このような運動が、すでに明確にした五つの条件をどのように満たすかを見ておこう。

典型的には、千年王国あるいはメシア運動は、将来何かある出来事が起きるという†予言をめぐって組織されるものである。しかしながら、我々の挙げる条件が満たされるのは、そのような運動のなかでも、正確に何が起きるかを詳しく述べるだけでなく、予言された出来事がいつ起きるのか、その日付あるいは期間を特定するような運動の場合だけである。ある場合には、予言された出来事というのは、キリストの再来であり、地上におけるキリストの治世の始まりである。ある場合には、大災害による世界の破滅である（通例、その災害から救われるべく選ばれた特別なグループがある）。また、ある場合には、予言は、メシア†あるいは超能力者によって引き起こされる特定の出来事に関連している。予言された出来事が何であれ、その種類とそれが起きる時が特定されているという事実があれば、我々の条件リストの第三の要因が満たされる。

第二の条件は、信念への強い行動的コミットメントについて述べている。これは、通例、ほとんどの場合、その状況の結果として生じてくる。もしある人が、ある予言を本当に信じている（第一条件）ならば、たとえば、ある決まった日にこの世が炎のうちに壊滅し、罪深い人々は破滅し、善なる人々は救われるとするならば、人はその予言に関わるいろいろなことを行なって、当然のことながらそれに備えようとするだろう。その行動は、単に人前で宣言することから、もはやこの世のことにかかずらうこともなく、世俗的な財産を捨て去ることに至るまで、あらゆる範囲にわたるかもしれない。そういった行為を通じ、また、信じない者をあざ笑ったり馬鹿にすることを通じて、信者の側に強いコミットメントができあがるのが通例である。彼らが備えのために行なうことは、取り消すことが困難であるし、不信心者の冷笑にあうこと自体、信奉者たちがその運動から足を洗ったり、自分たちが間違っていたことを認めるのを、いっそうむずかしくするのである。

第四の条件指定は常に満たされてきた。つまり、予言された出来事が起きたためしはないのである。それが起きたことはなく、信者たちもそのことを知っていた、ということはまぎれもない事実であった。言いかえれば、誤りが明白に確証されることこそが生じるのであり、そのことが信者たちに衝撃を与えるのである。

最後に、第五の条件はふつう満たされている――そのような運動は、確かに信奉者や弟子たちを引きつける。ある場合にはほんの一にぎりの人々であるが、ときには何十万もの人々を引きつける。なぜ人々がこういった運動に参加するのかという理由については、ここでの議論の範囲を越えてしまうが、お互いに支えあうことのできる信者たちのグループが通例存在する、という事実は依然として残る。

歴史のなかには、このような多くの運動が記録されている。ほとんど言及しているだけというものもあるが、なかには詳しく記述されているものもある。もっとも、我々がいちばん関心を持っている運動の諸側面については、大ざっぱに述べられているだけかもしれない。しかしながら、たくさんの歴史上のエピソードは、我々の中心的な問題に対する予備的、探索的な回答を得るには十分完璧だと言える。〔この第一章では〕こういったエピソードのなかから、いくつか比較的はっきりした現象の事例を選び出し、未来に関する予言を行なった後にその誤りが判明した運動において、どのようなことが起きることが多いかを示すためだけに、それらを吟味しようとした。〔第二章以下で〕現代のある運動に関する我々のケーススタディから得たデータを提示するに先立ち、ここでは、これらの歴史的な諸事例について議論しておこう。

キリストのはりつけ以来、多くのクリスチャンがキリストの再来を望んできたのであり、それが実現する特定の日付を予言した運動はまれではなかった。しかし、最初期にみられた運動の大部分については、予言のはずれがわかったときに信者たちが経験したかもしれないリアクションに関して、確実だと思われる形での記録はない。そのようなリアクションについては、ヒューズ†がモンタヌス派に関して次のような記述を残したように、歴史家がたまたま何かのついでに触れていることがある。

モンタヌスは二世紀の後半に現われたが、信仰上の問題に関する革新者として現われたのではない。彼が当時の世間に対して行なった個人的な貢献は、我が主の再来が間近に迫っているという固い確信であった。それは、ペプツァ——現在のアンゴラに近い——で起きるはずであった。そして、我が主の真の信者たちは皆、そこへ向かうべきであった。彼の言葉を権威づけるものは言わば内的な霊感であり、新たな予言者としての人格と雄弁によって彼は多数の信奉者を獲得したが、おびただしい数の信奉者が約束の地に群がり、彼らを受け入れるべく新しい町が出現した。再臨†が遅れたことも、その運動に終焉をもたらさなかった。むしろ逆に、そのことは運動に新たな生命と形態を与え、一種の、選ばれた者たちのキリスト教となった。彼らにとっては、彼らに直接働きかける聖霊のほかには、どんな権威も彼らの新生を導くことはなかったのである……［傍点は引用者による］(1)。

この短い記述のなかに、典型的なメシア運動の基本的な要素がすべて含まれている。すなわち、固い信念を持った信奉者たちがおり、彼らはそれまでの自らの生活を根絶やしにし、新たな場所へ行き、そこに新たな町をつくるという形でコミットする。だが、再臨は起こらない。しかし、我々が注目するように、その運動は止むどころか、この予言のはずれが運動に新たな生命を吹き込むのである。

もっと最近の歴史には、千年王国運動についてのもう少し良い証拠文書がある。たとえば、十六世紀前半の再洗礼派†たちは、千年王国が一五三三年に到来すると信じていた。ヒースは、次のように述べている。

しかし、これら高邁な思想も、あらゆるものの終末が近づいているとするホフマン†の予言によって曇らされてしまった。シュトラースブルクは、彼によれば、新たなエルサレムとして選ばれたのだった。そこでは執政官たちが正義の王国を建設し、十四万四千人の者がその町の権力をにぎり、そして、真の福音と真の洗礼が地上に広まるであろう。聖人たちの力や奇跡や驚異に抵抗できる者は、誰もいないであろう。そして彼らとともに、二本の強力なたいまつのようなエノク†とエリア†が現われ、彼らの口から発する炎によって地上は焼き尽くされるであろう。一五三三年こそ、ホフマンが断言するように、この偉大な成就が始まる時なのであった(2)。

このキリスト再臨論者の予言は、はっきりと力強く宣言され、また、多くの人々によって受け入れられた。彼らはその後、この予言に従って行動した。つまり、再臨と現世の終焉（しゅうえん）に備え始めたのであった。たとえば、ヒースが述べているように、

……ロートマン〔ホフマンの弟子〕の信奉者たちは、この時期に、その指導者と同様、真剣さと自己犠牲的な献身のおかげで、高貴な者となった。彼らは、人生における平等と兄弟愛を実証しようと努めた。裕福な兄弟や姉妹たちは、その財のすべてを貧しい者たちに与え、地代の記録簿を破棄し、債務者たちを許し、世俗の楽しみを捨てて、あの世の人生を生きることを学んだ。(3)

以上のような状態が、この世の終焉が到来するはずであった一五三三年の状況であった。多くの人々がこの信念を受け入れ、ある人々は現世（げんせ）の財を処分さえしていた。一五三三年の終わりが近づき、そして、実際に再臨が実現することなく一五三四年がやって来たとき、いったい何が起きたであろう？

すべての話をまとめると、再洗礼派たちの熱情はそがれるどころか、予言された再臨が生じなかったことが、かえって彼らの熱狂と活動を増大させたように思われる。彼らは、以前にもまして大きなエネルギーを注いで新しい改宗者を獲得しようとし、伝道者を派遣したが、これはかつてないことであった。ヒースの研究からの以下の引用は、予言の失敗に続いて起きたこの熱狂と活動の増大を示している。

……一五三三年はほとんど終わりに近づいていた。ホフマンが投獄されると予言された半年の期間は、ほとん

ど経過していた。そして、洗礼中止の二年の期間も、新たな予言者〔マッティス〕†が出現する頃には、ほとんど過ぎてしまっていた。

オランダの〔再〕洗礼派たちは、彼らのなかにすでに指導者が立ち現われたと感じて、彼の導きに従った。マッティスは使徒を送り始めた……これらの使徒たちは、出かけて行って、とりわけ次のことを告げた。すなわち、約束の時が来たのであり、もはやキリスト教徒の血が流されることはあるまい、だが、まもなく神は、他のあらゆる悪人とともに、専制君主と殺人者とを倒してしまうだろう、と。彼らは、多くの国を旅して多くの町を訪れ、信仰者たちの集まりに行き、彼らに平和のキスを与えた。彼らはまた、洗礼を施し、主教や助祭を任命し、その他の聖職者の任命を主教にゆだねた。

熱狂の新たな潮流が、かつてないほどの高みに達した。ヤコブ・ファン・カムペンは、フッツァガーの助けを得て、アムステルダムの貧しい家々の間で勤めを行なっていたが、一五三四年二月のある一日に、百人の人々に洗礼を施した。約二ヵ月後、モニアンダムの人口の三分の二がヤン・マッティスの信奉者とみなされたが、オランダの大都市周辺の多くは同様であったと言われている。(4)

予言のはずれを示す証拠に対するリアクションの、もう一つの、むしろ魅惑的な事例としては、シャバタイ・ツヴィ†（サバタイ・ツェヴィ）が中心人物として君臨したメシア運動があげられる。(5) シャバタイ・ツヴィは、〔トルコの〕スミルナの町に生まれ育った。一六四六年までには、彼は、非常に禁欲的な生活を送り全エネルギーをカバラ〔ユダヤ神秘主義〕の研究にささげることによって、相当な威信を獲得していた。実際、彼はわずか二十歳であったが、彼のまわりにはすでに弟子たちの小さなグループができていた。その弟子たちに対し、彼はたいへん神秘的なカバラの書を教え解釈してみせた。

その当時、ユダヤ人たちの間に広まっていたのは、メシアが一六四八年にやって来るだろうという信念であった。その到来は、あらゆる種類の奇跡を伴ない、贖罪(しょくざい)〔罪のあがない〕の時代が始まるはずであった。一六四八年のあるとき、シャバタイ・ツヴィは、弟子たちの小さなグループに対して、自分こそが約束されたメシアだと宣言した。だが言うまでもなく、一六四八年は過ぎ去り、贖罪の時代は始まらず、期待された奇跡も起きそうになかった。

この直後に起きた出来事については、ほんの乏しい情報しかないが、しかし、明らかなことは、彼がメシアであることは誤りだと確証されたにもかかわらず、シャバタイもその弟子たちもひるまなかったことである。実際、一六四八年が過ぎてから、彼は、その主張を広くコミュニティ全体に知らしめようとしたのである。グラエツが書いているように、「ツヴィの主張が何年かたって有名になると、ラビ教会は、彼の師のヨセフ・エスカーファがその長であったのだが、彼とその信奉者たちに〔その主張を〕禁止させた……ついには、彼とその弟子たちは、スミルナから追放されてしまった〔一六五一年頃〕」[6]。我々の関心にとって重要なポイントは、ツヴィが、弟子たちの小さなサークルを越えた人々に対して自分がメシアであると宣言したのは、一六四八年が何事もなく過ぎてしまったその後だったということである。

しかしながら、ツヴィの追放で、この物語がすっかり終わったわけではない。この頃、キリスト教世界の一部では、一六六六年が千年王国の到来を告げる年になると期待されており、シャバタイ・ツヴィがこの期日を受け入れていたらしいのだ。一六五一年から一六六五年の秋まで、彼は、大規模なユダヤ人コミュニティのある近東の諸都市を歩きまわり、自分がメシアであるという彼の主張を知らしめ、ラビたちは依然として彼に反対していたけれども、次第にますます多くの信奉者を獲得していった。一六六五年までには、彼に従う者がたいへん多くなり、多数の弟子たちが彼を助けて、彼の名と主張をユダヤ世界に広めていった。一六六五年の秋までには、スミルナの雰囲気は以前とは非常に違ったものになっており、この年、彼がこの生まれ故郷に戻ってみたところ、たいへんな歓迎を受けたのであった。一六六五年の九月か十月には、彼は、スミルナの公の儀式において、自身がメシアであると宣言した。

スミルナのユダヤ人たちの熱狂は、とどまるところを知らなかった。あらゆる形の名誉と熱烈な愛が、彼に浴びせられた……すべての人が速やかな脱出と聖地への帰還の準備をした。労働する者たちは、その仕事を放り出し、近づくメシアの王国のことばかり考えていた……

スミルナのユダヤ人地区でのこのような現象は、〔信者たちの〕たえず拡大していたサークルのなかで、大きなセンセーションを巻き起こした。隣り合った小アジアのコミュニティから多くの人々がスミルナにやって来て、この町で演じられた情景を目撃し、母国に帰ってから、メシアが持つところの人を引きつける力と奇跡を引き起こす力を誇張して語ったので、それらのコミュニティも同じ渦のなかに飲み込まれてしまった。シャバタイの個人秘書であったサミュエル・プリモは、メシアの名声と行ないの評判が、海外のユダヤ人たちにも届くよう骨折った(7)。

この運動は、次第にユダヤ民族のほとんど全体に広まり、シャバタイは、あらゆるところでメシアだという触れ込みをされ、受け入れられた。これは意味のない信念ではなかったから、人々は、約束された出来事のための準備手段を講じた。彼らは自分たちの仕事も商売もなおざりにし、多くの人々はエルサレムへの帰還の準備を行なった。

予言された出来事の一つに、サルタンが退位させられるであろうというのがあった(これは、ユダヤの民が聖地に帰るのに必要な予備的条件であった）から、一六六六年の初頭に、シャバタイは多数の信奉者たちとともに、この任務を成し遂げるため、コンスタンチノープルへ向け出発した。一行はダーダネルス海峡の海岸に上陸したが、そこでシャバタイは、トルコの役人たちによってただちに逮捕され足かせをはめられ、コンスタンチノープルに近い小さな町へ送還されてしまった。グラエツは次のように書いている。

彼が到着したことをメッセンジャーから知らされ……彼の信奉者たちは首都［コンスタンチノープル］から急いで彼に会いに来た。しかし、そこで見たものは、みじめったらしく鎖につながれた彼の姿であった。彼らが持ってきた金銭によって彼の状態はいくらかましなものになったが、次の日曜日［一六六六年二月］、彼は船でコンスタンチノープルへ送られて行った――しかし、彼やその信者たちが予期していたのと、どんなに違った形であったことだろう！(8)

明らかに、彼の逮捕は、シャバタイの信奉者たちにとって深刻な失望をもたらすものであり、彼の予言の誤りの証明であったと見なしうる。実際、ショックと失望を示す証拠がある。しかしその後、すでにおなじみのパターンが現われ始めた。すなわち、確信が回復し、熱狂と布教活動の新たな高まりがそれに続いた。グラエツは、続いて起きたその出来事を見事に記述している。

何日かの間は、彼らは家でおとなしくしていた。なぜなら、通りでは子どもたちが「彼が来るんだって？彼が来るんだって？」と叫んでは彼らをからかったからである。しかし、じきに彼らは、彼こそは真のメシアであり彼が出会った苦難は彼の栄光に必要な条件なのだ、と再び主張し始めた。予言者たちは、シャバタイと全イスラエルが速やかに救済されることを宣告し続けた。何千人もの人々が、毎日、シャバタイを一目見るだけのために、彼が幽閉されている場所に群がった……ユダヤ人たちの期待はなおいっそう高まった。そして、最も誇大な希望がさらにいっそうふくらんだ。(9)

シャバタイがまだなお生きているという事実こそが、彼が本当にメシアであるとユダヤ人たちが主張する論拠として利用された。彼が別な牢獄へ移され、幽閉の程度がゆるめられたとき（それは主として賄賂によったのだが）、その論拠は完全なものになった。熱狂的な信奉者たちの途切れることのない行列がシャバタイの裁かれている監獄を訪れ、絶えずプロパガンダと奇跡の話が流れ、近東とヨーロッパの至る所にあふれた。グラエツは次のように述べている。

古代および現代の予言者たちが行なった予言を確証するのに、これ以上のことが必要とされただろうか？したがって、ユダヤ人たちは、真剣に自分たちの元の国へ帰るための用意をした。ハンガリーでは、人々は家の屋根をはがし始めた。ユダヤ人たちが卸売業をリードしていたアムステルダムやレグホンやハンブルクといった大きな商業都市では、商取引の停滞が生じた。(10)

現代ヨーロッパの、あるユダヤ女性の追想録は、グラエツの所説を生き生きと証明している。

［スミルナからの］手紙が届いたとき、私たちの喜びは言葉にもできないほどでした。それらの手紙の大部分は、セファルディーム［スペイン・ポルトガル系ユダヤ人たち］に宛てられたものでしたが、彼らは、手紙が

届くや否や、それらを持ってシナゴーグ〔ユダヤ教会堂〕へ行き、大きな声で読み上げました。老いも若きも、ドイツ人たちさえも、セファルディームのシナゴーグへ急ぎました。

多くの人たちが、いつかあがなわれることを願って、家や土地や財産のいっさいを売り払いました。私のやさしい義理の父も、ハーメルンの故郷を去りました。彼は、ハンブルクの私たちに、リンネルが詰まったものと、種々の豆や干し肉や細かく刻んだプルーンなど保存のきくあらゆる種類の食物が詰まったものと、二つの巨大な樽を送って来ました。というのも、この老人は、いつでもハンブルクから聖地に向けて航海することを心に期していたからなのです。(11)

シャバタイを殉教者にさせることなく問題を解決しようとして、最後にサルタンは、彼をイスラム教に改宗させようとする試みを行なった。実に驚いたことに、この計画はうまく行き、シャバタイはターバンを巻いたのであった。近東のユダヤ人の多くは、それでも彼に忠誠を示していた。彼の改宗をめぐって、さまざまな説明が生み出され、多くの人々が布教活動を続けたが、それも通例は、従来その運動が高まりをみせていなかった場所においてであった。相当な数のユダヤ人たちが、彼というお手本にならってイスラム教徒になりさえした。しかしながら、彼の改宗は、ヨーロッパにいる彼の信奉者たちの大部分にとっては、結局耐えられないことであり、そこでの運動はやがて瓦解してしまった。

このシャバタイ派の運動は、私たちの関心の的である現象をはっきりと例証してくれている。つまり、人々がある信念や行動に深くコミットするとき、明らかにその誤りを証明する証拠を得た場合には、ただ、さらに深い確信と布教活動の増大という結果が生じるのである。しかし、誤りを証明する証拠が相当なものにのぼり、その結果、信念を拒否してしまうに至る〔変曲〕点が確かにあるようだ。

これまでの諸事例では、事実の多くは知られておらず、その他の事実は議論の余地があり、また、多くのことが漠然としていた。しかしながら、相当詳しい点までわかっているような、もっと最近の運動がある——すなわち、ミラー派†たちで、彼らは十九世紀の半ばにアメリカで活躍したのであった。ミラー派運動のオリジナルな文書資料の多くが保存されており、二つのかなり長文の要約的な記録も利用できる。一つは、C・E・シアーズによるもので[12]、これはミラー派を物笑いの種にしているところがある。もう一つは、F・D・ニコルによるもので[13]、こちらの方は慎重であり、彼らを積極的に擁護している。

ウィリアム・ミラーは、ニューイングランドの農民であったが、聖書の予言〔預言〕が文字通り実現するものと信じていた。一八一八年、ミラーは、聖書を二年間研究した結果、この世の終焉が一八四三年に到来するという結論に達した。ニコルの記録は次のように述べている。

とりわけ、彼が最初で最大の強調を行なったのは、予言的な陳述であった。「二千三百日後までに、聖地は清められているだろう」ダニエル書八章十四節。聖地の「清め」には、この地上を炎で浄化することが含まれており、象徴的な予言のなかで「日」は年を意味しているのであり、また、時期に関するこの予言は、およそ紀元前四五七年頃に効力を発するのだと信じて、彼は次の最終的な結論に達した。「私は、こうして一八一八年、二年にわたる聖書の研究を終え、厳粛な結論に導かれた。すなわち、その時からおよそ二十五年たつと、現在のすべての事態に結末がつけられるであろう、というのである」（ウィリアム・ミラー『弁明と擁護』五頁）[14]。

彼は、さらに五年にわたって聖書の研究を続け、それについて他の人々に多くのことを語る自信が得られるまで、自らの計算を確かめた。自信を得た後でさえ、彼は、近隣の人々と少数の牧師に対してのみ話をしたにすぎなかったのであるが、誰もあまり関心を示すようには見えなかった。しかしながら、彼は自分の見解を語り続けた。彼は関心を喚起し続け、一八三一年までには、いくつものグループのために講話を依頼されるまでに至った。八年の間、ミラーは自分の時間の多くを講話に割き続けたが、そこでは一八四三年の千年王国の到来に関する彼の予言が何を根拠としているかを説明した。彼は、次第に、より多くの人々に自分の信念の正しさを納得させるに至ったが、そのなかには多数の牧師も含まれていた。一八三九年には、ジョシュア・V・ハイムズに出会って彼を説得したのであるが、ハイムズは、〔その後〕この運動をワンマン事業から組織的な活動へと変えるべく協力したのだった。新聞が創刊され、一八四〇年、つまりキリスト再臨予定のわずか三年前には、関心を持つ牧師たちの全体会議が召集された。布教活動は活発化し、この再臨論者の予言が大衆運動の焦点になるにつれ、ミラーの見解は広まり始めた。

しかし、ミラー派運動の指導的な人物の多くは、一八四三年という特定の年を再臨の時として完全に受け入れるには至っていなかった。一八四二年の春には、ボストンで全体会議がもたれた。ニコルは次のように述べている。

この会議では、再臨を説く際の時間的な要素の重要性がはっきりと前面に出てきた。それは、可決された次の決議書に示されている。「神がこの世の終焉の時を示されていること、そして、それが一八四三年であることを信ずべき大変にゆゆしく重大な理由のあることを、この会議の意見にもとづき決議する」(『時代の予兆』一八四二年六月一日、六九頁)。

時間的な要素にしだいに強調が置かれるようになりつつあった、という事実がまさに意味するところは、教えのこの側面を受け入れた人々はすべて、世界に警告するという彼らの責任を果たすべきだとする、さし迫った感情が高まったということであった。彼らの信じるところでは、「真夜中の叫び」と彼らの称するものを力強く宣言すべき時がやって来たのだった。(15)

言いかえれば、一八四三年が近づくにつれ、予言された日付は正しいという信念が次第に強くなってきたのである。同時に、神の言葉を広めようとする活動も活発になっていった。全体会議では、一八四二年の夏の間に、一連のキャンプ・ミーティングを開こうと決めていた。そして、これらは、ほぼすべて大成功であった。ミラー派は、三十回のキャンプ・ミーティングを四ヵ月間にわたって開き十一月の半ばに終えたのだが、参加者は数千人にのぼった。支持者たちの数は着実に増加していった。

一八四〇年にボストンで創刊された『時代の予兆』という新聞に加えて、ミラー派の指導者たちは、今度はニューヨークで『真夜中の叫び』を発刊した。他にも多くの新聞がいろいろな都市で、もっと短期間の間、発行されたが、それらは通例、地方で開かれる一連の特別講話と関連づけて発行されたものだった。

たとえば〔ペンシルベニア州の〕『フィラデルフィア・アラーム』は、一八四三年に創刊されたのであるが、一連の講話を補完するものだった。十三号まで発行された。こうして、草創期の努力がそこでなされている間は、どの都市においても、そこでの印刷物にはローカル色がつくはずであった。その後、もっと永続的な態勢によって発行される出版物が、運動に参加する信者たちへの奨励と教育用に使用できるようになった。(16)

運動が大きくなるにつれ、反対勢力も増してきた。一八四三年の初めまでには、多数の牧師たちがミラー派に対抗して説教を行なっていたし、新聞はミラー派を嘲笑した。ミラーの信奉者たちは狂信者であり、彼の教義が人々の正気を失わせるのだという流言が広まり、当時の新聞を通じて広く流布した。どんな攻撃がこの運動に向けられたかを示すには、一つの例をあげれば十分であろう。すなわち、

ミラー派は、彼らがフィラデルフィアで、ある期間、酒宴を開いてきた建物から締め出されたが、これは全く当然なことだった。また、ボストンの市法廷の大陪審が、大寺院そのものが危険な建造物であるとしたことを知って、我々はたいへん嬉しく思っている。このみじめな狂信によって、さらにおよそ半ダースの人の死が生じ、数人の男女が精神病院に送られるようになって初めて、おそらく、大陪審のなかには、こんなにも大変な危害の原因であるごろつきたちを起訴することには価値がある、と思う者が出てくるのかもしれない。(17)

このような反対勢力にもかかわらず、この運動は信者たちを引きつけ続けた——〔しかし、信者たちが〕あまりにも多くなったので、全体会議を開くのに十分大きなホールを見つけるのがむずかしくなった。それ故、一八四三年の初めに、指導者たちは、ボストンに大礼拝堂を建立することに決めたのだった。その礼拝堂は、およそ三千五百人の——市の聖職者たち多数を含む収容能力一杯の——聴衆を前にして、落成式が行なわれた。この新しい建物によって、さらに多くの市民に神の言葉を広めることができたが、他方、パンフレットや新聞によるキャンペーンも、衰えることなく続けられた。

予想されたことだが、一八四三年に入ると同時に、再臨の日付を特定することに対する関心が高まりを見せた。その年の初めまでは、ミラーは常に、再臨が「一八四三年頃」に起きると言っていた。一八四三年一月一日には、ミラーは、自分の信念の概要を発表し、そのなかで日付についての彼の予想を述べた。

私が信じるところでは、その時期は、彼〔キリスト〕の再来を理解し、それに備えようと願うすべての人によって知られるはずだ。そして、私は完全に確信しているが、ユダヤ教の歴算法によれば、一八四三年の三月二十一日から一八四四年の三月二十一日までのある時期に、キリストが現われ聖人たちをすべて連れて来るであろう。それから、彼の仕業(しわざ)がそうであるように、あらゆる人に報いをもたらすであろう。(18)

ニコルは次のようにコメントしている。

ミラーは、この期間内の特定の日付すなわち日を指定したのではない。彼と結んでいた指導者たちも同様に、特定の日付をあげることは拒否した。『時代の予兆』の一八四三年一月〔発行〕の第一号は次のように宣言し、ミラー派が四月のある特定の日を指定したのではないかという、広く流布した疑いに対して反駁を行なった。「事実は、一八四三年のキリスト再臨を信じる者たちは、その出来事が生じる年における日時を一切設定しなかった、ということである。そして、同志ミラー、ハイムズ、リッチ、ヘイル、フィッチ、ホーレイ、その他の卓越した説教者たちが最も断固として反対しているのが……その出来事の日や時間を設定することである。このことは、我々が新聞において、何度もくり返し指摘してきたことである」(『時代の予兆』一八四三年一月四日、一二一頁。また、一八四三年一月十八日の号、一四一頁を参照のこと。そこでは、もう一人のミラー派の牧師、ジョージ・ストールスが、いかなる日の設定にも反対している。一八四三年四月五日の号、三三―三五および三七頁も参照のこと)。

〔だが〕そこここにいる各々の説教師や特定のグループが、聖書にもとづく類推を行なおうとし、あるいは、予言についてのある種の読み方によって、その年のある特定の日に再臨があることを予知する根拠を見出そうとしたことも事実だった。[19]

ミラーが単独の日を特定するよりは、むしろある期間、つまり一八四三年三月二十一日から一八四四年三月二十一日を特定したことは、多くの信奉者たちによって一時的に看過される向きがあった。特定日に関する〔別の〕二つの予言がある程度流布したことがあったが、どれくらい広くそれらが信じられたかを確かめるのは不可能である。ミラー派のなかには、再臨が一八四三年四月二十三日に起きるだろうと予想した者たちがいたけれど、指導者たちはこの日付を決して是認しなかった。四月の日付を信じた者たちは、それが過ぎてしまったことに対し、次のような仕方で反応した。

最初は、ミラー派の間に驚きと失望の証拠が見られたが、それはすぐに新たな確信へと道をゆずった。「結局のところ」彼らが互いに思い出したことには、「丸一年、再臨を探し求めることができるのだ——我々はあまりに性急にそれを探し求めようとしてしまったのだ。それだけのことだ」——そうして、賛美と勧誘は新たに熱を帯び始めた。[20]

ここで再び、予言の失敗の後に熱狂と確信の増加が現われることがわかる。

指導者たちの公式の立場は、再臨が予想される期間の終わりは一八四四年三月二十一日だということであったが、それにもかかわらず、ミラー派の多くは一八四三年の終わりに期待を置いていた。指導者たちは、この特定の期待に留意し、一八四四年の初めに、これに関する声明を発表した。たとえばミラーによる新年の講話は、次のような文章で始まっていた。

「兄弟たちよ、ローマ一八四三［年］は過ぎ去った［ユダヤ神聖暦年は、一八四四年春に終わる］が、我々の希望は未だ実現していない。我々は船をあきらめるだろうか？　いや、いや……　我々の計算による満期が来たとは、まだ信じてはいない。二三〇〇年になるには、一八四三年にまるまる四五七年が必要で、それは紀元前四五七年に始まったのであるから、もちろん一八四四年に入ってから満期が来るのである」(21)。

一八四四年初めの全般的な状況は、シアーズによって記述されている。

……その後、疑惑と躊躇（ちゅうちょ）のざわめきが、いくつかのコミュニティで明らかに起きたが、さかのぼって一八三九年に予言者ミラーがある機会に述べた事柄が思い起こされたとき、すぐさまそのような疑惑や躊躇は追い払われた。それは、全般的な興奮のなかで忘れ去られていたことだったが、その出来事がキリスト年の一八四三年から一八四四年に至るまでの間に生じるだろうということについて、彼は肯定的ではなかったということであり、彼は、一八四四年三月二十一日まで予言を持ち越すユダヤ年全体を主張したということだった。こういった趣旨の声明が広く伝えられたが、この時期までには幻想が彼の信奉者たちの想像力をしっかり捉えており、どんなに単純な説明でも、それがたとえどんなに粗雑なものであっても、すべての疑いや質問を鎮めてしまうのに十分なようだった。

割り当てられた時期をこのように長引かせることを受け入れ、警鐘を鳴らす責任を引き受けた同志たちは、エネルギーを新たにしてそれぞれの仕事に入っていき、信者でない人々の大群をこわがらせて彼らを待ち受ける恐怖を実感させ、すでに彼の門下となっている人々の信念を強化するという努力において、今までになくうまくやってのけた。(22)

再び、熱が高まった。ニューヨークとフィラデルフィアでのミラー派の大会は人で埋めつくされ、ワシントンにおいては、最後の最後になって、もっと大きなホールに会場を変更しなければならなかった。民衆の関心は、指導者たちの期待をも大幅に超えるものだった。

しかし、一八四四年の三月二十一日も、やはり再臨の兆候のないままに到来し、そして過ぎて行った。非ミラー派たちの方のリアクションは、強力かつ明白なものだった。

世界は、その年老いた予言者の苦境を目にして浮かれ騒いだ。「嘲笑者たち」のあざけりと冷かしは、ほとんど耐えがたいものだった。もし、誰かミラーの信奉者が外を歩こうものなら、彼らは、無慈悲なあざ笑いの集中攻撃を受けるのだった。

「何だ！——まだ天国に上っていないのか？——もう、おまえは天国に行ったと思ってたよ！——すぐに行かないのか？——女房は天国に行かずに、おまえが焼け死ぬのを放っておいたんだろう？」(23)

このコミュニティの口さがない連中が、彼らを放っておくわけがなかった。

信者たちの間にはなはだ強い失望が見られたが、しかし、これは短い期間だけで、やがてエネルギーと熱狂が以前の状態にまで戻り、さらにいっそう強まった。すなわち、……この世の終焉の年は終わってしまった。だが、ミラー主義は終わってはいない……運動にただ熱心でなかった者たちはそこから離れてしまったが、多くは、その信念と熱の双方を維持していた。彼らは、その失望を、年代を計算する際のちょっとした誤りに帰そうとしていた。[24]

しかし、予言の失敗にもかかわらず、熱狂の火はかえって増した。そのような感情の炎は、意志の力で消すことはできない。すべての大火災と同様、それはそれ自体を焼き尽くしてしまうに違いない。そして、一八四四年もそうだった。忠誠が減じるどころか、その失敗のおかげで、さし迫った審判の日への期待にさらにいっそうの忠誠心がかき立てられたようである。[25]

七月の中旬までに、新たな熱の高まりが見られ、さらにもっと多くの人々を改宗させようとして費やされるエネルギーが、かつてないほどにふくれあがった。ミラーとハイムズは、オハイオにまで出かけて行って布教活動を行なったが、これはそれ以前には決してなされなかったことである。ハイムズは、キリスト再臨に対する信奉者たちの一般的な態度を記述している。「私は、これほど強い、あるいは積極的な信仰を見たことがない。実際、予言の言葉に対する兄弟たちの信仰や確信がこんなに強いことは、かつてなかった。これまで聖書の証拠を信じてきた者で、いやしくも信仰が揺らいでいる者は、もしいるとしても、ほとんど見たことはない。一方、他の人々は、我々の見解を喜んで受け入れている」[26]。フィラデルフィア訪問の後、ハイムズは、依然として三月の予言の失敗を大いに気にしていたが、信念のリバイバルを見て意気揚々としていた。「つらい危機は過ぎ去り、運動は都市において盛り上がっている。近隣からの講話の要請が、今ほどに熱心なことはかつてない。エベネツァー本部を受け持つ牧師であるケンジントン（プロテスタントのメソジスト派）は、ちょうど、教義についての考えを詳細に明らかにしたところだった」。[27]

ニコルが述べるところでは、

ハイムズは、八月初めに〔オハイオ州〕クリーブランドから出した手紙に、「もし期限が延びるならば」十月にイギリスへ行くつもりだが、それは、すでに当地に存在している関心を刺激することが目的だ、と書いた。印刷物はすでに発送してあった。他の土地のさまざまな牧師たちが、叫び始めていた。「見よ、花婿がやって来る」。しかしハイムズは、今や、彼および彼とともにアメリカから来る者たちが、さらに出かけて行って海外での努力を強化すべきだと考えた。彼はこう言った。

「もし、期限がさらに数カ月延期されるなら、我々は、プロテスタントやカトリックの国々で、多くの異なる言葉で書かれた『喜ばしき報せ』を配布するだろう……

「ロンドンでは新聞が創刊され、説教はあらゆる方向に広まるだろう。そして我々は、神の言葉が自然な経過をたどり栄光を讃えられるだろう、と信じる。我々が何を達成することになるかはわからない。だが我々は、我々の義務を果たすことを願うのだ」（『再臨ヘラルド』一八四四年八月二十一日、二十頁）。

こうして、ハイムズとミラーは、その任務を拡大すべく西へと移動しながらも、さらに大きな任務が海外にあることを心に思い描いていた。[28]

この頃、ミラー派の人々は、そのメンバーの一人であるサミュエル・S・スノー師によって最初に広められた新たな予知をしだいに受け入れつつあった。彼は、キリスト再臨の日が一八四四年十月二十二日だろうと信じていた。熱狂や熱情が、すでに一八四四年の最初の数カ月に示された程度以上に高まることは不可能のように思われるかもしれないけれど、実はそれこそ実際に起こったことなのである。二回の予言が部分的に失敗し（一八四三年四月二十三日および暦上の一八四三年の終わり）、さらに一度は完全にまぎれもなく失敗した（一八四四年三月二十一日）のに、それらはただ再臨が間近いという確信を強め、ミラーの信奉者たちが他の人々を確信させようとして費やす時間とエネルギーを増大させただけであった。

おそらく、スノーの説教や書いたものからというよりは、むしろ、あらゆる物事の終焉が遠い先ではありえないという確信から、ニューハンプシャー州北部の信者たちのなかには、夏が始まる前の段階ですら、主がきっと「次の冬が訪れる前に」来られるだろうという理由から、畑を耕しそこなった者がいた。この確信は、その地域の他の人々の間にも広まり、たとえ彼らがすでに畑の種まきを終わっていたとしても、穀物を取り入れたりすれば、それは彼らの信仰と矛盾するだろうと感じていた。我々は、次のような文章を目にする。

「ある者たちは、草を刈ろうとして畑に入り、全く一歩も進めないことに気づいた。そして、自らの義務感に従って、穀物が畑のなかで伸びるままにしておき、自らの仕業によって信仰を示し、そうしてこの世を責めとがめた。こういったことが、ニューイングランド地方の北部にまで急速に広がって行った」（『再臨ヘラルド』一八四四年十月二十日、九三頁）。

そのような確信は、当然、主の再臨する日が十月二十二日に来るだろうという声明に共感をもって耳を貸すという心構えをつくり出した。真夏までには、ニューイングランド地方のミラー主義に新たな刺激がもたらされた。宗教的な情熱を失っていた者たちは悔い改め、また、スノーによる計算を受け入れた再臨主義者たちが出かけて行って、「見よ、花婿は来たり、汝ら行って彼を見よ」という叫びを上げたとき、新たな熱情が彼らを支配していた。実際、スノーは、今こそ真の真夜中の叫びが上がっているのだ、と言明したのだった。(29)

興味深いことには、十月の予言の日を受け入れるべきだと言い張ったのは、ミラー主義運動のなかでも普通のメンバーたちだった。運動のリーダーたちはこれに抵抗し、長い間、この予言の日を受け入れるべきではないと忠告していたが、結局むだだった。ミラー派のある編集者は、次のように回想して書いている。

最初は、明確な時期を設定することについては、反対が一般的だった。しかし、時期を宣言することに伴なって、その前に立ちふさがるすべてのものを打ちのめすような、抵抗しがたい力が生じたようだった。それは、竜巻のような速さで国土を席巻し、ほとんど同時に、遠方のさまざまな場所の〔それぞれの〕中心に達した。それは、神がそこに居たことを仮定して、初めて説明できるような仕方だった……

キリスト再臨論者の説教者たちは、一番最後に、時期に関するこの見解を受け入れるに至った……第七月の初めの二週間頃〔十月一日頃〕までは、運動の発展状況について、特に印象に残ることはなかった。が、我々がそういった見解を抱くに至り、その見解に反対すること、あるいはなおも沈黙を守ることは、我々の目には聖霊の仕業に反対することであるように思われた。我々すべての人間に対するその仕業が始まる際、「神にさからうとは、我々は何様だったのだろう？」と叫ばざるをえなかった。我々にとってその仕業は、人間の力とはあまりに関わりのないものに思え、「真夜中の叫び」の達成と見なさざるをえなかった。(30)

八月半ばから、新たに予知された日、一八四四年十月二十二日までの期間に、事態は信じられないくらいの熱と狂信と確信の高みに達した。

エルダー・ブーテルは、この期間のことをこう記している。『再臨ヘラルド』『真夜中の叫び』、さらにその他の再臨に関する新聞、定期刊行物、パンフレット、小冊子、ちらし、来るべき栄光を口にすること、これらは秋の森の葉っぱのように、広くまき散らされ、至るところに見られた。あらゆる家に、そうしたものが訪れた……霊と説教の言葉を通じてなされる大変な努力によって、罪人たちは悔い改め、さまよえる者たちは戻って来た」。

キャンプ・ミーティングは今や人で一杯で、もはやかつてのような秩序は維持されていなかった。たとえ望ましくない分子を締め出すための時間があったとしても、もうそうすることも不可能だった。それに実際問題として、彼らが主張するように、この世は終焉にとても近づいており、それ以前にどんな予防策が講じられようと、もはやほとんど価値はなさそうだった。(31)

この終焉前の数週間に、ミラー派はたいへん活発に尽力し、彼らが信じるのはキリスト再臨の正確な時期に関する真理だということを広めようとした。『真夜中の叫び』と『再臨ヘラルド』の号外が発行された。『真夜中の叫び』の編集者は、必要な印刷物を提供するため、人々が「四台の蒸気印刷機をほとんど絶え間なく作動」させていたと述べた。(32)

確信の度合や他人を説得して改宗させようとする動機の強さを示すこれ以上の証拠は、信者たちの側で通常の活動を一部やめ、他者を改宗させたり言葉を広める時間をもっと持てるようにせよと、多くのリーダーたちさえもが今や唱えつつあった、という事実である。『真夜中の叫び』の最終号の論説は、次のように宣言した。

来世のことを考えよ！　何千もの人間が、あなた方の行動がこう語るのを聞きながら寝かしつけられるかもしれない。「この世は、私のすべてのエネルギーを注ぐに値する。来るべき世は、空虚な影である」。おお、この現実的なお説教を逆転させよ、ただちに！　この世から、できるだけ多くのものを解放せよ。もし不可欠な義務によって、一瞬の間、この世にとってあなたが必要になるなら、一仕事しに雨のなかへ飛び出していくように行け。急いで行け、そして、あなたがもっと良いことのために、てきぱきそれを処理することを知らしめよ。あなたの行動をもっとはっきりしたトーンで語らしめよ。すなわち、「主はこれより来たる」――「時間は少ない」――「この世は終わりを告げる」――「汝の神にまみえる備えをせよ」[33]。

『真夜中の叫び』に掲載されたある記事は、次のように述べている。

多くの者がすべてを放りだして出かけ、兄弟たちとこの世に警告を発しようとしている。フィラデルフィアでは、十三人の者が（兄弟ストールスの言葉を聞いた後）、あるミーティングの際、自発的に申し出をし、警告を鳴らしに出かけて行った……両方の都市［フィラデルフィアとニューヨーク］では店が閉められ、世界が理解できるようなトーンで彼らは説教しているが、彼らはそのことに気をつけているわけではないかもしれない[34]。

そして、ニコルは、次のように指摘している。

多くのケースで、信者たちがその所有物を一部あるいは全部売り払ってしまったのには、いくつか理由があった。第一に、彼らは、その運動を支えるため、もっと金が欲しいと思っていた。コンスタントに発行される四つの新聞を支え、ミラー主義についての印刷物を出し続けるには、お金がかかるのだった。第二に、彼らは、仲間との取り引きは再臨の前にすべて立派に決済しておきたいと願っていた。それは、彼らの借金をすべて完済することを含んでいた。第三に、真の宗教なら確かに人々の心に生み出すような他者への熱烈な愛をもって、自身は全く負債をかかえていないミラー主義者たちが、他の人々がその負債を支払うのを手助けしようとした。ミラー派のなかには、まもなく地上の金が無価値になると悟ることによって励みを感じ、仲間の者たちへの愛で心を熱くしながらも、信仰を持つ人々であろうとなかろうと、貧乏な人々に対して贈り物を与えようと欲した者たちがいたのである。(35)

しかし、十月二十二日はやって来て、そして去って行った。それとともに、ミラー派たちの希望もすべてなくなってしまった。これは予言の究極的な失敗となり、ついに確信はこなごなに砕け、布教活動も沈黙してしまった。はなはだしくコミットしていた信奉者たちの苦境は、ほんとうに哀れなほどであった。彼らは、敵意に満ちた世界の嘲笑と冷笑を聞かないわけにはいかず、多くの者たちは貧困なままに放置された。彼らの狂おしいほどの失望と苦難については、十分な証言がある。ニコルは、確信を抱いた信者たちの書いたものから二つの抜粋を引用しているが、それらは次のような悲しい話を述べている。

「私たちの最も切実な希望と期待が砕かれてしまった。そして、私がこれまで決して経験したことのなかったような、嘆き悲しむ気持ちが私たちを襲った。地上のすべての友人を失ったことは、たとえようもないことであったろう。私たちは泣き、そして夜が明けるまで泣いていた。私は、心のなかで沈思黙考し、そして言った。私の得た再臨体験は、私のキリスト者としての経験のなかで最も豊かで輝かしいものだった、と。もしこれが誤りだと証明されるとしたら、私のキリスト者としての今後の経験は何に値するだろう？　聖書の誤りが証明されたのであろうか？　神はおらず天国もなく、黄金郷の町もなく楽園もないのだろうか？　これらすべてのものは、狡猾につくられた寓話なのだろうか？　これらのものを切実に希望し期待する私たちにとって、何の真実味もないのだろうか？　このようにして、私たちには、切実な希望がすべて失われた場合の悲しみと嘆きがあったのである。そして、私が言った通り、私たちは夜が明けるまで泣いていたのだった[36]」。

「十月二十二日は過ぎ去り、信心深く〔再臨を〕切望した者たちを言いようもなく悲しくさせた。が、信じていない者たちや邪悪な者たちに対しては喜ばせた。すべてのものが停止した。『再臨ヘラルド』は発行されず、かつてのようなミーティングも開かれなかった。誰もが孤独を感じていたが、誰かと話をする意欲もほとんどなかった。冷たい世界にじっとしていた。救済もなく――神も来ない［来なかった］！　どんな言葉も、当時の真の再臨論者の失望感を言い表わすことはできない。それを体験した者だけが、あるがままにその主題のうちに入って行ける。それは屈辱的なことであったし、私たちは皆、同じようにそう感じたのである……[37]」

十月二十二日の予言の失敗は、ミラー主義運動の瓦解をもたらした。そうなるのに、一年半の期間中に三回からおそらく四回の予言の失敗が必要だったのだが、この最後の失敗はあまりに大きかった。圧倒的にコミットしていたにもかかわらず、ミラーの信奉者たちはその信念を放棄し、運動は急速に異議と論争と不和のなかで崩壊していった。一八四五年の晩春までに、それは実質的に消滅していた。

ミラー派たちの歴史もまた、我々が他の諸事例に見出した現象を示している。ある限界があり、それを超えると信念が予言の失敗に耐えることはできないけれども、〔予言に対する〕反証を導入することが、信者の確信や熱狂を増大させるのに役立ちうることは明らかである。

歴史記録は、千年王国やメシア的な類似の運動の、さらに多くの事例に満ち満ちている。しかしながら、我々の目的にとってはあいにくなことに、大部分の事例においては、我々の仮説に関連したデータが完全に欠如している。かなりのデータが利用可能な場合でさえ、しばしば、ある重大なポイントがあいまいで、したがって、我々の仮説との強い関連性が損なわれていることがある。重大な問題をめぐって、ただ一つ〔すなわち、ここでは、予言がはずれたか否かという〕論争的なポイントがあるような運動の、最も良い例が最初期のキリスト教である。[38]

〔キリストの〕使徒たちが確信に満ちており、かつコミットしていたという点については、歴史家たちの間でかなり一般的に一致を見ている。使徒たちはイエスが象徴するものを十分に信じていたのであり、この信念の故に自らの生活を相当に変えてしまっていた、ということを疑問に思う人はいないであろう。たとえばバーキットは、ペテロがある時点で「彼と彼の仲間は、イエスに従うため本当にすべてを放棄した」と声高に語ったと述べている。[39] したがって、我々がこの章の初めに述べた最初の二つの条件は満たされていると主張できよう。

使徒たちが互いに支持を与えあったこと、そしてイエスのはりつけ後に布教活動に出かけて行ったことは、否定できない。したがって、我々が述べた第五の条件が満たされており、また、布教活動がある時点で増加したということも、事実として受け入れることができよう。

しかし、第三と第四の条件については疑問が残る。信念体系のなかに、本質的な点で、明確でまぎれもない予言の失敗に屈しやすいところがあったのだろうか？　もしあったとして、そのような失敗は本当に起きたのだろうか？〔他の〕多くの点で論争の余地がないにもかかわらず、この大問題は、さまざまな歴史家の間での意見の不一致に満ちている。イエスがさまざまな仕方で自らがメシアあるいはキリストであることをほのめかした、という点については一般に意見の一致がある。もっと重要なことには、彼の弟子たちが彼をそのような存在だと認識していたことが明らかである。たとえば、スコットが述べているように、「イエスに直接に問われたとき、ペテロは、弟子たちのグループに代わって口を開き、「汝はメシアなり」と言ったのである」[40]。

少なくとも、その当時の他のユダヤ教のセクトに関するかぎりは、メシアが苦難を受けるに至ることはありえない、ということは明白だった。したがって、シンプソンは、「同様に確かなことには、ユダヤ教のどの部族も、苦悩するメシアというものをかつて考えたことがなかった、と断言しうる」と述べている[41]。もし、これでそれに関するすべての事柄が尽くされるとすれば、はりつけに処されたこととイエスが十字架の上で発した叫びは、実際、まぎれもない予言の失敗であったと主張することができるだろう。

だが、これでそれをめぐるすべての事柄が尽くされたわけではない。多くの権威がまぎれもなく主張しているのは、まさしくこの問題において、イエスが新たな教義を持ち込んだということである。これらの権威が述べるところでは、イエスとその使徒たちは、メシアが苦難を受けなければならないことを確かに信じていたのであり、イエスは自分がエルサレムで死ぬだろうと予知さえしていたのである。バーキットが言うところでは、「……私たちの最後に際してペテロはこう宣言する、「汝はメシアなり」と。そして、イエスは事実上こう答える。「その通りだ。だから私は、今からエルサレムに向かうのだ。しかし、私につき従おうと欲する者は、誰であろうと、野心に満ちた希望はすべて放棄して私に従わなければならない――処刑されるために」」[42]。もし、この見解を支持するならば、その場合、はりつけは予言の失敗どころか実際には予知の確証であり、それに続く使徒たちの布教活動は我々の仮説に対する反例となるだろう。我々が右に引用した諸権威はこの後者の解釈を受け入れており、事実、彼らの方が多数派なのである。

しかし、すべての権威が〔この解釈に〕同意しているわけではない。他方の極にはグラエツがおり、彼はこう述べている。

イエスの弟子たちが、イエスが捕えられ処刑された際に彼らを襲ったパニックから幾分気をとり直した頃、彼らは再び集まり、彼らの愛する師の死をともに悼んだ……それでも、イエスが無知蒙昧な大衆たちにもたらした影響はたいへん強力だったに違いない。というのも、彼らのイエスに対する信頼は、夢のように次第にぼやけていくどころか、ますます強いものとなり、イエスに対する彼らの崇拝は熱狂の最高潮にまで達したのだ。彼らの信仰に対する唯一の障害は、イスラエルを解放し天国の栄光を現わすためにやって来たメシアが、恥ずべき死を被ったという事実にあった。メシアが苦難を受けるということが、どのようにして起こりえたのか？苦しむメシアは彼らを相当に動揺させ、したがって、完璧で喜びに満ちた信仰がイエスに寄せられるには、この障害の克服がなされねばならなかった。おそらくこの時だったろう、ある書き手が、自身の当惑をやわらげ懐疑心を抑えるために、イザヤの予言を引き合いに出した。それはこうだった。「彼は生者の国から連れ去られ、彼の民の罪によって傷つくだろう」[43]。

これは予言の失敗だったのか、そうではなかったのか？　それはわからないし、答えようもない。ただ、この一点の不明のために、我々の仮説に関しては、この全エピソードを決定的なものとはなしえないのである。くり返しのリスクや、とても信頼できないデータを利用するというリスクを冒せば、さらに多くの歴史的な諸事例を記述することはできる。〔けれども〕すでに示した例で十分としよう。

今や我々の注意を、予言の失敗に続いてなぜ布教活動が増すのか、という問題に向けることができる。どのようにそれを説明できるのだろう？　また、そのことが生じるか否かを決定する諸要因はどのようなものだろう？

我々の説明は、ある一般理論からの展開にもとづくものなので、まず最初に、この展開に必要なだけ理論の要点を述べよう。この理論全体には広い含みがあり、さまざまな実験がすでになされていて、意思決定の効果や強制的に同意をさせたときの〔態度に及ぼす〕効果とか、新しい情報への自発的接触のパターンといった事柄に関する派生的諸命題を検証している。ここでは、予言の失敗に続いて布教活動が増大するという現象に関連した含みだけを詳しく述べようと思う。この目的のために、協和と不協和という概念を導入することにする。(44)

協和と不協和は、認知——すなわち、意見、信念、環境についての知識、それに自分自身の行為や感情についての知識——の間の関係を意味する。二つの意見あるいは信念、あるいは知識項目は、もしそれらが適合しない——すなわち、それらが矛盾するか、あるいは、この特定の二項目だけを考慮に入れた場合に一方が他方から帰結しない——とすれば、それらは互いに不協和である。たとえば、喫煙が自分の健康に悪いと思っている喫煙者は、自分が喫煙を続けているという知識と不協和な意見を抱いていることになる。その人は、他にも多くの意見、信念、あるいは知識項目を持っており、それらは喫煙を続けることと協和的であるかもしれない。が、それにもかかわらず、先の不協和も存在し続けている。

不協和は不快を生み出し、それに応じて、不協和を低減させたり除去させようとする圧力を生じるであろう。〔したがって〕不協和を低減させようとする試みを行なうことは、〔逆に〕不協和が存在するということを観察可能な形で示すことになる。そのような〔不協和低減の〕試みは、〔次の〕三つの形態のいずれか、あるいはそれらすべての形態をとるかもしれない。人は、不協和に関わる信念、意見、あるいは行動のうちの、一つあるいはそれ以上を変化させようとするかもしれない。また、すでに存在している協和〔の側面〕を増大させ、それによって不協和全体〔の比率〕を低減させるような、新しい情報あるいは信念を獲得しようとするかもしれない。あるいは、不協和な関係にある諸認知を忘却してしまうか、その重要性を減少させようとするかもしれない。

右の試みのいずれかが成功する場合には、それらは物理的あるいは社会的な環境から支持を受けるに違いない。そのような支持が欠けているときは、不協和を低減しようとする最も断固たる努力も不首尾に終わるかもしれない。

以上、不協和とその低減に関する主要な考え方について述べたが、それは非常に簡単なものであり、そのため、〔かえって〕わかりにくかったかもしれない。このような考え方が、これまで議論してきた種類の社会運動に対してどのように適用されるかを示し、また、我々が観察してきた奇妙な現象を説明するのに、これらの考え方がどのように役立つかを指摘することによって、おそらく、読者にとって、その考え方をもっと明瞭なものにすることができるだろう。

理論的に言って、予言の失敗に先立つ段階において、個々の信者が置かれる状況はどのようなものであろうか？　信者は予知に対して強い信念を持っており——たとえば、キリストは復活するであろうというような——それは、運動の他のメンバーたちによっても支持されるのである。そして、予知された出来事に備えるという過程を通じて、信者は、その信念と完全に一貫した多くの活動に従事してきた。言い換えると、関連した諸認知間の関係の大部分は、この時点では、協和的である。

さて、予言の失敗、つまり予言が誤っていたという、まぎれもない事実が信者におよぼす影響とはどのようなものだろう？　この失敗は重大な、痛ましいほどの不協和をもたらす。予知された出来事が実際には起きなかったという事実は、この予言とそれが中心的な項目になっているイデオロギーのその他の部分の、両方を依然として信じているということとは不協和である。この予言の失敗はまた、信者がその予言の達成に備えて行なったすべての行為とも不協和である。その不協和の大きさは、もちろん、個人にとってのその信念の重要性や、その人が備えのために行なった活動の重大さによって変化する。

我々が議論してきたタイプの運動においては、中心的な信念およびそれに伴なうイデオロギーは、通例、信者たちの生活において決定的な重要性を持っており、それ故、不協和は非常に強い――そして、それに耐えるのは非常に苦痛である。したがって、我々が予想すべきことは、信者たちがその不協和を除去、あるいは少なくとも、その大きさを低減すべく、断固たる努力をすることが観察されるだろうということである。〔だが〕彼らは、どのようにしてこの目的を達成しうるのだろう？　もし彼らが、確証されなかった信念を捨て去り、予知の達成に備えて始められた行動を中止して、もっとありふれた存在に戻ったとすれば、その不協和は大部分除去されるだろう。実際、このパターンはときに生じるのであり、我々がすでに見た通り、最後の予言が失敗した後のミラー派にそれが生じたし、ツヴィ自身がイスラム教に回心した後のシャバタイ派にも起きた。しかし、信念体系への行動的コミットメントがしばしば非常に強いため、ほとんどどんなものであれ、それ以外の行動が選ばれるのである。その不協和に耐え忍ぶことの方が、信念を捨てて自分が間違っていたことを認めることよりも苦痛が少ない、とさえ言えるかもしれない。そういう場合には、〔事実上〕不協和が信念の放棄によって除去されることはない。

あるいはまた、もし運動のメンバーたちが、予知が達成されなかったという事実に実際上目をつぶるならば、不協和は低減ないしは除去されるだろう。しかし、そのような運動のメンバーたちを含めて、たいていの人々は現実というものに接しており、まぎれもない否定しがたい事実をただその認識から消し去るということはできない。しかしながら、それを無視しようとすることは可能だし、彼らは普通そうしようとするものである。彼らは、日付こそ間違っていたが、その予知は結局のところはまもなく確証されるだろう、と自らを納得させるかもしれない。あるいは、ミラー派が行なったように、別な日付を設定しさえするかもしれない。ミラー派のなかには、最後の予言の失敗の後になって、キリストの再臨は起きたのだが、ただそれは天界において起きたのであって、この地上そのものにではなかったのだ、という見解を大胆にも述べた者たちがいたのである。あるいは信者たちは、もっともらしい説明をいろいろと見出そうとするかもしれないし、巧妙な説明を発見することもたいへんよくあることなのである。シャバタイ派は、たとえば、ツヴィが投獄された際、彼がなお生きているという事実こそが彼がメシアであることを証明している、と自らを納得させた。彼の〔イスラム教への〕回心の後でさえ、頑固な信奉者たちのなかには、この回心も計画されたものだと主張する者がいたのである。〔このような〕合理化は、不協和を幾分減らしうる。〔ただ〕合理化が十分効果的であるためには、他者の支持を得て、その説明ないしは別解釈が正しいものと思われることが必要である。幸いなことに、失望した信者は通例、同じ運動の他のメンバーたちに注意を向けることができる。彼らは、同じ不協和を感じていて、それを低減させようとする同じ圧力を感じているのだ。それ故、新たな説明に対する支持がやがて得られ、その運動のメンバーたちは、予言の失敗のショックから幾分立ち直ることができるのである。

　しかし、どんな説明がなされようと、それだけでは依然として十分ではない。その不協和はあまりにも重大であり、それを自分自身からさえも隠そうと努めるかもしれないが、信者たちはそれでも、予知は誤っていたのであり彼らの備えはすべて無駄だった、ということがわかっているのである。その不協和は、失敗を否定したり合理化することによっては完全には除去しえない。しかし、残存している不協和を低減しうる方法はある。もし、その信念体系の正しいことが次第に多くの人々に納得されるとすれば、結局のところ、明らかにそれは正しいに違いないのである。極端なケースを考えてみよう。もし、全世界のあらゆる人があることを信じているとするならば、この信念の妥当性に関して全く何の疑問もないであろう。まさにこの理由によって、予言の失敗に続いて布教活動の増加が見られるのである。もし布教活動が成功すれば、より多くの信奉者を集め、首尾よく支持者たちでまわりを固めることによって、信者は不協和があっても、それとうまく折り合っていける程度にまで不協和を低減させるのである。

布教活動が予言の失敗の結果として増大するという現象に関するこの説明に照らして、我々が証拠としてすでに提出した歴史的な事例をもう一度、今度はもっと批判的に見てみよう。それらの事例が証明としては満足できないという感じがあるであろう。その感情にはいろいろと根拠があるのだ。

第一に、我々の分析に必要な種類のデータは乏しいが、それが不足しているのは納得できる。というのも、歴史記録を収集した人々は、我々が提出した特定の問題には関心を持っていなかったからだ。しかし、それでも不足は不足である。我々が証拠による裏づけを最もよく行なうことのできたミラー派の事例においてさえ、実際の布教活動については、特に大衆的なメンバーに関しては、ほとんど証拠はないのである。布教活動についての記述は、主に信奉者の人数やミーティングの規模と頻度についての証拠から推測せざるをえない。しかし、そのような指標は、布教のためになされた努力——他者を納得させようとする意欲——によって左右されるだけでなく、そういった努力の効果や回心しそうな人々の心の状態によっても影響される。

布教の試みについての直接的な証拠、たとえば、ミラーやハイムズが広く諸国を旅したという事実、あるいは、ミラー派の新聞が毎日四六時中活動していたという事実がある場合でさえも、それらの行動はリーダーたちのそれである。普通のメンバーたち、つまりその行動が我々の目的にとって最も重要な人々、による布教活動についての具体的な証拠は、たいへんに乏しい。社会運動のリーダーたちには、結局のところは、自分たちが真理を認識しているという単なる確信の他にも動機があるのかもしれない。もし、その運動が解体してしまえば、彼らは威光やその他の利益も失ってしまうであろうからだ。

それに、ミラー派のケースにおける証拠の裏づけが我々の目的にとって不十分だとすれば、他の諸事例にはさらに乏しい裏づけしか得られていない。シャバタイ派の運動については、一六四八年の最初の予言の失敗に関しては実質的に何のデータもない。というのも、その運動は、非常に大きくなり重要なものになるまで、まさにほとんど注意を引かなかったからである（したがって、それ故に、ほとんど記録が残っていない）。

歴史的なデータだけでは不十分だと考える第二の理由は、この種のデータが我々の説明に〔異議を提出し〕チャレンジしてくる可能性が小さいからである。たとえば、予言の失敗の後ただちに明らかに崩壊した大衆運動の記録を見出すことができたとしてみよう。適切な測定方法が存在しないから、信念に対するメンバーたちのコミットメントが小さかった――つまり、〔コミットメントが〕非常に小さかったので、予言の失敗によってもたらされた不協和は、〔コミットメントによる抵抗を受けずに〕その信念を捨てることを余儀なくさせるのに十分な程度だった――と推測して当然かもしれない。あるいは、そのコミットメントが大きかったことを証明しうるとしても、予言の失敗に続いて布教の試みがなされたにもかかわらず、そのような試みがうまく行かなかったということもやはりありうる。これは、筋の通った主張であるだろう。というのも、一般に歴史記録に残るものは、布教させようとする努力それ自体ではなくて、むしろその結果であるからだ。

ある種の事象で、実際に我々の説明を反証すると言えるものがある――すなわち、メンバーたちが予言の失敗の後も、ただ、それ以前と同じ確信を抱き続け、その運動から脱落することもなければ布教活動を増大させることもなかったような運動の場合である。しかし、まさにそのような事象は、同時代人によっても、また歴史家によっても気づかれずに消え去ってしまい、決して記録に残らないとしても、全く当然であるかもしれない。

〔このように〕歴史データによる反証の可能性は小さいわけで、同じ〔歴史記録という〕情報源からの支持的な証拠にも、あまり大きな信頼を置くことはできない。それだけに、あるグループについてじかに観察してデータを収集できる機会を得たときの、我々の熱狂ぶりを読者は想像できよう。そのグループは、近い将来に破滅が生じるとする予知を信じているようだった。予言の失敗が起きる前、そのさなか、そしてその後に、じかに観察がなされれば、我々の目的に直接関連するところの、信頼すべきデータによって十分に証拠づけられたケースが少なくとも一つは生み出されるのである。

九月末のある日、レイクシティ『ヘラルド』は、後方のページに二段組の記事を載せたが、その見出しには「惑星からの予言、クラリオンが町を訪れる――洪水から逃れよ、十二月二十一日に我々を襲う、外宇宙から郊外の住民に告ぐ」とあった。その記事の本文には、これらの単なる事実に幾分肉づけがしてあった。

レイクシティは、グレートレイク〔単数形〕からの洪水によって、十二月二十一日の夜明け直前に壊滅するだろう。これは、郊外に住むある主婦の話による。ウェストスクール街八四七番地のマリアン・キーチ夫人は、その予言は彼女自身が行なったものではないと言っている。それは、彼女が自動書記によって受け取った多くのメッセージの趣旨なのだと言う……そのメッセージは、キーチ夫人によれば、「クラリオン」と呼ばれる惑星から、高次の存在によって彼女に送られて来るものなのである。これらの人々は、彼女が言うところでは、我々が空飛ぶ円盤と呼ぶ乗り物に乗って地球を訪れたことがある。その訪問の際、大洪水を予兆するような、地球表面上のいくつもの断層を彼らが観察したという。キーチ夫人の報告では、その洪水は広がって北極圏からメキシコ湾にわたる内海を形成するだろうと告げられたという。同時に、彼女の言うところでは、地殻の大変動によってワシントン州シアトルから南アメリカのチリに至るまで、西海岸が水没するだろうという。

その記事はさらに、キーチ夫人の体験の発端について手短かに報道し、彼女が「高次の存在」からの教えを学び、そして〔その教えを〕伝える人物として選ばれたことを示すと思われるメッセージをいくつか引用していた。その記事には、キーチ夫人の写真も添えられていた。彼女は五十歳くらいに見えた。また、彼女は、ノートと鉛筆をひざにのせたまま、座ってポーズをとっていた。やせ型の、骨ばった女性で、髪の毛は黒く、鋭くて明るい色の目をしていた。その記事は非難めいたものではなかったし、記者は、収集した情報のどれについても、コメントしたり解釈したりはしていなかった。

キーチ夫人の声明は、ある特定の出来事について特定の予知を行なったものであり、また彼女が、少なくともそれを信じることに公にコミットしたが故に、さらに彼女が、より幅広い人々に対して、それに関する情報を提供することにある程度の関心を抱いていたことは明らかだった故に、これは、すでに読者に紹介した理論的アイディアの、「フィールド」における検証を行なう良い機会であると思われた。

十月初めに、著者のうちの二人がキーチ夫人を訪問し、彼女の影響の範囲内に他にも確信を持った人々がいるのかどうか、彼らもまたその特定の予知を信じているのかどうか、また、彼らがその予知に関連して、時間やエネルギーや評判あるいは物の所有〔や放棄〕といった面でどんなコミットメントを行なっているのか、といったことを知ろうと努めた。この最初の訪問の結果、我々はさらに研究を進めることになった。我々三人と何人かの観察者を募ってグループを結成し、キーチ夫人の思想に積極的に関心を抱く人々の確信〔の度合〕、コミットメント〔の状態〕、それに布教活動に関して、参与観察者としてデータの収集を行なったのであった。我々は、新聞記事が出る以前に起きた出来事について、できるだけ多くのことを知ろうと努め、また、もちろん、その後の展開についても記録をつけていった。観察者たちが入会を許され、良好な人間関係を維持し、データを収集した、その方法に関しては付録に詳しく記してある。十月初め以前の出来事に関して収集した情報は、回想にもとづくものである。それは、もっぱら、証拠文書およびその出来事に関わった人々との対話にもとづく。十月から一月初めまでに関しては、ほとんどすべてのデータは直接の観察によるものであるが、ときに我々が直接カバーできず、後になって、その当時そこにいた信者グループのうちの誰かを通じて聞いた出来事の報告もある。

以下の最初の三つの章は、キーチ夫人による自動書記に始まり、破滅的な洪水が予想される〔日の〕直前までの、十二月の決定的な日々に至るまでに起きた出来事に関するお話である。

これらの章は、背景的な資料を提供する。それらの章では、グループのさまざまなメンバーを紹介し、その個人史や運動への彼らの関与の度合、それに彼らが洪水に備えて行なった準備について述べる。また、その予知に伴なうイデオロギーやグループが接触した他の影響源のいくつかについても述べるであろう。そのような背景的知識は、十二月二十一日の夜に至るまでの行動や出来事のあるものを理解するのに必要である。これらの資料の多くは、本書の理論的なテーマと直接には関連していないが、このような細部に関する事柄によって、読者に対しては、これらの期間における〔グループの〕生き生きとした様相を再現できることと思う。

(1) P. Hughes, *A Popular History of the Catholic Church* (New York: Doubleday and Company, 1954), p. 10.
(2) Richard Heath, *Anabaptism: From Its Rise at Zwickau to Its Fall at Munster, 1521-1536* (London: Alexander and Shepheard, 1895), p. 119. これは、George P. Gould 編集の *Baptist Manuals: Historical and Biographical* の一つである。
(3) 前掲書、pp. 147-148.
(4) 前掲書、pp. 120-121.
(5) シャバタイたちの運動を記述する際には、H. Graetz, *History of the Jews* (Philadelphia: Jewish Publication Society of America, 1895), Vol. 5, pp. 118-167 における説明に従うだろう。これは、我々の判断では、単一の情報源としては最良のものである。

(6) Graetz, p. 122.
(7) 前掲書, pp. 134, 137.
(8) 前掲書, p. 146.
(9) 前掲書, pp. 147-148.
(10) 前掲書, p. 149.
(11) *The Memoirs of Gluckel of Hameln*, Marvin Lowenthal 訳 (New York : Harper, 1932), pp. 45-46.
(12) C. E. Sears, *Days of Delusion—A Strange Bit of History* (Boston and New York : Houghton Mifflin, 1924).
(13) Francis D. Nichol, *The Midnight Cry* (Tacoma Park, Washington, D. C. : Review and Herald Publishing Company, 1944).
(14) 前掲書, p. 33.
(15) 前掲書, p. 101.
(16) 前掲書, pp. 124-125.
(17) *Brother Jonathan*, February 18, 1843, Nichol, p. 130 に引用。
(18) *Signs of the Times*, January 25, 1843, p. 147, Nichol, p. 126 に引用。
(19) Nichol, p. 126.
(20) Sears, p. 119.
(21) Nichol, p. 160n
(22) Sears, pp. 140-141.
(23) 前掲書, p. 144.
(24) Nichol, p. 206
(25) Sears, p. 147.
(26) *Advent Herald*, July 17, 1844, p. 188, Nichol, p. 208 に引用。
(27) *Advent Herald*, July 24, 1844, p. 200, Nichol, p. 208 に引用。

（28）Nichol, pp. 209–210.
（29）前掲書、p. 213.
（30）*Advent Herald*, October 30, 1844, p. 93, Nichol, p. 216 に引用。
（31）Sears, pp. 156–157.
（32）Nichol, p. 231.
（33）*The Midnight Cry*, October 19, 1844, p. 133, Nichol, p. 236 に引用。
（34）*The Midnight Cry*, October 3, 1844, p. 104, Nichol, p. 238 に引用。
（35）Nichol, pp. 238–239.
（36）Hiram Edson, fragment of ms. on his life and experience, pp. 8, 9, Nichol, p. 247–248 に引用。
（37）Luther Boutelle, *Life and Religious Experience*, pp. 67–68, Nichol, p. 247–248 に引用。
（38）特に断わらないかぎり、キリスト教に関する我々の議論においてなされる引用は、すべて共同研究 *Christianity in the Light of Modern Knowledge* (London and Glasgow : Blackie and Son, 1929) 所収の論文からとっている。引用がなされた論文は、以下の通りである。Francis Crawford Burkitt, F. B. A., D. D., "The Life of Jesus," pp.198–256 ; Rev. Charles Anderson Scott, D. D., "The Theology of the New Testament," pp. 337–389 ; Rev. Canon David Capell Simpson, M. A., D. D., "Judaism, the Religion in Which Christ Was Educated," pp. 136–171.
（39）p. 335.
（40）p. 350.
（41）p. 165.
（42）p. 226.
（43）Graetz, Vol. 2, p. 166.
（44）不協和理論とその意義については、レオン・フェスティンガーによって書かれる未刊行の本において、詳細に述べられる。〔この本は、翌年刊行された。訳者解説を参照のこと。〕

第二章　外宇宙からの教えと予言

予言者が啓示を受ける場合、その啓示の源泉との最初の遭遇は、ふつうショックとは言えないまでも、混乱と驚きによって特徴づけられる。マリアン・キーチ夫人の場合もそうだった。我々がこれから本書で述べようとしている出来事が起きる一年ほど前のことだったが、夫人は、初冬のある明け方近くに目がさめた。「私は、なんだか腕がひりひりしたり、しびれているような感じがしました。それに、腕全体が肩のところまで暖かったのです」と後に、そのときのことについて述べた際、夫人はそう言った。「私は、誰かが私の注意を引こう引こうとしているように感じました。なぜだかわかりませんでしたが、私はベッド近くのテーブルの上にあった鉛筆と便せんを取り上げました。私の手は、私ではない別人の筆跡で、何かを書き始めました。その筆跡を見ていて、不思議に見慣れたものに思ったのですが、それが自分自身の筆跡ではないことはわかっていました。私は、誰か他人が私の手を使って書いているのを悟り、「あなたの正体は誰ですか？」と言いました。そして、答えがありました。たいへん驚いたことに、それは私の父だったのですが、父はすでに亡くなっていたのです」。

それは、心霊現象について、彼女が経験したなかで最も印象深い体験だったが、自分の亡き父親からメッセージを受け取ったことが、キーチ夫人にとってオカルト現象との最初の遭遇だったわけでは決してなかった。そのような現象に関心のある学生として、あるいは参加者の一員として、オカルト現象に遭遇したことがかつてあった。少なくとも十五年も前のことだが、ニューヨークに住んでいた頃、夫人はインド人の知人に招待されて、†神智学に関する講義に出席したことがあった。彼女は、そこで聞いたことに魅せられ、講師のメッセージの深遠さに強く感銘を受けた。夫人は、神智学の講義に何度か出席し、その度ごとに、その内容をもっと入念に研究するため、講義の謄写版コピーをもらった。

神智学にふれてから何年もするうちに、宇宙や自分自身の性質に対して元来持っていた深い好奇心から、キーチ夫人は、啓示のさまざまな源泉を探究するに至った。夫人は、†アイアム運動の創始者である†ゴッドフレ・レイ・キング（†ガイ・バラード）の著作を読み、人は、より優れた知の「光のなかを歩む」ことができる、という思想を持つようになった。病後の長期にわたる静養期間中に、夫人は、「宇宙のバイブル」という副題のある『†オアフスペ』に熱中した。†ジョン・バルー・ニューブラフ氏は、『オアフスペ』の最初の版権を持っていたが、普通の意味での著者であることを否定し、この本の内容は直接的な啓示によって彼にもたらされたものだと主張した。彼は、もっと高次の力に、筆記者として仕えただけなのである。『オアフスペ』は、人間の堕落に関する正統キリスト教の説明に挑戦して、人間を二つの勢力に分ける物語を述べる。その物語では、「フェイシスツ」は、戦争や放蕩や酒びたりをやめることを誓って神の戒律に従ったが、「ユージアンズ」は破壊的な本性をあらわにしたのである。

宇宙的な認識の探究のほかに、キーチ夫人は、自分自身への洞察も追究していた。彼女は、†ダイアネティックス〔前世の経験から、その人の行動を説明しようとする性格論〕のグループに加わり、同じくその会に加わっていて後に彼女の家に住むようになった友人によって「洞察を得」させられた。後にこの経験を論じて、夫人は、

「私はこれをむしろ〔別なグループの手法である〕サイエントロジー[†]と呼びたい。それは、人をできるかぎりその人生の昔にまで連れ戻す技術であり、科学なのです。友人たちは、私を誕生の時点にまで――実際には誕生前にさえ――連れ戻してくれる手助けをしてくれました。私は、自分が生を受けた日を思い出すことができます」と述べた。別な機会に、キーチ夫人は、誰でも生まれたときには自分の真のアイデンティティがわかっているのだが、成長するにつれてこの明確な認識を失い、したがって、本当の自分を失うのだと説明した。彼女の感じるところでは、サイエントロジーにおける主たる進歩の一つは、それが、個人の受胎と誕生の状況を理解することを可能にしてくれたのみならず、その人の前世におけるアイデンティティ認識の方法を与えてくれたことであった。

キーチ夫人が地球外の源泉からメッセージを受け取り始めたのとほぼ同じ頃、彼女は、今日の最もよく知られたミステリーの一つ――つまり空飛ぶ円盤――に積極的な関心を持つようになった。その関心から、彼女は、円盤の専門家がそのテーマに関して行なった一、二の講演会に出席した。専門家たちは、これらの物体が実際に外宇宙〔地球周辺を超えた宇宙空間〕や他の惑星からの訪問者を輸送して来ているという信念を詳しく解説した。地球外からのメッセージとそのような訪問者たちとの関係は、キーチ夫人にはおそらくすぐに明らかになったことであろう。

このような秘教的な認識をバックグラウンドに持っていたが、キーチ夫人は、父親のメッセージを書きとどめたとき、オカルト現象に対して初めて積極的に一歩を踏み出し始めていたのである。何でも初めはそんなものだが、それも特に印象に残ることではなかった。それは、彼女の父親から母親への手紙であり、その春、草花を植えることについて母親に指示を与えるものだった。それには、父親の魂の健康状態に関する、ある程度の情報も含まれており、また、短いし、むしろ不明確なものだったが、彼が現在置かれている周囲の状況や、彼が現在住んでいる「星（アストラル）」における彼の「生活のありさま」についての記述もあった。不明確さと支離滅裂さがこの最初のメッセージを特徴づけていたが、この点は、その直後に続いた一連のメッセージでも同様だった。それらは、ためらいがちに書かれており、多くの判読できない単語や人を困惑させるような新しい言葉が含まれていた。キーチ夫人は、そういった欠点の少なくとも一部は自身の責任だと判断し、集中力によって、また、助けと導きを祈ることによって、さらには絶え間ない従順な練習によって、霊界からのメッセージを書き取る能力をいっそう高める、という課題を自らに課した。

夫人はやがて、その世界には、〔神を〕あざ笑ったり信じなかったりした人々が住んでいることを知った。彼女は、父親の指示により母親に彼の最初のメッセージを伝えたが、母親は彼女を厳しくとがめ、そんな馬鹿げたことはやめるか、少なくとも、まだ生きている自分の母親にそんなことをするのはやめるように言った。キーチ夫人はがっかりしたが、この拒絶によって思いとどまりはせず、自分のうちに新たに育ってきた能力を信じ続けた。夫人は、毎日、座ってメッセージあるいは教えを受け取ることに慣れてしまったが、彼女の鉛筆が書く単語やフレーズの意味をつかもうとして、つらい欲求不満のうちに何時間も過ごしたり、しばしば疑念にも苦しんだ。全く何のメッセージもない日もあった。

格闘を続けているうちに、しだいに夫人は、他の存在あるいは他の知性が自分に「連絡をとろう」としていることに気づき始めた。彼女は後に、このように言った。「父親が私の手を使うことができるくらいなら、もっと高次の力が私の手を使うことができてもいいはずだ、と私はふと思ったのです。私はいつも人類同胞のことに関心がありましたし、いつも人類の役に立ちたいと思っていました。自分が悪い手のなかに落ちてしまわないように、たいへん熱心に祈っていたことも申し上げてよいと思います」。メッセージを書き取り始めたこの初期の頃、キーチ夫人は、自分が「星」に住む存在の「手のなかに落ちる」ことを明らかに恐れるようになったのだ。夫人の説明では、その星は、地上に残してきた人々と交信しようとして必死な霊魂によって満ちあふれている。その執拗な叫びは、もっと高い（すなわち、密度のより低い）霊的波動周波数のところに住む、より高次の存在から入手できる情報を混乱させたり、それを消し去ったりすることがあるのだ。

キーチ夫人の祈りは聞きとどけられた。まもなく彼女は、自身のことを「長兄」と名乗る存在からメッセージを受け取るようになったのだが、それは夫人に、父親がもっと高いレベルへと上昇するためには、霊的な指導を相当必要としていることを知らせてくれた。キーチ夫人と長兄との間で、そのような指導を与えようとする試みがなされた。しかし、彼女の父親は、彼が後に残してきた地上のさまざまな事柄にあまりにも心を残している、手に負えない生徒であることがわかった。彼は、星界の霊魂によくあるようだが、注意が集中せず、他人に迷惑を与える存在であった。それで、長兄もとうとうさじを投げ、キーチ夫人に対して、もっと実現可能で重要な仕事――つまり彼女自身の霊的な成長――に注意を向けるべきだと諭した。

春が深まるにつれ、夫人はメッセージを受け取る能力をしだいに発展させ、交信相手の数もふえていった。長兄のほかに、クラリオンとセルスという惑星に住む他の霊的な存在から、書き物を受け取り始めた。四月の中頃に、夫人はサナンダからの交信を受け始めたが、サナンダは彼女にとって、正統的なキリスト教による啓示に結びつく絆の主要なものであるだけでなく、最も重要な情報と指導の源泉であることが運命づけられていた。というのも、後になってサナンダは、自分こそが歴史上のイエスの現在の姿だと認めたからである――彼のサナンダという新しい名前は、光の「新しいサイクル」あるいは時代の始まりにちなんで、付けられたのであった。

能力の増大にもかかわらず、キーチ夫人は、依然として自分の能力［の足りなさ］を心配し、自分よりすぐれた存在から、見込みのない生徒として見捨てられるのではないかと恐れていた。しかしながら、復活祭の朝、彼女はこの点については安心させられたのであった。その朝、七時に目をさました直後に、長兄から次のようなメッセージを受け取ったのである。

「私はいつもおまえと一緒だ。日々の心配事で心を痛めることはない。私たちは、光のなかで後に続こうとし、その準備のある者たちを教え導くだろう。私は選ばれた者たちの面倒をみるだろう。私たちを信じなさい。「忍耐し、学びなさい。私たちはそこで、おまえに専任者としての仕事を用意しているのだから。それは、私がやって来るまで、地上での連絡をするという任務だ。それはまもなくのことだ。

「おまえは、私がおまえのところへやって来ることをめぐって経験することを、人々に伝えるよう命じられていた。そうすれば、人々の心のなかに道が準備されるからだ。私は再び、おまえたちの一人一人を教え導くためにやって来るだろう。自分は信じていないとおまえに言った者たちも、ときが満ちれば私たちを見るだろう」。

キーチ夫人は、このメッセージの意義とそこに見出した霊的な心地良さについて、しばしば述べた。それは明らかに、彼女が守護霊たちと呼ぶようになる存在から、彼女に対して指導と指針をはっきりと約束する最初のメッセージだった。それは、彼女の書き取る物は純粋に長兄からのものであって、何かもっと劣った源泉からではない、ということを長兄自身の言葉で保証するものだった。それはまた、夫人が自分の経験を「超能力」によって他の人間たちに伝えるべきことを再び彼女に請け合った。この最後の点が、我々の研究では重要である。これ〔経験を伝えること〕は、夫人の側での布教活動として解釈してもよい最初の表われであるからだ。我々は、この局面に関して、彼女自身が後に述べたことからだけでなく、そのメッセージからも、大胆だが次のように推測してよいだろう。すなわち、夫人は、あまり多くの人々には語りかけなかったし、〔語りかけた人々に対しても〕彼女が本当に特別な受信能力を授けられていることを確信させるという点では、あまり首尾よくいかなかっただろうということである。

そのようなメッセージは、布教活動に触れてはいたが、春の間はときたまにしか伝えられなかった。しかしながら、信奉者たちを改宗させる試みが我々の研究の主要な関心事であるから、この期間におけるキーチ夫人の行動について何がわかっているかを検討するだけでなく、彼女の初期のメッセージに含まれているところの、この布教という目標に向かって鼓舞するものの糸をたどる方が賢明であろう。

復活祭のメッセージの数日後、キーチ夫人は、〔霊界にいる〕サナンダのアシスタントの一人から、夫人が「まだ理解していない多くの真理」を教えてあげると約束する交信を受けた。そのメッセージは次のように続いていた。


「あなたは私たちに何ができるでしょう？　そうですね、あなたは世界に対して、私たちがとうとう地球という惑星とコンタクトをとったこと、それは、あなた方の科学者がこれまでに爆破させた爆弾によって触知可能になったエーテル波によってである、と告げることができます。これはちょうど、アコーディオンのように作用するのです。収縮した部分が、海の生命に満ちた大規模な光の層を支えているエーテルのカルセイアスレベル、すなわち大気のレベルを離れると、それはバリアーになる。〔ところが〕今や爆弾がそのバリアーを破壊してしまったので、我々はそこを通り抜けることができるのです。それは、あなた方の科学者たちがソニックバリアーと呼ぶものです。私たちは、あなた方の時間で言えば何年にもわたって、アルセトープス〔後述〕とアーリングタイマー〔アーリングについては後述〕で突破しようとしてきたのです」。

キーチ夫人は、同じ日のその後に来た別なメッセージで、彼女が認識した上で「この世界に知らせる」手助けとなるような助言を受けた。

「あなたにとって新しいことを学ぶことになるから、私たちはあなたを寛大に扱うつもりです。というのも、この経験はあなたにとって、たいへんショッキングなものになるでしょうから。あなたのまわりに、真に冷静な考え方をする人たちが必要でしょう。あなたの気持ちを落ち着かせられる博識の友人を二、三人作りなさい。そして彼らに、あなたが行なっていることを知らせなさい。あなたが誤解されないよう、一緒に見守ってもらいなさい。あなた方が持っているものを互いに分け合いなさい。準備のできている人々とすべてを分け合い――そして啓発し合いなさい」。

二週間後の別なメッセージでは、サナンダはキーチ夫人に対し、保護と導きを求める彼女の願いは聞きとどけられ、応えられつつあると言って安心させ、次のような指示を与えた。「専任者の仕事は、この知らせを広め、物語り、そうする際に恐れないことだ。世界の心は未だ無気力である。目ざめることを欲してはいないのだ」。

これらのメッセージが、他の惑星にいる、もっとすぐれた存在の意思というより、むしろキーチ夫人自身の願望を反映しているかぎり、それらは、夫人が、自ら有していると感じる特別な認識を人々に伝えたいとする、やむにやまれぬ衝動を感じ始めていたことを十分明白に物語っている。しかし、夫人は、このような衝動をどう処理したのであろう?

あいにく、仲間の信者を見つけようとする夫人の当初の努力については、ほとんどわかっていないし、また、〔証拠は〕いささか混乱してもいる。というのは、キーチ夫人にしても、後に彼女のまわりに集まった人々にしても、日付や場所については記憶がおぼろげであったし、時にはお互い同士だけでなく、自身でも矛盾していたからである。しかしながら、我々が得た限られた証拠から、二、三のことは推測できる。夫人が自身の経験について夫と話し合ったことはわかっているが、夫は全く理解しなかった。彼は限りない忍耐と優しさと寛容さを備えており、それはほとんど卑下に近いくらいであったが、妻が他の世界と交信できるなどということは決して信じなかった。それでも彼は、夫人の活動に積極的に反対を唱えたり、交信させないようにしたりすることは、決してなかった。彼はただ、自分が運送主任をしている配送会社での日々の仕事に精を出し、彼の家で起きている奇妙な出来事が、自分の日常生活をいささかもかき乱さないようにしたのだった。

かなり確かなことは、彼女が、守護霊たちの忠告に従って、二、三の友人を得、彼らに自分が行なっていることを話したことである。というのは、六月までに、近くのハイベールから来ていた女性の知人が、キーチ夫人の受け取ったメッセージのうち、より重要なもののいくつかをタイプし多数のコピーをつくろうとして、惜しげもなく時間とエネルギーをつぎこんだからである。少なくとも、キーチ夫人の信奉者たちのうち、最も信心深い二人が夫人のことを知ったのは、この女性との会話を通じてであったことがわかっている。この同じ女性は、キーチ夫人を小規模でインフォーマルな主婦のサークルに紹介した。彼らは、ハイベールのいろんな家庭で会合を持ち、ダイアネティックスやサイエントロジー、形而上学〔メタフィジックス〕やオカルト的なトピックについて論じ合っていた。一つかそれ以上のミーティングで、キーチ夫人は自分の「教え」の抜粋を朗読し、彼女がどのようにしてそれらのメッセージを受け取ったかについて述べた。夫人がレイクシティのダウンタウンで、ダイアネティックスを学ぶ第二のグループとも、ときたま接触を持っていたと結論してよい理由がかなりある。

おそらく最も重要なことは、彼女が、先に述べた空飛ぶ円盤のテーマに関する講師をしている専門家と、自分が書き取った物について論じる機会があったことである。レイクシティでの彼の講演の際に、キーチ夫人は、自分の経験を話してメッセージのいくつかを彼に見せた。彼は夫人に強い印象を受けたようだった。というのは、しばらくして彼は、スティールシティの空飛ぶ円盤クラブへ行く講演旅行の途中だったのだが、キーチ夫人に好意的な手紙を書き送ったらしいからである。とりわけ彼は、このクラブのミーティングに頻繁に参加していたトーマス・アームストロング博士に、夫人のやっていることを語ったのである。アームストロング博士は、スティールシティからおよそ百マイル〔約一六〇キロ〕離れた小さな町カレッジビルに住んでいる医師だった。彼とその妻のデイジーは、キーチ夫人のまわりに集まったグループの、その後の発展に非常に顕著な役割を演じることになるから、ここでさらに彼らについて述べ、彼らが関与するに至った道筋をできるだけ説明しておこう。

トーマスおよびデイジー・アームストロングは、カンザスで生まれ育ち、あるリベラルなプロテスタント教会のために、エジプトで医学伝道師として働いたことがあった。およそ五年の間、福音と健康法を広め、休暇でアメリカに帰ったのは、ちょうど第二次世界大戦の勃発の頃だった。その戦争のため、彼らは一九四六年まで、伝道の仕事に戻ることができなかった。そして、その年に彼らは、大きな希望と高い理想を抱いて、三人の子どもを伴ない再び出発した。ところが、このときは、彼らにとって不愉快な滞在になってしまった――少なくともデイジー・アームストロングにとってはそうだった。というのは、かつて自ら述べたように、彼女は「神経衰弱」にかかってしまったからである。暴力と血まみれの死を特徴とする悪夢に悩まされ、彼女の愛する人々が、先のとがった物体、とりわけナイフや斧や刀のようなものによって傷つけられるという、さし迫った危険にさらされているとする強迫観念を自身では取り除くことができなかった。彼女はたえず、切り刻みや刃傷や首切りの夢魔と妄想にかられていた。夫の仕事台にある簡単な器具ですら、彼女を脅えさせたので、彼女の目に入らないようにしなければならなかった。

アームストロング夫人の不安は、それを克服しようとする彼女自身や彼女の夫によるどんな試みによっても、変わらなかった。彼女は、自分の感情が不合理なものであることを認識していたが、それを意志の力で追い出すことはできなかった。また、夫の元気づけや家庭での食事療法や短い休暇も何ら効果がなかった。祈りすら役には立たなかった。アームストロング夫妻は、とりわけ、この最後の失望に心を痛めた。アームストロング夫人がかつて言ったように、彼らがなぜ、こんな悪感情による迫害にあうよう選ばれたのか、わからなかった。何と言っても、彼らは常に良き生活を送ってきたのであるし、正しいことを行なおうとし、確かに良い仕事についてきたのだから。それなら、なぜ彼らが？「私たちは最後に、何かわけがあるはずだと心に決め、それを探し始めました」と彼女は付け加えた。これが、アームストロング夫妻が神秘主義やオカルトの研究に向かった理由だったのかもしれない。彼らは、それらの分野のものを広く雑多に読みあさった。彼らが研究したのは、ヒンズー教の聖典、†聖書外典、『オアフスペ』、神智学に関する本やパンフレット、†薔薇十字運動、†ニューソート、アイアム運動、それに†ウィリアム・ダッドリー・ペリーの神秘的な（だが、明らかに非政治的な）著作であった。彼らが、これらの文献のなかで出会い、そして細部にわたって議論し合った諸思想は、多くの人々が懐疑的に見るさまざまな可能性に対して、彼らの心を開かせたように思われる。彼らは霊的な世界の存在を信じた。その世界の支配者たちは、地上の人々と交信でき、また彼らを教え導くこともできるのだ。彼らは、（肉体の変化や運動なしに）超感覚的な交信や霊魂の移動が生じたことを確信していた。さらに、輪廻を含め、もっとありふれたオカルト的な信念の多くのものに賛同していった。

　一九四九年に彼らはアメリカへ戻り、アームストロング博士は、イースタン教員養成大学で学生保健サービスのスタッフメンバーとしての職を得た。彼のその仕事は、明らかにいつも決まりきったものだったので、秘教的な文献研究を続けるのに都合のよいことに、心と時間を自由にしておけた。アームストロング夫妻は、引き続き、正統的なキリスト教の宗教活動に参加していた。彼らは、非宗派的なプロテスタント教会に参加していたのだが、そこでアームストロング博士は、「シーカーズ〔求道者たち〕」という、若者たちのためのグループを組織した。

それは、主として大学生から成っており、週に一度、倫理的、宗教的、形而上学的、それに個人的な諸問題を論じ、常に真理を追究していた。長身で四十代前半のアームストロング博士は、落ち着いた自信に満ちた雰囲気を持っており、それが聴衆に信頼感を吹き込むように思われた。

どんなトピックもシーカーズにとっては糧になったので、アームストロング博士が空飛ぶ円盤に相当な関心を示し始めたときでも、大部分のメンバーにとっては何ら驚きではなかったのかもしれない。なぜ彼の注意がこの現象に引きつけられたのかは、はっきりしない。しかし、ある年の冬、彼は南カリフォルニアを訪れる必要があった。そこに滞在している間に、彼は、他の人との共著で最近『空飛ぶ円盤は着陸した』を出版したジョージ・アダムスキーを探し当てた。この本には、空飛ぶ円盤に乗ってやって来て、カリフォルニアの砂漠センター近くに着陸したと称する生物にアダムスキーが出会った、という話が書いてある。アダムスキーはその生物と話を交わしたと言っており、彼の本には、その訪問者が再び円盤に乗り込んで、帰還基地のある金星へ向けて飛び立つ際に残した足跡の絵が載っている。アームストロング博士は、アダムスキーとの長時間のインタビューを楽しんだ後、空飛ぶ円盤が現実のものであって幻想ではないこと、それは他の惑星から飛来したものであり、人あるいは生物を乗せ、探査と観察の任務のために地球を訪れていたのだ、ということを確信して帰った。彼はまた、その金星人の足跡の絵の拡大コピーを持って帰って来たが、その足の裏側の奇妙な模様が、彼にとっては神秘的な性質を持つ何かのシンボルに思われた。

アームストロング博士がカレッジビルへ戻ったとき、彼の妻もまた、これらの足跡によって伝えられたメッセージを解釈するという仕事に興味を抱くようになり、それを自らの課題とした——その仕事は、彼女がマリアン・キーチに出会った年の五月二十二日までに、満足の行く形で完成していた。その足跡についての彼女の解釈によれば、それは沈没したムー大陸やアトランティス大陸が〔再び〕隆起することを予見していた。それは、北アメリカ大陸の洪水と軌を一にするであろうという。ずっと後になって八月に、マリアン・キーチが、十二月二十一日に洪水があるだろうという予知を受け取ったとき、デイジー・アームストロングは、自分が独自に到達した解釈が確固たる証拠となるから、この予知はそれだけ確かだ、と強調したのだった。

四月の終わりか五月頃に、アームストロング夫妻は、空飛ぶ円盤の専門家からキーチ夫人のことを教わった。彼らは、その後まもなくキーチ夫人に手紙を書いて、夫人の仕事に興味を持っていることを述べ、オカルトに関する彼ら自身の探究について書いた。

その間、キーチ夫人によると、彼女自身はサナンダから「カレッジビルへ行け。そこには、私が光でもって、わからせようとしている子どもがいる」というメッセージを受け取っていた。夫人は、その町に誰も知り合いがいなかったから、ひどく当惑し、どうすれば良いかわからなかった。だから夫人は、アームストロング夫妻の手紙を受け取って喜んだ。偶然の一致にしては出来すぎている、と彼女は感じた。見知らぬ人々が住んでいる町の、ほんの昨日までは他人だった人々と接触を持てたことには、大きな意味があるに違いなかった。その後、彼女は、デイジー・アームストロングこそ、あの教示に言うところの「子ども」なのだという結論を下したが、この結論にアームストロング夫人はすぐさま同意した。というのも、彼女は、守護霊たちが長い間「光でもって自分を貫こう」としてきた、と感じていたからである。また彼女は、これらの試みに対して彼女自身が盲目であり、感受性のなかったことが、エジプトに居たときの彼女の「神経衰弱」の根本原因だったのだ、と感じたからでもある。

最初の接触以来、友情は急速に発展し、レイクシティとカレッジビルの間の二百マイル〔約三二〇キロ〕の距離さえも、親密な友情が育まれる妨げにはならなかった。五月と六月の間は手紙を交換し、六月の後半になって、アームストロング夫妻は、キーチ夫人のもとを訪れるためレイクシティまで車を走らせた。それは、明らかに同じ気持ちを抱いた人々の出会いだった。というのも、アームストロング夫妻は、滞在を延長したのみならず、お返しの訪問をしてくれるようキーチ夫人を招待したからだ。彼女は、七月四日の週の週末をカレッジビルで過ごした。場所が変わっても、外宇宙との交信の流れは中断するように見えなかった。七月の間も、キーチ夫人の生産性は高いままだった。彼女はときに、たった一日で十通ものメッセージ、すなわち「教え」を受け取ったが、外宇宙から何らかのコミュニケなしに過ぎた日は、ほとんどなかった。

これらのメッセージの内容はさまざまだった。それらは、他の惑星における自然環境や食事についての短い記述から、じきに地上を襲うはずの戦争や破壊についての警告や前兆に至るまで、非常に広い範囲のトピックにわたっていたが、それらにまじって、教えに「耳をかたむけ、信じ」ようとする人々を待ちかまえている啓発や喜び、それに、比類のない新しい経験についての約束も見られた。長さも相当まちまちだった。一つないしは二つの文から成るものから、六百ないし七百語を数えるものもあった。が、大部分はおよそ二百五十語の長さだった。

これらのメッセージに表われている信念体系全体の、簡単で明瞭な記述を行なうことはむずかしい。そのイデオロギーは、複雑であるのみならず融通無碍(ゆうづうむげ)で、新しい影響源(おそらくキーチ夫人が出会った新たな人々、あるいは彼女が目にした新たな出版物)に反応して、あれこれと変化した。背景的な知識を与える目的で、我々は、これらのメッセージを凝縮させた一般命題を書きとどめ、書かれたものそれ自体からの抜粋によって諸命題を例証しようと思う。可能なかぎり本文のどこであっても、なじみのない言葉や表現に関する「公式」の定義も提示しておこう。それらは、キーチ夫人の編んだ用語集からとったものか、あるいは、我々が観察をしていた時期に信者たちの間で行なわれていた用語法からとったものである。

最初の命題は、地球を含む太陽系のかなたに、諸惑星から成る宇宙があり、その宇宙の少なくとも一部には、すぐれた知能と智恵と技能をもつ生物が住み、途方もなく進んだテクノロジーを有している、というものである。これらの生物は人間と似ているが、人間よりも高い「波動周波数」(すなわち、より低い密度)で存在しており、人間なら行動や物理的な力の操作に頼らなければ成し遂げられないことを、思考や「認識」によって実行する能力を持つのである。

こうして、たとえば七月八日には、サナンダはキーチ夫人に接触し、「守護霊たちはUN〔造物主の智恵、崇高な自我の心〕から成る存在で、第七あるいは第八の密度層に昇り、造物主と同一性を持つUNであって、見るという目的で彼らが選んだ窓あるいは乗り物をそのUNによってつくり出すことができ、実際つくり出すのだ」と教えた。五月十四日には、別な守護霊が「クレトンの第七密度層」（おそらく「セルス座」の惑星）から語りかけてきて、次のように説明した。「我々は光を推進力としたアヴァガダ〔宇宙船〕にいる。我々は地球の人類に似ており、多くの共通したところがある。我々〔と人類〕の間には、数百万年もの文化の格差があるが、それでも我々〔と人類〕は兄弟だ。〔しかし〕我々が自然の日常的な喜びとして楽しむものを、この世界のおまえたちには想像できまい」。サナンダは、クラリオンという惑星を手短かに説明してくれた。「それは、住むのに適した美しいところだ。そこでは――雨や雪のような――天候の変化がある。我々は気温に身体を適応させるのだ」。彼は守護霊たちの食事についても述べたが、それは「ふくれあがるパンで、雪のようだ」という。

四月二十四日には、いくつかのメッセージによって、次のような情報が得られた。「我々は、おまえたちの大気を通過してやって来ているのだから、おまえたちの天文学者たちは我々を見ているのだ。〔だが〕彼らは、大きな黒点だと言っている。地球の人々と交信するさまざまな手段は、我々が操作するさまざまな周波数によって説明できる。我々のシステムは、おまえたちにはたいそう複雑だろう。実際にはとても簡単なのだが……私は、おまえたちがテレパシーと呼んでいる意識間知覚を経て、やって来ているのだ……これは我々共通の交信手段で、我々自身の惑星と、我々が交信を行なう他のすべての惑星との間で用いられている。どれくらい〔の惑星と交信している〕と尋ねるのか？　数えることはできない。ゼロを書き続けるのに十分な紙がないからだ。これは、おまえたちにとっては驚くべきことだろう。というのも、我々は数百万年間もの間、学んできたからだ……我々は、おまえたちが知っているような死は知らない。まゆが蛾に成るように――とても意識的に、そして自発的に――変化を必要としたり望むときには、変わるのである。我々は決して以前の層〔地上での肉体〕に戻りはしない」。

サナンダは、さらに次のような言葉で交信技術について述べた。「おまえが聞いたサーミン〔『我々の思想や行動等をロソロ〔後述〕に記録するもの』〕は、本当にセルスからのものだった。我々が、おまえたちの地球から来る波動インパルスを測るのは、エンジンに似た代物だ。〔今、行なっている〕この交信は、おまえ用のサーミンに記録されている。これは大きな鏡にとてもよく似ていて〔ごく最近の発明である光ディスクを連想させる＝訳者〕、おまえの考えは、おまえが考えるや否やそれに記録される。それから、我々のインパルスは、磁気エネルギーのかたちで送り返される。それは、セレコブレットという、おまえたちの科学者たちがこれまで想像したこともないようなものでなされるのだ」。

第二の主要命題は、守護霊たちが（セルス座にある）「ロソロ」と呼ばれる宇宙の学校での指導者あるいは教師であって、彼らがキーチ夫人と交信するのも、彼女に――あるいは彼女を通じて他の人間たちに――人類の霊的な発達を促したり、地上の人々に対して、前途に横たわるある種の変動に備えさせるのに必要な原理や思想や、正しい行ないをするための指針を教えるのが目的だった。こうしてキーチ夫人は、「宇宙の法則についての無知こそが、地上の惨状のすべてをつくり出している」と告げられ、「我々は、おまえたちが闇のなかで格闘し、真の光をもたらしたいと思っていることを見て知っている。それというのも、おまえたちの惑星は、戦争と憎しみの存在する唯一の惑星だからだ……我々は悲しみを感じているわけではない。むしろ、おまえたち地球人の進歩に関心を抱いているのだ。なぜかって？　我々が兄弟だからだ。これ以上言う必要があるだろうか？」と言われた。

長兄は、中間報告をして、キーチ夫人を励ました。「私たちがおまえたちの惑星とコンタクトを持って以来、おまえたちは地球上の人類の進歩のため、私たちの光の力に応じてきた」。「確かに」とサナンダが、後になって別な機会にこう述べた。「光明はある。それは、いずれおまえたちに示されるだろう。おまえたちは、闇の時代の終わりに来ているのだ。世界の光明は、アーリングたちの到来で明らかになるだろう。アーリングたちは、おまえたちが大気と呼んでいる層に住む者たちだ。大気は、地上の愚鈍な人々には見ることのできないような波長〔の光〕を持つ者たちで一杯なのだ」。

多数のメッセージが、外宇宙からの視察を約束しており、訪問者たちの地球に対する関心をほのめかしていた。四月初めに、サナンダは次のように言った。

「何機もの円盤がウェストバージニア州の上空にいて、戦争資材を製造し戦争資源から利益をあげている世界の産業人についてのリストをつくっている。円盤は五月には着陸し、おまえたち地球上の者たちと接触するだろう……ウェストバージニア州に着陸するのは、六月になるかもしれない」。五月半ばに、長兄は次のように述べた。「私たちは、おまえたちの地球の視界に多数入りつつある。ニューヨーク、首都ワシントン、シアトル、そしてシカゴの上空に、大勢の人が見るだろう。私たちはいろいろな所に着陸するだろう。そのなかには、ウェストバージニア州、〔南北〕カロライナ両州、それにバーモント州が含まれていよう。私たちは、そこで接触を持つのだ」。長兄はさらに、もっと興味深いプランをも約束した――それは、他の惑星への旅行である。「私たちは、何人かの者を私たちの平面――つまり惑星――への旅行に連れて行く予定だ。私たちは、六人の一行がウェスティングハウスから私たちの領地を訪れるための手はずを整えつつある。このことは、おまえにとっては驚きだろうか？　私たちは、おまえたちの世界から人々を連れ帰ったことがあるのだ。ニューヨーク州のシラキューズで一人、同じくシェネクタディで一人、イリノイ州のロックフォードで一人、カリフォルニア州で一人――カリフォルニア州〔原文のまま〕とアリゾナ州およびオレゴン州では二人以上。彼らのうち二人は今、私たちの惑星、ユニオンにいる。彼らは、地球上では特別な任務を帯びていたのだ」。

夏の初めまでには、洪水予言の前兆がすでに現われ始めていた。その時期のメッセージに目を通すとしだいに明らかになることだが、キーチ夫人の教えや惑星間の人的交流計画には、その背後に、予想される全世界的な災害を回避ないしは緩和するという、理論的な根拠があったのである。

最も初期のメッセージでは、地球に起きる将来のトラブルを漠然と示唆していたのだが、その意図ははっきりしていない。しかしながら、五月二十三日にサナンダが現われ、次のように言った。「これから先の数週間に、我々は大挙してやって来る予定だ。それというのも、戦闘準備が展開されつつあるからだ……〔地球上のある種の住人たちが〕集められ、来るべき出来事による大虐殺の経験をまぬがれるだろう」。戦争というテーマは、晩春から初夏にかけて、その他の数多くのメッセージに漠然と示されており、また、調和と平和という至上の幸福についてや、対立のみじめさ、むなしさ、それに狂気については、何度も触れられている。いくつかの箇所で、守護霊たちはキーチ夫人に、「殺戮によって地上の人々を教え導く」人々は、やがて闇と恐ろしい報いに直面するだろうと約束し、次のように警告している。「地上の人々は突進している。彼ら自身の自殺へと突進している……これに対し我々は、空中でのサインと不思議さで応えているのだ」。しかしながら、五月にも六月にも、また七月にも、「大虐殺」の性格についてや地球上の特定のいかなる大災害についても、何ら明示的な言及はなされなかった。八月の終わりになってやっと、メッセージは、人類に何が待ち受けているのかをもっと単刀直入に彼女に警告し始めている。

他にも多くの興味深い教えが集められている——我々が引用できるスペースをはるかに超えた量である。内容の一部は、キーチ夫人の日常生活に起きたいろいろな出来事を反映している——夫人の家に招かれた客や訪問者があったこと、新たな探究者が現われたこと（このような人に対しては、ほとんど常に、〔人類が待ち受ける〕来るべき偉大な事柄を賛美し、かつそれを約束した）、あるいは、以前弟子だった者がいなくなったことがある（これには通例、地上の人々を啓蒙することの難しさに対する、守護霊たちからの悲しみに満ちたコメントが付いていた）。まとわりつく「闇の力」から彼女を保護してくれるという、元気づけるメッセージもある。好戦論者、科学者、非信奉者、そして唯物論者に対する激しい非難もある。さらに、非常に多くの忠告のメッセージもある。汝の隣人を愛せよ、「光を求めよ」、考えることをやめよ（「考えることは第二の愚鈍さだ」や「我々が造物主の教えを学んでいる際に、考えることは何のプラスもない」）、そして「五感にゆだねよ」、そうすれば、「神なる父」あるいは「造物主」の言葉を信じることによって達成される「直接的な認識」あるいは「内なる認識」を得るかもしれない。とりわけ夫人は、忍耐強く従順で、かつ誠実であるよう忠告された。そうして、これらの資質は、しばしば厳しい試練にさらされた。

ときおり守護霊たちは、空飛ぶ円盤の着陸や宇宙からの人々の訪問といった、将来起きる特定の出来事について、キーチ夫人に予知をもたらすことがあった。夫人はまた、ちょっとした仕事を実行したり、ある種の場所へ行くようにという、多数の「指令」も受けた。こんな具合にしていて、四月には、サナンダが夫人に語った。「おまえが講演に行くと、ラングレーフィールドから来ている男と接触するだろう。彼は、短期間だが、我々の惑星に滞在していた。彼はおまえに「早かったな」と言うだろう。これは、彼がおまえのことを知っているというサインなのだ。彼は光のビームに乗り、大気を突き抜けてやって来たのだ」。また別な機会には、レイクシティのダウンタウンの、とある街角へ行くよう「指令を受け」、夫人はそこでほぼ一時間待って疲れてしまったが、何も変わったことは起きなかった。何度か夫人は、家あるいはその近くで円盤を「目撃すること」を約束されたが、〔いつも〕失望させられた。しかしながら、彼女の確信と師への忠誠に対する最大の試練は、七月の終わりに受け取った予知の結果として訪れたものだった。

七月二十三日の朝、キーチ夫人の鉛筆は、次のような重大なメッセージを書き出した。「おまえが南の空に見る一筋の光が、我々の方向を示し、「トーラ」の船〔宇宙船〕のターンやスピンの動きとともに脈動する。トーラは、八月一日の日の光のなかで、この惑星の上に――リョンズフィールドの地に――着陸することになる。着陸がなされるとき、このフィールドは世界の終わりがやって来たかのようであろう。このフィールドの真ん中にいて外宇宙からやって来た船を見ても、技術者たちは自分の感覚を信じないであろう」。このメッセージは、こう締めくくってあった。「それは、我々が投げかける、たいへん正確な一筋〔の光〕である」。

さらに交信するうちに、キーチ夫人は、着陸を目撃するため正午までにリョンズフィールド――陸軍の航空基地――に来るように、という言葉を得た。彼女の知り合いの多くが彼女のプランを知ったが、それは明らかに、このときこの教えのコピーをタイプしていた友人のオフィスを通じてだった。キーチ夫人は後にはっきりと、その機会に群衆を集める意図はなかったと言明したが、夫人が、自分の使命は秘密のものだと思っていなかったのは明らかだった。「私は、八月一日にリョンズフィールドへの着陸がなされると誰かに言うことで、交通渋滞を引き起こしたくはなかったのです。なぜって、もしすべての円盤狂いがハイウェイにやって来て円盤を見ようとしたら、渋滞の起きることがわかっていたからです。だから私は、それについては何も言おうとしなかったのです」。しかし、そのニュースは漏れ、その遠出に加わるかどうか、そのフィールドで彼女と合流するかどうかを何人かの人々は尋ね合った。アームストロング博士と妻は、当時、キーチ夫人の週末のゲストとしてレイクシティに居たが、彼女と一緒に行くかどうかを尋ねられた。彼ら三人は、〔結局、一緒に行くことになり〕正午のほんの少し前にフィールドに着いた。

フィールドのメインゲートの近くで、アームストロング夫妻とキーチ夫人は、別な車で来た二人の知り合いと合流した。そして一行は、フィールドに接して多くの車が軽快に走っている道路を見つけ出した。車道と空がよく見える場所を選んで彼らは車を止め、待つ準備をした。「私たちは、自分たちの探しているものをよくは知りませんでした。私たちは円盤を探していたのですから」と、キーチ夫人はかつて、その出来事について述べた際に言った。「私たちは、車の後ろからランチを取り出してきて、そこで立ったまま食べました。フィールド内で道路のそばに立って、持って来ていた〔太陽の直視を避ける〕偏向板を通して空を見上げるだけですから、私たちとテーブルを囲んだことのない人々〔アウトサイダーたち、つまり、守護霊たちから与えられる認識の喜びを分かち合っていない人々〕からすれば、私たちはたいへんな愚か者に見えたに違いありません」。

そのとき突然、キーチ夫人は、見知らぬ男が一行のもとへ近づいて来るのに気がついたのだった。道路は長くまっすぐで、それに接するフィールドには何も覆ったり隠したりする物はなかったのに、夫人は、彼らに向かって歩いて来つつあったその男が見えなかったのである。あたかも、薄い空気のなかから彼の肉体が現われたかのようだった。彼はハイウェイを横切って一行の方へやって来たのだが、彼が近づくにつれ、夫人は何か奇妙なもの、その風貌やふるまいにほとんど奇怪なものを感じた。夫人は、彼の少しおかしな「目つき」や妙にぎこちない身のこなしを思い出す。

一行の婦人の一人が驚いて、キーチ夫人に「気をつけなさい。あの男は気違いよ」と忠告した。しかしキーチ夫人は、恐れを感じるどころか、この熱く乾いていて、快適さやさっぱりした感じとは無縁な道路上にいる見知らぬ男に対し、ただ好奇心と共感を感じただけだった。彼女は、車の後ろからサンドイッチとグラス一杯のフルーツジュースを取り出してきて、彼にさし出した。しかし彼は、ゆっくり、そしてていねいに、断わったのだった。

「私は、あんな時刻の寂しいハイウェイ上で、冷たい飲物をいらないと言う人を想像することができませんでした。〔それで〕もう一度すすめたのですが、彼はただ「結構です」と言うばかりでした。私は彼の目を見ました――それは私の魂を見通す目でした――そして、彼のその言葉は、私の足先にまで電流を流したのです。それなのに、私は正しく行動しませんでした。私たちはそこに立って空を見上げ、円盤を探していましたので、彼も見上げようとし、それから私たちを、特に私を、見ようとしたのです。私が彼に食べ物をさし出した後は、彼は向きを変え、歩き去ってしまいました。私はひどく悲しい気持ちになりました。なぜなのかは、そのときにはわかりませんでした。私は、「どんな食べ物なら彼にあげられるかしら？　他に何かあげるものがないかしら？」と思って車の方へ行きました〔すいかを一切れ取りに行ったのです〕。車は二十フィート〔六メートル〕ほど離れていました。車にたどりついたとき振り返ってみましたが、彼はいませんでした――全く消えてしまっていました。さえぎる物は何もありませんでした。そこで私は気づいたのです――ああ、話せません。それを言う言葉もありません。私は、何か理解できないことが起きているのは、わかっていたのです。何かの近くに居ることは、わかっていたのです」。

その後は注意を怠らなかったが、何事もなかった。次の二時間の間に円盤が着陸することもなく、失望の空気が一行にみなぎった。キーチ夫人は深刻な気持ちだった。「私は思いました。あのメッセージは、確かに私の手を通じて来たのだ。今日、もし誰かを惑わせたとすれば、多かれ少なかれ私に責任があるのだ、と」。それで夫人は、導きを求めて祈った。グループが解散し、再びアームストロング夫妻ともう一人の友人だけと一緒になったとき、夫人は彼ら共通の感情を探り始めた。「私は、「ところで、みなさん方はどう感じているのかしら？」と言いました。みんなは、道ばたで何かが起きたことには同意しました。でも、それが何で、どのように説明すべきかはわかりませんでした。私たちは皆、その程度の感受性はあったのです――つまり、何かが起きたのだけれど、それについて何らの観念も持っていない、という程度には」。

夫人は、長く無知なままにとどまってはいなかった。八月二日の朝早く、夫人の鉛筆が次のような言葉を書き出した。「サイスのかっこうをして道ばたに現われたのは私だ、サナンダだ」。この言葉は読者にはなじみがないかもしれないが、キーチ夫人にはすぐにそれとわかった。夫人がその言葉に最初に出会ったのは、七月二十八日に彼女に伝えられた、ある奇妙な話のなかでのことだった。その重大さは、夫人にも、ただちに明らかになったのではない。* しかし、八月二日のメッセージがサナンダから彼女に届いたとき、「サイス」とは守護霊たちの用語で、「変装してやって来る者」あるいは「その真の正体が未知なる者」を意味するのだ、という結論を夫人は導き出した。そしてただちに、「サイスの話」は夫人がリョンズフィールドへ行く前に彼女に伝えられていた、という点に重大さを感じたのだった。

* おそらく平均的な読者にも明らかではないであろうから、その啓発のために、ここで謄写板の教えから、その説明を逐語的に再現してみよう〔以下、支離滅裂な文章が展開するが、これは原文がそうだからである＝訳者〕。「サラとジュスティンは少女と少年の役を割り当てられた。それぞれ、造物主の愛する者であった。彼らが地球の真ん中にあって、自己の街と呼ばれる大都市へやって来たとき、子どものサラはジュスティンに尋ねる。「お父さんのお家はどっち？」サラに対してジュスティンが言う。「荷車引きだったり、自分の行く道を見つける人〔にとって〕は、授けられた偉大な役割だよ」。彼らが地球の真ん中の自己の街へと旅したとき、内気な小さいサイスに追い抜かれた〔ここでは異なるスペルのサイスになっている〕。それはミンクだった。彼はうさぎのかっこうをしており、ライチョウのいとこだった。

「内気な小さいサイスがうさぎって何？」と少女サラは叫んだ。それは、サイスが「ライチョウのいとこ――**ライチョウ――うさぎ――サイス**」と言ったときだった。「**何が何だって？**」とサラは叫んだ。少年ジュスティンも叫んだ。「僕らは思考の国に到着したのだ！　サイスは、夜の闇のなかで迷子になっている僕らに、思考の呪文を投げかけようと思っているんだ」。

彼らに向かって、王国の宝の門がぎーっと開いた。そこには、すべての宝のなかで最高のものが見出された――サイスは増加の庭にいた、そこでは彼は単なるサイスだった――**いとこではなかった――名門でもなかった。**彼は単なるミスター・サイスだった。**彼**は、彼自身であり、自己の街の偉大な造物主にとっては少女であり、少年であった。彼自身にとって各人は、地球の真ん中にある**街**の、沈黙せる目撃者だった……サイスも子どもも、同様に造物主の街にいた。それぞれ、各自、造物主の庭にある**自己の庭へ**の道を見出したのだ」。

道ばたで起きたあの「何か」についての、この説明は、キーチ夫人を知的に満足させただけでなく、夫人に特別な喜びをもたらしたように思われる。それは、予知がはずれたことに対する失望をはるかに上回る大きな喜びだった。というのは、リヨンズに円盤こそ着陸しなかったが、もっと大きな贈り物が彼女に与えられたからだ。夫人は（もちろん、別な肉体の、変装した）イエスを見、彼と話をし、そして、そのふだん着をまとった平凡な見知らぬ人をもてなそうとする、素朴なキリスト教的な行為を行なったのだ。啓発を受けた夫人の状態は忘我的であり、畏敬の気持ちを帯びていた。なぜ彼女が、生まれ変わった神の息子を受け入れるために選ばれなければならなかったのか？　以前よりもさらに深く、確信によって圧倒された。夫人は特別に選ばれたのだ、彼女が聞いた言葉や触れた存在は現実であり、正当な根拠があり、まさに超越した生命そのものだったのだ――そして、彼女は彼らの卑しい伝達者なのだ、という確信に圧倒されたのだった。

八月三日、サナンダは夫人に、将来起こりうる訪問について覚悟させた。そのとき、彼は次のように言った。「地上へのゲストは目に見えるが、いろいろな姿かたちをしている――サイスとして来たり――愛を与える者として来たり——電話をかけてくる者として来たり——好物のパンや飲み物に対して心に感じる喜びとして来たりもするのだ」。

あの暑い八月の日の正午に、リョンズフィールドの道ばたには十二人の人々が立っていたのだが、十二月には、そのうちたった五人しか残っていなかった。彼らすべてにとって、程度はさまざまではあったが、円盤着陸の予知がはずれたことは失望をもたらしたに違いなかった。ある人たちは、明らかに立ち直ることができず、キーチ夫人をにせ予言者として即座に絶交した。二人の人は、しばらく彼女の影響力から離れたが、後に戻ってきた。唯一、アームストロング夫妻だけは、一貫して態度が変わらなかった。彼らは、直後の余波のなかでも、つまりフィールドにいて「何かが起きたことをみんなが認めた」ときにも、キーチ夫人と一緒だったし、次の日、サナンダからの啓示が書き取られたときにも、彼女の家の客として、彼女と一緒に居たのだった。もし彼らが、日曜午後の時点でキーチ夫人の並はずれた力を疑っていたとしても、月曜までにはそうした疑いも晴れたに違いない。そのとき、彼らはサナンダからのメッセージを読み、キーチ夫人のきらきらした自信とよみがえった信仰、それに感動を起こさせる彼女の謙虚さに気づいたからだった。実際のところ、彼ら自身も、同じ心情を抱いていたようだ。

理論的には、リョンズフィールドでの予知が失敗した後、布教活動が増加することが予想された。あいにく、この事例に関する我々の報告でも、第一章で議論した歴史的な諸事例の大部分がそうであるように、データが欠如している。八月におけるキーチ夫人の活動を報告した観察者がいなかったので、彼女が何を行なったかについての直接的な証拠は何もない。その月に夫人が受け取ったメッセージには、人々を改宗させようとする衝動が見られるけれども、この期間に関して我々が集めたメッセージは非常に断片的で、ほとんど何の結論も引き出しえないのである。

サイスの出来事があってから数週間後、キーチ夫人は、カレッジビルへ長期にわたる訪問に出かけた。そこでも彼女は、地球外からのメッセージを受け取り続け、ときには一日に十四時間も書き取った。秘教的な事柄に関してアームストロング夫妻と行なった詳細にわたる議論は、キーチ夫人の信念に影響したようだった。彼女の教えのなかで、宗教的な事柄、たとえば天国の本質だとか、イエスのはりつけ、神の力と栄光、「地上の神」と「造物主」との関係などが、次第に強調されるようになったことに気づかされる。ある教えは、天使たちと外宇宙の「より上位の密度層」に居る存在とが同じものであることに関する注釈と、これに関連した「カリフォルニアの地でのファティマの奇跡†」に関する議論とに当てられている。しだいに、「父なる神」や「父の子」(信者たち)に関する言及が、教えのなかへ頻繁に現われるようになる。同時に、地球物理学的な前史や、とりわけアトランティスおよび太平洋上にあったその姉妹「大陸」ムーの沈没に関する説明が、教えのなかに現われ始める(その沈没は、アトランティスとムーとの間での致命的な「原子力」兵器戦争の際に起こったのだ)。

地上に住む人々の起源に関する説明も現われ始める。無限の過去において、惑星カーの住民たちが二つの党派に分かれてしまった。すなわち、ルシファー†に率いられた「科学者たち」と、神の御旗のもと、キリストの指揮下にあって「光に従う人々」であった。「科学者たち」は、何か原子爆弾に似たもの——当時は「アルセトープス」という名であった——を発明し、光に従う多数の人々を破滅させる脅威となった。そうして、彼らが下手に利口なおかげで、惑星カーを粉々に吹き飛ばすのに成功した。まとまった塊だったカーの消滅は、普遍宇宙(「全宇宙」)のバランスに大変な動揺をもたらし、ほとんど完全な混沌状態をもたらしたのだった。その間、光に従ういくつかの隊は、他の諸惑星、たとえばクラリオン、ウラヌス、それにセルスに避難し、そこで彼らは再結集して次の戦略を練った。ルシファーの方は、彼の軍隊を率いて地球にやって来たのだが、彼らの頭からは、もはや宇宙の知識は完全に消し去られていた。

先史時代以来、「サイクル」は新たに始まっており、それがくり返される恐れがあるのだ。ルシファーは現在は変装して海外におり、今日の科学者たちに、破壊のためのさらに強力な武器をつくらせている。もし分裂に向かって猛然と突進を続けることが許されるなら、惑星カーの破滅という悲劇がくり返されるかもしれない。地球は木っ端みじんとなり、太陽系全体も崩壊するだろう。光に従う諸隊は手をこまねいてはいなかった。キリストがイエスとして地上を訪れたことこそ、人類を回心させようとする最初の試みであり、闇の王子〔ルシファー〕の助けを借りないよう彼らを説得する試みであったが、それは部分的には成功した。地上に住む人々の一部には、「光」に心を開いて、それを受け入れる者たちがいる。彼らは、造物主すなわち神の静かな声を聞くことができ、彼に仕えて正しく行動できるのだ。しかし、悪（そして科学）の力はきわめて強力であり、光に従う者たちが勝利して再度の爆発を避けるということは、間に合わないかもしれない。

アームストロング夫妻とキーチ夫人は、七月、八月、そして九月に会合を持ったと思われるのだが、以上のような大ざっぱな説明では、集まった理由が簡単なものでなかったことを正しくは判断できないけれど、彼らがその後抱いた考えを見きわめることはできるかもしれない。あるいはまた、遠い過去の最もおぼろげな出来事に対してと同様、近未来に起こりうる最も恐ろしい可能性に対しても、彼らが深い関心を抱いていたことをある程度は説明できるかもしれない。ここでは、イデオロギーの最も目立った特徴だけに説明をしぼり、それにまつわる細かな事柄の多くは省略した。したがって、教え自体が実際にそうであったよりは、多分もっと整った印象を与えたことだろう。実際には、教えは、多数の情報源全体から複雑に織り合わされたところの、とてつもなく広い範囲の資料を含んでいる。もし他に言い方がないとすれば、アームストロング夫妻とマリアン・キーチは、折衷主義者であった。

我々はこの用語を熟慮の上で用いている。というのは、我々は読者に対し、このイデオロギーは純粋にキーチ夫人の頭のなかで発明された、すなわち新規につくり出された、というものでないことを完全に明らかにしておかねばならないからである。彼女が抱いているほとんどすべての概念、宇宙や精神世界や惑星間交信および旅行、それに全面的な核戦争という恐ろしい可能性についての諸概念は、大衆雑誌やセンセーショナルな本や、日刊新聞のコラムにさえ、類似したかたち、あるいは同一のかたちのものを見出すことができるのである。

輪廻とか（「波動密度」の変化による）霊的浄化といった観念も、同様に多くの「現代の諸宗派やマイノリティの宗教運動」にくり返し見られる。* アトランティスやムーの「大陸」については、おびただしい説明がなされてきたし、それらが海中に「消滅」したことを説明しようとする試みもあった。天国の代理人が地上を訪れ、選ばれた手段を用いて人類を教え導き、その行為と信念が救済の目印になっている人々を救うという思想は、キリスト教よりも古いものである。

* チャールズ・S・ブレイドンの著書『これらもまた信じた』（ニューヨーク、マクミラン社、一九四九年）のサブタイトルからフレーズを借りた。この本は、アメリカにおけるいくつかの非主流派の信者グループに関する、客観的で学問的だが、おもしろく読める説明を追究している。特に、神智学、アイアム運動†、サイキアナ†、スピリチュアリズム†、およびエホバの証人についての彼の記述を参照せよ。

さらに、これらすべての思想は、単独で、あるいは組み合わされて、非常に多くの人々によって誠実かつ十分に信じ込まれている証拠がある。確かに、そのような思想が示されている本や定期刊行物は広く読まれている。同様に確かなことは、読者の多くが、その信仰を証明するさまざまな行為に加わることである。たとえば、特定のグループに参加したり、ある種の儀式的な行動を取り入れたり、寄付をしたり、また、この思想の正しいことを他の人々に確信させようとしたりする。

だから、もし読者が早まって、キーチ夫人の鉛筆からつくり出されたイデオロギーが、一人ぼっちの狂女の勝手なたわごとであり、「気違い」だけがそれを受け入れ信じることができるという結論に達したとすれば、もっとよく考えてもらいたい。確かに、キーチ夫人は、思想をどちらかと言えば異常な形に組み合わせた――その組み合せは、現代の我々の不安な時代に特によく合っている――しかし、彼女の思想のほとんど一つとして、ユニークあるいは新しいと言えるものはないし、大衆から支持を得ていないものもない（もっとも、大部分は、多数派の支持するところではないが）。

アームストロング夫妻とキーチ夫人は、彼ら自身と似た関心を持つ他の諸グループと、抽象的な関係以上の結びつきを持っていた。アームストロング夫妻は少なくとも一つの空飛ぶ円盤クラブに属していたし、キーチ夫人は空飛ぶ円盤をテーマとする講演にしばしば出席していた。両方の自宅とも、ユニバーサル・ウィズダム大学の紀要やボーダーランド科学研究会の会報、それにシビリアン・リサーチという惑星間飛行物体を研究するグループのニュースレターといった出版物の購読者リストにも載っていた。そのような定期刊行物は、しばしばキーチ家やアームストロング家の訪問者たちに提供されたし、それらに言及することによって、キーチ夫人の見解を証拠づけることもよく行なわれた。キーチ夫人は、アメリカには他にも多数のグループがあって、彼女の霊的な師とは異なる教師群からではあるが、やはり外宇宙からの啓発を受けている、と断言した。

大変動をもたらす災害に関する予知が現われ始めたのは、こういった思想を背景にしてのことだった。カレッジビルのキーチ夫人を中心として、彼女とアームストロング夫妻は一つのチームをつくっていた。キーチ夫人が書き物をしている間、デイジー・アームストロングはその教えをタイプし、コピーをつくるのに精を出し、博士はそれをチェックし、守護霊たちからのメッセージにあるあいまいな文章をわかりやすくするため、そここに注釈を入れたり、他の資料からの証拠を引用したりした。

さし迫った災害について最初にはっきり言及したのは、八月二日、つまりサイスの訪問の翌日に、サナンダから来たメッセージのなかでのことだった。そのメッセージには、次のように書いてあった。「地球に住む者たちは、煮え立つ湖の大沈下〔達成されるべき状況〕と地方都市の高いビルの大崩壊によって目ざめるだろう――それは、湖からその地方全体にわたって一陣のものすごい風が吹くほどまでに、湖の底が沈み込むような沈下である。おまえは世界に向かって、こうなるべきであり、こういうことこそ与えられたものなのだ、と告げるだろう。おまえには、その日付だけが秘密なのだ。というのは、〔日付を明らかにした場合に〕人々に引き起こされるパニックは、際限のないものだからだ」。

この驚くべき情報は、八月十五日のサナンダからの長いコミュニケにおいて、相当に内容がふくらんだ。その一部には、次のように書いてあった。

「そして、その日の情景は、気違いじみたものになるだろう。より粗野な人々は、狂ったようになるだろう。また、啓発された人々は、この日に備えて訓練をしてきた教師たちの弟子ども〔生徒たち〕のようだろう……カルテ〔プラン〕では、その事態は夜明けに始まり、流れ行く雲のようにすみやかに――見る間に――終わってしまう、というのが沈下〔達成されるべき状況〕なのである。

「生き返らされた者たちが、生き返り、あるいはまた生きるとき――それは、ものすごい光の爆発のようだろう……地表面は、三十フィート〔九メートル〕の深さまで光輝くだろう……というのも、地上が浄化されるからだ。

「このさだなかに、岩石の山々に大波が打ち寄せることも記録されよう――それによって覆いつくされる地域の人々は、新たな死者たちのコム〔群れ〕となるだろう。〔山々の〕東側の斜面には新しい文明が始まり、その上に、光のなかで新たな秩序が生み出されるだろう。記録されるところでは、三つの山々が連なって守護霊たちのもとに位置するが、それらは、アレゲニー、キャッツキル、それにロッキーの山々である。

「しかし、この国は、まだ水没はしないだろう。だが、一番高いところまで海に洗われるだろう。それは、地上に住む者たちを浄化し、新たな秩序を生み出す目的のためである。しかし、その秩序は、光に満ちているだろう。それというのも、すべてのものは、まず清掃にたとえられねばならないからだ。そこでは、最初は混沌が支配するが、やがては秩序が君臨するのだ。

「以上のことは、象徴的に日付が定まっているのではなく……本当の現実となるのだ！――未だ、現実ではないけれど。」

十日後、第三のたいへんなメッセージが来た。それは、大いなる出来事の、さらに詳細を明らかにした。

「これは、一部の地域に限ったことではない。というのは、アメリカの国は、沈下により真っ二つに引き裂かれることになるからだ。ミシシッピー地域では、カナダ、五大湖、ミシシッピー流域から、メキシコ湾、中央アメリカに至るまで、変動を被るだろう。東の方向にアメリカの国土は大きく傾き、中部の諸州に沿って、つまり新たな大海に沿って、南北に――南部に至るまで、山脈がつくられるだろう。新たな山岳地帯は「アルゴーン地域」と呼ばれるだろう。その意味は、以前そこにいた者たちはみな死んでしまった〔are gone〕――古くからの者たちは行ってしまった――そして新しい人々がいる――ということだ。これは、昔の民にとっては記念碑だろうし、新たな民にとっては、ロッキーとアレゲニーの山々への祭壇となるだろう」。

八月二十七日にサナンダは、長く詳細なメッセージのなかで、世界規模の大変動や変容の描写を記してきた。それは特に、次のように予見していた。すなわち、エジプトはつくり変えられ、砂漠は肥沃な谷になるだろう。ムー大陸は太平洋から隆起するだろう。「大西洋の海底の隆起」によって「大西洋沿岸の土地は沈み込む」だろう。フランスは大西洋の底に沈み、イギリスもそうなるだろう。そして、ロシアは、一つの大きな海になるだろう。

アームストロング夫妻とキーチ夫人が、これら重大な声明を受け取った際に感じた畏敬と尊敬の気持ちについては、ただ想像するしかない。ここにおいて、三人の（世間の基準から言って）全く普通の人々の手に、有史以来とは言えなくとも、今日最大の重要ニュースが握られることになったのである。重大な責任と、類まれな名誉とが、彼らに付託されたのである。

自らの義務をはっきり認識し、それをただちに遂行したのが、アームストロング博士であった。八月三十日に、彼は、七ページにおよぶ謄写版の「アメリカの編集者および出版者への公開声明」を五十通以上も速達で発送したのだった。そのなかで博士は、来るべき破局を宣言し、ムー大陸の沈没という先例や、ルカ伝からキリスト教における類似例を引用し、キーチ夫人による「超能力についての教え」を例を付けて説明した。その声明の本文では、予知された特定の日付は言及されていなかったが、何ヵ所かで、この大変動が「とても、とても間近である」と述べられていた。我々が十月に見たそのマスコミ向け声明文のコピーには、手書きで「最新の声明——避難日は十二月二十日」と付記されていた。実際にマスコミに送付された声明文のいくつかにも、この付記があったのかもしれない。

このマスコミ向け声明文を郵送したことで、キーチ夫人とアームストロング夫妻の活動の第一段階に終わりが画される。ここまでの時点では、「教え」は実質的に、キーチ夫人とその友人たちとの間でのプライベートな事柄にすぎなかった。ところがアームストロング博士の行為が状況を変えた。声明という一つの意思表示によって、彼は、洪水のニュースを公的な性質のものとし、自分の身と自分の評判を世界的規模の大変動という特定の予知内容にゆだね、そして、運動の組織化へ向かって第一歩を印したのだった。

第三章　地上に言葉を広める

トーマス・アームストロングが八月三十日に「全米の編集者および出版者」宛ての、すなわちマスコミ向けの声明文を郵送したことは、個々の信者たちにとっては重要な動きであった。なぜなら、それは、彼らにとって「世界に向けて語りかける」最初の試みを示していたからである。しかし、その実際の社会的効果は、失望をもたらすものだった。声明文を受け取った五十以上の編集出版関係者のうち、明らかに一つとしてそれを出版・掲載したものはなかったし、それ以上の情報を求めてきたところもなかった。三人のリーダーたちがこの失敗をどう感じたかについては何ら記録はないが、彼らがその後、何を行なったかは明らかである。つまり、九月十七日にアームストロング博士は、第二の、もっとずっと短い声明文を送ったのである。

第二の速達便は同じ宛名にさし出され、アームストロング博士の署名があった。その手紙には、「宇宙劇」についての一ページのあらすじが書かれていた。その劇では、「我々すべてが、世界という舞台上の俳優であり」、また「我々は観客でもあって、その筋は知らないのである」。「二千年前に我々は、イエスの時代のシーンを演じた。今度は、偉大な指導者はサナンダとして、今シーズン最後のショーを上演することになっている」。声明文の最後の二段落には、重要な内容が含まれていた。

「今度のシーンは、レイクシティおよび国全体である。日付は、十二月二十一日。そのシーンが始まるのは夜明けであり、まだ暗い。俳優たちは、恐ろしげなゴロゴロ鳴る音に目をさます。地上はゆれ、高いビルはぐらつく。グレートレイク〔単数形〕の水面は上がり、たいへんな波となってシティをおおいつくし、東へ西へと広がって行く。新たな河ができ、湖からメキシコ湾に流れ込む」。

「喜ぶのは、守護霊たちの到来を待っていた俳優たちである。だが、激しい苦痛の叫びのなかで、疑問の声が聞こえる。「なぜ、誰も安全な場所へ移るよう言ってくれなかったのか?」しかし、警告が発せられた時期に、彼らは安全な場所を告げられていたのだ――すなわち、ロッキー山脈、キャッツキル山脈、それにアレゲニー山脈の東斜面である――それなのに、彼らは「こんなところで、そんなことが起きるはずがない」と言っていたのだ。」

明らかに、この第二の速達便こそは、九月二十三日のレイクシティ『ヘラルド』の記事になったものだった。ある記者がキーチ夫人に電話をしてインタビューを申し込み、彼女の家に招かれた。夫人は記者を親切に迎え入れ、彼の質問に答えたり、夫人の何冊かのノートに記された、もとのままのメッセージを見せたりして、二、三時間もの時間を喜んで割いたのだった。しかし、夫人の側には、奇妙なことに、さし迫っているという感覚が全くなかった。夫人は、記者や仲間の市民に対して、説教したり、脅したり、おだてたり、あるいは回心させようという必要性を明らかに感じてはいなかった。夫人の役割というのは、彼女が見るところでは、ただ守護霊たちから得た情報を流すことであった。「準備」のできている人々は、警告を見てそれに注意するだろうし、そうでない人々は、グレートレイクの渦巻く水のなかに呑みこまれてしまうだろう。しかし、彼らが溺れてしまうことすら、ほとんど重要なことではなかった。なぜなら、犠牲者たちは、その「肉体」を失うだけであって、その後、彼らの霊魂の成長度にふさわしい惑星に移送されるだろうからである。

二つのマスコミ向け声明文は、三人の信者による唯一の布教活動だったというわけではなかった。九月初めのあるとき、キーチ夫人はレイクシティの形而上学ブックストアで、彼女が筆記したメッセージの朗読会を二、三回開いた。この朗読会についてはほとんどわかっていないが、その結果は明らかにがっかりさせるもので、会は突然終わりになった。キーチ夫人は、後にこのエピソードについて言及することは、ほとんど全くなかった。

八月の終わりから九月の半ばにかけての急激な布教活動の増加は、春および初夏においてそのような活動がなかったことと、著しいコントラストをなしている。八月三十日のマスコミ向け声明文までは、布教は極端に限られた規模でなされており、実質的に、キーチ夫人の知人たちのサークルやその友人たちの間での口コミによる伝播に限られていた。春と夏の間、キーチ夫人は明らかにこのルートから多数の個人的な訪問を受けたが、彼女が広く耳目を引こうと努力したとは思われない。実際、リョンズフィールドでの出来事が物語っているように、夫人は自分のプランを最後の段階まで秘密にしていたのであり、その最終段階も、他の人々に対して積極的に参加を呼びかけるというよりは、むしろ他の人々がついて来るのを単に許しただけだった。家を訪れたシーカーズ〔求道者たち〕への彼女の態度は、いつもと同じに見えた。夫人は、彼らを愛想よく迎え入れ、彼らの質問に答えた。しかし、信じさせようとして彼らを誘導したり、説得したりはしなかった。夫人は、布教する過程のなかで、驚くほど受動的な役割を演じてきたのである。

それでは、九月の初めに起きた爆発的な布教活動の増加は、どのように説明されるのか？　一番もっともらしい説明は、それは洪水の予知そのものの重要性と緊急性に対する反応だった、ということである――熱狂の最初の大きなうねりが起きたのである。実際にはアームストロング博士がマスコミ向け声明文にサインしそれを発送したのだが、キーチ夫人は、その構成に同意を与えねばならなかった。夫人は、それ以上の関わりを持っていたのかもしれない。というのも、最初の声明文に自分の名前が使われるのを承認したからだ。しかし、おそらく、夫人が率先してそうしたわけではなかった。後でみるように、アームストロング博士の方が、自分の信念を公表することに、一貫してより積極的であり、キーチ夫人よりも自分の使命の緊急性を強く感じていた。また博士の方が、多分そういった面でもっと訓練されており、自分の使命に関わる活動を通じて、いっそうの経験を積んでいた。

爆発的な布教活動の増加の原因が何であれ、その影響は著しく小さなものだった。他の二、三の新聞がレイクシティ『ヘラルド』の記事を取り上げたが、目につきやすい形で載せた新聞はなかったし、その話を追跡しようとしたものもなかった。数は少ないながらも、もっと詳しい情報を知りたいとする手紙がレイクシティの新聞に舞い込み始め、さらに何通か、直接キーチ夫人宛てに来るようにはなった。しかし、合衆国全体の市民は言うに及ばず、レイクシティの市民たちでさえ、彼らにしのび寄りつつある破滅に関する警告を無関心で迎えたのだった。

新聞発表の結果として、ただ一つ、付随的に触れる以上の価値ある出来事は、「宇宙人たち」の訪問だった。レイクシティの新聞記事が載った直後のある朝、キーチ夫人が玄関のドアのノックに出てみると、彼女との対話を求める二人の男がいた。二人のうちスポークスマン役の男の方は、キーチ夫人の行なう超感覚的なコミュニケーションのことも、洪水の予見についても、また彼女が最近行なった発表についても、詳しく知っていた。キーチ夫人がその二人の男たちとの会見について後に説明したところによれば、スポークスマン役の男は見たところ全く普通の人間のようだったが、彼の連れは奇妙な風貌をしており、もっと奇妙なことには、訪問のあいだ中、一言も発しなかった。夫人が彼らの身元について尋ねたところ、そのスポークスマンは、「私は地球の人間だが、彼は違うんです」と答えたのだが、キーチ夫人はそれ以上の情報を得ることはできなかった。彼らとの議論は少なくとも半時間は続いたが、その訪問者たちの言いたいことの趣旨は簡単なことだった。要するに、キーチ夫人がメッセージを出版したり公表したりすることは、もうやめるべきだということだった。出版や公表の代わりに、夫人は、所有している書籍に封印をし、おそらく外宇宙から来るであろう今後の指令を待つべきだった。この訪問者たちからの命令については、「まだ機は熟していない」という以上の根拠も理由も挙げられなかった。こういったメッセージを伝えて、二人の男は立ち去った。

この訪問はキーチ夫人を当惑させた。というのも彼女は、この二人が本当にサナンダからのメッセージを携えてきた外宇宙の代表者であったのか、あるいはルシファーの代理人であって、クラリオンと地球との唯一の連絡手段を封じようという意図を持っていたのかを決めかねたからである。どのように説明されようと、この不可解な訪問のおかげで、キーチ夫人が自分の信念を公表しようとする衝動はしぼんでしまった。つまり彼女は、自分の教えを書物として出版しようという、いくつかの暫定的なプランを放棄するに至ったのである。

著者のうちの二人が、十月上旬に初めてキーチ夫人を訪ねたとき、彼女は我々を歓迎してくれ、友好的で、自分の信念の大部分については饒舌であった。しかしながら、予知された大洪水については黙り込み、ほとんど秘密事項のようだった。彼女のメッセージの真実性と予知を信じている人々が、アームストロング夫妻の他にいるのかどうか、また、信者たちは洪水に備え、それに対処するために何かをするとして、どんなことを計画しているのか、ということを知るのに何度も質問を発しなければならなかった。夫人は、特定の事実やプランをもらすことを嫌っただけでなく、大洪水に関する議論をことごとく避けたがっているように見えた。

夫人は、二人の観察者を説得したり回心させようという試みをあからさまには全くしなかった。ただ「困難に耐えよ、さもなければ立ち去れ」という具合に、信念を述べただけだった。インタビューの間、何回か夫人は、自らが受け取った「パニックを避けよ」、そして自らのまわりに居る人々をなだめよ、という警告をくり返した。夫人の様子には、何らの興奮も熱も見られなかった。むしろ、彼女が語る世界の破滅という恐ろしい可能性とはほとんど対照的な、純然たる冷やかさがあった。夫人は観察者たちを信奉者として登録しようとするとか、いっそうの情報あるいは啓蒙に対するお返しをさせようともしなかった。また、彼女の見解に対するコミットや賛成の意思表示をさせようともしなかった。夫人が行なったことで、あからさまな布教活動に一番近かったことは、再訪したり手紙を書いてもよいかと尋ねられたときに、愛想よく「私の家の鍵は、いつもかかっていないのです。私の家のドアは、準備のある人にはいつも開かれているべきだと教えられています」と答えたことだった。彼女は、「準備のある」人々が、より高貴な霊的な力によって「派遣されて来」て、とにかくも彼女の家を見つけるだろうと確信していた——事実上、彼女は、新しい信者を募ったり、回心させたりする必要がなかったのである。

キーチ夫人は、洪水や信奉者たちについて語る場合にあまりにも捉えどころがなく、布教活動についてあまりに熱意が乏しかったので、観察者たちがキーチ夫人の家を訪れたときに、たまたまデイジー・アームストロングがその場に居なかったなら、もっと多くのことを知らずに終わり、このグループのバイタリティについても過少評価をしていたことだろう。インタビューはキーチ夫人が独占し、観察者たちは質問の大部分を彼女に向けたのだけれど、グループは洪水が来ることになっている時間の直前にアレゲニー山脈へ行かねばならない、とするプランを明らかにしたのは、アームストロング夫人だったのである。彼らは、その場所に「祭壇」、つまり信者たちの霊的なコミュニティを造ろうと計画したのだが、おそらく洪水を生き延びて、翌年のクリスマスまでは地上にとどまり、それからクラリオンや金星やどこか他の惑星に、霊魂だけでなく肉体も連れて行かれるであろう。そこで彼らは霊的に教化され、地上、つまり清められ無垢になった地上に送り返されて、「光のなかを歩む」善良な人々が再びそこに住めるようにされる。カレッジビルに、シーカーズというアームストロング夫人とその夫によって導かれる信者たちの一派がいる、ということを知らせてくれたのも彼女だった。このグループについては、十月初め頃のレイクシティ地域における布教活動、確信、およびコミットメントの状況を手短かに要約した後すぐに、もう少し触れることになろう。

キーチ夫人が、自身のメッセージの正統性を十分信じていたことや洪水の予知に公にコミットしていたことは、アームストロング博士のマスコミ向け声明文や彼女自身がレイクシティ『ヘラルド』紙のインタビューに答えた内容からも、また、自身の信念についてレイクシティ地域の十人から二十人以上におよぶ友人や知人と彼女が行なった議論からも、明らかなことである。したがって、夫人の確信やコミットメントの度合は強く、それも、このグループが存在していたあいだ中、ずっとそうであった。それに対して、布教については確かなことを述べることができない。我々が持っている種類の証拠から信じられることは、キーチ夫人は、春にはただ一度だけグループで話をしており、九月初めの集中的な布教活動の間には、おそらく二回にわたって小さな集まりで話をした、ということである。また夫人は、自宅に来た訪問客とは自由に話し合っており、そのうちの二、三人とは、それ以前のグループ・ミーティングで出会ったことがあった、ということも信ずべき理由がある。しかしながら、我々が知りうるかぎりでは、キーチ夫人が自分の信念を他人に話した機会の大部分は、彼女以外の誰かが設定したものだった。夫人は、他者との話し合いの申し入れを歓迎はしたが、自分のために改宗させようとして彼らを失望させたことはなく、彼女自身が布教の機会を意図的に求めたことはほとんどなかったのである。

十月末までは信者たちについての情報は乏しかったけれど、我々が言えるかぎりでは、キーチ夫人の信奉者はこの時点ではわずか数人だった。しかし、おそらく十人程度の人々が、この春から夏の間のさまざまな時点で、一時的な関心を抱いたのである。これらの人々のなかには、関心を維持していた者もいたが、他の人々は急速に関心を失ったか、あるいはキーチ夫人と口論して退会して行った。キーチ夫人の夫さえも、彼女は予言に関するかぎりは「間違った道に入り込んでいる」と感じていた。我々が十月初めに夫人にインタビューしたとき、他にも同じように信じている人々がいるのかという質問に対して、彼女の回答は、「私にはほとんど友人がいません」という単純明快なものだった。十月中旬の時点で、キーチ夫人には、いたとしても局所的に存在するわずかな信奉者しかいなかったのだ。

それに対して、アームストロング夫妻は、信奉者を獲得するのがもっとうまかった。彼らは、他の人々に自分たちの信念を語るのが嫌いではなかった。アームストロング博士は折りにふれて、学部のメンバーたちや大学の保健センターの患者たちに神秘的な信念について語った。カレッジビルにおけるアームストロング夫妻の知人たちの大部分は、夫妻がオカルト的な関心にとりつかれていることを知っていた。しかし、最も重要なことは、コミュニティ教会におけるシーカーズの組織とリーダーシップの面での、アームストロング博士の役割だった。

シーカーズが活動を始めたのは、その前年の春、教会がスポンサーをしていた学生避難所へ、アームストロング博士が「頼みの人（リソース・パーソン）」として働いてくれるよう求められたときだった。博士の参加によって関心が相当にかき立てられ、たくさんの学生たちは、彼の影響力がさらに増すことを期待した。彼らは、大学で一年間、試しに定期的なミーティングを開いてくれるよう博士に頼み、こうしてシーカーズのグループが誕生した。シーカーズの活動は、その秋、多分ある種の「比較宗教的」な志向性をもって、主としてキリスト教の神秘主義に議論が限定されていたときには、活発だったように思われる。グループは、アームストロング博士のリーダーシップのもとで、コミュニティ教会に週一回集まった。出席状況はまちまちだったが、少なくとも十二名から十五名の、教会に所属する学生たちがミーティングに出席する習慣だった。

アームストロング夫妻が空飛ぶ円盤に対する真剣な関心を募らせ始めたとき、このトピックは、シーカーズの中心的な関心事になった。博士はまた、同僚や患者たちと、円盤についてや宇宙船による惑星間旅行について議論し始めた。最初のうち、同僚や患者たちは、博士のことを単に例外的に心の広いSF研究家としか見なしていなかったかもしれない。しかし、彼が、外宇宙との個人的なコンタクトへの期待というような、もっと具体的な言葉で話すようになると、ある人々の間には、寛容の度を越えて警戒心が生まれてきたように思われる。そのことは、事実、コミュニティ教会のスタッフのなかでも明らかだった。というのは、後に、春になってから、彼らはアームストロング博士に対し、シーカーズのミーティングでは空飛ぶ円盤についての議論を除外するか、さもなくば教会でミーティングを開くのをやめるかするよう求めたからだった。博士は後者の方を選択し、シーカーズは、日曜午後に彼の家でミーティングを開始した。形式的には、このグループは、やって来る者すべてに開かれていたが、その新しい場所では、アームストロング博士に招かれたか、以前からのメンバーによって招かれた人々に、グループは限られた。このような単なる事実の他には、この春のシーカーズの活動については、ほとんどわかっていない。このグループは、守護霊から洪水の予言がキーチ夫人に告げられる以前に、夏休みのため一時的に解散していた。

学生たちが秋に再び結集したとき、アームストロング博士は彼らにニュースをもたらした。九月の終わりから十月初めにかけて、毎週日曜午後のミーティングで、博士は、予言とそれに付随した信念体系について詳しく説明した。彼が語ったことの多くは、もともと肥沃だった地面に落下したのである。というのは、聞き手の大部分は、霊的な世界からのメッセージや他の惑星からの訪問者というものが、ありうるだけでなく現実の現象なのだ、ということをすでに確信していた（あるいは少なくとも信じる心の準備があった）からだ。彼らはその話をたやすく聞き入れることができたし、博士も同じくたやすく語ることができた。ただ、ある時、それも重大な時期に、彼らのある者は躊躇を感じた。その者たちは、十二月二十一日に洪水が起きることについて、確信がなく納得もしていなかった。確信の度合は、我々の研究にとって最高に重要な問題であり、信念やコミットメントについての証拠は改めて後で取り上げることにする。さしあたっては、アームストロング博士が、シーカーズのミーティングにかなり定期的に出席していた十五ないしは二十人くらいの若い男女に対し、キーチ夫人のメッセージや予知を信じるよう布教の試みを行なった、とだけ言っておこう。

十月半ばにアームストロング夫妻は、キーチ夫人の書いた物からの抜粋を系統立てて謄写版印刷し始めた。この活動は、以下に論じる理由で彼らがやめてしまう十一月の最終週まで続いた。これら謄写版で印刷された教えのコピーは、シーカーズのメンバーたちと郵送リストに載っている人々にも配布された。その正確な人数については、アームストロング夫妻は決して打ち明けようとしなかったが、彼らの申し立てでは、百五十ないしは二百五十の個人および空飛ぶ円盤クラブや形而上学会のような組織の名前が含まれていたという。しかし、そのようにして謄写印刷され配布された教えは完全に初期のもので、キーチ夫人が、洪水とその日付についての予知を「もたらされる」以前に受け取ったものだった。この予知を載せることができなかったのは、パニックを避けたいとするアームストロング夫妻の願望によるものだったのかもしれない。あるいは、すべての潜在的な回心は、教えを研究することで彼らの波動周波数を高めることをねらって行なわれる、一連の教えのまさに初期段階に始まる、とする原理にこだわったためかもしれない。

我々の証拠によれば、アームストロング夫妻が初秋に行なった布教活動は、相当に活発だったけれど、むしろ選択的だったと特徴づけるのがフェアであろう。謄写印刷された教えの受取人リストは、彼らのイデオロギーのシンパであることがわかっているか、あるいは、そうであると信じられている人々から構成されていた。カレッジビル自体においては、アームストロング夫妻は、キーチ夫人の教えと洪水の予知についての議論は、主に小さなサークル内に——つまり、彼らの家に集まるシーカーズ内に——限定していた。アームストロング博士は、ときおり患者や大学の同僚たちに対して、空飛ぶ円盤や金星における足跡などに言及することがあったが、その場合でさえも、キーチ夫人に対する彼の熱心な協力の結果として現われてきた教義——すなわち、「準備のできている」人たちが彼のもとに「派遣されて来る」だろうという教え——に従っていたように思われる。

もちろん、アームストロング夫妻がシーカーズの他にはあまり活動をしなかったのは、この予知がカレッジビルでは秘密だったからではない。というのも、シーカーズ自身のなかに、知人や親戚たちとこの予知について議論した者がいるからである。彼らが、アームストロング夫妻から布教に関して指示を受けたとして、それがどんな指示だったのかはわからないが、布教するよう奨励されたということは極めて疑わしいようだ。我々の証拠が示すところでは、彼らは、この予知について議論する際も注意深く、大部分の者は、最も受容的で彼らを軽蔑することが一番なさそうだと考えられる人々を聴衆として選ぼうとして、注意を払っていた。我々がシーカーズの個々のメンバーの行動についてもっと詳しく議論する際に、彼らのなかには、アームストロング博士の家における日曜午後のミーティングに、知人を招待して出席させるという布教活動を行なった者がいたり、ある者は「アウトサイダーたち」との自由討議に参加したことをみるだろう。しかしながら、彼らが、ミーティングその他の集会でその予言を公に説教したり宣言したりは決してしなかった、というのは確かなのである。

布教が選択的になされたという我々の一般的な印象は、観察者のうちの一人がシーカーズに加わろうと試みて得た体験によって、さらに支持される。ここで、背景について手短かに述べておく必要があろう。初秋のある時点(おそらく十月)に、アームストロング博士はシーカーズをコミュニティ教会へ復位させようと企てたが、その際、空飛ぶ円盤や惑星間旅行等々のことには一切触れないことを教会のスタッフに約束したのは明らかだった。しかしながら、このようにして教会へ戻ったからといって、すべてのミーティングに変化があったというわけではなく、むしろ聴衆に関して一種の分化がなされたのである。以前からのメンバーは上級シーカーズとして、日曜午後にアームストロング夫妻のもとへ集まり、教義や「教え」について際限なく議論し続けた。教会における公のミーティングでの「初級」シーカーズの議論の方は、キリスト教の神秘主義といった害にならないトピックスや、ときおり脱線してなされる宗教比較に、もっぱら限られていた。観察者が十一月に参加したこのグループの二回の公的ミーティングでは、アームストロング博士は、キーチ夫人のことや彼女の教えあるいは洪水については決して触れず、むしろただ漠然と外宇宙との交信の可能性をほのめかしただけだった。こうして、アームストロング博士は、広く世界に向けて信念体系を布教することは禁欲していたということについて、再度、証拠を得たことになる。

アームストロング博士は、九月における無差別的な広報活動から、十月には選択的な布教活動へと撤退したのだが、それは、この時期におけるキーチ夫人の教えのなかの多数の文章にその根拠があった。それらの文章の何ヵ所かで守護霊たちは、新しいメンバーを募り信者でない者たちを確信させることに関して、全般に受動的な態度をとるよう忠告していた。くり返し何度も、三つの原理に関する教えや講話が述べられた。すなわち、「準備のできている者は派遣されて来るだろう」、賽はすでに投げられたのだから行動をとる必要はない、また、地上のすべての住人はその人の現在の霊的発展のレベルに応じて取り扱われるだろう、というのである。最も天界に近い人々は、最も上位の密度層に存在する惑星へ連れて行かれ、そこで、浄化された地上の未来の支配者たるべく訓練を受けるだろう。より下位の密度層にいる者たちは、後に取り残されて不快と肉体の死に苦しむが、彼らの霊も結局は、彼ら自身の発展度にふさわしい（霊的）密度を持つ惑星へと連れて行かれるだろう。要するに、扱いは異なるが、あらゆる者がまさに当然の報いを受けるだろうというのである。洪水までの残り少ない時間に自身の霊的発展度を向上させられる可能性はわずかであり、教えについての集中的な研究やその意味についての議論から利益を得られる者たちは、より高次の力によるか、彼ら自身の魂の活動や衝動を通じて、警告され派遣されて来るだろう。最後に、教えには、パニックを避けるようにという忠告が含まれていた。だが、さし迫った災害について無差別に叫び声をあげること以上に、パニックを引き起こしうるものがあるだろうか？

この時点で、新たに信者を獲得することに関して、そのような消極的な哲学があったことを考えると、そもそも、なぜアームストロング夫妻やキーチ夫人がマスコミに声明文を送ったり教えを謄写版印刷することに決めたのか、という疑問が生じる。彼ら自身の説明は、少なくとも警告の叫び声が発せられる必要がある、ということをめぐっている。叫び声を発すれば、救いをさし延べてもらえる資格ぎりぎりの者たちは、言わばその警告によって引き金がひかれ、行動にかり立てられうるが、しかし、結局のところは、彼ら自身の内的な資源や準備状態によって動かされうるわけである。こうして、リーダーたちの観点からすれば、その義務はすでに終わっているのだ。彼らは警鐘を鳴らしたのであり、それで十分だった。反応を示した者は教え導かれるべきであった。しかし、無関心なままの者たちは途方に暮れるけれど、彼らを救おうとして運動に無理やり導くことは誤りであるだろう。確かなことだが、十月半ばまでは登録の機会は閉ざされていなかった。アームストロング夫妻もキーチ夫人も、この点に関してははっきりしていた。「ぎりぎりの際にすら派遣されて来る者たちがいるだろう」とは、彼らが好んで使った言いまわしの一つだった。そして彼らは、探究する者たちを求めはしなかったが、歓迎はしたのだった。

ここまでは、十月に至るまでの布教活動、確信の度合、それにコミットメントについて議論してきた。この十月という日付は、我々の記述を二分するのに都合がよい。というのは、およそこの時点で、観察者たちからの、じかの観察報告が得られ始めたからである。十一月の初めまでは、文書やいろいろな出来事への参加者による記憶に頼るしかなかった。それと、この運動のなかで起きたことについて、ある程度は知っているがそれを意図的に観察しようとしたのではない人々から事後的に提供された資料にも、頼らざるをえなかった。十一月の初めに、我々は観察者たちをこの運動に合流させ、参与的にデータを収集させるべく手配を行なった。観察者たちの役割とその存在がグループに及ぼした影響に関する詳しい議論は付録にゆずる。観察者たちが受け入れられる様子は選択的布教活動というポリシーをよく例証するから、観察者たちがどのようにしてグループへの出入りの許可を得たかを述べてみよう。

十一月の第二週に、男性観察者の一人で社会学の学生だった者が、コミュニティ教会での「初級」シーカーズの公開ミーティングに出席した。そこには約十名の学生がおり、アームストロング博士が種々雑多な、霊的、倫理的、そして宗教的なトピックスについて議論するのを聴いていた。自分自身は単に興味を持っている聴衆の一人だと称して、観察者はミーティングの後、アームストロング博士に個人的に話しかけ、神秘主義の問題に関心のあることを示した。アームストロング博士も興味ありげに応答したが、それでも観察者を入会させようという試みは示さず、洪水のことも、教えについても触れず、日曜午後のグループ・ミーティングのことすら言わなかった。異常体験についてさらに話をするなかで、アームストロング博士は何気なく、別な惑星に住む人々とコンタクトを持っている友人がいることを述べたが、これに関して詳しく言うことはなく、キーチ夫人の名前も口にしなかった。

その翌週、観察者は、アームストロング博士の注意を自分に向けようとして二、三の試みを行なったが、空飛ぶ円盤に関する本を貸してもらう以上の関心をかき立てることはできなかった。初級シーカーズの次のミーティングに出席したのは、観察者の他には一人だけだった。こういった状況下では、アームストロング博士もフォーマルなミーティングを行なおうとはしなかったので、観察者の方はこの機会をとらえて、彼がメキシコの霊的世界で、ある遭遇をしたと申し立て、それについて博士に話した。その逸話は、謎のように出現して将来の恐ろしい出来事を予知し、そして消えてしまったある老婆との想像上の出会いをめぐって展開していた。

その後まもなくしてアームストロング博士は、そのミーティングを休会とし、観察者に「上級」シーカーズのことを教え、次の日曜に来るよう招待した。観察者は、一週間にわたる絶え間ない努力の末、自身の謎めいた体験をクライマックスとして、やっと博士の招待を勝ち得たのだった。おそらく、その夕方に恥しいほど少ない聴衆しか来なかったことが、アームストロング博士に招待を出させるのに多少あずかっていただろう。しかし、その理由が何であれ、アームストロング博士が観察者を回心させることに熱心だったわけでは決してない、ということも明らかである。

男性観察者が受け入れられるに至るまで、いろいろと困難があったことを警鐘として、カレッジビルの女性観察者はあらかじめそれに備えた。彼女も社会学の学生だったが、この研究の目的のため、かつては学生だったが現在はパートタイムの秘書の仕事をしているということにした。彼女は初級シーカーズを避けて、直接アームストロング夫妻の訪問に出かけた。観察者が訪問したとき、アームストロング夫人が一人で家に居た。観察者は、アームストロング博士に会いたい旨を告げ、一年以上も前に保健サービスで彼に相談したことがあるのだが、その際、彼女に対して博士が行なった忠告の一つである「宇宙と波長を合わせなさい」という言葉に感銘を受けた、と言った。今回は、彼女の言うところでは、最近体験したことのせいで少し不安を感じており、博士から指針を得たいがためにやって来たのだった。

この申し立てに対して、アームストロング夫人は即座に返答したのだが、最初は何とでもとれる内容で、ほとんどびっくりさせるものだった。「あなたは派遣されて来たのです」と彼女は断言した。「彼らが、あなたを送り込んで来たのです」「これらの言葉は、観察の意図のもとに著者たちから送り込まれてきたことを見抜いたとも解せる」。幸い、観察者は平静をとり戻すことができた。アームストロング夫人は続けて、「彼ら」とは守護霊たちのことだと説明したのである。つまり、地上の選ばれた人々を見守り、その行為を導く外宇宙の人々である。

夫人は観察者に対し、何を悩んでいるのかと尋ねた。観察者は計画に従って、本人がその前夜に見たという「夢」について詳しく述べた。彼女は、光のオーラに包まれた男が立っている丘のふもと近くに自分が立っている夢を見たのだった。あたりに怒濤のような水の奔流があり、男は下まで降りて来て、彼女を安全なところへ引き上げてくれたという。

この「夢」は完全に作りごとであったが、女性観察者に対して門戸を開かせる鍵となった。アームストロング夫人は彼女を喜んで家に迎え入れ、そこで空飛ぶ円盤や光と闇の宇宙的サイクルや、その他関連した事柄についての情報を彼女に浴びせ始めた。会って十分もしないうちにアームストロング夫人は、この地上を破壊するであろう洪水の予言に言及していた。もっとも、彼女は、すぐにはその正確な日付を明らかにしなかった。なぜなら、彼女が言うところでは、訪問者を怖がらせたくなかったからである。アームストロング夫人は、信念体系についてさらに議論し続け、アームストロング博士が家に帰って来るまで観察者に文献資料を押しつけ続けた。帰宅した博士の方も、観察者の「夢」に魅かれ、この観察者がより高次の力によって「派遣され」て来たのだとする妻の熱っぽい結論に同意したのだった。博士は、以前の霊的体験について、彼女から事細かに聞き出そうとした（彼女は何もないと言った）。また、その夢についての彼女自身の解釈も尋ねた（自分にとってはミステリーだと彼女は述べた）。そして最後に、博士は、〔紀元前六世紀にユダヤ人たちを幽囚した新バビロニア王で、予言をもとに政治を行なった〕ネブカドネザルのように、彼女は自分の夢を解釈してもらいに来たのだと結論した。

観察者が訪問したその日は、それからアームストロング夫妻が彼ら自身の信念について詳しく説明し、来るべき大災害のことや、自動書記、他の惑星からの通信、輪廻、それに空飛ぶ円盤についても、たいへん詳しく彼女に語ったのだった。訪問者はただちに、言わば信者として教会に迎え入れられ、どんな情報でも彼女に留保されることはなかった。アームストロング夫妻は意味ありげにうなづきながら、彼女に対して「学ぶべきことがたくさんある」と教え、彼女は何度もやって来るだろうと予言し、また、すぐに何度でも好きなだけやって来るよう彼女に勧め、しかし、特に、日曜午後のグループ・ミーティングにはやって来るよう誘った。

この一連の出来事は、アームストロング夫妻が布教活動に対してとっていたと思われる態度をよく示している。また、自分たちの信念の妥当性に関する彼らの確信の度合を例証してくれる。彼らは「準備のできている人々が派遣されて来るだろう」と確かに信じており、そのような人々をもろ手をあげて歓迎した。彼らは、人々に信念を強制したり押しつけたり急がせたりすべきではない、と信じていた。そして、彼らは「いろいろ奇妙なことが我々のまわりに起きつつある」と信じていたが、これら奇妙な事柄は、オカルト世界に対する彼らの根本的な姿勢を強化するに過ぎなかった。

次の日曜におけるアームストロング家でのシーカーズのミーティングは、運動の範囲や本質をある程度は明るみに出したが、全体としては面白いものではなかった。ほとんどが学生だったが、およそ十五人の人々が、全く普通のありふれた家の居間に集まった。その雰囲気は穏やかで真面目なものだったが、それは、日曜の午後に集うような、宗教的な趣を持つ若者グループなら、どんなグループでも同じだったかもしれない。

ミーティングは短い瞑想の時間から始まった。その間、出席者は皆、目を閉じて静かに座っていた。アームストロング博士は、「我々の波動」を整え「互いに波長を合わせる」よう手短かに言った。その方が、内面の声を聞くのに都合がよいのだ。沈黙に続いて博士は、我々の父なる神に声を出して祈り、導きを求めた——これはごく普通の、どの宗派にも属さないけれど、キリスト教風の祈りだった。それから、同じように穏やかなやり方で、彼は続けて、キーチ夫人の最新の教えを読み上げた——その教えは、主にサナンダからの保証と安心を与えるメッセージから成っていた。

博士はときどき読むのを中断して、むずかしい言葉や新語の意味を説明したが、ときにはもっと脱線して、神秘主義のある局面や、地球物理学のことや、惑星間旅行、魂の転生、聖書の暗示、あるいは宇宙の起源など、聴衆を啓蒙すると彼が考える事柄の説明にまで及んだ。ときおり質疑が行なわれた。通例は、もっと説明して欲しいというリクエストだったが、それによって、このような横道にそれることが促された。博士の話の本筋は、我々がすでに概略を述べた信念体系の確認と、その精緻化および洗練ということだった。聴衆たちは、大体においては黙って静かに座っていて、彼の言うことを吸収しようとしているようだった。彼の話のおしまい頃に、みんなに手紙が回覧され、サインが求められた。それは、アイゼンハワー大統領宛の手紙で、空飛ぶ円盤について空軍がこれまでに収集した「秘密情報」を公開するよう求めていた。

正式なミーティングが始まってから二時間ほどして、おやつの時間になり、二、三人ずつのグループに分かれた。あるグループは魂の転生について議論し、他のグループはカレッジ・フットボールの話をしていた。女の子の何人かがお茶とケーキを配った——そのケーキはピンクとブルーの砂糖をまぶし、「母船」と三機の小さな空飛ぶ円盤を型どったもので、「空中高く」という文字の入った素敵なモニュメントだった。メンバーのうちの一人か二人は実験心があったようで、彼らは〔「狐狗狸（こっくり）」さんに似た〕ウィージャの板を持って来ていて、それを使おうとしていた。アームストロング博士は、家の周囲の「電荷」が「プラス」なのに、そのウィージャの板は「マイナスに荷電」しているし、また、家の空気と違って「低波動」なのだから、うまくいかないだろうと彼らに警告した。その後、二、三の若者たちが、お互いに空中浮揚させようと試みたが、この大胆な試みも失敗に終わった。

この気楽な、くつろいだ時間がおそらく一時間続いた後、客の何人かは立ち去った。後に残った人たちは、明らかにもっと真面目な関心を抱いていた。というのも、グループは再びアームストロング博士を中心に集まり、いくつかの真面目なトピックスが持ち出されたからである。ある学生は、布教活動という重要な問題を提起した。

どんな状況下で、どの程度、グループの信念のために布教活動を試みるべきか？　彼は、大学の知人たちに来るべき大災害について話したことがあったが、あからさまな軽蔑と不信に出くわした、と述べた。アームストロング博士の回答には特徴があった。準備のない人には、予言や来るべき大災害を説明することはできないし、準備のある人々は、この家に派遣されて来るだろう、というのだった。守護霊たちがそれを取り計らうだろう。この家は守られており、ここに来ることになっていない者は誰も入ることができない。洪水に遭っても生き延びるよう運命づけられている人々は、この家に来るだろう。しかし、来ることになっていない人々に背を向けてはならない。彼らが何か申し入れをしたり、少しは興味を示したら、彼らを拒否してはならない。あなた方は彼らに対し、この先に何が待っているかを静かに、パニックを引き起こさないように話すべきだ。そして、何をなすべきかを決めるのは、彼ら個々人にまかせられるだろう。

ついでながら、興味深いことに、その午後早くにアームストロング博士に対して、若い女性から電話があったことに注意しておこう。その女性は名前を告げることは拒んだが、自分は学生であって、十二月二十一日に災害が起きるだろうという予言について博士が何でも知っていると聞いた、と言った。彼女はミーティングのあることも聞いていて、それに出席してもよいかと尋ねた。アームストロング博士はその予知の日付については認めたが、ミーティングに来るのを許可することは拒否した。でも、もし欲するなら、彼がオフィスに居るときに会いに来てもよいということにした。その午後遅く、博士は、電話をしてきた見知らぬ婦人は多分、大学事務当局の「手先」で、グループを「スパイする」ために遣わされるのだ、という所見を述べた。我々は後にもさらに、こういった態度の表明を観察することになるが、ここで留意すべきことは、十一月中旬までアームストロング博士が、彼がオカルトや超自然的なことを教えるのに対して大学当局がとるかもしれない態度について、警戒し懸念していたことである。

日曜午後のミーティングの後半、つまり、より確信を持って関わっているメンバーたちだけが残った際、議論にのぼった他のトピックスのあるものによって、グループが共有している信念の諸要素の範囲とその多様性が明るみに出た。たとえば、輪廻の教義は当然と考えられただけでなく、今ここに居る者たちの前世における姿についても相当な議論がなされた。何人かの運の良い者たち、特にアームストロング夫妻、大学生になる彼らの娘のクレオ、それに確信を持った学生メンバーであるボブ・イーストマンは、キーチ夫人の自動書記を通じて、ナザレのイエスが地上にいた頃の彼らの姿が何であったかを告げられていた。アームストロング博士は、輪廻の議論ではあまり重要な役割を演じなかったが、「この部屋の誰か」がヨセフだったと明確に確認されたことを知らせ、また後になって、マリアン・キーチこそがイエスの母マリアだったという「事実」を漏らしたのだった。

議論のなかには、肉食や喫煙が霊魂の状態に及ぼす悪影響に関するものもあった。喫煙は、空気を汚すだけでなく、動物的な欲望への屈服をも示すもののようだった。喫煙は、地獄への転落を意味しはしなかったが、霊的な成就へのチャンスを減らすものだった。動物の肉を食べるということもまた、霊魂の発展を妨げる。なぜなら、それは、人が超越しようとする〔自然の〕諸要素そのものをさらに取り込むことになるからである。さらに守護霊たちも、肉食する者たちに対して悲観的な見解を示した。肉をとるために屠殺された動物の霊魂は星界にゆだねられるから、この世の肉食動物は、特にシカゴのような都市の上空を醜くするような、濃密な動物的波動を伴なう巨大な黒雲が発生する原因になってきたのだ。

最後に、かなりの議論がなされたのは、キーチ夫人の教えそのものについてであった。すなわち、「聖なる書き物」が、潜在意識に由来する単なる自動書記からどのように区別されうるかに関してであり、予言への信念に重きが偏りがちな夫人の示す証拠に関してであった。おそらく、すべてのうちで最も重要だったのは、洪水の性質や進み方に関するアームストロング博士の解説だったろう。彼が断言するところでは、十二月二十一日に、地球の表面には大きな物理的変化が見られるだろう。洪水はその日、レイクシティを飲み込み、しだいに国全体に広がって行くだろうということだった。しかしながら、博士は、地球全体の浸水がただちに起きるとは信じていなかった。事が完了するのに一年はかかるだろう。だが、翌年のクリスマスまでには、地球上のすべての表面は水に覆われ、死者たちの魂が呼び起こされているだろうと彼は確信していた。すでに準備し資格のある者たちは、クラリオンや、その他のより上位の密度層にある霊的惑星へと連れて行かれているだろう。そして、浄化された地上を支配するという新たな仕事のための訓練を受けるであろう。しかし、博士は、細部については間違っていることもありうると認めた。彼が明確に知っていたのは、洪水が二十一日に起きるということだけだった。個人的には、博士はいつでも出発する準備があった。二十四時間、油断なく待機していた。彼は、何が、あるいはいつ、起きるかについては知らなかった。が、覚悟しているのが最善だった。

我々は十一月二十一日に開かれたシーカーズのミーティングについて、ある程度詳しく述べてきたが、それにはいくつかの理由があった。第一に、その当時広がっていた雰囲気を読者にある程度は感じてもらえるはずであった。その空気は平凡なものと秘教的なものが混ざり合っており、興奮と切迫した感じを不思議に欠いていた。さらに、このミーティングは、カレッジビルの何人かの主要な人物を紹介し、グループに対する彼らの愛着の度合について述べることのできる便利な機会でもある。そうする際には、すでに議論した期間だけに限らず、必要とあればその後の期間のデータも先取りして、確信やコミットメントや布教活動の程度を明確にするであろう。

我々が利用する証拠は、すべて観察者たちによって、十一月中旬から十二月二十日まで、つまり洪水が起きると予知された直前の日までに集められたものである。これらの期間中に観察者たちは、全部で三十三人の人間に出会った。彼らは、シーカーズのミーティングに出席したか、あるいは運動に関連した用事のためアームストロング家を訪れた人々であった。これらの人々のうち、八人は強くコミットした人々だった――すなわち、彼らは、予知された洪水が十二月二十一日に実際に起きるだろうという信念と一貫した行動をとった。その行動は、単に自分の信念を公に宣言することから、自分の仕事をやめるか、さもなくば二十一日以降の日々に備えて自分の責務から解放されることにまでわたっていた。それらは、取り消すことが困難であるか不可能である、という意味で「コミットする」行動であった。確信の度合は、これら八人の人間においても幾らかばらつきがあったのであり、次に、個々の人ごとに信念の度合を論じよう。最後に、彼らはまた、布教活動にもさまざまな程度に従事していた。

他にも七人の人間がいたが、彼らはグループのなかでは同じように積極的だったけれども、洪水を信じる点でコミットの度合はもっと小さく、したがって、布教活動の面でより消極的であっただけでなく、予知に対してはもっと懐疑的だった。彼らについても論じることになるだろう。

おしまいに、ほとんどメンバーとは呼べないような人々が十八人いた。彼らの多くは、ただ一度ミーティングに顔を出しただけであり、その他は、明らかに見学者であるか、好奇心からやって来た者たちだった。このグループにおける信念の範囲は、そのイデオロギーのあらゆる面に関してほとんど完全に懐疑的な者から、イデオロギーのある部分——たとえば空飛ぶ円盤現象とか、霊的世界の存在、あるいは輪廻の実在——については信じるが、洪水の予知については強い疑念を持つ者まで、いろいろであった。これらコミットしなかった人々については、〔後で再び若干ふれるが〕一切議論はしないであろう。

アームストロング夫妻については、彼らが強くコミットしており、布教活動にもかなりの程度に関わった非常に確信のある人たちであった、ということを読者に納得してもらえるだけのことはすでに明らかにした。彼らの娘のクレオは、もう少し単純でない人物である。彼女は、シーカーズのミーティングをときどき欠席したが、一度は、友人とクリスマス・キャロルに出かけるからといって、十二月中旬のかなり重要な議論に出席する機会を断わった。しかし、他の場合には、両親が出席するよう勧めたミーティングに出るため、かなりの遠距離を困難をおしてやって来た。彼女はときどき、グループの他のメンバーたちのことを、いつも来るべき災害のことばかり話して「いらいらさせる」と言って毛嫌いした。そして、確信を持っていない一人の人については、彼には「将来の計画がある」から好きだと言った。しかし十二月の初めには、洪水が来るまでにできるだけきれいなものを着て楽しみたいから、とてもたくさんの新しい服を買った、と観察者の一人に語った。しばらくして、観察者〔女性〕がアームストロング夫妻を訪問した際、クレオは彼女に対して「家にある物は何でも欲しければ使ってちょうだい。使い切ってね。どうせ、もう少しすれば、みんな役に立たなくなるのだから」と言った。

クレオの立場は、彼女がかつて述べた言葉に、おそらく最もよく言い表わされているだろう。それは、シーカーズのたいていのメンバーたちは、予知通りに洪水が来なかったとしても失うものはほとんどないけれど、彼女は「すべてを失う」だろう、というものだった。「私は大学をやめて働きに出なければならないでしょう」と彼女は言ったが、その際、彼女の父親がおそらく専門家としての名を汚し、彼女の教育をもはやサポートできなくなるだろうという事情を引合いに出した。彼女の運動への結びつきは、もっぱら両親に対する忠誠心にもとづいていたとも、あるいは、不承不承のコミットメントの結果とも見なせるかもしれない。言わば、彼女の足下で地面が揺れ動いていたのであり、否応なく信じなければならないところにまで追い込まれていたのである。彼女の運命は父親のそれと深くつながっていたのであり、したがって、我々は彼女のことを強くコミットしたメンバーとして分類する。

しかしながら、クレオの確信は相当に揺れ動いていた。グループの他の学生メンバーの誰よりも〔グループにおける〕発展途上のイデオロギーに強く接触し、彼女はしばしば議論のなかで、そのイデオロギーを熟知していることを示した。しかし彼女は、謄写版コピーのキーチ夫人の教えを学ぶという点では、ひどく無頓着な態度をとった。彼女は聖書のなかではラザロの姉マルタがその姿だと告げられていたが、彼女はそのことにはほとんど全く触れなかった。彼女は、キーチ夫人のメッセージの有意味性について父親と頻繁に論争し、ある時点では、十二月二十一日の予知は誤りだとほとんど確信している様子だった。しかし彼女は、この低レベルの状態から立ち直り、十二月中旬には、洪水は来ることは来るが、キーチ夫人が当初予知したよりはもっと緩やかに来るのだと頑強に主張し、スティールシティの霊媒〔次章から登場するエラ・ローウェル〕が言っているような、その日付は間違いだとする言明をきっぱりしりぞけた。しかし、彼女が大学の知人の間で布教活動をやっていたかどうかは、全く知ることができなかった。知人たちからは、詮索するような質問を受けるという状況に置かれることが多かったのだが、彼女は、この予知を信じていることを否定するのも、その妥当性を議論するのも、拒否しているようだった。十一月および十二月の初め頃は、彼女は、強くコミットしているグループメンバーのうちで最も確信の乏しい一人だった。

これと非常に違った立場にあったのが、教育行政を専攻する学部学生のボブ・イーストマンだった。彼はたいていの学生よりは年長で、三年間の軍隊の義務を終えており、そのおかげで彼自身の評価ではかなり粗野な人間になったという。彼はタバコを吸い、酒を飲み、口汚くののしり、かつ宗教やキリスト教倫理に対して皮肉っぽいところがあった。彼は除隊後、スティールシティの空飛ぶ円盤クラブに加わり、そのクラブの勧めでアームストロング博士と知り合いになったが、それは、彼がイースタン教員養成大学に通い始めた頃であった。彼らはすぐに強い関係を結ぶに至り、あたかも師と弟子のようだった。

イーストマンは、シーカーズのあらゆるミーティングに出席し、アームストロング家でたいへん多くの時間を過ごした。彼は、タバコや酒や口汚くののしることや「その他の粗野な癖」をやめ、じきにこの運動のなかでも最も利発で真面目な学生の一人となった。彼は貪欲に教えを読んだり、それについていろいろと質問するばかりでなく、博士の指導はあったけれど、自分なりに秘教的で神秘的な文献の研究にいそしんだ。アームストロング夫妻が教えの謄写版をつくり始めたときには、イーストマンは、タイプしたり印刷したり、それらを綴じたりするのを手伝い、アームストロング夫人がキーチ夫人の手書き原稿を「編集する仕事」の一部を手伝いさえした。

彼は、「自分が聖書のなかのどんな人物であったか」を知っており、彼の関係者を「この地上で」探すという問題について相当考えたことがあった。彼は、洪水の予知について完璧に精通しており、それを暗唱することもでき、完全に信じていた。さらに彼は、洪水に対する期待のうちに自分の生活を再編してしまってもいた。彼は、自己の波動の密度を高めるため、地上の楽しみを誓ってやめたのみならず、自分でもときおり言っていたように「地上での絆をすべて断ち切りつつあった」し、十二月になって、しばしば「いつでも出発する準備がある」と言い切っていた。彼は授業には出席し続けていたが、それはただ、彼が言うには、見かけの正常さを保ち、そうして、もし彼が大学を完全にやめてしまったとしたら大学の友人たちの間に引き起こすかもしれないパニックを起こさせないためだった。彼は授業のための勉強はすでに放棄しており、自由時間のすべてを「教え」にささげていて、一つかそれ以上の科目が不合格になることは十分予想していた。

彼は、たいへん大切にしていたある持ち物を、借金返済の金を得るために売ってしまった。感謝祭の休暇をスティールシティで過ごしたが、それは「自分のことにけりをつけ」、両親や友人たちに「さよならを言う」ためだった。車は売らなかったが、それは、自分にとっても他の信者にとっても、最後の日々に輸送手段として役立つかもしれない、と考えたからだった。しかし彼は、その車をめちゃくちゃに走らせて限界までそれを乗りこなそうとし、あるときはこう言った。「俺はこいつに、もう優しくなんかしたりはしない。俺はこいつを乗りつぶさなくちゃいけない。もう、あまり時間がないんだ」。彼は、自分の信念について他の学生とも気軽にしゃべり、彼らの質問に答え、そして彼らの軽蔑に耐えた。ボブ・イーストマンは、来るべき洪水について両親を納得させようと長い間努力し、小学校の教員である継母を説得するのには成功したが、ある州の市民サービス機関に勤めている父の方は依然として納得させるに至っていない、と感じていた。しかしながら、彼の布教活動で一番重要だったのは、親しくしていた女性のキティ・オドンネルをグループに引き入れたことだった。

キティ・オドンネルは、ボブ・イーストマンの誘いで、十月の半ばに初めてシーカーズのミーティングに出席した。彼女は車で一緒に来たのだが、最初、アームストロング家で出会った人たちのことを「頭のおかしな連中」だと考えた。彼女は、かなり俗な人間ではあったが、まだ世間ずれはしていない若い女性で、二度結婚したことがあり、ボブがバーで彼女に初めて会ったときは、夫と別れ、一人の小さな子どもをかかえていた。シーカーズのなかでは少数派の、学生でないメンバーであり、近くの工場で生産ラインの仕事をしていた。キティは最初、ボブへの関心と彼を喜ばせたいという願望から、このグループを訪れる気になったのだが、まもなく、シーカーズのなかでも最も確信のある、コミットしたメンバーの一人になって行った。

十月後半に彼女は、次のような夢を見たと報告した。彼女は、ある丘の上にとまっている空飛ぶ円盤を偵察していたが、そのなかにいる誰かが彼女に手招きするのが見えた。少し恐怖を感じながらも彼女は円盤によじ登り、なかに入った。そこには、親しげな人々の一団が円いテーブルを囲んで座っており、彼女はたちまち静かな、くつろいだ気分になった。彼女がこの夢をボブとアームストロング博士に報告したとき、彼らは、それは彼女が選ばれたということであり、彼女が他の人たちと一緒にクラリオンに「連れて行かれる」ための「準備ができている」という意味だ、と請け合った。彼女ははなはだしく喜び、グループのことを以前はどのように考えていたかをすっかり忘れ、その活動に没頭した。

洪水が二十一日に来ることを完全に確信して、彼女は工場の仕事もやめ、すべての時間を運動にささげる決心をしたが、生活は自分の貯金——およそ六百ドル——ですることにした。そのため彼女は、住んでいた両親の家を出て、三歳になる息子とともにカレッジビルの比較的家賃の高いアパートに引っ越した。そこは、運動の中心地により近く、同時にボブのもとにも近かった。彼のことを彼女は、自分の魂の夫だと信じていた。彼女は、「その日暮らし」の哲学を展開し、自分もいつか空飛ぶ円盤に乗せられ洪水をまぬがれるかもしれない、としだいに信じるようになっていった。

キティの一番の関心事は、小さな息子のことだった。というのは、息子も「準備」のある人々の一人であるかどうかを知るすべもなく、彼女はただそれを願っていたからである。この希望に裏打ちされて、彼女は、息子がある日いなくなることをほとんど期待するようになった。そのことは、彼が円盤に乗せられ、すでにより良き場所への途上にあることを意味するだろう、という確信を持っていた。息子の楽しみを奪わないために、彼女は、三週間も前にクリスマスのプレゼントをあげていた。

キティは、シーカーズのあらゆるミーティングに出席し、彼らのために手の込んだデコレーションケーキを焼くこともよくあった。彼女は飲酒をやめ、タバコを吸わないよう非常に努力し（そうして、ミーティングの間は禁煙に成功したが、アームストロングの家では吸っていた）、また、菜食主義者用の食事をとっていた。シーカーズの特別ミーティングを電話で知らせる役割を担当することもよくあった。彼女は、自分の新しい信念をあからさまに告白した。もっとも、その結果、両親は彼女のことを気が狂ったと考え、工場の以前の仲間たちも、彼女の信念や彼女が新たに身につけた禁酒禁煙や菜食という「美徳」をあざ笑った。彼女は十一月には一、二度、知り合いの数人とその信念体系について議論した。

キティはグループに十分に受け入れられ、また、アームストロング博士を強く信頼していた。たとえば、あるとき、前夫が父親として彼女の子どもを訪問する機会がさし迫り、彼女はそのことをひどく気にかけていた。というのも、彼は、その子どもに対していつも冷酷でつらく当たるからだった。彼女は、アームストロング博士に電話をした。博士は、電話を通して「彼女に光を送る」こと――つまり、彼女を暴力から守ってくれる守護霊たちと波長のあった状態に置くこと――を約束した。彼女は後に、前夫がかつてなかったほど息子に対して優しく情がこもっていたと報告し、彼は自分では気づかないまま息子にさよならを言うために「派遣され」て来たのだ、と結論づけた。クレオと同様、キティも、自分が予知を信ずることにどれくらいコミットしているかはわかっていた。十二月四日のことだったが、彼女は、観察者の一人が彼女の確信の強さについて質問したのに答えて、こう述べた。「私は、洪水が二十一日に来ることを信じないわけには行きません。なぜなら、私は自分のお金をほとんど使ってしまったからです。私は仕事をやめました。事務計算機学校もやめました。それに、アパートは一ヵ月に百ドルかかります。私は信じなければならないのです」。

　学生メンバーで、キティのコミットメントの強さに並ぶ者はまれであったし、それをしのぐ者は一人もいなかった。それは主に、彼らにはコミットメントの機会が少なかったからである。彼らの大部分はまだ親のすねかじりだったし、特に金銭的な責任もなかった。信念体系に対する彼らのコミットメントの表われは、主として、勉学よりもむしろ信念体系に投入する時間量や、彼らが親の反対に対抗して信念を防衛する度合に見られた。

　フレッド・パーデンとローラ・ブルークスは、学生に見られた強いコミットメントの例を典型的に示している。彼らは事実上婚約していたし、一緒にいることがたいへん多かったから、彼らはペアとして扱うことができる。二人とも三年生で、彼の専攻は音楽であり、彼女の方は教育だった。また、二人とも、大学から五十マイル離れた小都市から来ていた。二人は、コミュニティ教会の学生グループのなかでは非常に活動的であったが、前年の春にアームストロング博士と知り合いになり、彼に感銘を受けていた。彼らは、教会でのシーカーズのミーティングに出席していたが、上級グループとともにアームストロング博士の家に移ったのだった。彼らは、今年秋のミーティングにはほとんどすべて出席し、すべての議論において積極的な役割を演じた。二十一日に洪水がこの世界を襲うだろうということを完全に確信していたことは明らかで、二人とも勉強することはやめてしまい、フレッドは最も重要な科目の一つに落第しそうだということがわかっていた。さらに彼は、両親と激しく議論したことがあり、両親は彼を追い出してやると脅していた。十二月中旬近くになって、ローラは、自分の個人的な持ち物の多くを、もう必要ないだろうと考えて捨ててしまった。

フレッドは、聖書における自分の姿について教えられており（彼はパウロだった）、彼とローラは、自分たちが魂の夫婦だということを相当に確信していた。彼らが布教のために行なった特定の活動については全くわからないが、二人とも、洪水が来ることをその両親に納得させようとし、また逆に、両親の方から彼ら二人を説得して心変わりさせようとする相当なプレッシャーに対しても抵抗したのだった。

スーザン・ヒースは体育専攻の学生だが、この春にはシーカーズのメンバーになっていた。秋になって彼女は、シーカーズのミーティングにはほとんどすべて出席し、自分の信念について多くの知人と頻繁に議論した。彼女の確信とコミットメントの度合については、いくつかの事実によって証拠づけられている。アームストロング博士がコミュニティ教会で〔節を曲げて〕教えていることに抗議するため、スーザンは、学生としてそこで行なっていた宗教活動をやめた――それは彼女が重視していた活動だった。コミュニティ教会のスタッフの一人が、洪水の予知を疑うべきいろいろな理由をあげて彼女を思いとどまらせようとさえしたけれど、彼女は自分の信念を曲げなかった。スーザンはまた、彼女のルームメートと鋭く意見が対立していた。スーザンが洪水について語り始めるまでは、その少女とうまくやっていけると感じていたのだが、彼女は自分の信念を変えるよりは、むしろ友情の方を犠牲にしたのである。

スーザンは、最も活動的な、その信念体系の宣伝家の一人だった。彼女は、十一月になって、同じ寮の三、四人の学生に対して系統立った指導を始め、さらに何人かの人たちに気軽に、しかし説得的に、語りかけていた。

正式に布教活動が禁じられるようになった後の十二月中旬には、教えを求めて彼女のもとにやって来た仲間のある学生に、信念体系について詳細に熱をこめて説明をした。スーザンの両親は、彼女の信念を知っていたが、それについては当りさわりのない態度をとったようだ。つまり両親は、彼女が言うことを受け入れもしなければ、拒絶もしなかったのである。

これら八人の人々――トーマス、デイジー、およびクレオ・アームストロング、ボブ・イーストマン、キティ・オドンネル、フレッド・パーデン、ローラ・ブルークス、それにスーザン・ヒース――はすべて、さまざまな活動に従事し、そのことによって運動にコミットしており、その程度はさまざまではあったが後戻りはできなかった。彼らは皆、予知された洪水が十二月二十一日に実際に起きるだろうということへの確信を行為で示しており、彼らの大部分は、その予知を広める布教活動をしたことがあった。確かに、彼らのコミットメントの程度にはばらつきがあり、三人のアームストロングの場合は最も変更不可能な段階にまで進んだのだが、他方、スーザン・ヒースは、捨てたものがおそらく一番少なかったのである。

これまで述べてきた人々の誰よりもコミットの度合が少なかったのが、社会科学専攻学生のジョージ・シェールだった。シーカーズのミーティングにほとんどすべて顔を出したほか、彼は、それ以外の機会にも何度もアームストロング家を訪れたが、それは特に洪水予知についての資料研究のためだった。彼は、一緒に住んでいる共同生活の仲間たちにも、十二月二十一日に洪水があるだろうということを話したらしく、彼らからの軽蔑や、信念を撤回させようとして彼の方を説得しようとする彼らの企てに、耐えてきたように思われる。彼自身は、もし洪水が起きなかったら、その住まいにも戻れないし、次の学期に友人たちと顔を合わせることもできないと述べて、予知に対する自身のコミットメントの感情を表現した。

十二月中頃までには、彼は、運動に関係していることを許そうとしない両親からのプレッシャーを感じ始めていた。ジョージは、両親がカレッジビルに住んでいる少数の学生の一人だったが、両親は、運動に対する世間の評判にことのほか敏感だった。もし彼の名がグループの信心深いメンバーとして新聞に出たりしたら、そのことは、大学を出て良い仕事につこうとする際、彼に不利に作用するかもしれないと彼らは指摘した。そういった考えは、彼の不安な気持ちを募らせたようだが、しかし、彼が共同生活の仲間に語ったことを撤回させるには至らなかった。クリスマス休暇に入って両親と生活を共にしている間、彼は、アームストロング家を訪問して洪水の予見に耳をかたむけ指令や活動について知ろうとするときはいつでも、本当の用件は両親から隠しておくことが必要だと感じていた。

ときおり、ジョージは、その洪水予知に対して相当な疑いを示すことがあったが、それは通例、観察者たちやシーカーズの他のメンバーたちと話をしているときだった。彼はあるとき、こう言った。自分は、災害が将来のある時点に、ある形をとって現われるべく待ち受けていることは確かだと思うが、二十一日の洪水については疑いがないわけではない、それは起きるかもしれないし、起きないかもしれない、と。別な機会に、彼は、洪水に対処して何をしようとするのかを問われて、そうだね、誰も座して待つ他にあまりすることはないね、と答えた。彼は、たとえ二十一日に何も起きなかったとしても悲嘆にくれたりはしないだろうが、何かが起きることは確かに期待していた。待つことは、彼にとって極めてつらい試練だった。二十一日に先立つ最後の数日間、ジョージはほとんどずっとアームストロング夫妻のもとに居たが、観察者たちは、彼が非常に緊張しているらしく見えるのに気づいていた。

分類がむしろ困難なのは、社会科学専攻の四年生のハル・フィッシャーである。彼は、オカルト的な事柄について相当な経験があった。以前、別な大学の学生だったときに、ハルは仲間の学生の筆記者をつとめたことがあった。その学生は、霊的な世界からメッセージを受け取っていると主張し、また、前年の夏の終わりに、大変動をもたらす災害が起きると予告したことがあった。この誤った予知に深く関わったことがあるため、ハルは用心深くなっていた。しかしながら、彼は、シーカーズのミーティングに出席するという点では最も忠実な者の一人であり、ふだんからアームストロング家に頻繁に出入りしていた。グループのイデオロギーに関して最も発言の多い論者の一人であったが、また、最も挑戦的で疑い深くもあった。彼は、大学の勉強に比べて、キーチ夫人の教えを学ぶことにより多くの時間をかけていると主張し、さらに、自分の勉学の成績は落ち込むにまかせ、どんな点数をとろうと気にしないと言っていた。

シーカーズのグループの内部では、ハルは堅固な信者とは見なされていなかった。たとえ外部の人間の目には、彼が、より目立ったメンバーの一人であり、外部の者たちに対して最も活発にイデオロギーについての説明を行なっていても、そうであったのだ。彼は議論の際、他のシーカーズよりもはるかに際立って専門家的な立場をとり、証拠の論理性や一貫性について疑問を提示し、「独立の情報源」から比較対照できる資料を紹介したりした。公開の議論では、彼は自分の疑問を明示せず、ただ挑戦的な質問を提起するだけだった。私的な場では、彼はときに懐疑的な立場をとり、ときに中立的な立場をとった。「僕は信じてもいないし、また、信じていなくもない」と彼はかつて観察者に語った。「でも僕は、必要とあれば〔グループに〕尽くす覚悟はあります」。ハルは、仲間の学生たちの間では、「人と違っているよう努めている」という評判があり、本当は信じているのだが信じていないふりをしている、と彼らは感じていた。

ハルが、スティールシティの霊媒〔エラ・ローウェル〕を通じて、洪水の予知に関する「独立の確証」と呼ばれるものを聞いた後の数日間は、洪水が来ることについて、もっと確信を抱いているようだった。が、その後、彼は再び疑問を表明するようになった。それは、キーチ夫人は比較的経験が浅いということをめぐる疑問だった。彼の指摘では、彼女は、メッセージを受け取り始めてから、まだ一年もたっていなかった。ハルが、公にコミットして神秘主義や他の世界との交信を完全に信じていたこと、そして、予知された大変動についてもしばしば公に賛成の議論をしていたこと、に疑いはなかった。彼はまた、学生としての立場を危くしてまでも、シーカーズの仕事にたいへんな時間とエネルギーを注いでいるように見えた。しかし、信念の点では、彼は典型的な風見鶏だった。イデオロギーの犠牲者というよりはむしろ、それをマスターした者として、彼は用心深く客観的かつ中立的な専門家の役割を徹底して演じ、データが手に入るまで判断を留保したのだった。

他にもさらに五人の人々が、すでに述べた人々と同じくらいに、グループ活動のなかで目立った役割を演じた。しかしながら、彼らの関与の証拠については詳述しない。なぜなら、読者にはいずれ明らかになる諸理由から、彼らは十二月二十一日以後は、我々の視界から脱落するからである。ここではただ、活動的なシーカーズの像を手短かに描写する目的のためだけに、彼らに触れておこう。彼らのうちの二人、すなわち、一人はジョージ・シェールの親友で共同生活者、もう一人はスーザン・ヒースの女友だちであったが、彼らは二人とも、すでに右に述べたそれぞれの友人と同じくらいに確信を持ちコミットしていた。さらに別な二人は、典型的とは言えないメンバーだった。一人は中年の婦人で、彼女にとってシーカーズは、長年にわたる一連の神秘主義的な諸活動への関わりに、さらに一つが加わったものにすぎなかった。もう一人は、キャンパスでの宗教活動では目立った学生で、徹底して懐疑的だったけれどもミーティングには出席し続けていた。最後に、アームストロング夫妻の、まだ十代の息子についても言及しておかなければならない。彼は、姉と同様に、両親の行動によって心ならずも運動にコミットしていた。彼は、姉以上に懐疑的で関心が薄かったが、しかし、同じくらいコミットしていた。それというのも、彼はしばしば、高校のクラスメートから嘲笑の的になっていたからである。

その他の十八人の人々は、アームストロング夫妻の家で持たれたいずれかのミーティングで観察者たちが見かけたのであるが、彼らについては簡単に片づけてもよいだろう。彼らの大部分は、ただ一度顔を見せただけであった。通例は、中核的なメンバーの一人か風見鶏の一人の招待を受けて来ていた。彼らは、ショーを傍聴するためにそこに居たが、二度と戻っては来なかった。ひょっとして彼らは、お菓子を食べに来たのかもしれないし、あるいは、そこでの「親睦」のために来たのかもしれなかった。

我々は、十一月二十一日におけるシーカーズのミーティングを観察できて疑いもなく幸運だった。というのも、後で判明したことだが、それが比較的ノーマルな状況で開かれた最後のシーカーズのミーティングになったからである。二十二日の月曜日から始まった一連の複雑な出来事は、カレッジビルとレイクシティの双方の状況を変え始め、その後、運動にさまざまな影響を及ぼした。

最初の重要な出来事は、アームストロング博士が、大学における保健サービスのスタッフの地位を辞すよう求められたことだった。彼に示された理由は遠慮のないものだった。すなわち、彼がその地位を利用して非正統的な宗教的信念を教えており、それが何人かの学生を「怒らせている」という苦情が親たちや学生たちから出ている、というものだった。その対応策は、秘かにかつ慎重にとられたので、大学事務スタッフの数人のメンバーとアームストロング博士および夫人にしか、すぐには知らされなかった。我々が知りうるかぎりでは、彼らは、ほとんど一週間後まで、シーカーズのメンバーの誰にも免職のことを明かさなかった。アームストロング博士が免職に際して、直後にどう反応したかはわかっていないが、その後の彼の言動から、彼がそれを守護霊たちの「プランの一部」である――つまり、この世界を去って、もっと良い世界に行く準備をさらに彼にさせるべく、この世界との絆をゆさぶり解き放させようとする〔意思の〕表われである――と考えていたことは、かなりの確信をもって推測することができる。

もう一つの推測は、もっと不確かなことだが、免職されたその日、大学のスタッフに会った後まもなく、彼はレイクシティにいるマリアン・キーチに電話をしたということである。もしそうなら、彼女もまた、彼の免職に同じ意義を認めたに違いない。というのは、その後、同じ日に彼女はサナンダから、二十三日火曜の夜に彼女の家でミーティングを開くよう召集を命じるメッセージを受け取ったからである。二十二日の真夜中頃、彼女はアームストロング博士に電話をしてミーティングに来るよう指示した。幸いにもカレッジビルの観察者たちは、博士の出発の予定とその目的地を知り、さっそく我々に知らせてきた。我々は今度はキーチ夫人に電話をかけ、そのミーティングに招いてくれるよう手配した――これは、この種のものとしてはレイクシティでは初めてのミーティングで、いくつかの理由から重要な出来事だった。それでは、次にレイクシティの舞台に目を移し、十月後半および十一月にさかのぼって、さまざまな出来事を要約してみよう。

第四章　長い間、指令を待って

十月末にマリアン・キーチは、レイクシティ地域のおよそ八ないしは十人の人々を招待し、ハローウィーンの日に彼女の家に集まって、教えを朗読することにしていた。実際には二人の人だけが姿を見せた――エドナ・ポストとその息子のマークだった。ポスト夫人は背の高い、やせた四十代後半の女性で、いつも愁いや悲しみの表情か、つくろった優しい笑みをたたえていた。離婚した後、彼女とその十九歳になる息子は、レイクシティ郊外のハイベールにある家を守っていた。そこでは、彼女は、私立保育園の主事をしていた。マークは、この春までは工科大学に通っていたが、成績不振のため退学させられていた。九月以来、彼は、家の近くの金物店の店員として働いていたが、まだ母親の稼ぎと父親からの養育費にも頼っていた。背が高く痩身の若者であるマークは、ふだんは静かで人なつっこく、少々内気だった。愛想がよくて親切な彼は、はっきりした目標は持っていないように見え、ふわふわした状態に満足しており、母親の言う通りにしていた。そして今度は、母親は彼を直接、運動の中心へと引っ張って行った。彼はそこで、究極的には、目立たないが有用な役割を演じることになる。

エドナ・ポストは、知的な志向をもった半ば神秘主義的なグループに参加したことがあった。マリアン・キーチと同様、エドナもダイアネティックスの聴衆によって「清め」られたことがあり、サイエントロジーを議論するもっと進んだグループにも入ったことがあった。エドナがマリアン・キーチに出会ったのは、このグループのミーティングでのことだった。キーチ夫人のパワーに明らかに感銘を受け、エドナは春から夏にかけて彼女と連絡をとり続けたが、それは少なくとも、マリアンにつきそってリオンズフィールドへ出かけることもできたほど長い期間だった。マークと彼の今のガールフレンドもまた一緒に出かけたのだが、その後はエドナもマークも、ハロウィーンの招待を受けるまではマリアンに会っていなかった。彼女のもとへ彼らを連れ戻したものが何であったかは、わからない。また、その夜、何が起きた結果、エドナがベルタ・ブラツキーを訪問することになったのかもはっきりしない。ベルタ・ブラツキーもサイエントロジーのメンバーで、この春、キーチ夫人の教えを聞いたこともあったのだが、エドナはベルタを説得し、ベルタはこの数週間後に、エドナとマーク・ポストとともに、キーチ夫人の家へと出かけることになった——正確には十一月二十二日〔月曜〕のことである。

キーチ夫人の活動に関する我々の知識は、十月に初めて彼女を訪問したときから、十一月二十三日のミーティングまでの期間に関しては、極めて乏しい。彼女の家に立ち寄る人々は主に、家の向いにある小学校に通う子どもたちだった。とにかく彼らは、夫人が何を信じているかに精通するようになり、彼女を訪問しては、空飛ぶ円盤の話をしてくれるよう、せがんだものだった。明らかに夫人は、そういったリクエストによく応えたので、学校のなかに相当な支持者を生み出したのだが、そうなると両親や学校当局、それに警察が、一致協力して干渉しようとした。PTAの特別集会が開かれ、子どもたちに対する夫人の影響力を抑制する手段について話し合われ、彼女が主張するところでは、最後には、子どもたちに話をするのをやめるよう警告され、やめなければ彼女を「精神鑑定委員会」に連行すると言われた。この脅迫は明らかに警察からのものであり、夫人を震え上がらせたという意味で効き目があった。夫人が最も悔やんでいるのは、子どもたちが純粋に真理と光明を必要とし、またそれらを欲しており、しかも彼女の教えの価値を認識していた、ということだった。それなのに両親や教師たちは、夫人には近寄らないよう子どもたちに強要したのだった。

我々が知っていることは、十月および十一月にマリアンが、上位の霊的密度層にいるサナンダおよび他の守護霊たちから絶えずメッセージを受け取っていた、ということである。ときにそのメッセージは、宇宙人の訪れのような最近の出来事に解釈を与え、ときには、不信に満ちた世界のなかで安心と心地よさとを提供してくれた。

この期間にはまた、キーチ夫人は、しだいに個々人向けの教えを「受け」始めていた――すなわち、特定の個人の要請に応えて、個人的なアドバイスや指導、あるいは質問への回答を守護霊たちに特別に求めようとしたのである。その結果は、しばしば質問者を当惑させ、ときにはキーチ夫人をも戸惑わせた。そのため夫人は、とにかく何らかの示唆を与える前に、質問者に対して「その質問はあなたにとって、どんな意味があるのですか」と率直に尋ねることが多かった。それでも夫人は、自分の手が書き取った内容に完全に当惑を覚えることがあると認めることもあった。

個人的に指導を行なうことへの変化は、我々がカレッジビルでも認めたように、非常に選択的な布教活動を行なう方向への動きと一致していた。キーチ夫人に関して言えば、教えの言葉を広めようという気持ちはアームストロング博士ほどには決して強くなかったので、「布教活動」という言葉は誇張であった。それというのも、訪れて来た人々を扱う夫人のやり方が、はなはだしく受け身的だったからである。このことは、我々が派遣したレイクシティの二人の観察者を夫人がどのように受け入れたかによって示される。男性の観察者は、彼女のもとを訪れ、新聞で洪水の予知を知ったと告げた。夫人は、彼を暖く迎え入れ、かなりの時間を割いてそのメッセージの背景を彼に説明したが、彼を仲間に入れようとか、また来るよう促したりは全然しなかった。彼の方が、帰り際にやむをえず、また来てもよいかと尋ねたほどで、それに対して夫人は、「わが家の扉はいつでも開いていますよ」と丁重に答えたのだった。

女性観察者の方も歓迎され、一、二時間も、空飛ぶ円盤や、サナンダ、守護霊たち、その他の信念体系の諸項目について、全般的な話をしてもらった。この観察者は、自己紹介をするときに洪水の予知については一切触れなかったが、キーチ夫人もそれには言及しなかった。けれども、夫人は、その観察者には「天界」からの個人的なメッセージを「受け」たいかと尋ねた。

後で、その観察者が、関係者たちによるグループ・ミーティングがこれまでに開かれたことがあるのかどうか尋ねたとき、キーチ夫人は否定的に答えた。夫人が言うには、ルールとしては、グループによるミーティングは違反なのである。教えは個別に与えられることになっており、人々は、一人ずつ夫人に会って教えを受けるのだった。夫人は、九月か十月に守護霊たちから、彼女に会いにやって来る人々を教え導くため、今後は家にずっと居るべきこと――準備のある人々は彼女を捜し出すだろう――という指令を受けていたのだ。夫人は、一人か二人の人が会いに来たことがあるということは口にしたが、その人たちがどれくらい頻繁に来たのか、何人くらいなのか、どんな人たちだったのかについては、話したくなさそうだった。夫人はまた、新しい仲間をふやすことにも関心はなさそうだった。というのは、この観察者も、再訪問の許可を求めざるをえなかったからである。

こういう背景に照らしてみてみると、十一月二十三日〔火曜〕に、つまり我々が派遣した観察者たちが初めて訪問したわずか数日後に、ミーティングが予定されていたことがわかったのは、なおさら驚きであった。キーチ夫人がミーティングを召集したのは、おそらく、アームストロング博士が免職されたというニュースを聞いて、守護霊たちが何らかの行動をとる時期が近いという暗示を得たからであろう。このことがその夕方における基調であり、集まったグループに対してキーチ夫人が最初に行なったスピーチは、「私たちにメッセージがあることをサナンダから聞いており、指令を受けることを期待している」というものだった。後にみるように、このミーティングの後半は主として、この指令を待つことに向けられたのである。

その夕方の七時半までには、何人かは我々にはなじみのない顔だったが、十人の人たちが、キーチ家の居間とそれに隣接したサンルームに、ぐるっと車座になってイスに座っていた。エドナとマーク・ポストは、郊外の家から車で来ていた。ベルタ・ブラツキーは、四十代前半で背が高く、頑健そうな、活力のありそうな印象を与える女性であったが、レイクシティ北西部から、メイおよびフランク・ノヴィックという二人の隣人を連れて来ていた。ブラツキー夫人とエドナおよびマーク・ポストは、以前、サイエントロジー・グループのメンバーであったことから、明らかによく知った者同士だったし、エドナ・ポストはフランク・ノヴィックに少なくとも会ったことはあった。ベルタとその隣人のメイとの関係は、さらにもっと親密だった。というのも、青白くほっそりしていて臆病で心配そうな様子のメイを、ベルタは「監督」していたからである。フランク・ノヴィックは、奇妙に場違いで落ち着かないふうだった。彼は電子技術者で、ここにやって来たのは、ただ妻〔メイ〕が勧めたからだった。彼は、社会的圧力に鈍感というよりは、むしろそれを無視して、その夕方はただ一人タバコを吸い続け、ほとんど一言も発しなかった。その他、集まっていたのは、マリアン・キーチの忍耐強いが懐疑的な夫、アームストロング博士、レイクシティ地域で観察をやってもらった女性、我々著者の一人、そして最後にクライド・ウィルトンだった。彼は、このミーティングのため、わざわざ五百マイル〔約八百キロ〕離れた自分の家から飛行機で来たのだった。

クライド・ウィルトンは、背の高い、がっしりした三十代後半の男性で、厳密な自然科学の一分野での博士号を持っていた。彼は静かで愛想がよく、知的好奇心が旺盛だった。ある重要な研究機関の研究職の地位にあり、科学雑誌に論文を発表したこともあって、彼の専門では高い地位にあり、尊敬を受けていた。自前で遠距離からやって来たのだが、明らかにキーチ夫人からの電話による招待に応えたものだった。彼は、九月にレイクシティを訪れた際にキーチ夫人を紹介されていた。彼がキーチ夫人のメッセージに深く感銘を受けたことは明らかで、自宅に帰ってからも、十月、十一月と、彼女と文通し続けていた。

キーチ夫人の書き物が彼にとって初めてのオカルト体験ではないことは明らかで、彼はときおり「他の偉大な師」について触れ、彼らとマリアンの守護霊たちとの類似点について述べたりした。彼は長い間、空飛ぶ円盤に関心を抱いたことがあり、それに関する既存の文献を注意深く研究したこともあったが、結局、自らの好奇心を満たすことはできなかったのであった。二十三日のミーティングでも、その後の機会においても、クライド・ウィルトンはどちらかと言えば無口だったが、起きつつあることには非常に注意深く耳を傾けている様子だった。彼は、教えから引用をしたり特定の文節に言及したりして、それを熟知していることをうかがわせ、また、用語の意味や文節の解釈に関して、マリアンやアームストロング博士としばしば議論していた。

彼のアプローチは全体に知的で向学心に満ち、学者的ですらあった。しかし、彼は、メッセージの正統性と洪水の予知を完全に信じているように見えた。これらの事柄について妻と微に入り細に入り語り合ったことがあったけれど、彼が打ち明けたところでは、妻はなお幾分、懐疑的であった。彼は、キーチ夫人の教えについて、隣人の一人と議論したことがあった。その隣人も、洪水予知を信じていたのかもしれない。したがって、総じて言えばクライド・ウィルトンは、少なくとも自分の信念について隣人と議論したことがあり、このグループのなかでは確信のあるメンバーだったようだ。彼がこのミーティングに出席したというまさにそのこと、さらに、出席するために（家や仕事を離れ）時間とお金を投じたということから、彼はまた、深くコミットしてもいたように思われる。

キーチ夫人とアームストロング博士の二人とも、二十三日のミーティング中のある時点で指令を受けることになるだろうと信じていたが、二人とも、その指令がどんな内容でどんな形式なのか、あるいは、どんなメッセンジャーによってそれが伝えられるのかについては、明らかにわかっていなかった。したがって、グループのほとんど誰でも宇宙からのメッセンジャーでありうるし、ほとんどどんな発言でも指令でありうる、と彼らは考えて覚悟していた。彼らは、出席するため一番最後にやって来た著者の一人に注意を集中することから始めた。その著者は、ドアのところでキーチ夫人に迎えられ、集まっていた人々に対して彼女から紹介された後、隣の部屋へ連れて行かれ、あなたから指令を受けることを期待していると言われた。夫人は、「そして、私たちは、今夜はあなたに導いてほしいと思っているのです」と締めくくった。

観察者でもある著者は、中立性を維持しようとして、主導的な役割を演じることはできない、「準備」ができていない、と言って抵抗した。キーチ夫人は、彼には「準備」があるはずだと頑固に言い張り、いっそうの抵抗にもめげることなく、「私たちは皆、自分たちの偉大な責任に直面し、それを引き受けなければならないのです」と主張した。

とうとう観察者は、彼女の要請に同意した。彼は居間に連れて行かれ、キーチ夫人はグループに対して、今夜は彼が皆を導くだろうと告げた。九人の期待に満ちた視線にたじたじとなりながらも、観察者は時間かせぎをしようと頑張った。「瞑想させて下さい」ととっさに言い、頭をたれて沈黙した。数分間の沈黙後、彼はキーチ夫人に、二言、三言しゃべってくれるよう頼んだ。夫人はただ簡潔に、このグループは特別な目的のため、つまり指令を受けるために召集されたと述べた。夫人は観察者に、何か付け加えることはないかと尋ねたが、何もなかった。そこでミーティングは、緊張が高まったからというので、沈黙の瞑想に戻された。

おそらく、さらに二十分間の緊張に満ちた完全な沈黙の後だったが、ベルタ・ブラツキーが、頭を後ろに倒したままソファに座り、目を閉じていたのだけれど、非常に深く、かつ短い、ため息のような呼吸をし始めた。彼女は、ほとんどあえぐような呼吸を続け、それからおそらく二分間、ときおり低いうなり声を交え、そしてうわごとのように「指令を得た、指令を得た」と何度もくり返し始めた。彼女の重苦しい呼吸はさらにスピードを増し、彼女はすすり泣き始めた。すぐさま、アームストロング博士とキーチ夫人が、彼女を介抱しに部屋を横切って行った。彼らは彼女をソファに横たえ、その場でアームストロング博士は彼女の脈をみて安心し、彼女を一人にしておくよう指示した。キーチ夫人はソファの隣のイスに座ったが、一言も発しなかった。そして、集まったその他の人々は、不安を感じながらも沈黙したまま、根が生えたようにそれぞれのイスに座っていた。

ベルタのあえぎとため息はますます大きくなり、大声の激しいすすり泣きに変わり、さらに口唇をふるわせるような、すばやい呼気が続いたが、それらの合間に、息絶え絶えながら「指令を得た……」という言葉が聞かれた。それから、「我は主なり、汝の神なり……汝は……他に……汝は他に神を持たない……我の前にあっては」と言った。彼女の目は閉じられ、からだ全体が、彼女が打ち勝とうとする感情によって震えていた。あえぎながら再び第一の戒めを垂れ、それから短い沈黙に陥った。

短い間をおいて、ベルタは再び話し始めた。躊躇(ちゅうちょ)しつつ、痛ましげに、何度も言葉を飲み込みながら、「こちらはサナンダなり、我はサナンダなり」とあえぎつつ彼女は言った。「サナンダが語るなり、サナンダが語るなり。我はサナンダなり、我はサナンダなり。これらは我の兄弟なり、大切な兄弟なり……」突然、彼女は叫びをあげて中断した。それは痛みの悲鳴であり、彼女は抵抗し始めた。「いや、いや、私じゃない。彼が私のことを言うはずがない……〔間〕……私が自分の兄弟に取って代わるですって……いや、彼が私のことを言うはずがない。いや」彼女の声が小さくなり、うめきに変わったとき、キーチ夫人が急いで彼女のそばに寄り、大きな声ではっきりと、こうくり返した。「いや、そうですとも、ベルタ。そうよ、ベルタ、彼はあなたのことを言っているのよ」。グループの他の人々に半ばからだを向けながら、夫人はこう付け加えた。「私は、今日、あなたが兄弟を引き継ぐべきだというメッセージを得たのです。そうです、それこそ、彼の意味するところなのですよ」。キーチ夫人は〔著者に指令を求めるという」彼女の最初の選択に落胆していたので、指令を得るという彼女の望みを明らかにベルタに託していた。彼女の確言で霊媒〔ベルタ〕は静かになったようで、数分後にベルタはトランス状態からさめたのだった。

ベルタ・ブラツキーは、レイクシティの消防士と結婚しており、以前は美容師をやっていたが、現在は事務員として雇われていた。ポーランドに生まれたのだが、育ったのはアメリカ中部のアイオワ州だった。彼女はカトリックの学校に通ったことがあり、結婚したのは十九歳の頃だった。宗教的な教義に対する忠誠は、おそらく二十八か二十九歳の頃までは続いていたが、それから教会に失望を感じ始め、ぷっつり縁を切ってしまった。彼女は結婚後の不妊に大きな不満を抱いていた。二十年以上にわたる結婚期間中、ついぞ妊娠することがなかった。あり余るエネルギーと親としての責任がないことから、彼女はしょっちゅういろいろな仕事に手を出したが、やがて美容師としての資格を得た。それは彼女に喜びをもたらしたように思われた。特に、彼女が自分のお店を営んでいた時期にはそう思われた。そのお店で彼女は、お客の一人で後に親しい友人となったメイ・ノヴィックに出会った。そこではまた、彼女にダイアネティックスと「形而上学」の手ほどきをしてくれる女性にも出会ったのである。

エドナ・ポストも属していたダイアネティックスとサイエントロジーのグループでやはり会員だったことから、ベルタは招待されてキーチ夫人の話を聞き、感銘を受けたのだった。キーチ夫人に教えのコピーをタイプする秘書の助けが必要になったとき、メイ・ノヴィックのことを適任だとすぐに思いつき、メイを説得したのがベルタだった。ベルタとメイの二人とも、春から夏の間はキーチ夫人と連絡をとっていたが、夫人が八月にカレッジビルへ行ってからは夫人に会うことをやめてしまっていたし、十一月までは夫人の方からも再度の連絡はなかった。だから、この夜まで、ベルタが目立った役割を演じることは全くなかったのである。

ベルタは、トランス状態から醒めた後の休憩時間中、注目の的になり、事実上すべての会話は彼女の行為をめぐって展開した。彼女は、さっき起きたばかりのことで、自身、当惑していると明言した。「これまで、こんな経験をしたことはありませんでした」と彼女は言った。彼女は、それは「すばらしい体験」だったとくり返し言ったが、それがどんな感じだったかは言葉に言い表わせなかった。彼女は、誰か他の人の声が彼女に「とりついた」ということは「ちょっとはわかっていた」と言ったが、それを恐ろしく思い、また、どう振舞ってよいかわからなかったのである。

マリアンはベルタに対し、彼女の新たな仕事は大きいということ、つまり、それは偉大な任務のために生きるという仕事だ、と強調した。キーチ夫人は、自分は「スピーチの力」がほしいと思い、それを祈りさえしたが、結局「書く任務を与えられた」と言って、うらやましそうに祝福を付け加えた。アームストロング博士はベルタに対し、霊の思考が入ってきたときはリラックスすること、そして自分の心を空白にすべきことをアドバイスした。一瓶の泉水を飲み、これらの言葉に気をとり直したベルタ・ブラッキーは、すぐにソファに戻り、「もう一度やってみて、何が起きたのか確かめてみる」と皆に告げた。

その時は誰にもわからなかったのだが、その夕べのクライマックスは実はもう終わっていて、後はベルタが、その前に思いがけず引き起こした晴天の霹靂（へきれき）にふさわしい振舞いをしようとしてもがき、かえって退屈で痛ましい単調さをもたらしたのである。その後の一時間というもの、彼女は、グループの各メンバーをそばに呼んでは、一人一人にサナンダからの霊的メッセージあるいは慰めの言葉や祝福を与えた。彼女はもう一度休憩をとり、十時半頃、再びソファの上に横たわった。が、彼女の口から発せられるのは、ただ空虚な言葉の退屈なくり返しだった。「そして、サナンダの祝福が、このような大切な、大切な、大切な［十一回くり返し］……大切な兄弟に……そうしてそれは、それだから、だから、永遠にずっと、そしてずっと［十四回くり返し］……そしてずっと」。

真夜中にとった休憩の際、彼女は見るからにがっかりしていて、キーチ夫人に対し、おそらく今夜はメッセージを得ようと試みるのはもうやめた方がいいのでは、とためらいながらほのめかした。しかし、キーチ夫人は、そんなことには耳を貸そうともせずに言った。「今夜はまだ序の口です。あなたはまだ何も見ていないのです。もし今夜はこれでおしまいだと思うのなら、それは間違いです。私たちは、これが一体どういうことなのか、わかってはいません。でも、私は、彼ら〔守護霊たち〕が私たちに先へ進んでほしいと思っていると感じています。彼らは、ある目的のためにこんなことを行なっているのです」。グループの他のメンバーに向き直って、夫人は不機嫌そうに高揚した調子でこう警告した。「たとえ誰かが、今夜はもう休もうと考えたとしても、その人にはまだ他に考えるべきことがあるのです。休む時間はありません。彼らには、私たちにさせるべき仕事があるのです」。

約一時間、さらにまた「大切な兄弟」をくり返した後で、ベルタは「自身」の声で、今夜はもうやめた方が賢明なのではないか、ともう一度ほのめかした。しかし、キーチ夫人は頑固だった。「いいえ、だめ、ベルタ」と夫人は叫んだ。「あなたは、まだ、行き着くべきところにまで行っていないのよ」。

未明の二時頃、アームストロング博士はキーチ夫人に対し、ベルタは「おかしい」ように感じるし、こんな話がいくら続いても何にもならない、と静かに言った。はっきり通る声でキーチ夫人は反対した。「いえ、だめ、だめ。私は運び役の形式〔つまり、守護霊たちのプラン〕をこわしたりはしませんよ。それが規律なのです。むずかしい規律だけれど、それを学ばねばならないのです。私は、そこまで立ち入って彼女をやめさせる責任は引き受けません」。

そのすぐ後に、霊媒〔ベルタ〕の声が、この部屋の誰かが運び役の形式をこわそうとしていると言明し、誰もその運び役の形式をこわさないようにと警告した。キーチ夫人は、この警告に賢明そうにうなずき、ほほえんだ。一方、アームストロング博士は無念そうだったが、この譴責を受け入れたようだった。特別な指令がベルタを通じてやって来る、という希望をキーチ夫人が依然として抱いていたことは明らかだった。

このセッションは朝の八時まで続いたけれど、ベルタのスピーチの全体的なパターンには、何ら気づきうる変化が見られなかった。その間、ただ一度だけ中断があったのは、二時半頃、フランク・ノヴィックが、妻の懇願と涙を振り切って、奮然として家へ寝に帰ってしまったことだった。グループの他のメンバーは、居間に残ってときおりまどろむか、キーチ家の屋根裏部屋に引き上げた。屋根裏部屋にはたくさんのベッドやマットが敷いてあり、彼らはそこに身体を横たえたが、さながら寮のような光景だった。

期待されていた指令は、その夜には来なかった。兄弟を導くというメッセージの他には、ベルタの言ったことは、この運動のイデオロギーとほとんど何の関連もなかった。一度、エドナ・ポストがキーチ夫人に対し、サナンダがベルタに託した任務は、洪水の日が「早められた」のを示すことかと尋ねた。キーチ夫人はこのことを強く否定した。日付の変更は伝えられていない、と夫人は主張した。しかしながら、夫人が付け加えたことには、もし十二月二十一日が「誤った日付」ならば、つまり、もし洪水が起きないとすれば、その予知は、我々に対する予行演習であり、信仰の「試練」であるからだろうということだった。グループ全体にとって、ベルタの新たな役割は、今後何が起きるかについての期待に何の変化ももたらさなかった。彼女の行為はグループを困惑させるものではあったけれど、キーチ夫人はその混乱を解消させる策を何もとらなかった。

ベルタが早朝にトランス状態で行なった最後の行為のなかで、その同じ日の夜、つまり十二月二十四日〔水曜〕午後十一時に、二回目のミーティングが召集された。彼女は、この時間がメッセージの受け取りに「好都合」だろうと主張した。後でわかったことだが、彼女の夫は、彼女がオカルトを探究することに賛成ではなかったけれど、交代制の仕事のため、午後十一時以降に勤めがあったのだ〔だから、彼女は家を留守にできたのである〕。

それまでの昼間の時間は静かに経過した。キーチ夫人の家には、わずか四人しか居なかった。すなわち、キーチ夫人、アームストロング博士、クライド・ウィルトン、それに著者でもある観察者だった。これら四人の人々は、少なくともキーチ夫人にとっては、グループをシンボリックに代表していた――一人は東部の、一人は南部の、一人は北部の、そして彼女自身は西部の出身だった。前日の夕べ、これら四人は、そして彼らだけが、キーチ夫人が「上の部屋〔天界〕での体験の再生」と描写したセレモニーで、イースト抜きのパンと瓶入りの泉水を特別なグラスで分けあったのである。翌朝も儀式の純粋さは保たれ、「朝食」は、マッツォーと呼ばれるさらに多くのパンと、このときはコーヒーカップに入れた熱い泉水であった。

ベルタの霊媒性についてのとりとめない議論はキーチ夫人を刺激し、夫人は、来るべき夜の集会には大きな期待を持っており、おそらく夫人が書いた秘密の書き物の封印を解くようにという指令すら期待している、という所見を述べるに至った。しかしながら、もう一度夫人は、出席していた著者に、グループのためのメッセージを持って来たかどうか尋ねたのだった。

アームストロング博士は、自分が大学を免職になったことを論じ、次に何をなすべきかについての指令を受け取りたいという熱意を示した。〔おそらく十月半ばに〕徹夜でなされた交霊会の最後の部分では、エドナ・ポストが自分の仕事をやめるべきか否かを問うたけれど、アームストロングは自分の免職を告げ、グループに対して、免職は明らかに、彼に「ある重要な仕事」(すなわち、守護霊たちに仕えること)を行なう準備をさせるという「プランの一部」である、と指摘したのだった。最後に、メイ・ノヴィックも、自分が最近、秘書の勤め口を首になったとグループに語った。

朝食の際、このような展開を検討してアームストロング博士は、それらは偶然ではありえないと指摘した――

明らかに何かが進行しており、「天界の少年たち」(信者グループのなかでは、彼は「守護霊たち」というもっと公式的な用語より、この言葉を使うことの方が多かった)が何かを計画していた。彼は、自らへの指令を瞬時に得ることを期待し、彼らがこの夜来ることを望んでいた。彼は、どこへ行こうと、何をしようと、準備はできていると言った。しかし観察者が、丘の上の安全な場所へ行くという以前のプランについて尋ねたとき、彼は煮え切らない態度だった。彼が言うには、そのプランはなお進行中であった。彼もキーチ夫人も、守護霊たちから予定変更については何も聞いていないという。しかし彼は、もはや指令がなかったが故に知らない、というにすぎなかった。アームストロング博士は、何が起こりうるかについての彼自身の意見を詳しく述べ続けた。彼は、グループのうちのある者に対しては、空飛ぶ円盤によって個々に迎えが来るかもしれず、特に、ただちになすべき任務あるいは重要な任務のある者たちに対してはそうかもしれない、と感じていた。

水曜〔二十四日〕夜のミーティングは、フランク・ノヴィックが欠席したのと、午前中にその夜の招待の手はずを求めて電話をしてきた男性観察者が加わったのを除いて、同じ聴衆を相手に十一時に始まった。聴衆は同じだったが、演者の方はそうではなかった。グループは、力強いベルタを初めて見ることになった。支離滅裂さや反復、それにキーチ夫人に助けを求めるということがなくなった。自信たっぷりに、むしろ指揮するかのように、彼女はソファに陣取って一方の腕を目の上にやり、話し始めた。彼女は、話す前にすすり泣いたり、あえいだりすることはなかった。彼女は、プロらしくたやすく自分の役割にするりと入り込み、自信と権威をもってミーティングのための講義を始めた。

彼女が装う権威は、この夜、彼女を通じてしゃべる声がサナンダのそれではなく、造物主自身であることが明らかになって、いっそう強まった。キーチ夫人のエース〔サナンダ〕をこんな具合に負かし、ベルタはさらに「善なるもの」「意志」「我」そして「〔我〕であること」といった事柄を論じ続けた。このような指導が進むにつれて、彼女はさらに押しが強く、もっと傲慢になっていった。

造物主が教えることの大部分は、運動のイデオロギーとは無関係で、洪水の予知とも関係がなかったが、彼は、意志、自己修養、それに従順さといった問題に相当な強調をおいた。要するに造物主の見解とは、すべての人は自分自身の意志を構造化し発展させる責任があり、行為とは個人の決意と選択の問題だ、ということだった。この自己決定の哲学、あるいは後にそう呼ばれたように、自身の「内なる認識」ということが、グループに完全に受け入れられるに至った。

午前四時半頃、造物主のスポークスマン〔ベルタ〕は、翌日の夜にも第三のミーティングを開くよう提案した。クライド・ウィルトンは、自分の予定よりもすでに一日長く家族と離れている上に、二日間も仕事をしていないし、もしこれ以上時間をとられるなら休暇を願い出なければならない、それには上司に詳しくその理由を説明する必要がある、と言って抵抗した。さらに彼は、行き帰りにお金がかかると付け加えた。彼はそれで自分のプランの概略を述べた。市外に住む人々は、グループがミーティングをしている間、家で瞑想することを許可してもらい、指導内容は記録にとり、市外のメンバーに送ってもらえればそれを読むことができる、というものだった。

造物主は即座に、にべもなくそのプランを拒否した。グループ・ミーティングにおいて語られたことは一切記録されない――それがルールである。さらに、家で瞑想するだけでは十分ではない。いろいろ学ばなければならないことがあり、皆が指導を受けなければならないのだ。最後に、造物主は、時間は少ないが多くのことをやり遂げねばならないから、今後三週間の間に少なくともあと三回の指導セッションを開かなければならない、と述べた。そこで早速、クライド・ウィルトンが第二のプラン、つまり、翌週末に連続して三回のミーティングを持つことを提案した。造物主は、このプランに何か異議はないかと皆に尋ねてから、このプランに喜んで協力したいと告げた。

この夜のイベントは、グループの中心的な関心事とは関係がなかった。指令のことは何も予定されておらず、実のところ、大洪水はまだ口端にものぼっていなかったのだが、午前五時を少し過ぎて、造物主が自発的に次のように述べた。「私は、日付の問題を持ち出すべきかどうか、考えているところだ。さあて、私はそうすべきか否か、決められぬ。おまえたちは、日付について知りたいと望んでいるのか？」キーチ夫人はひどく緊張し、造物主が何を言おうとしているのか聞きたがっているように見えた。ソファからの声は嘆息しつつ言った。「それでは、その問題を持ち出そう。おまえたちは何を知りたいのか？」キーチ夫人が「私たちに与えられていた日付は無効になったのですか？」という、避けることのできない質問をした後に一瞬の間があり、その間、部屋は緊張でぴりぴりしていた。造物主の答えは長いものだった。

「おまえたちに与えられたものを無効にするのは、私ではない。それをおまえたちに与えた彼女〔キーチ夫人〕は忠実であり、とても一生懸命働いてきた。だから彼女が、今夜のすばらしく貴重なミーティングへと導いた仕事に責任を負ってきた。彼女の仕事は十分になされた。また、彼女を指導してきた人々、日付を設定したり彼女にそのことを教えるという仕事を私が与えた人々〔つまり守護霊たち〕に対して、彼女は忠実にやってきた。彼女は良い予言者としてやってきたと私が言うとき、彼女の仕事を過小評価するわけではないが、しかし、今夜は造物主がここにおり、その私がもっとも偉大な予言者、ベルタを選んだのだ。彼女は以前からそうだったのだが、これからもそうであろう」。

グループ・ミーティングは皆、体の芯まで疲れ切ってしまったため、五時四十五分に休止となったが、活動は中断されなかった。というのは、各メンバーが、造物主との個人的なカウンセリング・セッションを持つよう指示されたからだった。その間、グループの残りの人々は、〔ベルタの〕声の聞こえない距離にいて、果物やナッツや過ぎ越しのパンをむさぼり食ったり、ネスカフェ・コーヒーや泉水を飲んだり、あるいは会話をしたりしていた。

アームストロング博士は、日付の妥当性については、造物主よりも強調した。この前日、夕方の早い時間に観察者の一人と行なった会話のなかで、彼は自分の見解を明らかにしていた。

「その日付については何度も言われてきています。つまり、それは、我々の子どもたちやマリアンや我々自身に対する、たくさんのメッセージのなかに現われてきたわけです。だから、結局、我々はそれが重要な日付だということもわかっているのです。それは、お彼岸か何かのような単なる偶然ではありません。いいですか、それは霊的実在たちが古い家を出て、新しい主人や師を探しに出かけた日なのです。彼らが宇宙の師を求めて祈り、十二月二十日にそれを求めて古い家を出て行ったからこそ、非常に重要な日付なのです。それから、とにかく、いいですか、イエスが本当にお生まれになったのは、二十五日ではなくて二十一日なのです。だから、我々は、日付についてはとても確信しているのです」。

ミーティングの間に布教活動というトピックが論議に上ってきたのは、造物主が、教えはもう「終了」したと述べ、教えは現在召集されているグループに限られてはいるが、それは「世界の啓蒙」のため利用されることになっている、と言ったときだった。造物主はそれから、グループのメンバーは他の人々を指導するよう、また「世界の善のために」情報を広めるよう、奨励されると述べて、この点を明らかにした。しかし、これは「思慮分別」をもってなすべきであり、無差別にではなく、また、他人にこの夜この部屋で起こったことを正確に語ることによってでもなく、この信念をあざ笑うかもしれないシンパでない人々に話すことによってでもないのであって、ただ「シンパである」人々を啓蒙することによってなすべきである。また、グループの存在については言及すべきではない、という強い含みがあった。個人カウンセリングの時間に、ある観察者がこの問題をさらに追求しようとしたが、造物主に次のように言われた。

「おまえは、一人ではこの世を救うことはできないし、誰一人を救うこともできない、ということを忘れてはいけない。彼らがそれを欲しないかぎり、教え導くこともできなければ、救うこともできない。誰かをつかまえて教えようとすることはできないのだ。おまえは、すでにその気があり、光に達するため自分の意志をおまえや私の意志と結合させるつもりのある人ならば、やさしく導くことはできる。だが、その気のない人を連れて来ても、救うことはできない。他人を救い出すのにあまりにも一生懸命になりすぎ、うんざりしてしまってはいけない。やさしく、そして少しずつ、人々を押し進めることはできる。しかし、突撃は避けなければならない。ものごとを急ぐことは避けなければならない。もし、おまえが誰かのことで突進しようとしているのなら、やめて、あきらめよ。それは、正しいことではないのだ」。

要するに、新たな霊的情報の「源泉」も、我々がすでにキーチ夫人やアームストロング博士から聞いたのと同じような布教活動のパターンを説くのだった。すなわち、注意深くあれ、信念を誰かに語るときは慎重であれ、嘲笑を避けよ、誰にも強制するな、そして、秘密を語るのは、確かな共感的な態度で耳を貸そうとする人々だけにせよ、ということだった。

十一月二十三日と二十四日の二回にわたるグループ・ミーティングの結果は、正味のところ、すでに不明確だった状況をさらにあいまいなものにしたことだった。ベルタが、リーダーシップはないにしても影響力のある地位にのぼったということは、今や彼岸からの「情報源」が二つある、つまり造物主とサナンダがいる、ということだった。この二つの情報源あるいはその地上のスポークスマンの意見が互いに完全に一致しているかどうかは、すぐには明らかにならなかった。むしろ、造物主が言うことは、サナンダを通じて展開されたイデオロギーとほとんど少しも直接的な関係がなかったのである。

さらに、守護霊たちが、キーチ夫人の予期していたような「重要なメッセージ」を伝達してきていたかどうか、はっきりしなかった。誰も彼〔サナンダ〕の指令を受け取ってはいなかった——それとも彼は伝達していたのであろうか？ 指令は造物主の言葉のどこかに埋もれていたのだろうか？「安全な場所」への避難というプランに何が起きたのだろう？ キーチ夫人はこのことに関して、かつてないほどあいまいで、ただ「指令を待っている」と言うばかりだった。アームストロング博士は、大洪水の来る前に空飛ぶ円盤が、少なくとも個人的に自分を迎えに来てくれると信じ始めていた。

木曜〔二十五日〕つまり感謝祭の日の、午前八時か九時までには仲間はすでに出払っていて、キーチ家にはアームストロング博士だけが残っていた。この菜食主義者のグループの人々は、この祝祭〔七面鳥がごちそうに出る感謝祭〕に対する関心はほとんどなく、それについてのジョークをとばしてさえいたくらいで、博士がカレッジビルの自分の家族のもとへ急いで帰ろうともしていなかったのは明らかだった。彼は、実際にはその夜あるいは翌朝にカレッジビルへ戻った際、地上からの出発がさし迫っていることを予期して、シーカーズの仕事を清算することにとりかかったのである。

学生の多くは、感謝祭の休暇で、まだカレッジビルへは戻っていなかったため、十一月二十八日に開かれたシーカーズの日曜ミーティングには（観察者を除くと）十二人だけが出席した。アームストロング夫妻、一番上の娘のクレオと息子に加えて、ボブ・イーストマンやキティ・オドンネルと、その他、中心的でない五人のメンバーが出席していた。このミーティングは、シーカーズの基準からすればかなり短いものであったが、いくつか重要なことが伝達された。

この時点までは、アームストロング博士が免職されたというニュースは、限られた仲間に伝わっていただけだった――ボブ・イーストマンやキティ・オドンネルですら、そのことを知らなかった――だが、今や彼は、そのことをグループに告げた。彼はこの行為から、二つの推論を引き出した。「天界の少年たち」が、彼らとのもっと重要な仕事のために彼を解放しようとして、彼の免職をアレンジしてくれたということ、それから、「熱気がある」のは彼のみならず、彼と関係のある誰もがそうだということだった。自分自身を端的にキリスト教初期の（それも、おそらく最初期の）殉教者にたとえ、同じような思い切った手段をとろうとして彼が語ったことに、大学の事務局がたいへん強い印象を受けたに違いない、と彼は指摘した。それ故、彼の信念と教えは事務局を怒らせたに違いなく、また、あらゆる努力を払って、彼やその信奉者たちを迫害しようとしたに違いない。したがって、信念体系のあかしを隠すことがたいへん重要だった。こうして、布教に関してどっちつかずで躊躇するという立場から、カレッジビルのグループは、その信念と活動を隠蔽するという方向へ向かい始めたのである。

アームストロング夫人は、すでに教えの編集と複写をやめたと発表した。彼女は、教えのコピーを持っている者たちに「それを内密にしておく」よう迫り、また、アームストロング博士は、グループの郵送リストだけでなく、余分な教えのコピーをすべて破棄するようにという指令を受け取った、と言った。シーカーズのメンバーたちの名前や市外の関係者たちとの手紙類さえも、アームストロングの家から持ち出したり、暖炉で燃やしたりしなければならなかった。アームストロング博士は、レイクシティを出る前に、これらの指令を受け取っていた。日曜の夜までに、アームストロング夫妻は、罪深いと彼らが感じるすべての書類を破棄していた。

アームストロング博士はまた、これが公式のセッションでの、グループとしては最後の、シーカーズのミーティングだと告げた。自宅への訪問者はもちろん歓迎するが、もうこれ以上ミーティングは開かないであろう。さらに、もうこれ以上は、グループに新しいメンバーを受け入れることはしないであろう。「最後の締め切り」は過ぎてしまい、もう他には誰も加われないのだ。

アームストロング博士は次に、聴衆に対して、サナンダがそのプランを変更したと話した。今や、彼（アームストロング博士）が「安全な場所」の一つへ行くのかどうかはっきりしなかったが、彼はどちらかと言えばそのことを疑問視していた。博士は、その代わりに、円盤が直接迎えに来ることを期待していた。とにかく、カレッジビルグループが集団として、丘にある避難場所の一つへ移動するということはないであろう。むしろ各人は、自分自身への指令を多分直接に受け取るだろう——各々の人は、どこへ行くべきか、何をなすべきかを教える声を聞くだろう。ある者は、ただ自分の家に居るように言われ、ある者は、迎えに来てもらうため特定の場所へ行くよう言われるだろう。しかし、もしある人が選ばれた人々の一人であるならば、これだけは確信できるはずだ。つまり、何らかの指令を受け取ることになるだろう、ということである。

時間は残り少ないが、皆、おだやかに自分自身をコントロールしなければならない、と博士は強調した。パニックに陥ってはならず、どんな不測の事態にも備えなければならない。ある人々はすでに、他の惑星に輸送されるよう、円盤によってピックアップされていた〔はずだ〕。そして、さらに多くの人々が、すぐに彼らの後を追うであろう。他の者たちは、「安全な場所」へと連れて行かれるだろう。そこは、実際はもっと荒れた所であるかもしれない。というのも、そこには文明の物質的な快適さはないからである。そこでおそらく、他の惑星に連れて行かれる前に、一年間滞在しなければならない。そして、選ばれた者たちのうちには、来るべき洪水のうちに破滅することとさえ指令される者がいるかもしれない。それは、計り知れない力を持つ守護霊たちには、十分にわきまえられた理由によるのだ。

さらに、アームストロング博士が述べたように、救われるためには、啓蒙される――すなわち信念体系についての知識を得る――必要はないのだった。事実、この啓蒙されたグループのなかの選ばれた人々によって行なわれる最も重要な仕事のうちには、なぜ、そして何が、自分たちに起きつつあるのかを知らずに円盤にピックアップされたり、「安全な場所」へ運ばれたりした人々の気持ちを鎮め、なぐさめるということがあった。彼が結論的に言ったことによれば、目下の指令は、すべての者が日常の決まりきった生活に没頭し、できるだけ注目を浴びないように、ということだった。彼は、特に「布教のための特別な努力をしない」ようグループに指示した。というのも、そのような活動は、大学当局の調査や圧力を受けるだけだろうからだ。この指令があるからといって、真面目に助けを求め、啓蒙された人々の一人のもとへやって来た人を指導することまでは、禁じていなかった――しかし、メンバーたちは、自分の知っていることを触れまわるべきではなかったのである。

最後に、ミーティングの終わり近くに、アームストロング博士は、グループのために録音テープを再生した。それは、スティールシティ出身の霊媒師、エラ・ローウェルによって行なわれた交霊会に関するものだった。彼女は、霊界の「第七密度層第十七席のブラウニング博士」の声で語った。その録音のなされた交霊会は、秋（おそらく十月半ば）にアームストロング博士の家で行なわれた。しかし、我々が言えるかぎりでは、このときまで、ミーティングで公にこの録音が聞かれたことはなかったのである。

そのなかでは、来るべき洪水について、何度も漠然と言及がなされていた――たとえば、「次の三年間のうちに……あなた方が慣れ親しんでいるあらゆるものが、洗い流されてしまうだろう」「あなた方のなかには、高原にいて周囲の世界が砕け失せるのを見る人たちがいるだろう」「地上の大部分は住めなくなり、ひっくりかえされ、水の浄化パワーにさらされ、輝きながら清潔になって浮かび上がってくるだろう」「それは、ほとんど洗濯機の攪拌器のようなものである。たいへん単純だ」といったものだった。ブラウニング博士は、この災害の日付に言及することは全くなかったが、しかし、彼は非常に積極的に、交霊会にやって来た人々に対して、彼らが皆、救済されるべく「選ばれた」ことを再保証し、「この部屋にいる誰も、どんな形の自然災害によっても、命を落とすことはないだろう」と請け合った。

さらに、ブラウニング博士の話のなかには、すでにアームストロング博士やキーチ夫人の談話のなかに出てきたような、たくさんの一般的な考え方や特定の諸概念が含まれていた。たとえば、ブラウニング博士は布教活動について、「あなた方は、特別な知識を共有したいと思うだろうけれど、誰があなた方を受け入れるか否かについては気にしないでしょう。それに、誰がこの特別な知識を受け入れるか否かについても関心を持たないでしょう……あなた方は、ここに救世軍として居るのではないのだから」と言った。空飛ぶ円盤についての知識の多くが、ブラウニング博士を通じて与えられた。「ある種の宇宙船は、地球から三マイル〔約五キロ〕の距離より近くには降りて来れません。あなた方は身体ごと、まゆ型をした宇宙船に引き上げられるでしょう。それは、八人から十人の人間を母船に運んで行くのです」。

アームストロング博士は特別な指示を受けたが、それは、むしろへつらうような指示で、来るべき困難なときにおける博士の重要性を示す類のものだった。「彼はパワーを与えるでしょうし、パワーの光となるでしょう。彼はオーラをつくりだすでしょう。電磁気的な力を帯び、それは彼の身体のすべての細胞を満たし、いかなる死や病をも免れさせます。そして、宇宙船のなかで、そういったことがなされるのです」。

アームストロング博士がどのように、いつ、なぜ、ローウェル夫人とコンタクトを持つようになったのかは明らかでない。我々の推測では、彼は、スティールシティ円盤クラブを通じて彼女に出会ったのであり、彼が、ローウェル夫人と夏の終わりから秋にかけて、キーチ夫人のメッセージについて議論したことは大いにありそうなことであった。もっとも、この二人の夫人は、その頃まだ出会ってはいなかった。ローウェルは霊媒であって、何年にもわたってブラウニング博士と接触を持っており、霊界との交信の腕に関しては、高度に熟練した人材だった。彼女のわざはよどみがなく、想像力に訴え、巧みだった。彼女が、アームストロング博士を嬉しがらせようと骨折り、メッセージを送って、自分自身が重要人物だと博士に思わせ、得意がらせたに違いないことは明らかだった。それに呼応して博士が、彼女の腕前と彼女の指導者〔ブラウニング博士〕のことをはっきり知って、感銘を受けたに違いなかった。そして、十二月二十一日の直前の数週間において、ローウェル夫人は、レイクシティだけでなくカレッジビルにおけるグループの活動においても、たとえ混乱をもたらしたとしても、重要な役割を演じたのだった。

この日曜午後のシーカーズのミーティングは、最後の公式ミーティングであると告知されていたが、すでに述べたように、カレッジの学生の出席状況はよくなかった。それ故、アームストロング博士は、翌十一月二十九日月曜日の夜に、もう一度、グループの「最終」ミーティングを召集した。出席率はすばらしかった――我々がすでに詳しく記述した人々全部を含む約十九名の学生が出席した。二人の見知らぬ人間が戸口に現われ、入室を求めて断わられたが、それは、日曜に告知された新たな「グループ非公開」のポリシーに従ったものだった。出席したメンバーたちは、基本的には前日の議論のくり返しを聞いたにすぎなかった。

レイクシティで最近行なわれたミーティングのことは議論せず、アームストロング博士は、次の週末にレイクシティへ出かけるが、自分が戻って来ないとしてもおかしくはない、と告げた。彼は、「二十四時間待機」中であり、彼への指令がどんなときに来るかもわからない、と説明した。しかしながら、アームストロング夫人の方は、自分がここへ戻って来るだろうと感じていた。「彼ら」〔宇宙人たち〕がまだ「彼女を連れて行く」ことはないだろう、と感じていたのだ。博士は、学生たちには、日常の仕事に取り組みながら指令を待つように、とアドバイスした。事実上、博士は、リーダーシップをとるという自分の立場を放棄し、信奉者たちには完全にその人まかせにしたのだ。災害に備えては何もすることがなかったから、彼らはただ言われる通りにした。

翌週、アームストロング夫妻は、日曜と月曜のミーティングで説教したことを実践しようとした。ある日の午後、息子のクラスメートである三人の高校生の代表がアームストロング博士を訪れ、世界が終わりに近づいているという噂について説明してくれるよう頼んだ。穏やかに、しんぼう強く、博士はその噂が誇張されていると説明した。博士は、大洪水の考えを矮小化して、地球の表面に広範囲にわたって磁気的な変動が起きるだろうけれど、それはこの世の終わりなどというものではないから、みんなパニックに陥ったり興奮したりしてはいけない、と言った。博士はそれから、空飛ぶ円盤に話題を変え、他の惑星との交信について語った。若者たちが帰ってしまってから、アームストロング博士は、この事態の処理に関する自分のやり方に満足を感じた。博士は、今となっては、大洪水への恐怖心を喚起するよりは、それについての説明の調子を落して、むしろ恐怖心を減らすことが必要だ、ともう一度〔我々に〕指摘した。博士は、「理性に訴える」ものだけを信じるよう彼らに促したという点で、自分は正しかったと感じていた。

編集や配布といった雑用から解放され、アームストロング夫人は家事にいそしんでいたが、ほとんどその仕事に強迫的に熱中しているようだった。けれども、彼女の期待は変わってはいなかった。ある夜、ボブ・イーストマンは、彼女が洗濯機から乾燥機へと洗濯物を移すのを見ていたが、「こんなこと全部がおしまいに」なれば彼女は喜ぶに違いないと言ったら、彼女はそれに答えて、それはもうそんなに先ではないだろうし、きっと嬉しいだろうと言った。さらに、ある夜、女性の観察者は、皿洗いを手伝っているときに、電気皿洗い機が故障しているので驚いたと言った。アームストロング夫人は、モーターが擦り切れてしまったので、それを直すのに三十五ドルから四十ドルもかかるだろうと説明した。しかし彼女は続けて、「もう、その価値はないわ。だって、もうすぐですもの」と言ったのだった。

十二月三日の金曜日に、アームストロング博士はレイクシティへ向けて出発したが、妻だけでなく、娘のクレオとともにボブ・イーストマンも一緒に連れて行った。アームストロング夫妻は、十歳になる娘をキティ・オドンネルに預けてカレッジビルに残し、十五歳の息子も家に残ったが、それは彼が高校のフォーマル・ダンスパーティに出たかったからである。

カレッジビルの学生グループはほとんどその日課を変えなかったが、レイクシティの様子は全く違った。土曜〔十一月二十七日〕あるいは日曜〔二十八日〕に、エドナとマーク・ポストは、キーチ夫人の書き物を通じて、マリアン・キーチのところへ引っ越して来て彼女を手伝うようにという「指令」を受け取っていた。夫人も、世話をしてくれるようはっきりと要求した。なぜなら、夫人は、やはり指令によって命じられて三日間の断食をしており、その間、彼女は見るからに体重が減ったのだが、〔痩身のため〕それ以上痩せるわけにはいかず、また、たいへんな苦痛と衰弱と運動神経コントロールの欠如を経験していた。エドナとマークも断食を行なったが、たった一日だけで、やはり守護霊たちからの指令だった。

さらに、仕事をやめることについて、ほとんど全面的に指令が出されていた。マーク・ポストは金物店の仕事をやめていた。エドナ・ポストは、いささか当惑しながらも、保育園の主事を辞した。そしてベルタは、ある工業会社の事務の仕事をやめた――すべて守護霊たちから受け取った指令にもとづいていた。彼らは皆、「その日暮らし」で生活していたが、とりわけエドナとマークはそうだった。日常生活は根本から変化してしまっていた。彼らは、キーチ夫人と一緒に暮らしていたのみならず、三人とも家を離れないように――そして、食物も調達するように――という指令のもとにあった。彼らの食物の手配は、電話注文によったり、キーチ夫人の夫のあっせんによったりした。夫人の夫は、彼の家でのこの変化を歓迎はしなかったが、仕方がないと思っており、また、妻の健康については大いに懸念していた。しかし、彼は、妻の断食をやめさせようとし、その他どんな指令にも従わせないようにしようとしたが、だめだったのである。

そのような指令が、エドナ・ポストのように非常に確信に満ちた誠実な信者に対して行使しえたパワーを評価して、しすぎるということはないであろう。彼女が、キーチ夫人のもとにとどまるように、そして家を離れることさえしないようにという「指令のもと」にあった期間中、エドナは彼女の妹から、母がひどい病気になり、たいへんな痛みを感じているという電話をもらった。それでもエドナは、受け取った指令に従って、家にとどまることを決意した。この出来事を後に議論したとき、エドナの手はふるえ涙が流れ、彼女の葛藤がいかに強いものであったかが明らかになった。「むずかしい選択でした」というのが、彼女の主要なコメントだった。キーチ夫人はそばに立っていたが、今はむずかしい選択のときだということに同感し、それは、一人の人間と兄弟愛の世界のどちらを選ぶかを決断するという問題だ、と指摘した——どちらが重要だろうか？　エドナはとどまったのである。

その週には、キーチ家に少しばかりの訪問者があったが、組織的な活動はなかった。ベルタ・ブラツキーが、ある午後ひょっこり立ち寄ったり、また二、三回電話をしてきたが、通例は、彼女が造物主から「受け取った」メッセージに関する解釈の問題についてであった。もう一人の訪問者は、全く見知らぬ人で、共同墓地の区画のセールスマンだったが、彼が自分の商売のことを話したとき、おそらく彼の経歴のなかでも最も変わった反応を得たことだろう。「そんな〔お墓の〕ことは」とキーチ夫人が言い返した。「私が一番心配していないことですよ」。けれども、夫人はその男を家へ招き入れ、夫人とエドナ・ポストが一緒になって、彼らのイデオロギーのことや予知について、一時間以上も費やして説明した。彼は、また指導を受けに戻って来ると約束し、彼らもそれを期待したが、我々の知るかぎりでは、彼は二度と姿を見せなかった。もう一人の期待された訪問者、教えを得るため毎木曜の夜に来る男は、マリアンの言うところでは、〔今週は〕来ることができなかった。

キーチ夫人が、自分の家は友好的でない人々によって監視されているという確信を募らせていることに、我々が最初に気づいたのがこの週だった。それまで夫人は、この家は、そこに居るべきでないとされる者は誰も入ることを許されないし、そのことをチェックする守護霊たちによって保護されている、ということをしばしばくり返し言ってきたのである。夫人は、家のドアにも窓にも鍵をかけないでいる、ということもよく口にしていた。しかし、今になって夫人は、警察の注意を引いていることを気にしていた。夫人の言うところでは、警察の車がしばしばそばを通り、家の正面の窓にスポットライトを浴びせるのだった。「彼らは、私たちが何をしているのか知りたがっているのよ」と、彼女はかつて言ったことがあった。「私たちは、何事も普通に見えるようにしなければなりません」。夫人は観察者に対して、訪問のたびに家の正面に車をとめているが、警察の注意を引かないよう、そういうことはしないよう、しきりに言った。夫人の懸念は、断続的にうかがわれるだけだったのが、明白なものとなり、しだいにふくれあがってきていた。それは、アームストロング博士が秘密の保持へ関心を示すのと並行していた。

ベルタ・ブラツキーが十二月三日の金曜日に予定していたミーティングは、異常な形で始まった。その夜のミーティングのためにゲストがそれぞれ到着したとき、ゲストの注意は、居間のコーヒーテーブル上のメモに向けられた。「彼らが指導を求めて私たちの上の部屋へやって来るなら、私は一度に一人の兄弟を受け入れるでしょう。その部屋に、私は今夜のミーティングまで居るでしょう。パリッチ。ベレイス*」。それぞれの兄弟は、今度は、せま苦しい屋根裏部屋へはしごを登って行った。そこには痩せたキーチ夫人が、ガスの火の近くにうずくまっていたが、ふるえながらサナンダからの個人宛てメッセージを手渡すのだった。

＊「パリッチ」は、運動のこの局面でキーチ夫人が自分のものとしていた肩書で、あの世から彼女への知らせにサインするの

に使われた。「ベレイス」は、くり返し用いられたあいさつ言葉で、出会いや別れだけでなく、信者たちと交換されたメッセージにおける表敬的な終わりのあいさつでもあった。

階下では、明るい灯のともるダイニングルームとリビングルームで、メンバーたちが互いにあいさつを交わし、マークやエドナあるいはベルタによって最近の出来事に関する最新情報を与えられ、マリアンの奇妙な相談行動の意味についての思惑を述べ合い、さらに、今夜くり広げられる出来事を予想していた。それは大きな集まりだった。メンバーたちはもはや見知らぬ者同士ではなく、気楽に弁舌さわやかに語りあっており、その雰囲気はくつろいだもので、ほとんど陽気な感じだった。十一月二十三日水曜日〔火曜日の誤りであろう〕のミーティングに出席した人たち全員が戻って来ていた。そのなかにはフランク・ノヴィックもいたが、彼は、明らかに妻メイの説得に屈したのだった。クライド・ウィルトンは、自宅から再び空路で戻って来ていた。キーチ氏は、しんぼう強く親切で、少々途方にくれながらも、グループの隅にたたずんでいた。アームストロング博士は、妻と娘、それにボブ・イーストマンに伴なわれて、午後のうちにカレッジビルから車でやって来ていた。エドナとマーク・ポストももちろん、ベルタ・ブラツキーと同様に出席していた。三人の観察者を加えると、部屋の聴衆は全部で十五人になった。

階下の一つの部屋で、興奮した空気が起きた。アームストロング博士は、はいているズボンのボタン隠しからジッパーをはぎ取るのに忙しく、マーク・ポストは、靴から、ひもを通す穴を取り去るのに熱中していた。フランク・ノヴィックは、クライド・ウィルトンと同じく、いつもしているベルトの代わりに、腰にロープを一本まとっていた。それでわかったことは、キーチ夫人との私的な相談で、すべてのメンバーが、身体からすべての金属を取り除くようにという指令を受け取り、それに熱心に従っていたということだった。それも、小銭の入ったポケットを空にするとか、腕時計や眼鏡をはずすというだけでなく、文字通り彼らの服から金属部分を切り取ったり引き裂いたりもしていたのだ。この風変りな行為の理由は簡単だった。アームストロング博士の説明では、もし空飛ぶ円盤へ乗り込むことになったら、身体には一切、金属を付けたり持っていたりしてはいけない。なぜなら、金属との接触はひどいやけどを起こさせるからだった。彼は、もちろん技術的に詳しいことははっきりしない、と付け加えた。というのも、我々人類は、テクノロジーの面でおそろしく遅れているからだ。しかし、あらゆることを一時に知る必要はなかった。指令はやり遂げられた。それだけで十分だった。

その間、キーチ夫人との個別の相談活動はまだ続いていたが、ベルタがミーティングを召集していた時刻の七時半はすでに過ぎており、ベルタはしだいに落ち着かなくなっていた。八時半頃、新入りが戸口に現われ、キーチ夫人に会いたいと言ったが、階下の人々の誰もその人を知らなかった。その女性は、キーチ夫人にはこの夏以来会っていないが、今夜、衝動的に立ち寄ったと説明した。最後の兄弟が降りてきたとき、その新入りは階上に案内され、キーチ夫人に会った。彼女の相談は、二十分から三十分、大部分のメンバーの場合のおよそ二倍続き、それに伴なってミーティングの開始が遅れた。九時半頃、この予期されなかった訪問者は個人的な用事で出て行ったが、十分か十五分で戻って来ると言った。彼女が出かけてまもなく、キーチ夫人は階下に降りて来て、正式にミーティングが始まった。

ミーティングの開始がさらに遅くなったので、ベルタは明らかに極度にいらいらしていた。前回のミーティング以来の一週間に、ベルタは、パワーを伴なう自分自身の新しいポジションに慣れ始めていた。リーダーシップの満足感を味わい、嬉しく感じながら、彼女は、最初の頃ひどく窮屈そうに着ていたマント〔自分の役割〕を受け入れる準備が明らかにできていた。後述するが、その夜、彼女が言ったことの大部分は、おそらくそのような結果として彼女が感じていたいらだちが言わせた、と説明できるだろう。

我々はこのミーティングの内容の詳細には立ち入らないが、それは金曜夜の九時四十五分に始まり、土曜未明の三時に休憩に入り、九時半に再開されて土曜午後六時頃終わった。この二日間に起きたことと言えば、その大部分は、ベルタが再び自己主張し、グループを支配しようとする欲望がありありと示されたということだった。それ自体、我々のメインテーマとは無関係であったが、このミーティングの性格は、その前後に起きたどんなこととも違っていた。それは、基本的には、運動にとってほとんど永続的な意味もないような、嵐のような気分転換の時間であった。したがって、この二日間の、あるときは興奮させるような、あるときは仰天させるような出来事については、読者が本当に興味を感じるかもしれないことに関してのみ比較的簡単に説明することにする。

ミーティングは、ベルタの権威についてのいろいろな、しかし、とるに足らない主張から始まった。ベルタは、自分がどこに座るべきだとか、特定の灯をともしておくべきか否かに関して、キーチ夫人の決定をくつがえした。微妙だが全面的なやり方で、ベルタは、マリアン・キーチが非常に注意深く培ってきた知識の多くに攻撃をしかけた。造物主の声で話しながら、彼女は、キーチ夫人の教えを特徴づける言葉づかいを笑いものにした。「私は「汝」とか「せよ」などといった凝った言い回しをする必要はない。私たちは率直に話をしているのだ。おまえたちは、必要なすべての凝った言いまわしを使われてしまった。こんな馬鹿ばかしいことに、あまりに時間をむだにしてしまったのだ……」彼女はサナンダをあざけり、その知識を矮小化した。「この部屋のもう一人の女性は聖母マリアだと言われており、そのことはサナンダに言われたのだ。だがサナンダは〔本当のことは〕わからなかったのだ。今、おまえたちは、わかっている者からそれを聞いているのだ」。

ベルタはその次に、断食や自己喪失という考えをあざ笑い、身体のことに気をつかい栄養をとることは重要な義務だと主張した。ベルタは、自分の優位をさらにいっそう明確にするかのように、土曜のミーティングに、少しばかりローストビーフを持って来て昼食として寄付した。キーチ夫人のテーブルの上に肉がのっているのを見るのは、誰にとってもこのときが初めてだったが、ベルタはそれをおいしそうに食べ、他の人びとにも「タンパク質をとる」よう勧めた。キーチ夫人とアームストロング夫妻はビーフを食べなかったが（そして観察者たちも）、他の兄弟の多くはベルタの指図に従った。

しかしながら、ベルタの優位を最も歴然と示したのは、例の新入りを追い返してしまったことである。その新入りは、その午後早くやって来てキーチ夫人と個人的な相談を行なった際、夫人がたいへん多くの注意を払った人物だった。この女性は、造物主が話し始める前に家を出て行ったのだが、戻って来るつもりがあると告げていた。彼女が実際に戻って来たとき、造物主の声は、たとえキーチ夫人が半ば抗議しようとも、彼女が家に入ることを断固として拒絶した。マリアンは後に、その新入りの女性は二つの空飛ぶ円盤クラブのメンバーであり、「私たちにとってたいへん重要」だったと言い、「彼女が追い返されるのを見て、胸がつぶれそうだった」と付け加えた。

金曜夜に開かれたミーティングのクライマックスは、十一時近くにやって来た。それは、ベルタの声が、彼女に起きた奇跡について告げたときだった。彼女は、およそ半時間かけて徐々にクライマックスへと進んで行き、造物主の声で、彼がこの週の前半に教え込んだショッキングで当惑させるような情報——彼女は最初どんなにそれを受け入れられなかったか、自分が狂ってしまうことをどんなに恐れたか——について述べた。つまり、造物主が主張するところでは、彼女こそ、キリストの母〔マリア〕に違いなかったのだ！

時計が十一時を打ち始めたとき、突如としてドラマチックに、ベルタは助けを求めて、うなり、叫び始めた。「聖書に書いてあるにもかかわらず、キリストはまだ生まれてはいないのです……でも、その赤ん坊はちょうど今、生まれます！　私には助けが必要です。おお、医者よ、助けて！　ベッドを用意して下さい。痛みを感じます。おなかの部分に何かが起きつつあるのです。ベッドと医者と……看護婦を。二階で……その他の人は、誰も部屋に入ってはいけません。おお、助けて！」

キーチ夫人とアームストロング博士はただちに彼女のそばに行き、彼女の身体を支えて屋根裏部屋に連れて行った。そこで十分ないし十五分の間、うめいたり、のたうちまわったりした後、彼女は落ち着きをとり戻したように見え、静かになった。キーチ夫人とメイ・ノヴィックが彼女に服を着せようとする間、他の仲間はダイニングルームに静かに、しかし手持ちぶさたな様子で、集まった。

ベルタのパーフォーマンスの結果、皆、呆然自失となった。みんなは、起きた出来事をめぐる当惑はこれで極まったと告白し、そばにいる者にどう解釈すべきかを尋ねたが、もちろん解釈は得られなかった。エドナ・ポストは、他の人と同じく煙にまかれてしまったのだが、おそらくグループの感じたことを最もよく言い表わした。「何の意味かわからないわ。とにかく、何かが起きるのを待つしかないと思うわ」。

ベルタがキーチ夫人と一緒にやっと階下に降りてきたとき、彼女は、ほとんど少女のようにナイーブに、「すべては私にとってミステリーだったわ」と言い張った。彼女はグループに対して、本当の産みの苦しみのようなものを事前には予想していなかったと言い、誰も彼女が「ショー」（と、自分自身そう呼んだ）をあらかじめ仕組んでいたとは信じないように、とずいぶん気にしているようだった。彼女は最後にこう言った。「多分、私が［トランス状態に］戻ったら、みんなは何の意味だかわかるでしょう」。

そうして、彼女はトランス状態に戻った。この出来事全体は、造物主の主張するところによれば教えであり、彼の創造力と彼のやり方で「このショーを行なう」という意図の現われだった。最後に、これはまた、ジョークでもあった。それは、グループのみんなに対して演じられたジョークであり、「先入観」から彼らをゆさぶり出させ、どんなことでも起こりうることを示すものだった。

金曜夜のミーティングの後半は竜頭蛇尾であり、思考なしのただ吸収するだけの学習や思考しないテクニック、魂やその分裂、魂の仲間としての再会、そして造物主の力や智恵についてのさらなる主張、といったトピックについての教えや議論に費やされた。

土曜のミーティングの大部分は、癒しを行なう造物主の力を誇示する試みに向けられた。彼は、ベルタの右目のすぐ下にある小さな傷を取り除こうとしたが、その傷跡が消えたということを観衆が納得しないように思われたとき、造物主は幾分不機嫌そうに、このデモンストレーションは、観衆が見たことを正直に報告するかどうかについてのテストなのだと言った。さらに造物主の癒しの主だった試みには一時間以上かけたが、彼はその時間を、メイ・ノヴィックが長いこと苦しんできた、外を一人で歩くのが怖いという症状を直すのに使ったのである。

この二回のセッションにおけるベルタのパーフォーマンスに対して、グループのさまざまなメンバーの示した反応はいろいろだったが、あたかも服従させられたかのように、彼らは概してそれを受け入れた。アームストロング博士だけが感激の様相を示したが、それは金曜の夜遅く、これまでの生涯でこれほど効果的な指導は見たことがない、と言ったときだった――「我々はだんだん、どきどきしてきた」。キーチ夫人の反応は、彼女の図式にこの出来事を組み入れたい、ということだった。「その出来事は、何か大きなことに備えさせようということなのです」。彼女が抱く信念に対する攻撃については、それは、造物主がそれぞれの人間に「その内なる智恵に従う」べきだという原理を示そうとしたのだ、と説明した。

土曜午後の最後の振舞いの間に、ベルタは「内なる智恵」という教義を強調した。彼女は造物主の声で、グループのみんなは今や自らメッセージを受け取る能力がある、と宣言した。彼女が強調するところでは、そのようなメッセージは自らを導き啓蒙することにのみ用いるべきであり、他人を指導するのに使ってはならなかった。造物主は、運動の外部にいる人々に「光を広める」ことを禁じはしなかったが、指導の仕事はベルタとキーチ夫人に限ると強調した。

ベルタはまた、造物主に代わって、自分の声で「兄弟愛」の問題について語った。出席しているすべてのメンバーたちは、「サナンダの兄弟愛」や「光の指令」の兄弟なのだ。彼女は、他の兄弟を見分けられる秘密のサインを示して見せた――左の手のひらを下に向けて右肩にあて、頭をたれる――そして、そのサインを使うときはこれ見よがしにはせず、兄弟だと主張する者の正体を確かめるためだけに用いるようグループに警告した。

このベルタの最後の振舞いは、布教活動に対する一般的な態度をもう一度強調するものだった。他人を確信させる試みが特に禁じられるわけではないが、奨励されないことも確かであり、また新たに改宗した者に対する指導の仕事は、ベルタとキーチ夫人に限定された。兄弟のサインを導入したことは「選ばれた者」と「異教徒」との最初の明確な区別を画したが、さらに、メンバーに課されるイデオロギーについて語る場合には非常な自由度があることを強調した。

布教活動に関するこれらの所見の他には、まる二日間にわたるミーティングの間に起きたことのうち、一つだけが、この運動に対する我々の関心に関連していた。造物主との「私的な相談」の際、観察者の一人が自分の将来について尋ねてみたが、兄弟愛における義務ほど重要ではないからという理由で、学校の教諭の仕事をやめるよう強くアドバイスされた。彼は、仕事がなくてもこの世界の終焉までに残された時間はほとんどないから何とかやっていける、と請け合われた。ここで、我々が知るかぎりでは初めて、ベルタは、キーチ夫人と一緒になって、メンバーたちの生活に大きな変化を起こし、洪水についての信念にコミットするよう勧めたのである。

十二月三日と四日の出来事は、概して注意をあらぬ方向にそらせるものだった。ミーティングはひどく面食らわせるものであったが、そのインパクトは長続きしなかった。というのも、グループのメンバーたちはすぐに、彼らがもっぱら夢中になっている問題――大洪水への備え――に戻ったからだ。ミーティングによって一つ明確になったことは、今や守護霊たちからの情報には二つの「独立したチャンネル」がある、ということだった。これら二つのチャンネルの間にはある種の対立があったが、その後の数週間のうちに調和的に作用し始め、それぞれ他方のメッセージの「妥当性を確認」した。やがてキーチ夫人もリーダーシップをもつ立場を回復した。

しかしながら、十二月五日の日曜における状況がそうであったように、ベルタの行動は人々を当惑させるような事態をつくりだした。というのも、彼女は、キーチ夫人が最も熱心に保持していた教義に挑戦したからであり、また、みんなが待ち望んでいた指令をもたらさなかったからである。メンバーの大部分はこの不確かな状況を我慢しなければならなかったが、アームストロング夫妻はそうしなかった。そのことを象徴することだが、彼らは第三の情報源を求めたのである。彼らは日曜夜にカレッジビルに戻り、月曜日の朝、エラ・ローウェルの意見を求めるため、スティールシティに向けて出発した。

その朝開かれた交霊会で、アームストロング博士は、彼が抱いていたさまざまな疑問を解くとともに彼を喜ばせたに違いない、いろいろなことを聞いた。ローウェルの親しい霊であるブラウニング博士は、一時間以上も語り、来るべき世界の危機におけるアームストロング博士の存在の将来的な重要性について、嬉しがらせるようなことをたくさん言った。ブラウニング博士は、一度として十二月二十一日を特定の日として言及しなかったし、他のどんなやり方でも、直接にキーチ夫人の予知を確証することはなかった。しかし、彼は、来るべき大洪水に関連して、相当多くの詳細な情報を与えた。彼は、選ばれた者たちがどのように宇宙船に「ピックアップされる」かについて、こまごまと、かつ生き生きとした描写を行なった。「霊的麻酔」を与えられ、したがって、何らの恐怖も痛みもなく、パニックに陥ることはないだろう、と聴衆に請け合った。「我々はあなた方を眠りにつかせ、そして蘇生させるでしょう」。彼は、グループに対し、知っていることを家族には話さないよう指導した。「あなた方は彼らに話す必要はないのです。いいですか、彼らはあなた方と同じところへ行くのです……あなた方も、あなた方の身近な人々も、救われるのです」。

ブラウニング博士が話のなかで取り上げた数多くの項目のなかには、アームストロング夫妻が以前から抱いていた信念や大洪水についての想像と一貫したものがたくさんあった。これらのことを彼らはよく覚えていて、その後の数週間にしばしば引用した――たとえば、彼らが「その災難についてよく知っており、正確な時間がわかるだろう」とブラウニング博士が請け合ったことや、彼らはいつ、どんなところでピックアップされてもおかしくないと彼が言明したことであった。

ブラウニング博士による話の最後の部分で、彼は聴衆に対し、「他のことをやるよう求められるまでは、日々の生活で行なってきたことをそのまま続ける」よう促した。デイジー・アームストロングが、「この瀬戸際になって他の人々に、関心を持つべきだと告げることは、良い考えだろうか」という質問をしたのに対して、ブラウニング博士の答えは短く、きっぱりしたものだった。「もう、遅すぎます。我々はとにかく、選ばれた人々をすべて得たのです。〔その他の〕人々の心を変えようとしても無駄でしょう」。しかしながら、話の別な箇所では、ブラウニング博士は、誰でも質問をしに来たなら、その質問者に災害について教えてやり、すべての質問に答えることがメンバーの義務だと言った。というのも、まだ選ばれた者が、皆「光をあてられた」わけではないからである。サナンダや造物主同様、ブラウニング博士も、周到で選択的な布教活動をすべきだと説いた。概してアームストロング夫妻は、ブラウニング博士の話を聞いて、ほっとしたように見えた。

十二月八日水曜日には、シーカーズをすでに解散してしまっていたという事実にもかかわらず、アームストロング夫妻は、もう一度、翌日にグループ・ミーティングを予定した。デイジー・アームストロングはメンバーの名簿を破棄してしまっており、全部を思い出すことができなかったので、スーザン・ヒースとキティ・オドンネルに手を貸してくれるよう求めた。彼らはよくやった。というのも、痛烈な風で強い吹雪が吹き荒れていたのだが、全部で十八人もの人間がアームストロングの家に姿を見せたからだった。彼らのなかには、強くコミットしたメンバーの全員と、中程度にコミットしたメンバーの大部分が含まれていた。

アームストロング博士は、最近レイクシティで開かれたミーティングについて手短かに説明することから、この日のミーティングを開始した。そして、新たな「情報源」としてのベルタが、そのグループのなかに現われたことを説明した。続けて彼は、出席者に対し、彼自身指令を得ることを期待していること、また、皆はそれぞれ個別の指令を受け取るだろうと考えていることを告げた。彼は、エラ・ローウェルと行なった最近の会見について述べ、ブラウニング博士が語ったばかりのことを彼ら自身が聞き入れることがベストだろうと感じる、と付け加えた。彼は、そこでただちに、一時間半にわたる交霊会の録音テープを流した。そのなかでは、我々がすでに触れた内容だけでなく、もちろん、ずっと多くのことが語られていた。

聴衆のなかには、彼らがどのようにピックアップされるかについての描写に夢中になり、翌日また、それを聴きに戻って来た人たちもいた。しかし、他の者たちは、彼らが洪水に備えて個人的に何をなすべきかに関して、ただただ不安になったり途方にくれたりした。ボブ・イーストマンとキティ・オドンネルは、事実上、アームストロング家のメンバーだったが、矢つぎばやの指導を静かに受け入れた。唯一、注目に値する反応を示したのは、シーカーズのなかで最も懐疑的だったハル・フィッシャーだった。彼は、洪水の予知について、以前よりは確信を持つに至ったようだった。彼は、「これ〔テープ〕は、独立に得られた証拠だ」と述べた。

その週の後半は、カレッジビルにおいては何事もなかったが、日曜日には、時間がたつにつれ、いろいろな事が起き始めた。アームストロング博士は、その午後にキーチ夫人に電話をした。その際、十四日火曜の夜に、レイクシティでミーティングのあることがわかった。彼の方も彼女に、エラ・ローウェルがその日曜の夕方、彼の家を訪れるだろうということを告げた。彼がキーチ夫人を招いたのか、あるいは、夫人の方が自発的に来たのかははっきりしないが、とにかくキーチ夫人は、その夜九時にマークおよびエドナ・ポストと一緒にやって来た。

こうして、彼女らが得た霊界からのメッセージによって、久しくアームストロング博士の信念を導いてきた二人の女性〔キーチ夫人とローウェル夫人〕が、とうとう対面したのだった。ブラウニング博士は、選ばれた者たちに対してなされる円盤によるピックアップの様式については、こまごましたところまで詳しく教えたが、日付についてはあいまいだった。他方、サナンダは、二十一日に関しては信念が確固としていたが、選ばれた人々がどのように救われるのかを特定するという点では、はっきりしていなかった。ところで、アームストロング博士の方は、この二人の夫人の間を取りもつ重要なつなぎ役として働いてきたのであり、その結果、それぞれの夫人は、他方が何を「指示」されてきたかについて、むしろよく知っていたのである。

キーチ夫人に対してエラ・ローウェルが行なった最初の質問の一つは、キーチ夫人の年齢の問題を提起した。ブラウニング博士がかつてエラに対して、地上の師で一九〇〇年より前に生まれた者を決して受け入れてはならないと教示したことを思い出して、エラはマリアンの誕生日をダイレクトに尋ねた。一九〇〇年五月六日という答えが返ってきて、論争の余地はなくなったようだった。彼女自身が最もよくわきまえている理由から、エラ・ローウェルはキーチ夫人をこの世の師として受け入れ、それからトランス状態に入ってブラウニング博士の声で話し始めた。

この交霊会の詳細はたいへん興味深いが、ここでの我々の報告を妨げるものでしかないだろう。ここでは、ローウェル夫人がブラウニング博士を通じて、十二月二十一日が破滅の日として妥当だということを明確に力強く確証し、それからレイクシティの「情報源」や「師」に言及しながら、たいへん恭順な態度を示した、と言うだけで十分である。さらにブラウニング博士は、彼がアームストロング夫妻やグループの他のメンバーたちに与えた指令は、おそらくキーチ夫人の書き物によってであろうが、くつがえされることがあることを認めた。トーマス・アームストロングに対するブラウニング博士の指令は、たとえば、次の火曜にレイクシティに行き、金曜にはカレッジビルに戻って来るようにというものだったが、「ただし、他の指令が介在しないかぎりで」というものだった。キーチ夫人は、彼女とローウェル夫人との間に育まれた協力的な関係に完全に満足しているようで、この二人の婦人の間には、ほんのわずかな緊張の色すら見えなかった。

月曜の午後、さらにその夕方にも、ローウェル夫人とキーチ夫人は、自分たちの信念について引続き議論し、専門的なポイントについてお互いに探り合い、明らかにかなりの情報を蓄えたようだった。彼らの議論の結果として、山のなかの「安全な場所」の一つに行こうという最初期のプランが静かに、しかし、最終的に放棄されることになった、ということは大いにありそうだった。その代わりに、選ばれた者たちは個々に空飛ぶ円盤によってピックアップされるだろう、というブラウニング博士の示唆が受け入れられるに至った。

これらのセッションの聴衆のなかには何人かのシーカーズが含まれていたが、彼らは初めてエラ・ローウェルに対面したのだった。彼女は、ボブ・イーストマン、キティ・オドンネル、ハル・フィッシャー、それにクレオ・アームストロングに対して強い印象を与えたようだったが、彼女は彼らを通じ、その後の数週間にわたって、カレッジビル・グループに相当な影響力を行使し続けた。しかし、ローウェル夫人の交霊会と彼女がキーチ夫人と議論したこととが、直接的にもたらした主たる効果は、サナンダのメッセージがあいまいで漠然としていたためにアームストロング博士が感じていた多くの疑問点が、一掃されたということだった。そのとき以後、彼は、まさに何が起きようとしているかについて、自分はわきまえているのだと確信していた。

火曜の朝、ポスト夫妻とキーチ夫人はレイクシティに向けて出発したが、まもなくトーマスおよびデイジー・アームストロングがその後を追った。アームストロング夫妻の出発した後には、大学生たちのまとまりのない幾分混乱したグループが残されたが、クリスマス休暇が始まっており、彼らの大部分は、まもなくそれぞれの家に帰って行こうとしていた。アームストロング夫妻は三人の子どもを置いていったが、一番小さな子はキティ・オドンネルと女性観察者の二人に預けられた。彼らはまた、将来のプランについて、情報の真空状態を残して行った。

アームストロング夫妻がレイクシティへ向けて出発したことに伴なって、関心の中心はそちらへ移動し、十二月二十一日の後までも、そこにとどまっていた。というのも、アームストロング夫妻は、その日から十分に時間が経過するまで、カレッジビルには戻らなかったからだ。カレッジビルでは、しかしながら、いくつかの重要な展開が見られた。我々はこの時点で、それについて手短かにまとめておこう。その後で、我々の話の主要な筋——つまり、レイクシティでの出来事——に戻ろう。

火曜〔十四日〕の朝、つまり十二月二十一日のわずか一週間前、キティ・オドンネルはローウェル夫人を車でスティールシティまで送って行った。その日の午後に追いかけて行き、四人全員でその日、夕方の交霊会に出席した。ボブ・イーストマンとクレオは遅れて、その日の午後に追いかけて行き、スティールシティのエラ・ローウェルのサークルに参加していたレギュラーメンバーの何人かの、双方に向けて自分の見解を述べた。

ブラウニング博士がこの機会に述べなければならなかったことが、正確にはどんなことだったか（我々にははっきりしないが、右の三人の弟子が水曜に戻って来たとき、彼らはあまり幸せな気分ではなかった。彼らは、スティールシティのローウェル夫人の「グループ」が、十二月二十一日の予知についてブラウニング博士からは聞いておらず、それを信じもしないことがわかった。彼らは、ローウェル夫人の霊が一貫した話をしていないのに気づいた。すなわち、ブラウニング博士が、キーチ夫人に対して日付のことで強く確証を与えたのに、二日後、スティールシティではそれをくり返さなかったのだ。霊的存在であるその博士は、むしろ、そういった問題全体がどちらかと言えばとるに足らないものだとしてしりぞけ、自らの注意を前世の姿という問題に向けたようだった。ローウェル夫人はまた、巧妙なやり方で、ボブ・イーストマンやキティ・オドンネルの確信をも弱めようとしているように見えた。ローウェル夫人はキティに対し、ボブが「あまりに深く関わっているので」、もし洪水が起きなければ彼はきっと「駄目になる」だろうという恐れを表明した。そして、彼女はキティにも、洪水が起きない場合の準備をさせようとしているようだった。クレオの方は、最初、自分が聞かされたことに立腹していたが、その後、水曜になって自分の確信を回復し、スティールシティのグループがその日付を信じなかったのは、彼らが信じるよう「予定されていなかった」からだと観察者に語った。

水曜〔十五日〕の午後までには、大学生の大部分は、それぞれ個別に休暇に出かけて行った。その日は午後六時頃までは比較的平穏だったが、その六時になって大混乱が起きた。

大学本部での定例ミーティングで、アームストロング博士の免職とそれをめぐる事情が公にされた。スティールシティの夕刊紙の山師的な記者がこの話を耳にし、これを通信社に流した。数時間のうちに、アームストロング家の静寂はすっかりめちゃめちゃにされた。全米の主要な新聞、ニュース雑誌、それに通信サービスから電話が殺到したからである。

クレオが平静さを取り戻したのは幸いだった。というのも、記者たちの質問に答えるという責任が彼女にふりかかったからである。しかし、この機会をとらえて信念体系の宣伝に努めようとするどころか、彼女は大洪水の予見を過小に評価しようとする方に大いに努めたのだった。彼女は、父はレイクシティにいるのでコメントはとれない、と彼らに語った。父はそこで仕事を探しているのだ。彼女は、父がこの世の終焉を予知したということをきっぱりと否定した。そして、父はただ単に、十二月二十一日に地球の表面で何らかの変化が起きるだろうと信じているだけだ、と主張した。彼女は、これ以上のことを話すのを拒否した。彼女とその肉親の兄弟はただ普通の生活を送っているのだと新聞記者たちに語り、それを続けるため放っておいてくれるよう望んだ。

矢つぎばやの電話は水曜の夜まで続き、木曜〔十六日〕朝にも再開されたが、そのなかには、特ダネについて議論することを欲するシーカーズの学生メンバーたちからの電話もまじっていた。木曜の午後までに、新聞記者たちは、アームストロング博士がレイクシティにいることを突き止め、その注意を彼に向けたが、巧妙ないたずら電話が家にかかり始めて注意がそらされ、また、アームストロング博士の信念に対する真面目な反対者や支持者からの電報や電話が来始めた。二日以上にもわたって、アームストロング家は朝早くから夜たいへん遅くまで、騒々しく混乱していた。

クレオは木曜の新聞記事を見たとき、冷静さを失いかけた。彼女は、父をあざけるような新聞を怒りのあまりに非難し、洪水がやって来て不信心者どもをあばき出すだろうという希望を表明した。彼女とキティは、すさまじい破壊についての空想をでっちあげたが、そのなかでは、今日あざけった人々を洪水が一掃し、彼らをあざけり返すのだった。この二人の女性は、彼女らのプライバシーがこれ以上侵されることに対する防御策をとり、信念体系に関する書類で残っているものを焼却し、レイクシティのキーチ夫人の住所と電話番号も、覚えた後で破棄しさえした。クレオの不安は不合理なものだったが、現実的だった。彼女は、ウィリアム・ダドリー・ペリーが「その信念の故に投獄」されたことを指摘し、もし何らかの「証拠」が（秘密）捜査官たちによって見出されるなら、現在アームストロング家にいる人々が同じ運命に襲われるかもしれないという恐れを表明した。

この混沌のさなかに、エラ・ローウェルは疑惑の種をまき続けた。ボブ・イーストマンは、木曜にスティールシティで行なわれた交霊会へ行き、そのときの録音テープを持ち帰って、〔金曜に〕キティやクレオやジョージ・シェール、それに観察者に聞かせた。テープの冒頭で、ブラウニング博士は十二月二十一日が大洪水の日付であることを否定したにもかかわらず、それから人々を困惑させたことには、あいまいな言明や指導を通じて、その否定を部分的に「撤回」し始めたのだった。ブラウニング博士は、たとえば二十日には空が真っ暗になり、二十一日にはレイクシティで洪水が起きることは認めた。しかし、水がカレッジビルへと達するまでには何日も何週間もかかるだろうし、国全体が水浸しになるには何ヶ月もかかるだろうとした。ブラウニング博士はボブ・イーストマンに、スティールシティで両親と一緒にクリスマスを過ごすプランを立てるようアドバイスした。が、しかし、「あたかも洪水が起きるかのように行為する」ようにも言った。ローウェル夫人の霊的な師〔ブラウニング博士〕は、キーチ夫人によって予言された日付は「文化的な観念」であって、宇宙人たちのプランとは何ら必然的な関係はない、と説明した。

このテープがカレッジビルの四人の人間に与えた影響は、気をめいらせるもので、極めてショックをもたらすものだった。ジョージ・シェールは当惑したことを隠さず、緊張し落ち着きがないようだった。キティは立腹のあまり、これはもう仕事を探した方がいいという意味なのか、と問いただした。クレオは、私は仕事を探した方がいい、なぜなら大学に通うお金が残っていないから、と言った。ボブは動揺してはいたが、期待を変化させたことは先入観を打ちこわすのに必要だったのだ、という彼の理論を説明しようと努めた。その夜、アームストロング博士から電話を受け取ったとき、彼らは憂鬱でいらいらしたグループだった。その電話のなかで博士は、自分がレイクシティから戻って来ないだろうと告げた。彼は、新聞に包囲された自分の立場がいかに難しく、かつ愉快でないかを説明したが、一方、クレオについては、彼女の方は〔記者たちへの対応の点で〕たいへんすばらしい働きをしたとして賞賛した。その他の会話は主に個人的な事柄に関するものであり、たとえ、たった今、クレオがエラ・ローウェルのテープで聞いたことをほのめかしたとしても、アームストロング博士には何も影響がないだろうと思われた。彼はクレオに対し、大きなことがレイクシティに起きようとしていると言って、元気でいるよう励ました。

翌十八日の土曜の朝までに、クレオとキティは幾分元気を取り戻していた。クレオは再度、スティールシティのグループは日付を「与えられる予定になって」はいなかったのであり、ブラウニング博士がなぜあのように話をしたかは、おそらくそのことで説明できると指摘した。彼女はエラ・ローウェルの技術についてさえ、いささか疑い始めていた。ボブ・イーストマンの方は、しかしながら、まだローウェル夫人を大いに信じていた。十一時半にまたレイクシティから電話があり、アームストロング博士からクレオとボブに対し、ただちにレイクシティに向けて出発するよう指令がもたらされた――それはサナンダが命じたもので、「何かがいつ起きてもおかしくない」から、彼らはすぐに出かけるべきだとした。続けて博士は、キティやその他の者は自分自身の判断に従うべきであり、さらに指令があるまで待つように言った。あちら側から立て続けに指令が出たことは全員を元気づけたようで、彼らは再び、宇宙船に「連れて行かれること」について、自信をもって話し始めた。

土曜のその後から日曜にかけては静かに過ぎていったが、うつうつとしていたキティの方では、緊張といらだちの募っていく形跡が見えた。今や、二人の観察者とアームストロングの息子（彼は、大部分の時間を家の外で、学校の友だちと過ごした）、それに心配症のジョージ・シェールを除くみんなに見離され、キティは次第に怒りっぽくなってきた。彼女は、時間を忘れさせてくれる何かを探そうとした。タバコをすぱすぱ吸い、家に閉じ込められて指令を待つことに不平を言い始めた。スーザン・ハースが、安らぎを求めてこの家に立ち寄ったが、ほとんど得るものはなかった。ジョージ・シェールは家からこっそり出てテープを聴き、周囲の混乱のなかで、何かゆるぎない確かなものを見つけようとした。その他のシーカーズたちにとって、漂っていることは疑問であり、どこへ行くのかわからない苦悶でしかなかった。エラ・ローウェルは、日曜夜の八時か九時に立ち寄った際、このような緊張を解くためになることは何もせず、（彼女「自身」の声で）未来がどんなに栄光に満ち、選ばれた者たちがどのようにして幸せで重要な仕事に従事するに至るか、どのようにして新しい時代〔ニューエイジ〕となり、そしてより良い地上になるか、について語った――しかし、その間ずっと、日付の正当性の問題に触れることはなかったのである。

午後十一時頃、アームストロング博士がレイクシティから電話をかけてきて、子どもたちは元気かどうか尋ねたが、その際、ローウェル夫人は、彼と話をしたいという強い願望を隠せなかった。やっとその機会を得て、レイクシティにおける光について少しおしゃべりをした後、夫人は、十二月二十一日は特に意味のある日ではないという趣旨の意見を述べ、その文脈のなかで、破局が起きることは予想しないと強く示唆した。それに対してアームストロング博士は、手きびしく質問を切り返した。「それは、一体どういうことです?」この質問はローウェル夫人の落ち着きを失わせたようだった。というのも、夫人は一瞬言葉を失い、そう、もちろん、もしレイクシティで他の指令が受け取られれば、もちろん、ブラウニング博士からどんな指令を受け取っていてもそれに置き代わる、と答えた。これらのことは、一部はキティにも伝えられたが、彼女はそれによって元気づけられたわけではなく、むしろ、火曜の夜の（つまり、起きると予知されている大洪水のまさにすぐ後に予定されている）特別な交霊会に出るためスティールシティまで車で送ってほしいとローウェル夫人から頼まれ、さらに頭が混乱するばかりだった。

その後の待ち時間は、キティにとってはまさに地獄であった。彼女は、とにかく洪水が来るということを疑う気持ちと、レイクシティは二十一日に浸水し、国のその他の部分は徐々に水の底に沈むだろうという確信との間を揺れ動いていた。かつて彼女が一番疑っていた時期には、ブラウニング博士によって吹き込まれたことだが、たとえ洪水がやって来なくても、信念およびそれを広めることは、ただ「人々を神に目ざめさせる」だけで善をなすことになるだろう、と考えて自らを慰めていた。彼女はそれに付け加えて、この経験に出会い、いろいろと悪い習慣をやめたことによって、彼女自身は以前よりも信心深くなり「もっと良い人間」になった、と言った。かつて感情的な危機の際には、彼女はにがにがしそうに、ひどい洪水がやって来て人類を全滅させることを望む、と叫んだのだった。だが、今回は、彼女はほとんど即座にその憤りをぐっとこらえ、そんなに多くの人々が死ななければならないのは残念なことだけれど、それが神を認識させる唯一の方法なのだ、と述べた。何らかの種類の災難が起きるだろうという確信は、しばしばぐらついたが、結局は強い状態にとどまった。彼女は、おそらく電話で指令を受けることになるだろうと感じるから、アームストロング博士の寝室の電話のすぐ近くで寝ると言い張った。

ジョージ・シェールは、この二日間は実質的にこの家の住人だった。彼もまた落ち着きがなく緊張していて、ひどく吃っていたが、自分の名前が運動に連動して公になりはしまいか、来るべき大洪水に関するニュースや指令を見落しはしまいか、と心配していた。彼にとっても、キティにとってと同様、試練の日々であった。

一方、レイクシティでは、この前のグループ・ミーティング（そこでは、金属を取り去ることがたいへん強調された）からキーチ夫人とポスト夫妻のカレッジビル訪問までの一週間の間に、たくさんの興味深い出来事が起きていた。最も重要な出来事の一つは、ベルタの立場が第二義的な役割に変わったということであった。また、「新しい兄弟たち」による指導を受けるため、特別なグループ・ミーティングの召集を決めたこと、そして最後に、キーチ夫人に対して彼女の思想について話をしてくれと近隣の小都市から招待があったことだった。

ベルタの立場の変化をもたらした出来事は、彼女とその夫との間の、波乱に満ちた情景から始まった。ベルタがかつて、このグループに参加していることを何とか夫に知られまいとしていたとき、彼は、彼女がただダイアネティック療法を実践しているのだと信じていた。その後、彼女は、「キリスト誕生」のエピソード後の数日間の夜に、自分の霊媒としての話のすべて、造物主の声で話ができる能力、キリストの子を生むよう選ばれたこと、そして、その他の関連した事柄を一気に語ったのだった。トランス状態に入り、彼女は夫に向かって、ちょうどレイクシティでの最近のミーティングにおいて他のメンバーに向かってしたのと同じように振舞った。造物主は、彼にさまざまな指令を与え、不服従の兆候が表われたらすぐに彼を殴り殺す、とおどかした。ショックを受け不服そうな夫に対するこの暴露的な行為は、ベルタが運動に対して行なった最も重要なコミットメントの行為であったが、それは、許可なく家を開けないよう夫が命じたため、彼女がグループ・ミーティングに出るには、彼にそむかざるをえなくなったからであった。さらに、運動に参加し続けることによって、彼女は、正気かどうか調べられるというリスクを冒すことになった。彼女の夫は、もし彼女が一月一日までにグループとのすべての関係を自発的に放棄しなければ、彼女を精神科医のもとに送り、運動と結びついた本や書き物をすべて破棄するだろう、と宣告した。

同時にベルタの夫は、フランク・ノヴィックと相談した。フランクは、明らかに妻のメイをベルタの影響から遠ざけようとしていた。そうして、この二人の男性は、自分たちの妻の行動を抑制させる戦術をめぐって、同意に達したようだった。とにかくメイは、ベルタを訪問したりベルタが彼女のもとを訪れることを拒否した。メイ・ノヴィックは、マリアン・キーチの家に行くことも拒絶した。

これらの出来事はベルタを運動へと強くコミットさせはしたが、また、造物主の声で語る自分の能力への自信を損ねさせる結果ともなった。彼女は、メイとの交わりを拒まれ、もはや夫の監視からも自由にならず、正気かどうか調べるとおどかされて、以前のような確信と落ち着きとを失っていた。寛容でない聴衆に自分の信念をさらしてしまった結果、ベルタは心理的に萎縮してしまったのだ。

何人かの新しい人たちがグループに興味を示してくれたので、マリアンはその前の週に、新たな「兄弟たち」のためのミーティングを開くことを決めていた。彼女の決定は、守護霊たちからのメッセージによって支持された。彼女は二、三の人たちに招待状を発送したが、誰を招待するかに関しては高度な選択性を保つというポリシーを頑固に守った。たとえばこの週には、真面目な関心を抱く高校生の二つのグループが彼女のもとを訪れたが、一つのグループを彼女は唐突にも追い返してしまった。それとは逆に、もう一つのグループの方は家に招き入れ、一時間にわたって彼らの主要な関心事――空飛ぶ円盤――について話し合った。彼女は、どちらのグループも次のミーティングには招待しなかった。

その週が終わりに近づくにつれ、マリアン・キーチは切迫した期待を表明し始めた。ある夕方、観察者の一人〔男性〕が訪れたとき、夫人は彼にメッセージを持って来たかと尋ねた。彼が、自分の持って来た唯一のメッセージは「私はあなたのそばに立っています」ということだと答えると、夫人はうなずいた。「よろしい」と彼女は言った。「これは今夜かもしれません。今夜、みんながこの家から連れ出されて行くとしても、少しも驚きはしません」。同時に、メンバーのうちの何人かの関与を強めようとする試みもなされた。観察者の一人〔女性〕は、仕事をやめさせようとするプレッシャーをたえず感じていた。先のもう一人の男性観察者は、すでに触れたように、造物主によって私的なセッションにおいて、自分のポストを捨てるようあからさまに指令されていた。女性観察者の方は、仕事が十二月十七日には終わりになるだろうと告げたのだが、マリアンはただちにその観察者に対し、彼女のもとへ引っ越して来るよう誘ったのだった。

十二月十四日〔火曜〕夕方のミーティングには、グループの十人のメンバーと、全部で四人の観察者――レイクシティの二人のレギュラー観察者および以前のミーティングには出たことのない二人の著者――が出席した。トーマスおよびデイジー・アームストロング、エドナおよびマーク・ポスト、マリアン・キーチとその夫、それからベルタに加えて、三人の新顔がいた。すなわち、カート・フロインド、アーサー・ベルゲン、それに近所のある女性だった。この女性は常に神秘主義には興味を持っていたが、前年の夏、自ら進んでキーチ夫人を訪問し、何度か教えを受けに現われた。彼女は、この夕方は、たまたま借りていたパンフレットを返しにキーチ夫人の家に現われたのだった。そこで、マリアンは彼女に、彼女は「派遣されて」来たのだと教えた。この女性は、聞かされたことに明らかに強い印象を受けていたが、この夕方はずっと、こわがっているのではないにしても不安そうで、いくぶん疑っているような様子だった。彼女は、目立たないようにではあったが早めにミーティングから退出し、二度と戻っては来なかった。

他方、アーサー・ベルゲンは、グループのレギュラー・メンバーになった。十五歳から十六歳にかけて、彼は高校生だったが、レイクシティの一つか二つの空飛ぶ円盤クラブで活動していた。これらのクラブのメンバーでマリアン・キーチを知っていた人を通じて、アーサーはマリアンの教えのことを知り、初秋に、レイクシティの形而上学ブックストアでの夫人の「朗読会」に出席した。青白く、きゃしゃで、本好きの若者である彼は、実際よりも年上に見られたいと思っているようだった。人を喜ばせ、受け入れられたがっていて、彼はいつも真面目でうやうやしく、どちらかと言えば、むしろ落ち着きがなかった。彼は、自分がキーチ夫人のサークルのメンバーであることについて両親があからさまに反対しているため、困っていた。両親が反対したのは、彼の父がスウェーデンで、ある種の「この世の終わりに関する説教」に関わって味わった苦い個人的な体験に、少なくとも原因の一つがあった。

キーチ夫人はアーサーに相当な関心を示し、彼にたいへん注目していた。火曜の夜、彼は家族からミーティングに出席する許可を得たが、遅くまで帰って来ないということのないよう注意を受けた。しかし、彼は、気遅れからか興味からか退出する気になれず、したがって依然としてこの家に居たのだが、午前二時半に彼の母親が電話をしてきて、すぐさま帰宅するよう厳しく彼に命じた。キーチ夫人は、この命令がこの若者にもたらした強力な効果を感じとり、彼がただちに帰宅できるようにした。帰る用意をしている間、キーチ夫人は彼をなだめ、運動に対する彼の愛着を増させるよう努めた。彼女は、彼が信仰によって心を強く持つよう勧め、また、家族全体を救うために彼は働いているのだ――アーサーが選ばれた者たちの一人であるが故に、家族はすべて「連れて行かれる」だろう——ということを忘れないよう力説した。おそらく、このことが彼をほっとさせたのであろう、彼は、危機直前の重大な日々の間に、この家に戻って来たのである。

カート・フロインドは出版人で、マリアン・キーチの主張するところでは、夫人の教えを本の形で発行することに関心を持っていた。夫人は、この夏（つまり、守護霊たちからのメッセージが彼女に出版するよう促していた頃）、教えのいくつかを彼に送っており、彼は大きな関心を示していた。夫人が我々に語ったところでは、彼の行動が遅れたのは、マリアンの資料がそれ自体「あまりにも理論的」だと感じたので、彼女に協力してくれる空飛ぶ円盤の専門家を探し出し、「もっと具体的な」資料を彼女の書き物に添えることをフロインドが欲したためだった。彼はその前の週に、彼女のもとを訪れていた。キーチ夫人は、今や出版については完全に熱が冷めていたけれど、彼は「派遣されて」来たのであり、したがって、個人的に「光のもとに連れて行かれる」だろうと感じた。

フロインドは、火曜夜のミーティングの間、おおむね静かに座っていたが、聞かされた多くのことにうんざりしているようだった。彼は何度もあくびをし、少し眠ってしまったりもした。何度かのコーヒーブレークの際、彼との会話には、いつもアームストロング博士が加わった。博士はこの出版人に、信念体系が妥当であることを納得させるのに非常に熱心なように見えた。フロインドは、これらの働きかけに対しては、あいまいに応じた。彼の関心は主に空飛ぶ円盤にあり、その惑星間活動については躊躇することなく信じた。アームストロング博士がもっと精神的な事柄について意見を述べるよう彼に迫ったとき、この出版人は、自分は近代物理学や近代哲学についてはいろいろと読んだことがあり、そのため「汎神論的な」「新プラトン派」の立場をとることを納得したのであって、物質的な現実を信じてはいないと答えた。さらに彼は、ダイアネティックスやサイエントロジーの体験によって、この確信が増したと付け加えた。

しかし、会話が洪水の問題に移ったとき、彼は、災害が近づいているという感覚、破局の暗示をしばしば経験したと言ったが、それは何事をも証明しなかった。観察者の一人が、彼に対して、その破局に備えて何をしようとしているのかと質問したとき、彼はほほえんで「何も！」と答えた。彼がその日付を信じているかどうかについては、答えに窮し、あいまいに返答した。これまでの人生で多くの不思議なことを見てきた、だから、もし洪水が起きたとしても驚かないだろう、と彼は言った。最後に、我々が気づいたことであるが、キーチ夫人が彼のための「私的な教え」を受け取っている最中に、彼は極度に注意散漫で——夫人が書き取っている間に部屋を出さえした——夫人がもたらしたものに興味をそそられるというよりは、困惑しているようだった。その後の機会にもグループに戻っては来たが、せいぜい判断を留保していただけであり、彼は、悪くするとかなり懐疑的な人物であって、彼自身が最もよく認識している〔出版に役立てるという〕個人的な動機から興味をつないでいた、というのが我々の結論である。

ミーティングそれ自体の内容については、あまり注意する必要はない。そこでは、今回集まった聴衆のために、エラ・ローウェルがスティールシティとカレッジビルで録音した何本かのテープを再生する、ということが主たる目的だった。これらのテープのなかで、ブラウニング博士は、洪水は二十一日に来る予定だと力説し、円盤によるピックアップについての詳細を述べ、みんなに、自分自身への個人的な指令を家で待つよう指示した。そして、誰も、不信心者のなかでは積極的な布教活動をしないように、しかし、何かを求めてやって来た者に対しては手助けをし、教え導くよう勧めた。

ミーティングのある時点で、キーチ夫人はグループに対して、クリスマスを祝わないよう、プレゼントを買ったり、クリスマスキャロルを歌ったりしないよう指示するメッセージを読み上げた。というのも、今度のは「ブラック・クリスマス」になるからだった。そのセッションの初めに、夫人は聴衆に対し、ブラウニング博士は第七レベルであるサナンダから語っているが、サナンダ自身は第八レベルにあるのだ、ということを指摘して注意を喚起した。第八レベルは最高位で、そこからのメッセージは、造物主のレベルでの事情を無視してでも受け入れてきた、とキーチ夫人は主張した。この主張は、エラ・ローウェルが言っていたように、彼女（すなわちブラウニング博士）の指令は、どんなものであろうとレイクシティで変更されることがありうる、という言明〔の妥当性〕を強めた。キーチ夫人はまた、エラ・ローウェルが夫人を地上の師として受け入れた、ということを重要な事柄として話題にした——これは、すでに議論した出来事である。

十二月十四日のミーティング中ずっと、ベルタは、以前の彼女自身に似て、臆病で無力な人間だった。火曜の夜、一番最後にやって来た彼女は、血の気が失せ緊張しているようだった。エドナ・ポストとデイジー・アームストロングは、たいへん驚いて彼女を出迎えた。彼らは彼女の来ることを予想してはいなかったようだが、暖い歓迎ぶりだった。テープが再生されるに先立ち、ベルタとキーチ夫人の双方が「私的な教え」を（それぞれ声と筆記で）与え、たいていのメンバーはその両方の情報源のところへ行った。観察者との相談では、ベルタは、以前のこういったセッションの際とは全く違った風にふるまった。大部分の質問に対して彼女は、ただ「自らの内なる知恵に従え」と答え、一度は「どんな権威も受け入れるなかれ、造物主の権威であろうと」というところまで行った。グループ・ミーティングの間、ベルタは三度、活動を指揮しようと試みたが、ことごとく失敗した。一度は、二、三、言葉を選んでいるうちにあきらめてしまい、一度は聴衆の注意を引こうとして完全に失敗した。最後に彼女は、数日前録音したテープを再生するようキーチ夫人を説得しようと努めたが、マリアンが彼女のことを無視したので、その提案を引っ込めてしまった。

ベルタは、以前に持っていた力の多くを失ってしまったけれど、グループのなかで、取るに足らない存在になってしまったわけではなかった。むしろ、彼女とキーチ夫人は、作業の上で密接な関係を育んでいた。この二人の女性は、互いの霊的な導きについて「協議」し、お互いに他方が受け取ったメッセージの「妥当性」を確認するため、こちらの「情報源」にも尋ねるよう求める傾向があった。この面倒な仕組みは、メッセージの妥当性がたいへん重要な場合には、どんな機会であろうと用いられた。

ミーティングの間に最もはっきり主張されたことの一つは、運動のこの時点では、秘密の保持と情報の制限が必要だと考えられる、ということであった。秘密保持についてのキーチ夫人の懸念は、その前の一週間に著しくふくれ上がっていた。夫人は、自分の教えについての余分な印刷物すべてと、その他、運動に関連する、ある種の資料を破棄すべしという「指令」を受け取っていた。幾分かは保存して封印し、安全な場所に置いておくべきであった。というのも、マリアンは、特定はできないが誰か敵意を持った人々によって自分の家が家宅捜索されるだろう、と確信していたからである。資料の多くが焼却され、マリアンが手放し難かったものについては、二つの段ボール箱に詰められ、封印された。

エラ・ローウェルのテープが再生される直前に、キーチ夫人はグループに対し、テープで聞いたことをグループ外の誰にも、一言も漏らしてはいけない、と断固たる調子で警告した。その後、夫人はこの警告をくり返し、もし何らかの情報がリークされたなら、守護霊たちはテープを消去させるだろう、と付け加えた。

観察者の一人は、欠席しているメンバーの一人のために、内容についてのメモを取りたいと（意図して）提案したが、キーチ夫人は、ただちにきっぱりとその提案を拒絶した。誰もメモをとってはならない。もし誰かがメモをとったとしても、この家を出る前にそれを焼却すべきである。同時に夫人は、ミーティングで聞いた言葉をその欠席しているメンバーに伝えることは正当である、と認めた。質問者に対して夫人は、ミーティングについて、そのメンバーに語ることはかまわないだろうと言った。そのメンバーが（兄弟分であるという）印を示すだろうということは疑いないし、それ自体、ニュースを聞く権利を確立するものだ、と言った。キーチ夫人とアームストロング博士は、いろいろな機会に「内輪の仲間」ということに言及した。これらの教えは公共のためのものではなく、キーチ夫人が言うところでは、内輪の仲間に限定されたものだったのである。

このミーティングでの、もう一つ重要な展開は、大洪水が起きる以前に、選ばれた者たちが避難するための具体的な準備をしようとして、初めて明確な動きを行なったということである。その夕方早く、出席の各メンバーには、ピックアップしてくれる空飛ぶ円盤に乗り込む際に提示すべき「パスポート」が発行された（それは、白紙の便箋一枚と三セントの切手を貼った封筒だった）。マリアン・キーチとの私的な相談の際に、メンバーたちは、同じ機会に使われる合言葉（「私は家に帽子を忘れた」）も教えられた。メンバーのなかには、特定の円盤の座席番号を割り当てられた者さえいた。兄弟たちにパスポートと合言葉が与えられ、ブラウニング博士の言葉を通じて彼らの信念を強化し、彼らすべてに秘密の保持を誓わせて、マリアン・キーチは水曜朝四時半にミーティングを閉会した。

避難についてそのような詳細なプランが示されたということは、災害がさし迫っているという感覚が増してきたことを示していた。確信あるメンバーたちは、今や四六時中、避難を待ち受け、救いを期待し、いつかなる時のピックアップにも準備ができていた。彼らは、個人としての将来への心配から注意がそれ、この国の他の諸地域に住むイデオロギー的に共感する諸グループに親近感を感じていた。キーチ夫人とアームストロング博士は、ときおり、そのようなグループに言及したが、それらのグループは、「日付を与えられ」てはいなかったけれども、それにもかかわらず選ばれた人たちであった。同時に、メンバーたちは、ある程度の不信が存在していることも知っていた。グループのなかでたいへんに尊敬されていた空飛ぶ円盤に関する第一人者たちのなかにも、十二月二十一日については懐疑的であることが知られている者がいた。

ミーティングに続く昼間は平穏だった。マーク・ポストは、何日か前から始めさせられていたナッツだけの厳格なダイエットをやめるよう命じられた。彼は、その日、遠くの町に住むガールフレンドに手紙を書こうとして時間を過ごしたが、その手紙のなかで彼は、自分に関するかぎりロマンスは終わった、と書いた。彼女はサナンダのことを信じなかったから、マークは、自分と彼女はウマが合わないと感じていたのだ。

マリアン・キーチは、水曜日は、翌日の夕方に近くの小都市で講演をすることになっていたから、そこで何をしゃべろうかと考えて何時間かを過ごしたのかもしれない。その一週間前に招待を受けたばかりだったので、その約束はきっと彼女の心の多くを占めていただろう。十二月八日、キーチ夫人は「ノースイースタン未確認飛行物体〔UFO〕学会」会長から電話を受け、彼女がこの「円盤グループ」のために話をすることを承諾してくれるかどうか尋ねられたのである。この招待に対する彼女の反応は、我々にとってたいへん興味深い。なぜなら、それは、彼女自身が選んだわけではない聴衆たちを改宗させる絶好の機会を与えられた場合に、彼女が示す感情と行動についての、最適な事例を与えてくれるからだ。

その招待に対するキーチ夫人の最初の反応は、そのクラブの会長に、それは「指令」なのか、それとも単なる「依頼」なのか、と尋ねることだった。それは、守護霊たちからの指令がどんな形をし、どんなところから出てくるかもわからないという具合に、彼女が、絶えず予断をもつことなく期待をしていたことを示すものだった。空飛ぶ円盤クラブの会長は、これは依頼だと言って彼女を安心させた。それでマリアンは、そのことについて考えてみると答えた。そして、実際、彼女はそれについて考えた。翌日からの数日間に、彼女は、エドナ、マーク、レイクシティの二人の観察者、それにアームストロング夫妻と、この招待について議論した。彼女はいろいろな折りに、これらの人々の個々の意見を聞き、指針や、しばしばアドバイスも求めたが、その際、今やグループの標準語となった言いまわしを用いた。「私が円盤クラブへ行くべきかどうか、あなたは光を見ますか?」十二月十日、彼女はベルタ——即ち造物主——にもその質問をした。造物主は答える前にちょっと躊躇し、それからその質問をマリアンに投げ返して、彼女はその招待にどんな光を見るかと尋ねた。キーチ夫人の返答は、彼女の「内なる知恵」は空飛ぶ円盤クラブを受け入れ、そこで教えを朗読するよう言っている、というものだった。マリアンはそれから自分の質問を造物主にくり返したが、ときが来れば自らの「内なる知恵」を通して何をなすべきかがわかるだろう、という返事をもらった。

要するに、この布教活動の機会に対するキーチ夫人の反応は、受け入れの決意をするまで躊躇し、議論し、そしてアドバイスを求める、というものだった。その招待をめぐって夫人は何日も時間を浪費したが、その間、夫人は、そのことに何の願望も抱いていないか、願望を直接表現するにはあまりにも臆病か、のいずれかのようだった。もし招待が「指令」だと表現されたなら、夫人は疑いもなく、ただちに応じたことであろう。招待と言われて、はなはだはっきりしない事態になってしまったのである。夫人は、十二月十二日から十三日にかけてカレッジビルを訪れ、ブラウニング博士がそうするよう示唆した後、ようやく受け入れたのである。大洪水の時期がほんの一週間ほど先に迫っていたのに、キーチ夫人は信念のために布教活動をすることはひどく気乗りがせず、そのような活動をしたのは、霊的な師が特に夫人にそうするよう教示した場合だけだったのだ。

もっと興味深いのは、もちろん、キーチ夫人がこの機会をどのように利用したかということである。そのUFO学会の会合は、十二月十六日〔木曜〕の夕方に開かれた。その日は、アームストロング博士が大学を免職になったという新聞記事が出た当日である。彼もキーチ夫人も、その日の朝、夫人の家で、〔第一報の記事を見て集まった〕レイクシティのすべての新聞社および通信社の記者によって取り囲まれた。その夕方には、彼らは、自分たちがすでに全米的に知られた人物である、あるいは少なくとも翌朝それらの新聞記事が出ればそうなるだろう、ということを十分認識していた。

UFO学会の会合は、あるレストランの人目につかないダイニングルームで、午後九時に始まった。そこには二十五人ないしは三十人の人々が集まっていた。議長が二、三、一般的な話題を提供し、グループに円盤についての最新のニュースをもたらした後、彼はキーチ夫人を紹介した。夫人は、講演することを期待されていたけれども、こう提案して始めた。「そうね、質問を募ることから始めませんか？　十分か十五分で終わりますよ。むしろ、そうしたいですね」。

その後の四十五分間、キーチ夫人は聴衆からの質問に答えた。質問は主として、夫人がどのようにメッセージを受け取るのか、それに使われる言葉はどのようなものか、夫人は最初の頃どんな体験を持ったのか、に関するものだった。夫人はかなりの時間をかけて、「サイス」とか「ロソロ」とか「UN」といった言葉の意味を説明した。夫人は、一度たりとも、大洪水の予知に触れることはなかった。それが五日以内に来るはずだったのに、である。最後に、議長が夫人に、ダイレクトにその予知について質問した。夫人はそれに答えて、その夏の終わり頃に、アームストロング博士と仕事を行なったときの状況に関する長い詳細な説明を行なった。だが、予言についても、日付についても、あるいは未来に関する夫人の期待についても、一切言及することはなかった。夫人は、ただ、質問全体をはぐらかしてしまったのである。

議長は夫人に下がってもらい、アームストロング博士の話を求めた。博士はせいぜい五分間しゃべっただけだったが、以前、空飛ぶ円盤に興味を持っていたことを説明し、円盤が惑星間に起源を持っていると信じていると言った。話をしめくくる際、アームストロング博士は、九月のマスコミ向けの声明の後には誰もがそうだったように、ほとんど積極的に公の布教活動を行なっていた。博士の行なう「布教活動」のスタイルの不思議な趣を伝えるため、ここで彼の話から関連した部分を引用してみよう。

「私は、円盤に興味を持っているあなた方は、すべて特別な人々だと申し上げます。ところが、あなた方はそのことがわかっていません。でも、あなた方はそうなのです。なぜなら、円盤に特別な興味を持っている世界中の人々は、彼ら自身のなかに、すでに忘れてしまっている事柄を思い出させるような何かを持っているが故に、〔円盤に〕興味を持っている人々なのです。したがって、あなた方のなかには、生命に戻って来た何かがあるのです。ですから、次の数週間あるいはこの先の数カ月に、たとえ、もし宇宙人や円盤やそういった種類の何かに関する珍しい経験をしたことに気づいたとしても、どんな場所でそういうことがあったかにかかわらず、驚いてはいけません。なぜなら、私はあなた方にこう言えると思いますから――だから、秘密ではありません。つまり、宇宙人たちは、ある目的でここに来ていると言っているのです。そして、彼らの目的の一つは、彼ら自身の〔仲間の〕人々のうち、ある者たちをこの地上から〔別なところへ〕移すことなのです。

「ところで、あなた方は、彼らが誰であるかはわかっていません。ここにいるジャックは、あるいは宇宙人かもしれません。ひょっとしたらそうでしょう。〔でも〕あなたも、そのことは知らないのです。自分自身でもわからないのです。だから、あなた方に、私が古い本で学んだ古代の知恵をほんの少し分けてあげましょう。

「汝、自らを知れ。なぜなら、汝のなかにこそ大いなる謎が隠されているからだ」。さて、私たちは、我々が本当は誰なのか、わかってはいないのです。私たちが気づき始めたとき、そして自分たちのために本を開けようとし、私たちのうちのある者がその特権を持ったとき、最近になってわかったように、私たちは以前からもっとずっと偉大であり、自分たちが考える以上の者だ、ということがわかったのです。

「汝らが神であることがわからないのですか？　あなた方は、自分自身をそんな風には決して考えたことがないけれど、それがあなた方なのです。つまり、修行中の神なのです。私たちは皆、修行中なのです。私たち自身は、ずっと大きなものの一部になるよう運命づけられているのです。だから、私はあなた方に言いましょう。出来事の変わり目を見て、自分自身に問いかけ始めなさい、なぜ円盤なのかと。自分自身に問いかけないのですか、なぜ円盤なのかと？　なぜ、今なのか？　なぜ、私の運命なのかと？」

博士は拍手を浴びながら席につき、感謝の言葉を受けたが、大洪水のことや、それが予想される日付については全く触れず、また、未来についても何ら明確なことは言わなかった。この布教活動は、もし見かけ通りのものだとして、おそらく「教義による布教活動」と呼ぶのが最適なのかもしれない。あらゆる聴衆はその示唆によって、選ばれた者であることが否応なく宣言されたのである。

議長は、博士の「今後の数時間および数日における個人的なプラン」について彼に直接質問しようとしたが、博士はただ「私は今はわからない、と言えるだけです」と答えた。それでおしまいだった。会はその後まもなく、十時半にお開きとなり、二人の講演者は疲れ切ってキーチ夫人の家に戻った。彼らは、尋問者たちをやりすごし、質問を処理し、そして世界の詮索から彼らの個人的な信念を守ろうとして、ほとんど丸一日を費やした。彼らは休息をとる必要があった。というのも、翌日の十二月十七日もまた、十六日と同じように骨の折れる日になることがわかっていたからである。

レイクシティでの興奮は十六日木曜の朝早く始まったが、それは九時少し前に、記者とカメラマンがキーチ夫人の戸口に現われたときからだった。彼らは、抜け目のない新聞社を代表していた。その新聞社は、九月にキーチ夫人とのインタビューを載せ、今度はアームストロング博士の免職通知を追いかけていた――それは、前夜、突然起きた話だった。これらのマスコミ関係者がやって来たことが、この家にかつて見られなかったほどの狂気じみて忙しく混沌とした一日の始まりの合図となった。その時から、絶え間なく電話の呼び出しがあり、戸口のベルが鳴り響き、人々はアームストロング博士とキーチ夫人に質問を浴びせかけた。レイクシティの主要な新聞社と通信社の代表が、戸口に人を送ってきた。もっと遠方の新聞社が電話をかけてきた。全米的なニュース雑誌の支局長たちもひょっこりやって来た。そして、最後に、ラジオやテレビ局からもニュースキャスターや解説者がやって来たのだった。

記者のなかには、ねばり強い努力の末に、家に入ることを認められた者もいたが、しばらくはそれ以上には進まなかった。アームストロング博士は、自身のプライバシーへの侵害に抵抗して闘った。彼は、自分は専門家であり、正確さを気にする人間だと言った。彼は、記者たちが、運動の理念を公平に取り扱うにはあまりに性急であり、経験が足りないと思った。自分は脚光を浴びたくなかったのだが、心ならずも「贖罪の山羊」になってしまったと抗議した。最後に、彼は、表だって恥をかきたくないと付け加えた。彼は街頭の福音伝道者ではないし、世界を救済することに関心はなく、そして、何かに参加させるために誰かを説得したいとも思っていなかった――これは、教団でもなければ、宗教でもないのだった。

博士は一時間ほども真剣に新聞記者たちと渡り合い、ねばり強い記者たちのなかにも、ほとんど意欲を失う者が出てきた。最後に、何人かの記者が所感を述べた。それは、新聞社は博士に関して何かを公表するつもりだが、博士の方はでっち上げではなく真実を公表しようとはしないのかという趣旨で、ほとんど脅迫に近かった。この時点で、アームストロング博士は降参したようだった。彼は、宣伝はしたくないとくり返しながらも、自分は正確さに対する義務を感じるし、それ故、声明を発表することに同意すると述べた。博士もキーチ夫人も、彼ら自身あるいは家の内部の写真を撮られることはきっぱりと拒絶した。だから、一人のカメラマンが、こっそりスナップ写真を撮って急いで家の外に出たとき、彼らは激しく反発した。彼らは、テレビの生中継をするためにダウンタウンまで出かけること〔という提案〕を断わり、また、同じ目的で家のなかへテレビカメラが持ち込まれることも拒否した。

説得がくり返された後、アームストロング博士はやっと、全米のネットワークのために、一言二言、コメントを録音することに同意した。それは、夕方の定時ニュース番組で放送されることになった。結局、博士が行なったのは、全部で、新聞インタビュー一回と木曜に放送される三十秒のテープ録音にすぎなかったが、いずれも、マスコミからの極めて強い圧力のもとで行なったことだった。博士は、はなはだ迷惑したにもかかわらず、礼儀正しく、ていねいで、かんしゃくを起こすこともなく、しかも断固としていた。キーチ夫人は、しっかりアームストロング博士にならって行動しているように見えた。彼女も、最終的にはいくつかの新聞社との短いインタビューに応じたが、放送用の録音はしなかった。

十二月十六日の〔おそらく夕刊紙に掲載されたものを含め〕新聞記事は、ほとんどの新聞の目立つところに掲載されたけれど、そこには、アームストロングの免職に関する単なる事実と、彼が十二月二十一日に「この世の終わり」を予想しているとした言明しか書かれていなかった。アームストロング博士がその十六日にキーチ夫人の家で行なったインタビューでは、すでに何度も新聞の第一面にまき散らされてしまった誤った印象を訂正しようと努めた。博士は、この世界が二十一日に終わるということは否定し、彼の予想では、大津波と地殻のずれが「ハドソン湾からメキシコ湾にわたって起こり、それらはアメリカ合衆国の中心部に重大な影響を及ぼすであろう」と言った。博士は、この世界は「混乱のさなか」にあると説明した。「しかし、至高の存在が、今知られているすべての地面を沈ませ、今は海の底にある地面を隆起させることによって、家〔=世界〕を清めるのです。この世界が水によって洗い清められることでしょう。ある者は、宇宙船で地上から連れ去られることによって救われるでしょう」。博士は、その大洪水に備えて何を計画しているかについては言うことを控え、こう付け加えた。「私がこの予言の結果、自分の人生をどう変えつつあるかは、私の個人的な確信に関わる事柄です——つまり、公に説明すべきことではないのです」。たいていの記事はまた、キーチ夫人が宇宙からメッセージを受け取っていることについてはある程度詳細に伝え、夫人が惑星クラリオンからこの予言を託されたと記していた。

新聞記事の大部分は、この話について余計なことは書かない扱いとし、アームストロング博士あるいはキーチ夫人の声明を引用するか、正確に要約するだけで、コメントは避けた。しかし、見出しをつける側は、もの笑いにする絶好の機会を十分に利用した。そういったことの結果として、信者グループの方は、敵意はないにしても懐疑的ではある世界から、嘲笑を受け馬鹿にされるといったことをひどく味わった。たとえば、ある新聞は第一面の記事を「火曜日——どうにも沈んだ気分」という見出しで飾り、別な新聞は「世界の終わりは来ない、だが無論、ゆれ動くであろう」という言葉で読者の注意を引いた。

コラム担当者も論説執筆者も、このグループをだしに、同じように面白おかしく書こうとした。あるゴシップ欄は次のような書き出しだった。「最近、宇宙から何かメッセージがあったかい?」一方、別な欄はこう書いていた。「トーマス・アームストロング博士が「十二月二十一日の世界の終焉」(その後、大津波がレイクシティを飲み込む、と変わった)を予知したという記事が最初に現われたとき、コメディアンのジミー・エドモンソンは急ぎの電話を入れた。「誰か〔フットボールの〕ローズボールの五十ヤード近くの券二枚を安く買わないか?」」ある論説委員は、宇宙と交信するキーチ夫人の方法を解説してから、この機会に、あることに関する予知を求めようとした。「まず手初めに(ビーナスよ、聞こえますか?)レイクシティの次の市長は誰になるでしょう?追伸、もし答に尾ひれがある〔噂に類すること〕なら、お返事は結構です」。

それに続く数日間、嘲笑はさらにひどくなった。アームストロング博士とキーチ夫人は二人とも、彼らのことを見くびるような新聞記事に傷つき腹を立て、記者に話をすることがますますいやになっていった。彼らは何度も、彼らの信念についての記事が「公正でなく」「歪んでいる」と口にしていた。

十二月十七日金曜の朝遅く、新聞で公表されたことの効果が現われ始め、ぽつぽつ訪問者と電話があり、いっそうの情報と説明を求めてきた。高校生が大多数だったが、大人も何人かおり、その大部分は女性だった。実際には少しばかり冷やかしもいたが、訪問者のうち、かなりの人々は真面目であった。もっとも、ときに懐疑的でもあったが。

これら探究的な人々に対する扱い方は、混乱しているように見えたが、選択的に布教活動を行なうという確立されたポリシーとは一貫していた。選ばれた人々だけが指導を受ける資格があり、単なる好奇心から来た者や冷やかそうとして来た者は、追い払うことになっていた。選ばれた者と不信心者とをどう識別するかは、個人の内なる知恵の問題だった。電話あるいは戸口に誰が出ようと（通例はマーク・ポストかアームストロング博士であったが）、訪問者の真剣さをその場で仮に判定した。彼らが「合格」した場合、ときに彼らはなかへ招き入れられ、短い講義を受けたり、質問に答えてもらったりした。たまたま誰が当番でそのケースを扱おうと、もし唯一応対のできる指導者が、その前から来ている訪問者との対応で忙しい場合には、この改宗する可能性のある者たちは、しばしば何をすることもなく放っておかれた。何のプランもなく、何ら体系だった教化も行なわれず、ただ、漠とした冷やかで混沌とした状況だけがあった。午後も盛りの頃、すべての人間は消耗し切っており、真面目な探究者でさえ、ときに拒絶された。特に電話の場合はそうだった。彼らは、新聞に載ったこと以上に言うことはない、と言われた。

こういったことが金曜午後におけるグループの状況であり、この頃から、一連の予言のはずれのうち、最初のものが始まったが、マスコミ報道のたいへんな集中砲火にさらされながらも、世間の噂の的になることを避けようと、あらゆる試みを行なっていた。布教活動を行なうことのできる何十もの機会を与えられながら、彼らは、依然としてとらえどころがなく秘密主義的であり、ほとんど傲慢なほどの冷淡さで行動した。アームストロング博士の言葉では、彼らは「誰に対しても、何かに従わせようとはしなかった」のである。

第五章　救済のさし迫った四日間

マリアン・キーチと彼女を取り巻くレイクシティのグループにとって、予言はたった一度はずれたというだけでなく、何日にもわたって何度もはずれたのである。大洪水は、十二月二十一日の夜明けに、町を飲み込んでしまうことになっていた。が、信者たちは、自分たちは大洪水の起きる前に救われると信じていた。彼らが期待していたのは、空飛ぶ円盤が到着して選ばれた人たちをピックアップしてくれ、他の惑星に、あるいは守護霊たちによって指定されたどこか「安全な場所」に、連れて行ってくれることだった。最初の予言の失敗は十二月十七日であり、一連の失敗は十二月二十一日の朝五時にようやく打ち止めとなった。この期間中、三度、特定の明白な失敗が生じ、したがって、このグループのイデオロギー上のキーになるポイントに対して、強烈な反撃が生じたことになる。この重大な時期に起きた事件を詳しく語ることにしよう。

レイクシティグループの多くは、しばらくの間、ピックアップしてもらう準備をしていた。思い起こせば十二月四日にさかのぼるが、彼らは身体から、あらゆる金属物質を取り除くという手続きを終えていた。それは、円盤に安全に搭乗するのに不可欠だと考えられた行為だった。トーマス・アームストロングは、シーカーズとレイクシティの信者の双方に対して、自分はどんな時であろうとピックアップしてもらう覚悟があること、つまり、守護霊たちの救済について「四六時中油断しないこと」をくり返し語っていた。グループにおける雰囲気は、熱烈な期待というものだった。彼らが十二月十七日の朝刊を見て嘲笑的なコラム記事を読むまでに、キーチ夫人もアームストロング博士も、ピックアップしてもらう用意をさらに進め、彼らを救済してくれる者たちができるだけ早く到着して、この敵意に満ちた世界から彼らを別なところへ移してくれるよう望んでいたに違いなかった。

十二月十七日金曜日のお昼前に、マリアン・キーチのところへ男の人から電話があり、自分が外宇宙からきたキャプテン・ビデオ〔同名のテレビ番組の主人公＝後出〕だと名乗った。彼は、彼女をピックアップする円盤が午後四時頃、彼女の家の裏庭に着陸するだろうと知らせた。それは少なくとも、マリアンが彼女の家に居た他の人たち――つまり、アームストロング夫妻、エドナ及びマーク・ポスト、それにマーニャ・グラスバウムという名の新顔――に伝えたメッセージだった。その電話は、明らかにいたずら者のしわざだったが、信者たちはそれを真に受けてピックアップへの準備を始めた。デイジー・アームストロングは、最初、メッセージに疑問を感じているようで、夫やマリアンに、誰かが自分たちの足を引っ張ろうとしていないのは確かだろうかと尋ねたが、その疑問はすぐに、そしてしっかりと抑え込まれてしまった。彼女は、すべての電話メッセージは真面目に受け取らねばならないと言われた。外宇宙の人々は〔今度のように〕グループと電話によっても交信できるのだが、暗号メッセージを使わねばならないことが多かった。

信者たちが、円盤が実際、四時に裏庭に着陸することを期待していたのは疑いない。正午までに、グループのレギュラーメンバー五人は、衣服からあらゆる金属を取り去った。そのなかには、ジッパー、金属の止め金、金属の裏打ちをしたボタン、ヘアピン、それにベルトのバックルがあった。観察者〔女性〕も、到着するや否や、円盤に搭乗する用意をするため、その金属除去過程に入れられた。一時までには、マーニャ・グラスバウムだけが、何らかの金属物質を身につけるか持っているかしていただけだった。というのも、彼女が真に選ばれた人たちの一人であって、他の人と一緒にピックアップされるのかどうか、まだ決まってはいなかったからである。

レイクシティグループの一番新しいメンバーであるマーニャは、十八歳くらいの少女で、久しく空飛ぶ円盤に関心を抱いており、円盤が外宇宙から飛来することに確信を持っていた。夏のある日、彼女はキーチ夫人を訪問し、夫人のメッセージや信念について知ったが、それ以降はキーチ夫人が前夜、空飛ぶ円盤クラブの会合で講演をするまで、再び夫人に会うことはなかった。マーニャの関心と信念は、その際のキーチ夫人の話によって目覚めさせられたようだった。というのも、マーニャはキーチ夫人の家に戻り、そこで一夜を過ごしたからだった。

金曜日の朝、守護霊たちの「指令」を受け、マーニャは、以前雇われていたけれど、やめてしまった新聞社に電話をした。彼女はまた、タバコとコーヒーをやめ、さらに、キーチ夫人と一緒に住むようにという指令を受け入れる覚悟があるように見えた。言い換えれば、彼女はその信念体系を真面目に受け取り、それにコミットし始めていたのだ。同様に明らかだったのは、キーチ夫人がマーニャのことを有望な弟子とみなし、四時に予想されていた円盤によるピックアップにおける彼女の位置づけをやがて疑わなくなったことだった。午後二時頃、マリアンは座ってメッセージを待ち、マーニャもまた選ばれた一人であり、ただちにすべての金属を取り除かなければならない、という指示を受け取った。彼女は、スリップから金属の止め金を切り離さねばならず、またスカートからジッパーを切り取った。

その時点から、グループは落ち着かない気持ちで四時を待ったが、彼らはほとんどうわの空で、急速にルーティーンと化しつつあった幾つかの仕事を処理した。マスコミは依然としてさらに多くの情報をほしがり、頻繁に電話をかけてきた。マーク・ポストは、そういった質問をさばくようまかされていたのだが、新聞記者には一様に「ノーコメント」という答えをし、電話を切ってそれ以上の質問をシャットアウトした。このような拒否に勇敢にも挑戦しようとした一人の女性記者（全米的な雑誌社から派遣されていた）は、この家を自ら訪れ、とうとうなかに入ることはできたが、メンバーの誰からも何らの情報も得ることができなかった。しばらくして彼女はそこを去ったが、あまりにはっきりと無視されたので、落胆するとともにむしろ憤りを感じたのだった。テレビカメラを載せたトラックが家の外の通りで待っていたが、どんな映像も禁止するという規則はまだ生きていて、カメラマンは誰も家のなかに入ることを許されなかった。その前日、写真家がキーチ夫人のスナップをこっそり撮ったことについて、信者たちはまだ怒りを感じていた。

キーチ夫人の住所が朝刊に掲載されたため、マスコミ以外にも訪問者があった。質問しようとして電話をかけてきた人々は、手に入るすべての情報は新聞記事に出ているとマーク・ポストに言われた。電話をかけてきた人がしつこかったり、誠実な人だとマークに判断された場合には、もし、もっと知る必要があると感じるなら本人が家を訪問してもよい、と言われた。たくさんの人たちが、その半数は十代か二十歳そこそこだったけれど、家に直接やって来て、ドアの前でマークかトーマス・アームストロングによってふるいにかけられた。多くは追い払われてしまったのだが、十歳から十五歳までは許可された。許可を受けた人たちのうち、二人の成人女性に対して、キーチ夫人の時間の大部分が向けられた。その他の人々は、誰からもわずかな注意しか払われず、多くは座って改宗させてくれるようほとんど乞うているにもかかわらず、無視された。メンバーの大部分は、回心する人々をつくり出すことに、そもそもあまり関心がなかったが、この時点では、四時の約束に気をとられるあまり、さらにいっそう、そういった関心が薄くなっていたのだ。

とうとう四時になり、選ばれた人々はコートを持ってキッチンに集まり、その時たまたま居間に誰が居たかはおかまいなしに、ただ歩いて外に出た。キーチ夫人は恍惚としていた。ほとんどじっとしていることができず、彼女は裏庭のポーチ「ベランダ」とキッチンの窓の間を動き回り、目は空に向けられていた。他の人たちにも彼女の興奮が伝染し、彼らも空を見ることに加わった。緊張が高まるなか、彼らは十分間にわたって空の探索を続けた。それから、マリアン・キーチは突如としてコートを脱ぎ捨て、他の人に監視を続けるよう指示して居間に戻った。しばらくして、アームストロング夫妻もその持ち場を離れた。デイジーは散歩に出かけ、アームストロング博士は屋根裏部屋に引きこもった。ポストとマーニャ・グラスバウムだけが任務についていた。

しかし、五時半までには、彼らもあきらめて居間に戻った。信者の間では、この事態についてほとんど何の議論もなかった。観察者は、家への訪問者がなくなるのを待って、キーチ夫人になぜ円盤が来なかったのか聞いてみた。しかし、マリアンはこのトピックについて議論することを拒否し、居間にいる他の人たちもこの疑問に関心があるようには見えなかった。その代わりに、マリアンは座してメッセージを待ち、一つのメッセージを得たが、それがうれしいニュースをもたらしたので彼女は泣いてしまった。サナンダは彼女に、グループがピックアップされれば彼女は「父の家」に戻り、地上に再び帰ってくる必要はないと知らせたのだった。グループの他のメンバーたちは彼女に対して喜びを表明し、より上位の密度層の宇宙における共同の未来という問題について議論を始めた。

そのメッセージは、マリアンの存在の重要性と彼女のメッセージの妥当性を再確認する結果となり、また、起きたばかりの予言のはずれから気持ちをそらせる効果もあるにはあったが、それはほんの一時的であった。グループが夕食をとる時間が来る頃には、はずれたことが再びみんなの頭にあったのは明らかだった。キーチ夫人は、テレビのチャンネルをキャプテン・ビデオという番組に合わせ、仲間たちに、注意深く見て彼らに向けられた暗号メッセージを探すよう指示した。彼女は、番組のなかにメッセージが現われることを確信していた。しかし、誰も何らのメッセージも検出できず、その予言がはずれたという問題は、またもや不安な沈黙のなかに没したかに見えた。

しかしながら、グループはこの問題を完全に葬り去ることはできなかったので、やがて、さまざまなメンバーが、その日の午後に円盤が現われなかったことについての説明を示唆し始めた。一つの考え方は、家のなかに見知らぬ人間、つまりメンバーでない者たちが居たため、宇宙からやって来た人々を心変わりさせたということだった。この可能性はしばしの間、興味深く論議されたが、明らかに満足の行くものではなかった。他にも二、三、提案が出されたが、結局グループの意見が一致したのは、その午後の出来事は警告だったのだ、ということだった。円盤は時期が熟せば実際に着陸するであろうが、みんなは充分訓練された「熟練行為者」でなければならなかったのだ。そうであれば、本当にその時期が来れば、事はスムーズに運ぶだろう。宇宙人たちは、彼らの信仰を試したのではなく、人間の同盟者たちがミスをする可能性が残っているのを単に嫌っただけなのだ。四時に空を見張らせたのは、演習だったのだ。

この説明はメンバーにとって、より満足の行くものだったが、彼らの失望を完全に払拭（ふっしょく）したわけではなかった。もう一人の観察者が午後九時に家にやって来たとき、キーチ夫人はまだ相当な怒りを感じていた。彼女は観察者に対し、午後の出来事を話して聞かせ、不満の言葉で締めくくった。つまり、彼女とグループのその他のメンバーが最善を尽くそうとしているときに、宇宙からの人々はほとんどわざと彼らを混乱させようとしているかのように思われたのだ。彼女は、クラリオン人たちを呼んで地上に降りて来てもらい、事をすっきりさせてほしいくらいだった、と言った。

この予言のはずれは、しかしながら、一人の人間を幻滅させるには十分だった。これが生じるまでは、マーニャ・グラスバウムは、キーチ家に留まる予定であった。しかし、その夜、彼女はボーイフレンドから電話を受け、誰にも相談することなく、彼に迎えに来てくれるよう頼んだ。マリアンは、マーニャの行動にひどく動揺したが、そのボーイフレンドの訪問を妨げることはできなかった。彼が家にやって来て、十一時頃、彼とマーニャは多分コーラを買うために家を出た。マーニャは二度と戻って来なかった。一番新参の、しかも最小のコミットによって改宗した者が、最初の予言のはずれによって動揺し、いなくなってしまったのだ。

その夜、さらに多くの訪問者があった。好奇心から、関心から、あるいは信念からやって来た人々だが、新聞記事にひかれて来たのだ。彼らのうちの一人は、グループの信念に強い支持を与えた。彼は十七歳の少年で、数マイル離れた自宅から車を運転して、この夜遅く到着したのだ。興奮した様子で、彼は、アームストロング博士と二人きりで話をしたい、と言った。博士は、その少年とプライベートな会話をしばらくした後、マリアンを呼んで話に加わるよう言った。

少年が去った後、マリアンとトーマスは、その少年がもたらした知らせについて他の人々に語った。彼らが言うには、少年は、家でトイレに座って新聞に掲載されていた予言を読んでいたら、突然ある声が聞こえ、彼に「おまえは信じていないんだな」と言ったという。彼が見上げると、グレーのジャケットを着て、彼の前に立っている見知らぬ男がいた。その男は続けて言った。「いや、それは本当だ。が、おまえは心配するには及ばない。おまえもピックアップされるだろう」。

この少年が妄想を抱いていたのか、あるいは巧妙なジョークを言っていたのかはともかく、少年の語ったことが彼らの信念を「独立に」証明したものと受け取られた、という事実は残る。多分それは、四時の時点における予言の失敗からグループが立ち直る助けとなり、おそらく次の予知を急がせた。それについては、すぐ後で触れる。

その夜十時頃から十一時半までに、二十人から二十五人くらいの人がキーチ家を訪れた。彼らは大部分、高校に在籍するティーンエイジャーで、それに加えて、近くのジュニアカレッジの男子学生が数人と、休暇で帰省中の三人の大学生がいた。訪問者たちは三々五々、多くはグループで、断続的にやって来て居間に陣どり、そこでアームストロング博士とキーチ夫人から、彼らの信念や予言についての詳細な説明を受けた。質問者のなかには反論を試みる者もあり、論争的なポイントに関して議論は非常に活発だった。

質問者に対する二人の主役の態度に変化をみることができた。彼らはもはや冷淡ではなく、他のことに気をとられることもなかった。むしろ彼らは、むきになって意識的に説得し確信させようとした。この変化は、四時における予言の失敗に対する反応だったかもしれないが、そうと判断するのはむずかしい。なぜなら、その予言のはずれ以前において、それと比較対照しうる唯一の期間は、同じように訪問者たちが新聞記事にひかれて来たその日の朝、および、午後の早い時間の数時間だけだったからである。とにかくアームストロング博士とキーチ夫人は、最後の訪問者が十一時半に帰るまで布教の努力を行なった。家は再び比較的静かになったが、信者たちは休むことを許されなかった。というのは、すぐに明らかになったことだが、守護霊たちは彼らに対し、さらなるプランを持っていたからである。

十一時半頃、観察者たちが用事で家を離れた。彼らのうちの一人がおよそ一時間後に戻って来ると、真夜中にキーチ夫人が、最も重大なメッセージを受け取っていたことがわかった。それは、空飛ぶ円盤がその時刻にも、選ばれた人々をピックアップするため彼女の家の裏庭に向かっているのだが、準備をしていない者を待ちはしない、というものだった。グループは、この突然のデッドラインに間に合わせようとして格闘し、にわかに忙しく準備していたに違いなかった。その話は、観察者〔女性〕の言葉によく表わされている。

「私はその家に十二時半頃帰ってきた。正面入口はロックされていなかった。灯もついていた。が、家は空だった。私は二階に上がり、あたりを見渡した。家のなかは誰も居る気配がなかった。階下に降りてみると、マーク・ポストが裏口から入ってきて、何か金属を身につけているかと言った。私がつけてないと言うと、彼は私に一緒に来るよう言った。

「私たちは裏庭へ行った。外は寒く雪が舞っており、地面はひどく湿っていた。マリアン、デイジー、トーマス、そしてエドナのみんながそこにいた。マリアンは私にメッセージについて語り、金属のことをもう一度尋ねた。彼女は私の靴について尋ね、エドナが、私の靴は釘が使ってあるから、それを脱がなくてはいけないと言った。

「マークは、私と一緒に家に戻りました。私は靴を脱ぎ、マークはその靴からかかとをはがし始めましたが、私はそれを押しとどめ、そんなことをしないで、ウールの靴下と寝室用のスリッパを持って来てくれるように言いました。彼はその通りにしてくれましたが、その後で、私のスーツのボタンは金属メッキだと指摘しました。私は上着からボタンを取り除きました。

「私たちはもう一度外に出ましたが、エドナが私をそばに呼んで、ブラジャーはどうなの？　金属の止め金が付いているわね、と言いました。それで私は家に戻り、ブラジャーを取りました。唯一残っている金属は歯の詰め物でしたから、誰かがそのことを言うのではないかと恐れました。私たちみんなが待つことになり、ガレージのそばに立ちました。マリアンが私たちに、記者たちが来ないよう、声をひそめて静かにしているように言いました。私は、彼らは怠け者だから、夜のこんな時間には起きて来ないと言いました。マリアンは、そんなことはありませんと答えました。もし彼らがこの物音を聞いたら、映画やテレビの映像を撮るため、スポットライトを持ってやって来るでしょう。私たちは何としてでも、そんなことは避けなければなりません。マークが、記者たちは、たとえば朝五時にクレオの目をさまさせたことがあると言って、マリアンの肩を持ちました。

「午前一時頃、マリアンはとても寒いと言い始めました。彼女は、もし皆が、彼女が家のなかに入ってメッセージを得ることを望むのなら、そうすると付け加えました。彼女は、皆が全員、彼女にそう望む場合にだけそうすると強調しました。彼女は、しだいにひどい寒さと疲れを感じ始めていましたが、独断で家のなかに入ることは欲しませんでした。それで皆は、家に入ってメッセージを得るよう彼女を促しました。彼女はそれから、いいわ、なかに入ってメッセージを得てくるわ。もし私が灯を点滅させたら、それは、あなた方も家に戻らなくてはいけない、これはテストだという意味よ、と言いました。私はきっと彼女がなかに入って灯を点滅させ、私たちも皆、家のなかに戻ることになるだろうと予想しました。ところが彼女は、十五分後に戻ってきて、裏庭に留まっているよう私たちに言ったのです。空飛ぶ円盤は一時間以内にやって来て、私たちを連れて行ってくれるだろうと言うのです。

「私たちは午前二時まで外で待ちました。グループは、これから起きることを期待して、きわめて元気で意気盛んでした。空には稲妻がたくさん走り、トーマスはあれは信号だと言い続けていました。それからマリアンは、煙突のあたりに明るい光の点が漂っているのが見える、と言いました。彼女の言うところでは、その光がやって来て、また飛んで行ってしまうだろうとのことでした。

「期待も大きかったのですが、寒さもきびしかったのです。私たちはぶるぶる震え、足をどんどん鳴らしました。アームストロング博士は体操をしていました。二時には、もう寒さに耐えられなくなり、マークは、ガレージの扉をあけて車のエンジンのスイッチを入れ、少し暖まるまで車のなかに座っていようと提案しました。四人の女性が車のなかに入り、マークとアームストロング博士は庭に立って見張りを続けました。

「車のなかでマリアンは、また別のメッセージを書き始めました。それはひどく長いものでした。メッセージの前半は、しんぼう強くて規律ある人々への祝福がくり返されていました。しんぼう強く規律ある人々は報いを得るでしょう、と。メッセージの後半は、せんじつめると、私たちは戻って休むべきであり、(特定されてはいなかったが)適切な時点で、ある人がやって来て、ピックアップされるところへ私たちを導いてくれるだろう、としていました。

「私たちは、朝の三時を二十分ほどまわったところで、家のなかに戻りました。マリアンは、私たちがよく訓練された行為者であるか否かについていろいろと話し、この日の体験のことを訓練とか基礎トレーニングと呼びました」。

この夜は、あまりにも多くの出来事があった。快適ではないけれど希望に満ちて待った三時間は、またしても失望に終わったが、円盤が来なかったことに関して、表面的にははっきりした混乱の兆候はなかった。見張りをした人々は、その夜は、予言の失敗について大ざっぱな説明を試みたにすぎなかった。ほとんど凍えそうになり疲れ切って、彼らはただちにベッドにもぐりこみ、その問題について詳細に論議したのは、それから数時間たった朝食の後だった。その時でさえ、その夜の出来事について、もっと満足の行く説明を考え出すことはできなかった。あれは訓練であり、リハーサルであり、予行演習だったのだ、と彼らは決めつけた。しかし、この合理化は十分ではなかった。というのも、彼らはあまりに確信があり熱意があったものだから、「真実」は真夜中の警告だったとは信じることができなかったのだ。彼らには、この失望の不快さを適切に処理するやり方が見つからなかった――その代わりに、彼らはそれを口に出さないことにしていたのだった。

朝のある時間にキーチ夫人は指令を受け取ったが、それは、真夜中の見張りをしていた者全員に対し、その夜起きたことについて話をする際は、特に注意深く分別を持つべきだ、と教示するものだった。その夜その場にいた観察者は、ほんの少し中座した後、再びその家に戻ったが、ただちにこの指令を知らされ、話をする相手に気をつけるよう警告された。著者のうちの一人は、それまではキーチ夫人やアームストロング博士から情報を得るのはきわめて容易だったのであるが、その日の午後早くその家に到着し、最近の出来事について情報を得ようとして尋ねたとき、グループの誰も、真夜中の見張りについて、ほんのわずかな言及すら進んでしようとしなかった。その前夜に起きたことについて、いろいろ聞き出し鋭い質問をして、やっと、彼らが真夜中から午前三時半まで円盤を求めて見張っていたことを知らされた。その事態は、不用意にも「ほんの訓練」だと言いつくろわれた。このしぶしぶなされた矮小化された説明を除いては、見張りを行なった一団はよく秘密を保っていた。他の二人の著者には何も進んで話をせず、そのうちの一人がマーク・ポストに質問しようとしたときには、マークはただ一言、自分は何もしゃべらないようにという指令を受けている、と答えた。造物主の声であるベルタでさえ、何も知らされなかった。事態全体がもみ消されてしまったのである。

秘密にするということだけが、金曜夜の見張りの際における予言のはずれに対する反応ではなかった。というのは、グループの支持を必要としていたことが明らかだったからだ。土曜の朝、マリアン・キーチはグループの全メンバーを集めるよう命じるメッセージを受け取り、マークはその朝のかなりの時間を電話に費やした。彼は、その地域の信者全員に電話をし、また、長距離電話を入れて、彼の故郷からはクライド・ウィルトンを、カレッジビルからはクレオ・アームストロングとボブ・イーストマンを、そしてミネアポリスからは三人の著者を召還した。正午までに彼の仕事は済み、その夜にミーティングを行なうための、かなり大きな集会を召集する約束がとりつけられた。

土曜日の午後までには、その家に流入してくる訪問者の規模が増しただけでなく、信者の目にも、そのような人々の重要性や意義が増大した。それでも、新聞に対するグループの一般的な態度は、否定的なままだった。彼らは、記者が家に来る気がなくなるようにさせようとし、相変わらず「ノーコメント」が記者に対する電話での回答だった。しかし、信者たちは、説得し回心させる試みの可能な人々を家にもたらすという点で、記事にしてもらうことが有利であることがわかり始めていた。エドナとデイジーは、新聞記事がとにかくも一つは良い効果を伴なう――つまり、それらは人々を変えた――ことを指摘した。トーマス・アームストロングは、おそらく記事になることについて最も悩んでいたのだが、この問題に関して、以前よりも明るい気持ちを抱いているようだった。「まあ考えてもみなさい」と彼は叫んだ。「もしある人が百万ドル持っていたとしても、こんなに〔大規模に〕広報をすることはできないでしょう」。アームストロング博士は、布教するという点でもうまくやれるという楽観的な考えを持ち始めてさえいた。彼は、観察者の一人にこう言った。その前夜に居た若い人々のうちの、少なくとも一人が家を出て行った。それは、真実を教えられ彼の偏見が刺激されたためだが、しかし、翌朝には戻って来た――大きな心の変化があったのだろうと博士は感じていた。

土曜の午後、グループのメンバーたちは、訪問者に対して以前よりもっと真剣に組織的にレクチャーし始めた。ティーンエイジャーたちへの教育はマーク・ポストにゆだねられ、彼は午後の大部分を四人から六人のティーンエイジャーのグループと過ごした。トーマス・アームストロングとマリアン・キーチは、訪れた大人たちにそのエネルギーの大部分を投じ、彼らが「スペシャル・ケース」だと考える人たちとの相談に長い時間を割くことが多かった。彼らの布教のテクニックは、訪問者の一人、三十五歳のアメリカ空軍の技術軍曹の例をみればよくわかる。彼は、電話でアポイントメントをとってから、午後四時半頃家にやって来た。

マリアンは、彼と著者のうちの一人を屋根裏部屋に連れて行き、彼女が得たメッセージの来歴や洪水の予知、洪水がこの世界を見舞う理由について述べ始めた。一時間半の間、彼女は軍曹にレクチャーし、それから彼に、家に帰って瞑想し、祈り、そして「目覚め」を待つように言った。彼女は彼に、後でもし戻って来たくなり、「より一層の光」が必要だと考えるならば、そうしてもよいと言った。軍曹は、自分の質問の多くに答えが得られないままだったので面くらい、その家を後にしたが、二度と戻って来なかった。これはうまくいかなかった布教例だが、この出来事は、この時期にそのような活動に投じられた時間とエネルギーとを示している。

もちろん、すべての訪問者が同じように注意を払われたわけではなく、家に入ることを許すかどうかという点で、なおもある程度の選択が行なわれていたのであるが、それ以前の場合と比べ、土曜に門前払いを受けた人々の割合はもっと少なかった。ある時点でマリアンは、マークとアームストロング博士に、本当に関心を持っている者は誰も追い返してはいけないとさえ指示した。金曜日の予言のはずれの後、社会的な支持を求めようとする欲求は非常に強かったのである。

六時までに訪問者の流入はだんだん少なくなり、電話が鳴ることも減り、家は幾分、落ち着きを取り戻した。さらに多くのメンバーたちが、夜のミーティングのために到着し始めた。ベルタ、カート・フロインド、それにアーサー・ベルゲンはその地域にあるそれぞれの家から、クレオ・アームストロングとボブ・イーストマンはカレッジビルから、やって来た。クライド・ウィルトンは電話で、飛行機には乗れなかったが、翌朝列車で行くと言ってきた。そして、七時半までには、来ることになっていた全員が到着した。ミーティングは、しかし、すぐには始まらなかった。マリアン・キーチはぼんやりしていて、何かを待っているようだった。彼女は何度も電話に呼び出され、電話での会話の後、ときおり、ひそかにアームストロング博士と話をしようとした。その間、残りのメンバーたちは、少人数ずつのかたまりとなって周辺に立ち、とりとめのない会話を交わしながら、その日の夜に何が起きるかを思案していた。皆、待機すべき雰囲気に気づいていたが、相当に落ちつかない気持ちになっていた。アーサー・ベルゲンとマーク・ポストは、二人ともたいへん緊張しており、みんなが何を待っているのかわかったらなあ、と何度か口にした。マリアン、それにおそらくアームストロング博士を除いては、誰もそのことはわからず、そして誰もしゃべらなかった。その日一日を通じて、マリアンは一連の電話の呼び出しを受けていたが、それは、その夜の重要な訪問——結局、信念体系に対する最大の打撃となった訪問——への序曲だった。

ミーティングはやっと始まったが、会合を開くための議題は何もなく、つっかえつっかえ進んだ。造物主は話し始めたが、すぐに霊感はタネ切れとなり、マリアンに〔彼女が受け取ったメッセージを〕筆記するよう指示した。マリアンは書き留め、造物主に筆記したメッセージが正しいかどうか確かめてくれるよう頼んだ。電話はしきりに鳴り、ミーティングを中断させた。というのも、キーチ夫人は、何度も寝室にこもってこの電話を受けたからだった。彼女が寝室から出て来ると、グループの残りの連中は、黙って不安げに座って彼女が戻って来るのを待っており、その夜を他のどの夜とも異なるものにすることになるはずの、未だ知られざる出来事を待っていた。

電話の呼び出しの合間に、キーチ夫人は一つのメッセージを受け取ったのだが、前夜に起きた出来事についてわかっていることと、それをおおっていた秘密性を考慮するならば、それについての詳細な記述が必要であろう。十時半頃に夫人は、サナンダからかなり長いコミュニケを受け取ったのだが、それは、くり返し一つのポイントを強調していた。「私〔サナンダ〕はぐずぐずしたことは絶対にない。おまえたちを待たせたことは絶対にない。決して、どんなことにせよ、おまえたちを失望させたことはない」。マリアンはメッセージを大きな声で読み上げ、さらにそれを強調するため、手に持ってそれをみんなに見せた——それは非常に珍しいことだった。部屋のなかを眺めまわしながら、夫人はおごそかに次のように述べた。「彼らは、これまでのプランには寸分の間違いもなく、一つのプランも間違った道に導いたことはない、と私に請け合ってくれました」。エドナ・ポストは完璧な反応を見せた。「それは、私たちには、それほどのすばらしいプランナーがいたからですよ」。

マリアン・キーチは、自分の信念を堅固なものにしようと努めていた。真夜中の見張りの後、予言がはずれたことで、夫人はまだくよくよしていた。その午後の訪問者たちの殺到や電話での情報要請にもかかわらず、また、不在だったメンバーたちが、その夕方の会合への招待にすばやい反応を見せたにもかかわらず、さらに真夜中の見張りは訓練だったのだという説明に彼女は同意していたにもかかわらず、実現しなかった予知に由来する不愉快さになおも悩んでいた。その前夜の出来事について徹底した秘密を守りながら、信念を強化するのは難しいことだった。サナンダからのメッセージは夫人を安心させたが、それはおそらく、彼女と一緒に見張りをした他の人々のうちのある人々をも安心させ、また、彼女の希望を再び大きくした——つまり、その当日遅くに起きる出来事は、信者グループが円盤によってピックアップされるだろうという夫人の期待を証明することになるだろう、という大きな希望だった。というのも、そのまさに当日、夫人は宇宙人が、そしておそらくサナンダ自身が、彼女の家を訪れるだろうと期待していたからだ。

十二月十八日土曜の夕方遅く、グループが居間でエラ・ローウェルの古いテープを聞きながら時間つぶしをしている間、十代後半の若い男五人が家のなかへ入る許可を求めていた。結局、彼らはその夜、二時間以上もその家で時を過ごしたのだが、彼らの訪問は信者のグループに大変なインパクトを与えたのであり、それについて詳細に記述することは価値のあることだろう。なぜ、これらの若い男たちが家を訪れたのか、彼らの目的は何か、そもそも彼らは何者だったのか——これらは我々のあずかり知らぬところである。彼らは、本当は、からかっただけなのかもしれないし、真面目な目的を持っていたのかもしれないけれど、その意図が何であったにせよ、その夜、グループのイデオロギーと大洪水の予言に対して活発な攻撃を仕かけ、明らかにキーチ夫人の確信をゆさぶろうとして、相当に系統立ったプランをクライマックスへと導いていったのである。しかし、話を一貫して述べるためには、再び時間をさかのぼって、アームストロング博士が免職になったことが新聞の見出しになった日から始めなければならない。

その日は十二月十六日で、惑星クラリオンから来た者だと名乗る二人の若い男から、キーチ夫人に対して一連の電話があった。その夜、キーチ夫人が空飛ぶ円盤クラブでの講演から戻ってみると、テレビの上に「我々はここに居たのに、おまえは居なかった」というメモを見つけた。それには「クラリオンからの少年」というサインがあった。その同じ二人の「宇宙人」からの電話は金曜日まで、つまり十七日まで続いたが、その間、その訪問者たちが本当に宇宙からの人間であり、前日の夕方、実際に家を訪問していたのだというキーチ夫人の確信はふくれあがっていった。この証拠を得たことによる夫人の興奮は大変なものだったが、それにただ釣り合うものは、その宇宙からの訪問者たちが発し始めた指令を受け入れたいとする彼女の意欲だけだった。

土曜の十八日には、電話はさらに頻繁になり、またもっと権威主義的になった。その午後早く、「クラリオンからの少年」の一人は、自分はサナンダ自身であると告げてから、毎時ちょうどにメッセージを受け取るためマリアンに座っているよう命じた——そのメッセージについては、後で電話を通じて「立証」してあげようと彼は言った。夫人はこの指示に文字通り従い、観察者の一人に対して、毎時間そのことを忘れないようにしてくれるよう頼みさえした。そうして彼女は、毎時きっかりに筆記を行なおうとしたのだ。三時と四時の間に特に長い電話があり、夫人はそれを寝室で一人で受け取った。彼女が部屋から現われたとき、目には涙が光り、嬉しさのあまりむせびながら「彼が来るのよ、彼が来るのよ」と言った。

そうして彼はとうとうその夜、四人の仲間と一緒に来た。最初、この集団を追い返すべきか否か、ちょっとばかり混乱があったのだが、マリアンが、リーダーが誰かを知り、その声を聞くや否や、彼女の躊躇は雲散した。彼らを部屋にすばやく招き入れ、彼らの指令を待って立っていた。彼らのリーダーは二十歳の若者であったが、アームストロング博士と二人で話がしたいと言い、半時間近く話をした。それからマリアンの番になり、彼女はほとんど倍の時間をかけて、五人の「宇宙人」と密談した。

残りのグループメンバーたちは居間のなかを歩き回っていたが、その反応はさまざまだった。トーマス・アームストロングは、彼らとのインタビューが終わって笑みを浮かべながら部屋から出てきたが、それはほとんど感嘆の笑みだった。彼らは宇宙人だ、その通りだった。あるいは博士の言葉では「天界からやって来た少年たち」だった。彼らは本当に博士を試したのだった。彼は、今まであんなに明晰な頭脳に出会ったことがないと言った。博士は、彼らが入って来てすぐに、彼らの人間の姿は変装だと見抜いたと説明したのだが、彼らの超人的な頭脳については目をみはるべきものがあったのだ。彼らの訪問は、何かを試そうという性質のものだったと博士は言った。つまり、博士やマリアンが、彼らに正しい答えを与えることができるかどうかをチェックするものだった。博士が付け加えるには、まさにその時点では、宇宙人たちは「マリアンに撤回させるよう努めている、つまり彼らは夫人に、それまで語っていたすべてのことを取り消させるよう努めているのだ。彼らは、すべてがまぜこぜであり誤りであると言う。それは、すべてをただすためのチェックなのだ」。

エドナ・ポストは、同様に、その訪問者たちが外宇宙からやって来たと確信していた。ほとんど恍惚として、彼女は観察者の一人に、リョンズフィールドではサイスを見そこねたが、今夜は十分注意していたのでサナンダがわかったと語った。エドナの喜びは限りないものだった。デイジー・アームストロングとマーク・ポストもまた、興奮し喜んでいるようだった。彼らが、これらの少年たちを宇宙人だと見なしたことも明らかだった。他方、メイおよびフランク・ノヴィックは、カート・フロインドやアーサー・ベルゲンと同様、ただ混乱しただけだった。彼らには、少年たちが何者であるのか、あるいは何が起きつつあるのか、わからなかったのである。クレオ・アームストロングやボブ・イーストマンはひどく懐疑的だった――彼らにとって、五人の連中は「最前線にいることを気どるガキども」のように思われたのだ。

マリアン・キーチが「宇宙人たち」とプライベートな会話をしようとして隣の部屋へ行く前に、夫人は、彼らの正体について確信していることを明確にしていた。彼女は観察者の一人に対して、「ゲスト」はすでに到着したのだと指摘した。その観察者が、その日の午後早くからずっとやっていたように、夫人にその時間について念を押そうとしたとき、彼女はほとんど驚いたように彼の方へ向きなおり、「そんなことはもう必要ないのよ」と言った。「もうコンタクトがとれたのよ」。夫人が、少年たちと話をすることを期待しながら自分の番が来るのを待っていたとき、彼女の喜びはほとんどエドナと同じくらいだった。

しかし、ほとんど一時間にわたって「チェック」された後、ふたたび居間に現われた夫人は、見るからに動揺していた。夫人は泣きながら部屋のドア近くに立っており、少年たちは家を出る用意をしていたが、彼女は、か細い身体を壁に向け、こぶしを握りしめて腰に当てていた。訪問者たちは家を出ようとし始めたが、マリアンは彼らを行かせようとしなかった。心底から動揺してはいたが、あきらめることはできず、夫人は少年たちを寝室へと導き、そこで六人全員がさらに半時間、相談を行なった。

彼らがそれを終え、少年たちが帰った後、マリアンは居間に黙ってたたずみ、物思いにふけっていたが、ショックからは明らかに立ち直っていた。夫人のまわりに集まった信者のグループに対して、彼女は「クラリオンからやってきた少年たち」と行なった会話のことを話し始めた。

「彼らは私に、さまざまなことを撤回するよう強制し続けたんです。彼〔リーダー〕は私に、それらが真実ではないと言うよう圧力をかけ続けました。彼らは、私がこれまでに言ったことはすべて誤りであり、混乱していると言い続けました。そして、彼らも外宇宙とコンタクトしており、私が書いたものはすべて間違いだし、私が予知していたこともすべて間違いだと言ったのです」。

夫人は、こんな攻撃を受けてどんなにショックだったか、彼らがどんなに彼女を混乱させ、ほとんど何を言っていいかわからなくさせてしまったかを説明した。夫人は、苦悩のあまり寝室の外へ出て行こうとする寸前まで行ったが、それから腹立たしくなり、次のような言葉で彼らに逆襲した。「私にそんなことをさせるなんて、できませんよ。私は何一つ撤回しません。ここにはユダ〔裏切り者〕がいるのです。この部屋にユダがいるのです。あなた方は、私を混乱させ怒らせようとして、ここに送られて来たのです。私は確かに腹を立てました。でも、もうおさまりました。私は、あなた方が何をしようとしているのかわかります」。

このような感情のほとばしりに対する彼らの反応は、キーチ夫人が主張するところでは、なだめすかすようなものであった。彼らは、自分たちが来たのは実は夫人を試すためであって、夫人がこの試練に合格する場合には、彼女を安心させ支持するつもりで来たのだから、今後はそうするだろうと語った。審判は、マリアンの勝利の色を帯びて終わったのだ。

キーチ夫人と宇宙人との会話の詳細は、何があったかに関する彼女自身の話を通じてしか知る由もない。夫人が報告したことのうち、どれが実際に起きたかを言うのは難しい。ただ、観察者の一人が訪問者の一人から個別に聞いたところでは、彼とその友人は、すでに三年間にわたって、外宇宙からやって来た人々とコンタクトを持っており、マリアンの書いたことの九割は誤りなのは確かだという。こうして、夫人の信念への攻撃について我々は別な証拠も持っているわけだが、その後、再び自信を取り戻したことに関しては、マリアンの言葉しか証拠がない。とにかくマリアンは、訪問者たちから得たのよりもっと保証が必要のように思われ、信者のグループからの支持を鼓舞しようとし始めた。

夫人は、少年たちが本当に外宇宙から来たのだと信じる理由をくり返し始めた。彼らが家に入って来るや否や、夫人は、彼らの超人的なパーソナリティや強靱さ、それに知性の力を感じたのだった。夫人は、彼らが彼女のメッセージについて知っていたこと、それに宇宙人しか知りえないような、グループ内での最近の事件について知っていたことを指摘した。夫人は、彼らが円盤のパイロットであると確信していた。アームストロング博士と彼の妻、それにエドナも賛同のコーラスに加わり、マリアンに完全に同意するとともに、自分たち自身の観察や推論を付け加えた。エドナとデイジーは、訪問者のうち三人は全く同じ顔をしていたと指摘し、また、マークとエドナは、宇宙人たちが地上の食べ物を拒否したと言った。

クレオはむしろ彼らの結論に懐疑的なようだったし、ボブ・イーストマンは無言だった。しかし、最もはっきりと異議のある様子だったのは、カート・フロインドだった。どちらかと言えば控えめな声で、「僕は何も見なかったと言わざるをえない」と述べた。彼には（観察者を除き）誰もわずかな注意すら払わなかったので、彼は大きな声で発言をくり返した。マリアンがどういう意味かと尋ねると、彼は「僕にとって、彼らは大学生のようにしか見えなかった。彼らは、ふざけ半分にここに来ただけのようだ」と答えた。マリアンは、あわれむように彼に微笑を送り、誰もそれ以上、彼に注意を払おうとはしなかった。確信と支持をもたらす詳細な証拠について、あふれるほど多くの話が続いた。訪問についての解釈は急速に解決済みの問題になり、グループはそれについて次第に熱狂的になっていった。外宇宙からの代表はすでにやって来たのであり、グループに至高のテストを受けさせ、そしてグループはそれにパスしたのだ。

ここにおいてマリアンは、目を見張りながら興奮して叫んだ。「今の時点で、私は、永久的な信任決議を受ける価値があると思うわ」。この時、ほとんどすべての者が立ち上がり、何人かは、マリアンが完全な信任を受けたと叫んだ。カート・フロインド、クレオ・アームストロング、それにボブ・イーストマンは、この永久信任決議に参加するのが目立って遅かったが、他の人々は熱心だった。グループの大部分があからさまな支持を示したことで、この出来事に関する議論は終わりになった。イデオロギーに対する挑発的な攻撃は、結局、確固たる支持に変わった。夕方になって、グループは、このことをマリアンから思い出させられた。「覚えてる？」と彼女は言った。「私たちは昨夜、大切な試験に合格したのよ。忘れないでいてね」。

信念体系と予言に対するこの攻撃の正味の結果は、確信が強まったことだった。さらにこの出来事は、結局のところ、金曜の夜に予言がはずれたことの影響からグループが立ち直ることを可能にした、ということもありえたように思われる。要するに、宇宙人は確かに来たのだ。ただ、彼らが来たのは土曜の夜であって、金曜の夜ではなかった、というだけのことだった。

日曜の朝になって、一昨日の秘密主義とは対照的に、金曜の真夜中に空を見張った人たちが、円盤を待って中庭に居た時間について自由に話をするようになった。しかし、彼らはそれについては手短かに、そして、土曜の夜のすばらしくエキサイティングな出来事の前ぶれとして語ったのである。観察者の一人が日曜の朝九時頃に家に着いたとき、それからまた、クライド・ウィルトンが朝遅く到着したときにも、キーチ夫人は、その前日および前々日の二日間に起きたことをある程度詳しく語った。夫人は、「クラリオンからやって来た少年たち」から何度も電話をもらったことを説明し、金曜夜に円盤が訪問するという約束に関するメッセージを受け取ったと報告したのだ。彼女は笑いながら、空を見張った者たちが二、三時間の間、ほとんど凍えながらも、どんなふうに庭に立っていたかについて述べ、守護霊が「私は彼らのことをあざ笑いはしない。私は彼らと一緒に笑うのだ」と言ったことを付け加えた。夫人は、土曜の夜の訪問について、ほおを紅潮させながら説明をし、宇宙人たちが、教えることから撤退するよう彼女に強制しようとして、どのようにしたか、夫人がそれを拒否したとき、これは彼女の信念をテストしようとしたのだ、とどんな具合に彼らが言ったかを強調した。彼らは、夫人が「信念を売ろう」とするかどうかを確かめるために派遣されて来たのだと彼女は言った。この時点で夫人は、キリストが受けたのと同じくらいの試練を受けたと感じていた。

「宇宙人」の訪問は、大部分のメンバーの信念を強めたけれど、二人の人間は不満に感じていた。メイとフランク・ノヴィックは、その夜マリアンの勧めで家に来ていたのだが、クラリオンから来た少年たちが出発する少し前に立ち去った。二人はどちらも、二度と戻って来なかった。彼らとグループとの関係は次第に弱くなった。たとえば、彼らは十二月十三日の会合には出席せず、メイはベルタとの連絡を絶っていた。フランクは、多分もともとたいして信じてはおらず、土曜の夜に姿を見せたのも、明らかにメイの気持ちを尊重したからだった。土曜の夜に彼らが目撃したことが、懐疑的なフランクによって解釈され、グループとの関係を完全に断ち切るようメイを説得する助けとなった、ということは大いにありえた。

翌日の日曜は、待機の日だった。訪問者がひっきりなしにあり、電話が絶えず鳴って、洪水についての情報を求めてきたり、問い合わせ人が、どのようにして自分や家族を災害から守れるのか、キーチ夫人が大洪水のあることをそんなに確信するのはなぜなのか、彼女はその警告をどのようにして受け取ったのか、に関する情報を求めているとき、信者たちは静観していた。その朝遅くから夜十時あるいは十一時まで、家への訪問者が途切れることはなく、信者が教義を説明するのに忙殺されないときはほとんどなかった。彼らは、懐疑的な人間を説得するのに努め、挑戦者から信念体系を守ろうとした。

誰を家に入れるかについては、依然として選択がなされていた。真剣だと見なされた者は入ることを許されたが、明らかにふざけ半分の者や馬鹿にしている者は追い払われた。しかし、布教へのアプローチに新しい特徴が現われていた。つまり、誰でも家のなかへ入る者は選ばれた者であり救われるだろう、ということを当然とする明確な傾向だった。安堵を求めるにせよしないにせよ、訪問者が居間に入った場合、その人は多分選ばれた人の一人だと知らされ、その人が「光を求めて」そこへ来たというまさにその事実が、守護霊たちによって「選ばれた」ことの最高の証拠であると指摘された。信じるべきだということを人々に納得させようと努める際に、このアピールが基本になることが多かった。

もう一つ、日曜午後の雰囲気について特筆すべき事実は、グループをまとめておくことに関して、特にマリアン・キーチの側での懸念が増大してきたことだった。その日の午後、夫人は何度かにわたって、メンバーのうちのある者たちが居ないことに触れた――ベルタ、カート・フロインド、アーサー・ベルゲン、それに何人かの観察者たち（彼らは必要な休息をたっぷりとっていた）だったが、今こそ離れてはならないときだ、今、とりわけ「強いグループ」でなければならない、とコメントした。グループとそれが与える支持が明らかに非常に重要だったし、ほんのわずかな分裂や脱落のきざしであっても、後に残った者にとっては痛かった。クライド・ウィルトンは、月曜に自分の家に帰るプランを持っていたが、このことはキーチ夫人をたいへん悩ませた。夫人はやっと、彼が出かけるのを認めるメッセージを受け取ったが、間近にせまった運命の夜には、彼自身の家族とともに三つの家族をまとめるよう彼に言った。グループをまとめる必要性は、何人かが多分脱落するだろうということがわかってきて、さらに強められていた。マーニャ、彼女は二日間音信不通だった。それとフランクおよびメイ・ノヴィック、彼らは戻って来る意思を見せていなかった。午後の間中、不在の者についてのマリアンの懸念は増し続け、とうとう彼らのことをむしろくよくよ考えるようになった――しかし、そのムードも、夕方早く何人かが姿を見せるや、たちまち雲散霧消した。

グループ・メンバーのなかには、マリアンと懸念を共にしない者もいた。クレオは、「キャプテン・ビデオ」あるいは無名の「火星人たち」からの電話を真面目に受け取るべきだという彼女の父〔博士〕の意見を論議し続けた。あるとき彼女は、マリアンが彼女のために得たメッセージが「ナンセンス」であり「馬鹿げている」と文句を言った。ボブは家でふさぎ込み、ときたま布教活動に参加したが、いつもは不機嫌な沈黙を守っていた。彼らがカレッジビルを離れる前にエラ・ローウェルによって吹き込まれた疑念と、彼らがレイクシティで目撃した出来事に対する解釈の多くを鵜呑みにするのは気が進まなかったことのジレンマから、クレオとボブは確信のある心の状態にはなかったのである。

カート・フロインドもまた、十分には確信を持っていないきらいがあったが、あからさまには疑っていなかった。彼は多くの場合、ほとんど超然とした様子で沈黙し、そこら辺に座っていたが、洪水それ自体のような、グループの信念体系上の特定の話題よりも、むしろ宇宙旅行や霊的交信のような、一般的な問題について語る方を好んでいるようだった。彼がときたまする質問、ときおり口にする懐疑的な意見からすると、彼は大洪水が起きることを確信していない印象を与えた。

しかしながら、グループのその他のメンバーは、確信のない素ぶりは見せなかった。彼らは、布教活動に従事するか、家事雑事をこなすか、あるいは自分たちが救われるまで時間のたつのを待つだけか、のいずれかだった。だが、洪水がやって来ないかもしれないという疑念では、苦しむことはなかったのである。

十二月二十日の朝十時頃に、マリアン・キーチは、グループ全体に向けたメッセージを受け取った。それには次のように書いてあった。

「真夜中きっちりに、汝らは駐車している車に乗せられ、ある場所に連れて行かれ、そこでポーチ［空飛ぶ円盤］に乗り込むことになるだろう。そして汝らは、そこに着くまでに覚悟をしているだろう。その際、おまえたちは、好運な人間たちに対して、来なかった少数の人間のことを忘れさせるであろう——それに、どんなときでも彼ら［来なかった人々］を誘うべきではないし、彼らはあるシーンを演じるにすぎないのである。また、そこに来るべき人間の方は、誰一人として来れないことはないであろう。そして、その際、おまえたちは「あなたの問題は何か」と言うべきである……どんなときでも、何が何であるかを問うべきではないし、どんなプランでも邪道に陥ることはないだろうし、さしあたり、選ばれた者たちであることに喜びを感じ、幸福であるだろう。そして汝らは、さらに指示を受ける準備をするだろう……ベレイス」。

これは、皆が待ち望んでいたメッセージであったし、ちょうどよいときに来たのだった。というのも、もう一度夜明けが来る前に、レイクシティ全域が洪水に見舞われるはずだったからである。しかし、選ばれた者は助かるであろう。ちょうど十四時間後に、彼らは最終的に空飛ぶ円盤にピックアップされ、運んで行かれるだろう。すべて手配はととのっており、さらに細かい指示が来る予定だった。

このメッセージによって、信者たちの緊張は大いに緩和された。これがそのメッセージだったのだ。今や彼らは、何がいつ起きるかがわかったのだ。今や彼らは、心安らかに気持ちよく真夜中まで待つことができた。彼らはリラックスし、一日を無為に、しかし平穏に過ごしたのだった。マリアンはたっぷり休息をとり、他方、トーマスとデイジー・アームストロングは、一日の大部分を座ったまま——それまでとは違い、緊張してではなく落ち着いて——過ごした。その他の者のなかには、読書をしたりトランプで遊ぶ者もいた。アーサー・ベルゲンが午後遅く到着し、グループのみんなに、もし自分が翌朝二時までに家に帰らなかったら警察を呼ぶと彼の母が脅迫したと語ったとき、信者たちはほほえみながら、そんな心配をする必要はないと請け合った——そのときまでには、彼らは皆、円盤に乗り込んでいるだろうからである。

信者たちは、訪問者たちをも落ち着いてもてなした。その前日と同様、訪問者たちは大部分、彼らは選ばれた者たちの仲間であり、何も心配することはないと請け合われた。彼らは自分たちの家に戻りさえすればよく、どこに居ようとピックアップされるだろう、ということだった。しかし、この日、信者たちは自身が言うことに以前よりもっと確信がある様子で——そして、それを言う際、狂気じみた様子は少なくなった。今や、特別な指令を受けた以上、その布教活動も、より落ち着いたものになっていたのである。

その日は何事もなく過ぎたが、信者たちは地上での最後のセッションのために集まった。ベルタ・ブラツキーは朝早く到着していたし、アーサー・ベルゲンは午後に到着した。二人の観察者はその日の大部分はそこにおり、さらに三人の観察者が夕方早く加わった。カート・フロインドは午後九時ちょっとに着いた。現在家に寝泊まりしている七人の人間——三人のアームストロング、ボブ・イーストマン、二人のポスト、それにマリアン——とともに、出発の準備が開始されようとしたときには、居間には十五人の人間がいた。キーチ夫人の夫だけがいなかった。明らかに彼は、見張りをすることは自分の仕事ではないと決め込んで、奥の自分の寝室にさっさと引き上げてしまっていた。

九時半ちょっと過ぎに、（サナンダからのメッセージを書く）マリアンと（造物主の声で話す）ベルタによって、合同のミーティングが始められた。議事は、極度に形式的で骨の折れる細心の正確さで実行された。マリアンはメッセージを書き留め、読み、そして造物主にそれを立証してくれるよう頼んだ——あるいは、造物主が話し、またサナンダからの書き言葉で立証してくれるよう求めた。立証は通常は後になってなされるのだが、この夜は、明らかにベルタもマリアンも、自分自身にいささか確信を持てず、間違いや誤解がないよう極度に心配していたのである。

記者からの電話が散発的にかかってきて、信者たちが洪水前夜をどのように過ごしているのかを知ろうとしたが、そういった電話はたちどころに切られてしまった。「ノーコメントです。今は何も話すことはありません。電話番号を教えて下されば、後でもし何かあれば、お電話致します」。他の電話も、それがどんな問い合わせであろうと、同じようにすぐ沈黙させられた。明らかに、今や信者たちは指令を得ており、真夜中の出発に向け、準備の各ステップを細心の神経で「立証」するということが、何ものによっても妨げられてはならなかったのである。

その日、キーチ夫人は追加の指示を受け取っており、これらが一つ一つ「立証」され「明晰化」された。これらのうち最も重要なものは、きっかり真夜中に宇宙人が戸口までやって来て、円盤［トーラ］がとまっているところまで彼らをエスコートしてくれるだろう、という情報だった。誰もが、円盤へ行く途中は完全な沈黙を守るよう指示された。エスコートをしてくれる者が真夜中に戸口をノックするとき、トーマス・アームストロングが歩哨に立って、訪問者に「あなたの質問は何ですか？」と問うことになっていた。信者たちが円盤に乗り込む際に用いることになる合言葉についても、完璧にリハーサルを行なった。マリアン・キーチは暫定的に、宇宙船の搭乗口にいるガードの役割を演じ、そのガードが用いると思われる特定の誰何（すいか）の言葉を発した。すなわち、「私は門番だ」「私は案内人だ」等々である。その間、居間にいたグループは、声を合わせて「私は私自身の門番だ」「私は私自身の案内人だ」と次々に答えた。グループは、注意を集中して訓練に耐え抜いたのである。

準備の次の段階は、金属を取り除くことだった。造物主とサナンダは物質を完璧に調べるので、身体あるいは着衣に金属を付けたままにしておくことが大変危険な過ちであろうということに、誰の心にも疑問はなかった。すべての信者たちがこの指令に従って骨折った。たとえばアーサー・ベルゲンは、ポケットに入っていたチューインガムの一枚一枚から、注意深く銀紙をはがした。コインや鍵もポケットから取り出され、時計も腕からはずされた。グループの多くは、すでに自分の衣服や靴を注意深くチェックし終えていたが、もう一度調べ直して、手抜かりがないかどうか、お互いに調べあった。金属のフレームのついた眼鏡をかけている人は、円盤に乗り込む寸前にはずしさえすればよい、ということになった。決して明示されなかったけれど、何らかの理由で、どんな種類の身元証明の品も身体から取り除かなければならなかった――それは、現場で破棄するか単に置いて行くかすることはできたが、円盤には持って行けなかったのである。これは新しい指令で、しかも予想されていなかったものなので、メンバーたちは、持って行くかもしれない身元証明の品を思い浮かべようとして、ちょっとした興奮状態がかもし出された。最後に、マリアンのメッセージが書かれた「秘密の書」を大きなショッピングバッグに詰めるよう指令があり、さらにそれは円盤のなかに携えて行くためマーク・ポストに預けられた。これらの準備にはたいへんな時間がかかった。というのも、それぞれの人間が注意深く検査され、互いに調べあったからだ。だから、ミスの余地はなかった。

十一時十五分頃、キーチ夫人は、グループに対してオーバーを着込んで待機するよう指令するメッセージを受け取った。数分間うろうろした後、グループは居間に再び集合し、マリアンはそこでみんなに対し、静かに座って、これがいつもの家での「いつもの友人の集まりに過ぎないかのように振舞う」よう指示した。彼女は、特に、居間の窓の前には立たないようメンバーたちに警告した。それは、警察や新聞記者や近所の人たちが監視していて、グループが家を出る際、ついて来ようとするかもしれないので、彼らの注意を引かないようにするためだった。彼女はとりわけ警察を気にしていて、パトロールカーが家の外にいないか注意深くチェックした。見張られているのではないかという彼女の疑念は、電話が鳴ったのに相手が無言だったことが二回もあったため、いっそう強まった。この電話は、マリアンが主張するには、まだグループが家に居るのかどうかをチェックしようとした記者たちからのものだった。

十一時半までにすべて準備完了となり、ただ待ちながら、見落したものがあるかどうかを考える他は、何もすることがなかった。二、三の細かな事柄が思い浮かんだが、すぐに処理された。それというのも、あらゆることが真夜中までに整えられなければならないからだった。アーサー・ベルゲンは突然、靴のつま先に金属のキャップが付いているのを思い出したが、それを取るには遅すぎた。そのために起きた興奮のなかで、ただ靴ひもをゆるめておき、円盤のなかへ入るときにそれを脱ぐべきだ、という提案が出てきた。十一時三十五分頃、著者の一人が、自分のズボンのジッパーを取り除かなかったということを知らせた。このことがわかって、ほとんどパニックに近い反応が生じた。彼は急いで寝室に連れて行かれ、そこでアームストロング博士が手をふるわせながら、そして数秒毎に時計に目をやりながら、ジッパーを剃刀で切り取り、止め金をワイヤーカッターでもぎ取った。その作業が完了するまでに、もう十一時五十分になってしまい、切ったところを二、三針大ざっぱに縫いあわせる以上のことをするには遅すぎる時間になってしまった。真夜中はもう目前であり、皆、時間までに準備しなければならなかったのである。

最後の十分間は、居間にいるグループにとって、緊張の十分間だった。彼らはひざの上にコートをのせ、座って待つしかすることがなかった。緊張した沈黙のなかで、二つの時計が大きな音で時を刻んでいた。一つは他方より約十分進んでいた。二つの時計のうちの早い方が十二時五分を指したとき、観察者の一人がそのことを大声で言った。他の人々が、真夜中はまだ来ていない、と異口同音に答えた。ボブ・イーストマンが、遅い時計の方が正しいと断言した。というのも、彼自身が、その時計をその日の午後にセットしたばかりだったからである。その時計は、真夜中のわずか四分前を指していた。

この四分間は、たった一言を除いて、完全な沈黙のなかで経過した。マントルピース上の（遅い方の）時計が、彼らを円盤へと導いてくれるガイドが来ることになっていた時間まで、わずか一分しか残っていないことを示したとき、マリアンは緊張した甲高い声で叫んだ。「それでも、一つのプランたりとも、はずれることはありません」と。時計は十二時を打った。一つ一つの音が、期待に満ちた静けさのなかで、痛ましくもはっきりと響いた。信者たちは身じろぎもせず座っていた。

読者は、何か目に見える反応を予期したかもしれない。真夜中が過ぎ去り、何も起こらなかった。大洪水それ自体は、七時間足らず先に迫っていた。しかし、その部屋に居た人々の反応には、ほとんど何も見るべきものはなかった。誰も語らず、何の物音もしなかった。人々はじっと座ったままで、彼らの顔はこわばり、表情がないみたいだった。マーク・ポストは、身じろぎをした、ただ一人の人間だった。彼はソファに横たわって目を閉じた。しかし、眠りはしなかった。その後、話しかけられればそっけない短い返事をしたが、さもなければじっと横たわっていた。その他の人々は、表面的には何も表わさなかったが、後になって、彼らがひどい精神的打撃を受けていたことが明らかになった。翌朝、たとえばベルタ・ブラツキーやアームストロング博士は、ショックがすさまじいものであったことを認めた。アームストロング博士は、この試練を切り抜けたのだから、今やどんなことにも耐えられる、と感じた。

真夜中を五分ほど過ぎた頃、造物主が、プランはまだ続いていると告知した。わずかな遅れがあった。それだけだ。わずかな遅れだ。沈黙が再び訪れ、何分間か、かちかち音をたてて過ぎた。ときおり、誰かがイスの上で身体を動かしたり咳をしたが、誰も言葉を発したり質問したりもしなかった。造物主が再び話し始めたが、つっかえつっかえで脈絡がなかった。グループの注意はベルタの言葉に焦点を当て始め、命のうごめきがみんなの間を通って行った。電話が二、三回鳴り、記者たちがニュースを求めてきたが、それに対する答えは短いものだった。「ノーコメント。私たちには何も申し上げることはありません」。

十二時半までに造物主の話は、奇跡、その夜起きるであろう奇跡、の約束に結晶化し始めたが、そのとき、戸口でバンという大きな音がして彼の話が中断され、その部屋にもう一度、期待に満ちた沈黙がもたらされた。しかしながら、それは一瞬であった。トーマス・アームストロングが跳ぶように立ち上がり、ドアの方に向かったからだった。マリアンもイスから腰を浮かしながら「忘れないで、「あなたの質問は何ですか?」と聞くのよ」と叫び、博士に合言葉を思い出させようとし、急いでボブ・イーストマンと観察者の一人について行かせた。しかし、その興奮は長続きしなかった。というのは、博士はその質問をすることもなく居間に戻って来たからだった。訪問者はただの少年たちだった、ただの普通の少年たちで我々が待っている人ではなかった、と彼は言った。部屋から緊張が潮のように引いて行き、失望だけが残った。造物主が話を再開し始めた。

次の二時間は、結局のところは気晴らしになったあることで消化された。造物主がものうげに話をし、ときおりキーチ夫人に、何かを「書いたもので立証」してくれるよう頼みながら、造物主はしだいに、グループが今夜集まったのは奇跡、つまりマリアンの夫の死と復活を目撃するためだったのだ、という論点を展開し始めた。そのような奇異な事柄が議題にのぼり始めたのは、おそらく、真夜中に期待された訪問者が現われなかったことへの反応だった、と理解するのが最善であろう。もし、約束された奇跡という目ざましい事柄にグループの注意を集めることができるならば、彼らは少なくとも一時的には、経験したひどい失望を忘れることができたであろう。造物主は、それ以前に一度、不信心なキーチ氏の死去を予知していたから、おそらくそのことが急に心に浮かんできたのであろう。しかし、この場合、本当の奇跡が起きるには、彼の死後に復活が起こらなくてはならなかった。

造物主が奇跡を起こそうとする試みを行なった際、奇跡というものの本質についてこまごまと説明をすることによって、一時的には信者たちに、円盤や大洪水や真夜中の予言の失敗を忘れさせることができたかもしれない。キーチ氏はすでに九時前にベッドに入っていたが、その奇跡は、最初に彼が死んでいることが発見され、その後生き返っていることが必要だった。その未明、三度にわたってトーマス・アームストロングと観察者の一人は、キーチ氏がもう死んだかどうかを見るため彼の部屋に派遣された。三度彼らは戻って来て、彼はまだ生きており正常に呼吸している、と報告した。奇跡がやって来そうには見えなかったので、とうとう造物主は苦しまぎれの解決策を考え出し、その奇跡はもうすでに起きたと告げた――つまり、キーチ氏は、その夕方早く死んだのだが復活し、もう一度生き返ったというのだ。しかしながら、この解決策はあまりに不適切で、造物主の権威をもってしても、それを受け入れさせることはできなかった。それは、急速に沈黙のなかへ葬り去られてしまった。

このとき、この奇跡を起こさせるということが、ある現世的な事柄に一時的な注意が集まることで中断された。

アーサー・ベルゲンは、この時点までには、はるか遠い宇宙空間に居ることを期待していたのだが、もし彼が午前二時までに家に戻って来なかったら、母親が彼の居所を警察に通報するつもりだったことを思い出した。彼がそのことを告げると、突然、俗っぽい関心が生じてきた。このとき、もし警察がやって来たなら、それは恥辱に満ちた最終的な打撃になっただろう。アーサーは、すぐに母親に電話をして自分は家に帰る途中だと言うよう促され、彼のためにタクシーが呼ばれた。簡単な送別の儀式が行なわれ、そこでは、彼の離脱はグループの他のメンバーを救うための犠牲だが、宇宙人たちは彼がどこに居ようと彼のことを見過ごしはしないだろう、と請け合われた。

彼が去った後、造物主は、奇跡を起こす作業に再びとりかかり、グループに対し、キーチ氏の死と復活は純粋に霊的な事柄を指すのであって、実際はすでに起きたのだと語った。何週間か前からキーチ氏は霊的には死んでおり、ただの生きた抜け殻だったのだが、最近になって彼は、グループの信念に新たに関心を抱くようになったのであり、今夜、寝ている間にそのプロセスが完了したのだという。彼は今や、霊的に復活したのだ。この解釈はグループによって受け入れられたように思われ、奇跡というトピックはおしまいになった。二時半頃、マリアンはサナンダから、コーヒーブレークをとるよう促すメッセージを受け取った。

このブレークはおよそ半時間続いたが、その間、グループの誰もが、真夜中の予言の失敗については語りたがらなかった——誰もが、と言っても五人の観察者は別で、これらの者はその失敗について大いに話したがった。彼らは、この家のなかで、次のような質問を他の人々に向け続けた。「真夜中に来ることになっていた者に何が起きたと思うか?」「なぜ彼は来なかったのか?」「奇跡は、彼が来なかったことと関係があったのだろうか?」「円盤は、それでも我々を迎えに来るのだろうか?」等々である。

ボブ・イーストマンは幻滅を感じたようだった。約束された真夜中の迎えは実現しなかったし、彼はすべてをご破算にしたいと思っているかのようだった。出版者〔カート・フロインド〕は、引きこもって一人きりになった。彼が観察者に語ったところでは、時期というものは何も意味がないのであって、円盤による迎えは、ひょっとしたら千年前に起きたかもしれないし、あるいは、ひょっとすると今から千年後に起きるかもしれないのであった。しかしながら、その他の人々は、幻滅感を受け入れようともしなければ、真夜中にエスコートする者が現われなかったことについて冷静でいたわけでもなかった。アームストロング博士は、質問を受けたとき、次のように答えた。「怖がらなくてもいい。絶対に不信に陥らないようにしなさい。彼は現われます。彼は来ます」。博士は、グループのみんながそのメッセージを誤解したかもしれないと感じたが、プランは「天界の少年たち」が意図した通りにうまくいっていると確信していた。エドナ・ポストの答えは、サナンダからのメッセージは、誰かが真夜中に来るということを明示したものではなかったというものだったが、彼女は、ではそれが実際には何を意味していたかについては、議論したがらなかった。著者の一人が、彼女とともにメッセージをチェックしようと申し出たが、彼女はその機会を無視した。ベルタも、メッセージは誤解された可能性があるという説明以外、一切考えることができなかった。

観察者たちは、とりわけアームストロング博士とキーチ夫人に対し、真夜中が過ぎて何も起こらなかった事実を直視するよう迫っていた。博士は、自分自身を満足させる説明さえも提出することができなかった。マリアンは、メッセージに関する新しい解釈を与えることは拒否した。その代わりに、かなり長い回答を行なったのだが、それが結局、円盤の迎えが来なかったことを正当化するための基盤を与えた。

「いいでしょう。彼らが私たちに、間違った日付を示したとしましょう。まあ、これは木曜の新聞にやっと載ったわけで、人々は造物主に会う用意をするのに七十二時間しかなかったのです。さて、このことが今夜は起きないものとします。それが来年、あるいは今から二、三年後、あるいは四年後に起きると想定しましょう。私は、ほんの少しもやり方を変えないでしょう。ここに座って「メッセージを」書き留めているでしょうし、人々は、洪水を防ぐのはここで光を広めているこの小さなグループだ、と言うかもしれません。あるいは、もし二、三年遅れるとすれば、人々を集めるときが来るかもしれません。しかし、私にはわかりません。私にわかっているのは、このプランが決して間違った道に入り込んではいない、ということです。プランが変更されたということは絶対にありません。だから明日になれば、この家は人々で一杯になり、私たちはこの家を公開し、あなた方みんなに電話の応対を頼む必要があるでしょうし、私たちはテレビ出演を求められるかもしれません。私は少しも後悔はしません。何が起きようと、後悔はしません」。

午前三時を過ぎて、コーヒーブレークをやめるよう命じられ、グループは再び居間に集合した。このときまでには、信者の大部分には、誰もやって来ないだろうし、円盤が彼らを迎えることもないだろう、またおそらくは大洪水も起こらないだろうということがわかっていた、というのは大いにありうることだった。先の半時間に観察者たちが質問をし続けたことによって、多分これらのことがさらに実感されるようになり、もはや失望感を心から追い払うことが難しくなったのである。とにかくその後の一時間半の間、グループは、真夜中に誰か訪問者が到着することもなく、彼らを円盤に連れて行ってもくれなかった、という事実と格闘し始めていた。ここから先の問題は、彼ら自身を落ち着かせ、この失敗と彼らの信念とを両立させるような、適切で満足の行く「正当化の」方法を見出すことであった。

彼らは、最初のメッセージを再検討し始めた。それは、真夜中にグループが、停車している車に乗せられ円盤に連れて行かれるだろうと述べていた。コーヒーブレークの間に観察者のうちの何人かが、そのメッセージについて詮索したことに反応して、造物主が、望む者は誰でもそのメッセージを調べてもよいと述べた。それは大きな封筒に入れられていて、その他の多くの人々には忘れ去られていたし、信者たちは誰もそれを探し出したいとは思わないようだったが、観察者の一人が探すことを申し出た。彼はそれを見つけ出し、グループの前で声を出して読んだ。デイジー・アームストロングは、メッセージはもちろんシンボリックなものに違いないと指摘した。なぜなら、メッセージには、我々は停車している車に乗せられることになると書いてあるが、停車している車は動かないし、したがって、グループをどこへも連れて行くことはできないからだ。造物主は、メッセージは実際シンボリックだが、「停車している車」とは彼ら自身の肉体のことを言っているのであり、それは明らかに真夜中にはそこにあったのだと告げた。「ポーチ」(円盤)は、このメッセージでは、グループの各メンバーが持っている内的な力、内なる認識、それに内面の光を象徴している、と彼は続けた。グループは、どんな種類のものであれ説明を熱望していたので、多くの者はこの説明を実際に受け入れ始めた。

おもしろいことに、この解釈に同意するのを拒否したのは、マリアン自身だった。彼女が言うには、自分にはこの解釈は本当のように響かない、とのことだった。正しいとは思えない。彼女はそれが正しい解釈だとは信じなかった。ベルタは、幾分敵意を示して、マリアンがもっと妥当な解釈を与えられるのかどうか尋ねた。マリアンはそれについて、次のように答えた。「いいえ、もっと妥当な解釈というものはありません。〔むしろ〕私は、それを解釈しなければならないとは思いませんし、私たちがすべてを理解する必要もありません。プランは決して間違ってはいません。私たちはプランがどんなものかは知りませんが、それは決して間違ってはいないのです」。

しかし、この立場も、満足の行くものではなかった。ショックと失望はあまりにも大きく、そして、予知された大洪水は(それがなお起きるとして)あまりにも近づいていたので、信者たちは、何も説明がないということでは満足できなかった。それで議論はなおも続き、代わりの説明がさまざまに提案された。午前四時になって、なお満足の行く解釈に到達できず、もう一度ブレークがとられた。著者の一人が、外気を吸いに正面のドアから外に出たが、アームストロング博士は、彼がしだいに不満を感じてきており、信念の強化が必要なのだと考え、彼の後を追って飛び出してきた。博士は霊的な話を続けたが、その重要な部分は、自分自身の状況であり、自身の信念に関する言明だった。これは以下に示されるが、「瞑想する」と言う著者を一人残してアームストロング博士が去った直後に記録できたもので、ほぼ逐語的なものである。

「私は遠くへ行かなければなりません。私はもうほとんどすべてを捨ててきたのです。あらゆる絆を断ち切りました。すべての橋を燃やしてしまったのです。私は世の中に背を向けたのです。もう疑う余裕もありません。私は信じなければならないのです。それに、他に真理などありません。説教師も牧師も真理を知らないし、聖書のなかですら、それを見つけようとすれば綿密に調べるしかありません。私はこの数カ月の間に、恐ろしくひどい目に遭ってきたのです。ただただ恐ろしくひどい目にです。でも、私は自分が誰であるかを知っていますし、何をすべきかも知っています。イエスが知っているように、私は何を教えるべきか知っています。だから、今夜、何が起ころうと気にはしません。私は疑うだけの余裕はないのです。たとえ明日、マスコミに声明を発表し、私たちが間違っていたと認めなければならないとしても、私は疑わないでしょう。あなたは今、懐疑的になる時期にあるのです。でも、頑張って下さい。友よ、頑張って。今はたいへんなときです。でも、天界の少年たちは、私たちのことを心配してくれています。彼らは私たちに約束してくれたのです。今はたいへんなときですし、道も容易ではありません。私たちは皆、ひどい目に遭わなくてはならないのです。私は、たいへんひどい目に遭ってきましたが、それでも疑いは持っていないのです」。

アームストロング博士が外で観察者に助言を与えている間、キーチ夫人は落胆のあまり、さめざめと泣いていた。彼女はすすり泣きながら、疑い始めた者がいるけれども、私たちは、光を必要とする人々にそれを向けなければならないし、グループをまとめなければならないことを知っている、と言った。グループのその他の人々も、平静さを失っていた。彼らは皆、今や、見るからに動揺し、多くはほとんど涙をこぼさんばかりだった。嫌なひとときだった。

しかしながら、その後すぐに観察者が家のなかへ戻り、彼にとってアームストロング博士が大きな助けとなったことを告げた。彼が家に戻ったことはグループを相当に元気づけ、キーチ夫人を明らかにほっとさせた。しかし、グループにとっての根本的な問題は解決していなかった。もうほとんど午前四時半だったのだが、依然として失敗を処理する方法は見つかっていなかった。しかるに、今やグループの大部分のメンバーは、夜中に当の人物が来なかったことをあからさまに語っていた。彼らは居間のなかをぐるぐる回るか、立ち止まって、小さなグループ毎に自分たちの気持ちについて話し合っていた。たとえば、エドナとマーク・ポストの二人は、この夜の出来事と、凍てつく裏庭に何時間も立ちつくしながら円盤が着陸するのを待っていた三日前に味わった失望とを比較していた。

でも、この空気は長くは続かなかった。四時四十五分頃、マリアンはもう一度全員を居間に召集し、彼女がたった今、メッセージを受け取ったと告げて、声を出してそれを読んだ。そうして、次のような重大な談話を読み上げたのだった。

「この日、ただ一人の地上の神がおいでになることが確証された。そして、その神は、汝〔ら〕の間におわします。彼の手から、汝〔ら〕はこれらの言葉を書き留めた。そうして、力強きは神の言葉である——彼の言葉によって汝らは救われた——というのは、死の口から汝らは守られたのであるが、いかなるときにも、そのような力が地上に放たれたことはかつてなかったのである。この地上のときの始まり以来、今、この部屋を満たしているような神と光の力があったことはなかったが、この部屋のなかに放たれたものが、今や、地上全体を満たすのだ。汝らの神がこれらの壁〔で囲まれた部屋〕のなかにいる二人を通じて語るとき、神は汝らに、なすべきこととして与えたものを明らかにする」。

このメッセージは、グループによって熱狂的に受け入れられた。それは、失敗についての、適切でエレガントでさえある説明だった。大洪水は取り消されていたのだ。夜を明かして座っていたあの小さなグループが、大いなる光を放っていたので、神がこの世を破壊から救ってくれたのだ。そのメッセージが完全に受け入れられたことが明らかになるや、マリアンは、さらに二つのメッセージを続けざまに得た。最初のものは、この主メッセージへの導入として用いられるべきものだった。それには次のように書いてあった。「グループがその夜、一晩中、父からのメッセージを待って座っており、また、神が語り、そしてそれが語られるべきすべての言葉だった、ということこそが事実と言えるのである」。第二のメッセージは、主メッセージと導入メッセージが「地上の人々へのクリスマス・メッセージ」に先立つものだ、という趣旨だった。この「クリスマス・メッセージ」は、それが午前四時四十五分に受け取られたという事実とともに、ただちに新聞に発表されるべきものであった。

この第二のメッセージが読まれるとすぐに、カート・フロインドがイスから立ち上がり、帽子とコートを身に付け、出て行った。グループは、予言の失敗の結果として、もう一人のメンバーを失ったのだ。

しかし、残りの信者たちは意気盛んだった。というのも、彼らは予言の失敗について満足の行く説明を得たからだ。全体の空気ががらっと変わり、それとともに彼らの行動も変化した。この時点から先は、新聞社に対する彼らの行動が、それ以前とはほとんど極端な対照を示した。新聞記者を避けたり、彼らがマスコミから受ける注目を苦々しいものと感じるのではなく、彼らは記事になることを貪欲に求める者たちへと、ほとんど瞬時に変わってしまったのである。

マリアンは、最初に情報を提供すべき相手の記者は、過去にグループに対して共感を示しており、彼女がフェアだと感じた記事を書いたことのある記者だと主張した。夫人が電話に手を伸ばそうとしたとき、マークが、彼女は疲れているに違いないから、誰か他の人に電話させたくはないかと聞いた。キーチ夫人はその提案を強く拒絶した。彼女は自分でそうしたいのだと言った。夫人は新聞社に電話を入れたが、彼女が選ぼうとした記者を見つけるのに少々困難があった。彼はその時刻には、家に帰って寝ていたからだ。マリアンは、彼だけに教えたいことがあるのだと言い張り、新聞社がその男を起こそうとしている間、約十五分間もその電話をつないだまま座って待っていた。

夫人が待っている間、観察者の一人が尋ねた。「マリアン、あなたが自分で新聞社に電話をするのは、これが初めてなんですか？」夫人はすぐさま答えた。「そうよ、新聞社に電話をするのはこれが最初よ。以前は新聞社に話すようなことは全然なかったけど、今は急を要するのよ」。グループ全体が夫人の感情を反映していたということもありえた。というのも、彼らすべてが切迫した感情を持っていたからである。そのメッセージは、できるだけ早く新聞社に送られるべきだった。それも、すぐに送って、このグループが世界を救ったという事実と、このメッセージは、大洪水それ自体が始まることになっていた時刻の数時間前に受け取られていた、という事実を強調すべきであった。

キーチ夫人はやっと例の新聞記者と話をし、彼にメッセージを読んで伝え、それがすべて彼に正確に受け取られるよう骨折った。夫人が受話器を置くや否や、グループの残りの人たちは、他の新聞社にも電話をすべきだという提案をし始めた。アームストロング博士は、APやUP〔いずれも通信社〕にも電話をすべきだと勧めた。というのも「このことはとても重要だから――非常に大きな事であり、一新聞社だけに知らせるべき以上の大きなこと」だからだった。ベルタ・ブラツキーは彼の考えを支持し、造物主はこれを独占記事にしてもらいたいとは思わないだろうと言った。マーク・ポストは、自分に対して友好的だった地方紙の記者に電話したいと言い、そのように事が進んだ。

ベルタとアームストロング博士が多分もっとも執拗だったけれど、グループのその他のメンバーたちも、言葉をできるだけ広く、かつ、すばやく広めたいとする彼らの願望に賛同している様子だった。観察者の一人は、もし、キーチ夫人がすでに電話をした新聞社に、グループとしても特ダネをあげたいというのなら、その他のどの新聞社にも電話すべきではない、と指摘した。とにかく他社は、それを掲載した新聞社からそのニュースを拾いあげるだろう、とその観察者は付け加えた。こういった意見は完全に無視され、この問題は最終的には、一つの新聞社を五分間だけ他の社より先行させることに決めて決着した。彼らの切迫感はものすごかった。

広報に関して、さらにいくつか提案がなされた。ベルタは、ひょっとして『ライフ』〔写真雑誌〕にニュースを提供すべきではないかと質問したが、キーチ夫人は、写真は許可すべきでなく、メッセージの写真による複写も許可すべきではない、と述べたメッセージを得ていた。「彼らには言葉だけを提供しましょう」と夫人は告げた。

このとき、疲労か解放感かによって明らかに打ち負かされ、マリアンは、電話から手を放し、体を引きずるようにしてソファに座った。ほんの少したって、マークが別な新聞社の電話番号をダイヤルし、彼のお気に入りの記者を呼び出した。アームストロング博士は、彼の後をついで、主要な通信社に矢つぎばやに電話を入れた。次の一時間半の間、彼は電話を取り仕切った。てきぱきと自信に満ちたやり方で電話をかけたり応えたりし、メッセージの重要性を詳細に説明した。デイジー・アームストロングは、記者たちが家に来た際に彼らに渡す「クリスマス・メッセージ」のコピーをタイプし始めたが、ときおり、それを「訂正」つまり校訂した。広報機構がおそろしい速度で回転していた。

午前六時半までに、すべての地方新聞社と全米的な通信社が呼ばれ、当初の意気軒昂ぶりはおさまっていた。グループのメンバーは、徹夜による疲れと緊張ですっかり消耗していたのみならず、メンバーのなかには、洪水のないこの世での厳しい事実に直面し始めている者もいた。たとえば、エドナ・ポストは台所に引き下がり、そこでとても静かに泣き始めた。彼女は、今、何をなすべきか、完全に途方にくれてしまったと説明した。円盤に迎えに来てもらうことを期待して、彼女も息子も仕事をやめてしまっており、ほとんど収入がなくなっていたのだ。蓄えは少しはもつけれど、彼女は、今度は何を期待すればよいのだろう？　誰が彼女を助けてくれるのだろう？　彼女は何ができるのだろう？　デイジーとクレオ・アームストロングも、少し後になって、同じような問題を議論する羽目になった。彼らの家族もまた、経済的に不確実な将来に直面した。アームストロング博士は仕事を得なければならないだろうが、一体どこで得られるというのだろう？　彼らは、もはやカレッジビルに戻って嘲笑的な町に向き合うことはできないと感じており、クレオは、多分、大学をあきらめなければならないだろう。彼らはどこへ行き、どう生きればよいのか、わからなかった。

ボブ・イーストマンは疲労し切っていて、いささかつらい気持ちだった。「今、どう感じるべきかわからない──はっきりしないんだ。ここでの様子は、左手がやっていることを右手が知らないというようなものだ。僕は寝ようと思う」。マリアン、ベルタ、それにアームストロング博士は、他の人々ほど意気消沈しているようには見えなかったが、彼らも一時間前に比べて元気がなかった。予言の失敗は正当化されはしたが、それでも愉快とは言えない状況を残したのだった。

彼らの注意を広報という新しいはけ口に向けることによって、彼らの気持ちを幾分よみがえらせたのはベルタだった。ほとんど一時間も続いたセッションのなかで、造物主の声が二つの発表を行なった。最初のものは、これまでプライベートに、事実上秘密裏にテープに記録されたものをすべて、公に利用できるようにすることだった――つまり、誰でもコピーを手に入れることができるわけだ。そして二番目のものは、造物主自身が、誰でも欲する人のために特別な新しいテープをつくるだろう、というものだった。関心のある人がなすべきことは、新しいテープを提供することだけであるが、その人はプライベートなセッションを受けることができ、そこでは造物主が質問に答えるのであり、その答えを記録するのだ。さらに、これらすべては無料になるはずだった。アームストロング博士が、テープはテレビやラジオのネットワークにも公開すべきかと尋ねると、造物主は、そのような処置は賢明だと請け合い、録音が利用可能だということについての情報をすぐに主要ネットワークに提供すべきだ、と言った。造物主が言うには、テープを発表する目的は、できるだけ遠くへ、そして広く、光を広めることであった。テープ録音に関して完全な転回が生じたこと――誓い合われた秘密が全米的なニュースという目立つ舞台に投げ入れられたこと――を強調する必要はほとんどないくらいである。

最後に、造物主は、そこに居たすべてのメンバーに対して、将来についてはは心配するに及ばないと請け合った。彼らは学び研究し、そして、他者に対して光を教え広め続けなければならないが、しかし、彼ら自身は面倒を見てもらえるだろうというのだ。

午前八時頃、その朝、電話を通じて録音されたインタビューのテープを聞くため、グループは、ネットワークテレビの一つにチャンネルを合わせた。彼らは、自分たちの前にある一日に備えるのと同様に、記者に対して、また世界に対して、準備を整えていた。

第六章　成就しなかった予言と意気盛んな予言者

混沌としているようにも見えたが、十二月二十一日の直前の数日間は、主旋律——つまり大洪水と救済——を中心に、少なくともゆるやかなまとまりがあった。しかしながら、二十一日の夜明けまでには、この組織のまとまりは消えてしまっていた。というのも、グループのメンバーたちは、狂乱したかのように、彼らの信念を世間に納得させようと努めたからだった。それに続く数日間に、一つくらいは当たるのではないかという願いから、彼らはまた次から次へと予言を行ない、心をうずかせる不協和を消し去ろうとする絶望的な試みをくり返した。さらにまた彼らは、守護霊たちからの指導を得ようとする、むなしい探求を行なった。

十二月二十一日の朝、彼らによる呼びかけに応じて最初に現われたのは、彼らの話全体をどちらかと言えば興味本意に扱ってきた新聞社から派遣された記者だった。マリアン・キーチは、彼に対して一言も発せずに、彼の新聞社の記事の切抜きを調べた。それから、夫人は彼に対して「返事はノーです。私たちには、さしあげる情報は何もありません。あなたには全く何もさしあげるものはありません。私たちの情報は、こんなスキャンダラスな新聞に出るようなものではないのです」と言って反撃した。記者はそれに逆らおうとしたが、彼の言葉が終わらないうちに夫人はそれをさえぎり、「あなたに提供できる情報は何もないのです。ニュースなんてありません」。こう言いながら彼女は、彼の手にマスコミ向けの声明文を押しつけ、「これをごらんなさい——これがニュースかどうかごらんなさい。読みなさい、読みなさい、読みなさい」と言った。

記者がその声明文を読んでいる間に電話が鳴り、キーチ夫人が出た。電話が長くかかりそうだったので、マリアンは彼に対して「座りなさい、座りなさい、この電話が終わるまで待ちなさい」と呼びかけたのだが、記者はとうとう家を出てしまった。夫人は、記者が出て行ってからずいぶんたって電話を切ったが、彼を探して部屋のなかを見まわし、彼が出て行ってしまったことをとても気にしているようだった。夫人は部屋のみんなに、彼はどうしたのか、彼が出て行くときに何か言っていたか、彼がまた戻って来るのかどうかを尋ねた。彼が後で戻って来ると言っていたことを聞いて、彼女はほっとしたようだった。

その長電話は、ローカル局の口達者なニュースキャスターからだった。その前日の二十日の朝にも彼は電話をしてきており、この世の終末を祝うカクテルパーティにマリアンを招待した。それは、真夜中に始まり、この世の終わりまで続くものだった。その電話のときは、このキャスターは明らかに礼儀に欠け、かつ的はずれであったが、マリアンが彼のパーティに参加するのを断わると、サナンダは狭量だと非難した。マリアンはかっと腹を立て、その電話を切ったのだった。

二十一日朝の電話でも、このキャスターは明らかに誘惑戦術を続けていた。それというのも、マリアンは彼と押し問答をし、一線を越えさせようとはしなかったからだ。とうとう彼の方が、夫人に会いに来てもよいかと尋ねた。マリアンの方は、「あなたが真面目でありさえすれば結構です」と答え、「私はメッセージを求めてみます。でも、あなたはそれに従わなければなりません。もしメッセージが「ノー」ならば、それに従って下さい。もし「イエス」ならば、ただちに来なければなりません」と付け加えた。夫人は紙と鉛筆をとり上げ、大きく「イエス」と書いた。電話に戻り、彼女は意気揚々として言った。「メッセージは「イエス」でした。ただちに来て下さい。今すぐに来て下さい」。

キャスターは到着すると、彼の夕方の番組のため、テープに吹き込みをしてくれるようキーチ夫人に頼んだ。夫人は、午前四時四十五分にもたらされたメッセージに限って録音することを承諾すると述べ、「もし私が、あなたのためにそのメッセージを読み上げて録音するとして、一言も削除せず、完全な形で放送してくれますか」と質問した。彼はそれに同意した。マリアンはメッセージを読み上げた。それから、まだ録音中に、キャスターは夫人に質問し始めた。彼女は熱心に彼の質問のすべてに対してきわめて詳細に答え、首尾よく大変長い録音テープができあがった。それには、夫人の信念についての詳細な説明、運動の背景、それにメッセージに関する説明が盛り込まれた。

このインタビューは終わったが、この家までニュースキャスターに同行していたもう一人の放送関係者が、キーチ夫人に質問を行なった。「私は、いろいろな重要問題に関して、女性の意見を扱う番組を持っています。私のために〔メッセージの〕筆写を行なっていただけないでしょうか?」彼は夫人を説得する覚悟があるようだったが、実際には何ら説得はなされなかった。いっそうの布教活動の機会を得ようと熱望して、夫人の方が彼のマイクを奪い取り、こう言った。「最も難しい問題の一つは、指導の難しさだと思います。私たちの指導システムは、すべて誤っています」。それからおよそ十分間にわたって彼女はマイクに向かい、サナンダや仲間からのメッセージが、指導の問題に関して何を明らかにしたかを語った。

こうして、この日は過ぎていった。夕方になるまで家のなかは、今や歓迎を受けるようになった新聞、ラジオ、それにテレビ局の代表の群れでごったがえした。電話がひっきりなしにかかり、訪問者たちが戸口からぞろぞろ入ったり出たりしていたが、その大部分はレザーのジャケットを着た高校の男子生徒たちだった。

新聞社やテレビ局は、欲するものを得、さらにそれ以上のものも得た。最初は、過去に運動に対して共感を示した記者だけを遇すると言っていたが、そんな様子は急速になくなり、すべてのニュース関係者が暖く迎えられ、コーヒーや食べるものを提供され、そして広範囲にわたるインタビューを許された。彼らが発する質問に対して包み隠すことなく答えられただけでなく、自発的にも多くの情報が提供された。新聞社とのインタビューが二時間以上に及んだことも何回かあった。

新聞社の人たちは、もちろん、主としてキーチ夫人やアームストロング博士と話したがったが、グループの他のメンバーも、いろいろな場合にこういったインタビューに顔を出すことがあった。ベルタ・ブラツキーは、以前は夫を恐れて広報活動は避けるべきだと主張していたが、今では、少なくとも一人の記者に対しては、詳細に話をしていた。デイジー・アームストロングも、いくつかのインタビューに加わった。マーク・ポストは、ある記者をこの家に招こうとして骨折り、その記者のあらゆる質問に答えが得られるよう取り計らった。キーチ夫人とアームストロング博士は、ラジオ放送のため、全部で五本の録音テープをつくった。一つだけ禁止が残っていた。映像は依然として禁止だったのである。

マスコミに対する、これらすべての活動とグループの以前の行動とが鮮やかな対照を成していることは、もちろんドラマチックなことだった。予言がはずれる以前の五日間は、信者たちは、マスコミといかなる関係を持つこともきっぱりと拒否していたので、ニュース関係者たちは、キーチ夫人とアームストロング博士からそれぞれ一回のインタビューと、博士の見解についての三十秒の録音一本を手に入れることができただけだった。さらに記者たちは、これら二人の主要人物と話をするためには、ほとんどドアを蹴破らざるを得なかったほどだったが、グループの信念について「グループの弁明なしに」マスコミ自体の見解を発表するという脅しをちらつかせて、やっとインタビューの許可を得たのだった。

その日、新聞社からや、真面目な関心を持っていたり、やたらに好奇心の強い個々の市民たちから、それに冷やかしの人々から、矢つぎばやの電話があった。わざわざ家まで訪ねて来なかった記者たちも、それにもかかわらず、電話で広範囲にわたるインタビューを行なえたし、過去数日間の出来事やグループの信念について詳細に説明を受けることができた。電話をしてきたなかで、真面目な人々は同じような扱いを受け、通例は家に招かれた。最も馬鹿げた冷やかし者たちでさえ、暖く扱われ愛想のよい冗談の応酬を受けた。ある場合には、彼らとの冗談が十分ないしは十五分も続き、結局、家に来るよう招待することでお仕舞いになった。

家への訪問者たちは、差別されることなく受け入れられ、それ以前の日々とは対照的に、選ばれた者を不信心者からえり分けようとする試みはなされなかった。アームストロング博士もキーチ夫人も、努めて訪問者たちに会い、彼らの質問に答え、状況が許す場合には長時間にわたる説明や議論に加わった。しかし、彼らの説明や議論は、あまりに頻繁に電話の呼び出しやマスコミからの質問や新たな訪問者のグループの到着によって中断されたので、議論を続けようとしても支離滅裂になり、断片的になってしまった。アームストロング夫人とエドナおよびマーク・ポストは、二人の主要人物〔博士とキーチ夫人〕が別な件で忙しい場合に彼らの穴を埋めようとしたけれど、これらの人たちはただ、話を聞く側の注意をつなぎ止めるほどの生彩がなかったり、ニュースバリューがなかったりで、訪問者たちは、ときおり、退屈のあまりうろうろと歩きまわった。メンバーたちは皆、しきりに布教活動を行ないたがったが、彼らは愚かで無能だった。依然として、指導を続けるためのプランを欠き、手渡すべき書き物は何もなく、回心の可能性のある者たちに与える任務あるいは儀式もなかったが、彼らはその信念体系を説明し、洪水が起きなかった理論的根拠を述べ、そして、訪問者が持ち出すどんな質問にも答えようと努力を傾注した。

家のなかの誰も、この三十六時間の間に、三、四時間以上寝た者はいなかったけれど、陽気なもの狂おしい喧（けん）

噪が夕方の早い時間まで続いた。このときまでには、マスコミ関係者の最後の一人も帰ってしまい、家のなかのグループも夕食に出かける時間を得た。また、この頃には、家にかかって来る電話の何本かが、守護霊たちからの暗号メッセージかもしれないという可能性を信者たちは気にし始めていた。いかなる重要情報あるいは指令も確実に受け取ってミスをしないために、彼らは電話にテープ・レコーダーを接続し、かかって来るすべての電話を録音した。この接続は一週間続けられ、その間、録音をときおり聞いては、そのなかに何か指令が含まれていないか、ふるいにかける努力がなされた。

八時半頃、九人の高校生が、キーチ夫人と話し合うため大挙してやって来た。彼らは、そのとき夫人が、電話で空飛ぶ円盤についての議論にのめり込んでいるのを見た。後でわかったことだが、その電話の相手のことを夫人は宇宙人だと信じ切っていたのだ。彼との話を続けたいと望みつつ、同時に新しいお客たちも逃したくないと思って、マリアンは彼らをも電話の会話に巻き込み、一時間以上もの間、居間にいるお客たちと電話の向こう側の「宇宙人」を相手に、かわるがわるおしゃべりをしたのだった。夫人は布教活動にひどく熱心だったので、どんな機会も逃すわけにはいかなかったようだ。しかしながら、同時に、彼女はこの「宇宙人」に家を訪問してもらいたがっていた。夫人がとった解決策は、これら二つの目的を両方とも達成する戦略だった。彼女はお客たちに向かっては、宇宙人に対する態度についての質問を行なった。そうして会話のかじとりを行ない、電話の相手には、彼が友好的な歓迎を受けるだろうと安心させた。訪問して来た高校生たちに対する夫人の質問はこんなふうだった。「宇宙人たちは、何かあなたたちに教えてくれると思う？〔そう思うのは〕何人？　手をあげて、早く。少なくともあなたたちは何かを知りたいのね。宇宙人たちと一緒に仕事をしたい？　彼らと仕事をするのにどれくらい犠牲を払える？　もし宇宙人がやって来て、迫害から逃れるための隠れ家がいるとしたら、あなたたちは家にかくまってあげますか？　そうしてあげる人は？　よろしい、みんな宇宙人をかくまってあげるのね。

そう、それはいいことだわ」。

この三つどもえの会話は、電話の相手が家を訪問したいと言い出すまで続いた。高校生の男子生徒の何人かが自発的に申し出て、車を走らせて彼を連れに行った。その生徒たちが出て行ってから、キーチ夫人は観察者の一人に対して、彼女がなぜ電話を長引かせるのに熱心だったかを説明した。「彼の声を聞いたとたんに、私は共感的なコミュニケーションを感じ、この人が天界の少年の一人だとわかったのです」と彼女は言った。この出来事がうまく行ったことに対する夫人の喜びようは、ほとんど誰にも明らかだった。

電話がもう一度鳴り、ちょっとしてから、幼い少年の声がキーチ夫人に話しかけた。「僕たちのお風呂場が洪水になったよ。それで、僕たちパーティをするんだ。おばさんも来る?」　マリアンはちょっとの間も躊躇しなかった。彼女は住所を書き留め、そして大変興奮して他の信者たちに電話をかけた。「みんな、コートを持って。行きましょう」。全員がそっくり大挙して近くの住所のところまで行ったが、十五分後には、失望して戻って来た。

観察者たちは誰も、この短い外出には参加しなかったが、エドナ・ポストが翌日この出来事について話した。彼らは皆、その住所まで歩いて行き、ドアの前まで進み、そしてノックをした。一人の夫人が出てきたので、キーチ夫人はその日早くに電話をしてきた少年を、名前を告げて呼んでもらおうとした。彼のことをマリアンは宇宙人ではないかと疑っていた。ところが、その夫人は彼らを追い返したので、それでみんな家に戻ったのだ。たとえこれほど冗談であることが見え見えであっても、自分の信念の確証を見出そうとし、キーチ夫人は明らかに何かをつかもうとしていた。というのも彼女は、宇宙人たちがグループに暗号でコミュニケートしようとしていることを確信していたからだ。その出来事がどのように合理化されたかについての手がかりの一つは、エドナがさらに言った言葉のなかにあった。「私たちがそこへ着いたとき、その家の前にとまっていた車が出て行きました。私たちは合図を得そこねたのです。そこに着いたのが遅すぎ、期待していたものを得られなかったのです」。

グループがキーチ家に戻って来てじきに、「宇宙人」だと言われた人物を呼びに行った高校生たちが、その人物と一緒に帰ってきた。彼は、十代の空飛ぶ円盤おたくで、そのテーマに関する大量の文献資料を携えて来た。彼はそれをグループの人々に配り、その夕方はそれ以降、円盤に関する議論に費やされた。午後十一時までにすべての訪問者は帰って行ったが、ただ宇宙人だと疑われた人物だけは残り、アームストロング博士とキーチ夫人は彼を脇へ呼んで、ひそひそと会話を行なった。我々は、彼らが何について話していたのかはわからないが、この「宇宙人」が指令を求められて困った、というのがもっともな推測であろう。もしこれが事実ならば、それは、後にもっと顕著になる行動の最初の頃の例になる。メンバーたちすべては、しかし特にリーダーたちは、もがきあがいていた。依然として信念は堅固であったが、次々に行なう予知がことごとくはずれ、ますます方向を見失い、彼らは必死に指針や何らかのサイン、あるいは、次に何をすべきか教えてくれる誰かを探していた。

もう一つの、それ以上の傾向が、〔予言のはずれた〕十二月二十一日に人目を引いた。その日、時間がたつにつれ、キーチ夫人はしだいに、最近のいくつかのニュースを重要視し始めた。いくつかの朝刊紙が、五日ほど前にネバダで起きた地震に関する記事を載せたのだが、それは、もしその地震が人口集中地域に発生していれば破壊はものすごいものになったであろう、ということを指摘していた。キーチ夫人は興奮しながら、グループのメンバーたちにこの話をした。その際、実際に確かに大変動が起きていたという事実を強調した。レイクシティ地区は、この小さなグループが投げかけた光のために救われたのだが、大変動は別な場所で起きていたのだ。ここに予知の妥当性が見られる、と彼女は断言した。このテーマは、この日の朝および午後早くに行なったマスコミとのインタビューの際には目立った役割を演じなかったが、災害のニュースがさらに伝えられると、それに従って重要性が高まってきた。

午後二時に、APとUPの両方の通信社が電話をかけてきて、その当日、イタリアとカリフォルニアで地震が起きたことを夫人に知らせた。彼女は、質問をする編集委員たちに「そのことすべてが、私が信じていることと結びついているのです」と語って、このニュースを難なくさばいた。その後、午後の間、彼女は、外部の人々と話をするときには何度もこれらの地震を引き合いに出し、それらの大変動が、サナンダから得たメッセージが彼女に警告したまさにその通りに起きたことを指摘した。そして、これらの災害によってもたらされた破壊のすさまじさについてドラマチックに説明した。キーチ夫人はこのテーマを利用し続け、それを最近の出来事に関する彼女の見解のなかに織り込んだ。夫人も、グループの他のメンバーも、おそらく、地震に関する報告記事のなかに彼らの信念への支持を見出したのだ。「クリスマス・メッセージ」が予言失敗についての合理化を行う簡潔さを持っているにもかかわらず、何らかの種類の確証を求める明白なニーズがあったのである。予言の大きな失敗によって生み出された不協和は、依然としてうずき続けていたのだ。

十二月二十二日の早朝、キーチの鉛筆が、あるメッセージを記録した。グループは、マスコミに電話をする新たな理由づけとして、それに飛びついた。このメッセージは、写真を撮ることについての厳格な禁止を取り消すものだった。そして彼らに、カメラマンたちを喜ばすための特別な努力をすることさえ指示していた。このメッセージの一部は次の通りだった。

「機敏に活動するようにし、新聞社が来たら、彼らと仲むつまじくしなさい。おまえたちは一団となるべきだ。一緒に行動し、一つにまとまるべきだ。できるだけ良い印象を与えようとすべきである。そして、彼らをできるだけもてなし、どんな時にも彼らを怒らせたり、過度に刺激したりしてはならない。戸口の所で彼らを出迎えなさい……そして、やって来た人びとには適切な売り込みをしなさい。混乱のただなかにあって、彼らが求めるものをあげなさい……さしあたっては、関心を写真に向けたのは予言者だと言っておきなさい。そして、最初に訪れた人に、最初の写真をあげなさい。それから、誰一人として拒否してはならない。とても嬉しそうに汝らはポーズをとり、彼らにサインを送るであろう。それに、誰が兄弟でないかは誰にもわからないであろうし、のらくらした者は一人も彼らのなかにはいないだろう。汝らは賢明にふるまい、各々の記者にサインを送りなさい。そして、それは不可欠なことであり、そのことに関して、この部屋に入ることを許されながら皆の幸福に役立たない者は、一人もいないのである。また、誰が誰であるとか何が何であると誰も言わず、誰一人として、新しいドレスが着られるような場所に行ったり、汝らの顔にインク［口紅］を塗るようなショーを見せることもなければ、彼らをひどい目にあわせたり、汝らを更正させることもないのだ」。

アームストロング博士とキーチ夫人は、いくつかの新聞社に電話をする前に、ときおりはグループの他のメンバーの参加も得て、新しいマスコミ向け声明文を用意した。その声明文は、予言の失敗が依然として信者たちの心をうずかせている度合をもう一度浮き彫りにするという意味で、特に興味深い文書である。この声明文の主要部分は、その声明を出させることになったメッセージとは全く関連がなく、むしろ「地球表面の断層」や最近の地球物理学的なゆらぎと関連していた。そのような事柄と、イタリアやカリフォルニアでの地震に関するニュースに対するマリアン・キーチのリアクションとの関係は明白であり、また、グループが、これら最近の諸事件が大変動の予知やその基礎にある信念の諸部分と一貫している、と考えていることも明らかだった。そのマスコミ向け声明文の全体は、次の通りだった。

「予言から生じた混乱の故に、私たちは予言を成就させるべく、力を結集することに決定した。

「二十一日に、大洪水は地上の神の手によって食い止められたと報告された。その日付が与えられたのは、万一の混乱の可能性に対して、人々に油断させることなく、パニックを避けることができるようにするためだったのである。

「空飛ぶ円盤、あるいはもっと正確に言えば「地上を守る守護霊たち」が、明確な目的のためにここに居る、ということに目が向けられるようになった。彼らは、これまで地球表面のどこに断層があるかを調べてきており、万一のさし迫った非常時には着陸して、混乱が起きる前に、ある程度は人々を避難させる準備ができているのだ。

「パニックを回避するには、人々がその可能性に備え、油断しないことが必要だ。

「地球表面が不安定な状態にあることが今やみんなに知られ、マスコミにも報道されてきた。本年の十月四日には『ニュース・プレス』が、部分的ながらこう言っていた。「地球外皮の滑動〔ずれ〕に関して、全米研究評議会のロバート・R・レベル博士とスクリップス海洋学研究所のワルター・H・ムンク博士が、ローマでは地球の外皮と地核との間に毎年およそ七十五フィート〔約二二・五メートル〕の滑動がある、と言っている。さらに悪いことには、APが、地球の軸の傾きが増大していることをこれらの科学者たちが確証した、と報道している」。

「私たちは、過去数年にわたって多数のはなはだしいゆらぎがあったという事実、特に何年か前にはアッサムとチベットにゆらぎがあり、もっと最近には地中海地方やアメリカ合衆国西部にあった、ということに人々の注意を向けたいのです」。

リーダーたちが「確たる証拠」を必要としていることを示す他に、マスコミ向け声明文は、布教活動への欲求をよく証拠づけるものとなっている。声明を行なうことの表面的な理由は、「パニックを避けるため」に、起こりうる大変動を警告する必要があることとされたが、これは、その反対のことを正当化するために、十二月二十一日より前に採用されていた理由とまさに同じだった——つまり、「パニックを防ぐため」に、大洪水を予測したことを極端な秘密にしていた——ことに留意するのも興味深い。

マスコミ向けに声明が発せられ、広報を求める新しい波が起き始めた。マスコミ関係機関やローカル新聞にもう一度電話がかけられ、初めて、写真雑誌やニュース映画会社、それにテレビ局にも電話がかけられた。このときもマスコミは再び熱狂的に応じたが、この場合、マスコミは、前日よりもさらにもっと真心のこもった歓迎を受けることとなった。グループのメンバーたちは、カメラマンが望むどんな形のポーズもとった。インタビューは長時間に及ぶ愛想のよいものだったが、マリアン・キーチはマスコミのために、守護霊たちからの交信を受け取る彼女のやり方をデモンストレートして見せることに初めて同意した。

四回の個々のインタビューの間、ほとんど急ぐことなく、彼女は手に鉛筆をとってメッセージを受け取った——あるものは彼女自身宛てであり、あるものは明らかに記者たち宛てだったが、すべて、真理の言葉を広めることに関するものだった。そのようなメッセージの一つは、記者たちを手厚くもてなすよう彼女にアドバイスしていた。「彼らに汝の愛を与え、汝らは、汝がもたらす擁護者に代わって、彼らのために喜べ。そうして彼らを祝福し、彼らにその求める果実たるピーチを与えよ」。別なメッセージは、記者たちに「汝らは、自分たち自身の伝達者になることを学ぶことのなかった貧しい人々への責任があるが故に、彼らのために伝達すべく派遣されて来たのであり、したがって、伝達は尊厳をもってなされるべきであろう」と警告していた。第三のメッセージは長いものだったが、マスコミ関係者がキーチ夫人をどう扱うべきかについての、二つの主だった指示を含んでいるだけだった。すなわち、「彼女を見くびってはいけない」ということと「彼女の兄弟であれ」というものだった。マリアンは、このメッセージを書き終わると、それを声に出して読み、それから数分間を費やしてそれについて論じ、説明した。彼女は、「兄弟」という語の意味だけを論じ、そのメッセージは記者たちに彼女の弟子になるよう指示している、ということを曇りなく明確にしたのだった。

十二月二十二日の午後遅くまでには、訪問者たちの流れも途絶えがちになったので、マリアンの提案に従い、アームストロング博士はこの空き時間を利用してカレッジビルまで車で行くという、一晩だけの大急ぎの旅行に出かけることにした。彼の姉は、アームストロング夫妻が正気でないことを法的に宣言してもらい、彼らの子どもや不動産を管理する後見人を指名してもらおうとして、法廷に申し立てをしていた。この旅行の目的は、博士が幼い娘とその上の息子をカレッジビルから連れ出し、レイクシティに戻ることであった。

アームストロング博士の出発の後、まだ午後遅くの小康状態のなかで、キーチ夫人はあるメッセージを受け取ったが、それは新たな、しかし小さな、予知を行なっていた。メッセージの最も興味深い部分は以下の通りであった。

「そうして汝らは、夕刻に祭壇のもとに集まっているだろう。それで、自身のテープで、汝らは歌を演奏し、好きなだけ踊るであろう。その際、トーラ〔空飛ぶ円盤〕があなた方の真上にあるだろう。それで、自身のテープで、汝らは歌を演奏し、好きなだけ踊るであろう。マイクを使いなさい。それを祭壇の上に置いてその場に座り、手をマイクの方にあまり近づけすぎないように向け、最初に、飾った言葉を直接テープに吹き込みなさい。そうして、汝自身に、ロソロの少年グリークラブが歌ってきた美しい歌を歌うという喜びを与えなさい。八時の時刻には祭壇に居なさい。その時、汝らは少年に録音の仕事を与えるであろう。だが、〔汝らは〕その場に留まっていなさい」。

このような指令に続いてグループは、八時にすばやく祭壇（実際にはサンルーム）に集まった。マリアンはひじかけイスに座って休んでいたが、右腕を伸ばし、マイクの数インチ以内のところへ指を向け、一言も発しなかった。テープレコーダーは録音の位置にスイッチが入れられ、ほぼ一時間の間、グループは完璧で敬虔な沈黙のなかにじっとしていた。その間、マリアン・キーチの筆記を行なう手は、おそらくはロソロ大学のいろいろな歌をテープに向けて送信していたのであろう。

テープのリールが尽きる前にドアにノックがあり、四人の記者とカメラマンの一群が家のなかへ入ってきた。機械のスイッチは切られ、マリアンはその後の二時間の間、マスコミに全神経を集中した。このインタビューが行なわれている間、ボブ・イーストマンは録音機のそばに近寄り、それを巻き戻して、中くらいの音量でテープをプレイバックし始めた。彼は、約十分間精神を集中してだまって聴いていたが、何も聞こえなかった。それからマークとエドナが彼に加わり、音量のコントロール・スイッチをいちばん上まで動かしてみた。彼らは一緒になって真空管のブーンという音を聴いていたが、とうとう機械のスイッチを切り、あちらへ行ってしまった。ボブは、録音するよう彼らに指示したメッセージを持ち出して、注意深くそれを検討していた。「君は、なぜ何も起きなかったと思うんだ?」とボブに尋ねたとき、彼は肩をすくめて、ただこう言った。「わからないよ」。同じ質問に対して、マーク・ポストはこう答えた。「ああ、僕らが受け取ったメッセージに関したことで、とてもいろいろなことがまだ起きてないんだ。〔なぜかは〕わからないよ」。

キーチ夫人もまた、テープはまだ全くのブランクであることに気づき、それをプレイバックしたときに何も聞こえなかったことを認めた。「何が原因だと思いますか?」と尋ねられたとき、彼女は「そうね、原因は、機械をまわして録音していたときに、私が考えごとをしたことかしら」。そして、これが、この失敗に関する正当化として、我々が知っていることのすべてである。

その夕方、さらにもう一つの出来事があったが、それは、キーチ夫人の予知が続けざまにはずれたことで、信念には依然として変わりがなかったけれど、どれほど彼女が、あらゆる方面に指針を求めるよう追い込まれたかを示していた。著者のうちの二人が、グループから最終的に辞去する準備をし、マリアンに対して最後のメッセージを求めた。夫人の反応は、彼女が書いた言葉にだけでなく、ほのめかしと当てこすりという形にも表われたが、そのことで完全に明確になったのは、夫人が、この二人は、守護霊たちに対して「彼ら自身のチャンネルを持っていた」か、多分、宇宙人自身だと決めつけていたことであった。それ故、夫人は、彼らの要請を内密だが大げさなジョークだと考えた。彼女は、すべてお見通しといった笑顔で、鉛筆を取り上げて二つのメッセージを書いたが、ときおり、その作業を中断して「なぜ私たちをあなた方の秘密に立ち入らせてくれないのですか？いつ、私たちにすべてを打ち明けてくれるのですか？」といった言葉をはさんだ。二つのメッセージの趣旨は同じなので、そのうちの一つから、関係する部分を引用しよう。「そうして汝らは、汝らのカードをテーブルの上に置き、エース、エース、そしてスペード、スペードと呼ぶでしょう。すると、汝らは誰が誰で、何が何かを言うでしょう。だから、今こそ汝らの、兄弟としての義務を果たしなさい。ベレイス」。指令を求める彼女のやけっぱちな気持ちが、急速に高まっていた。

翌日、十二月二十三日に、アームストロング博士がカレッジビルから二人の幼い子どもを連れて戻って来たが、グループの本部は比較的静かだった。ときおり、記者たちから電話がかかってきたが、マスコミは、キーチ家で起きているかもしれない事柄への興味を失い始めており、グループについての記事も、もはや第一面のニュースではなくなっていた。他の問い合わせも、電話であろうと来訪してなされたものであろうと、前より減ってきており、わずかに二、三のティーンエイジャーの団体が家に来ただけだった。これまでにしてもらったあらゆる広報にもかかわらず、また活発な布教活動にもかかわらず、グループは、たった一人の新たな支持者をひきつけることもできず、回心の可能性のある者たちの供給もしだいに減りつつあるようだった。

おそらく、彼らのイデオロギーに対して、ほんのわずかな支持すら得られなかったという完全な失敗の結果、また別な予知がなされ、一般の人々の関心を刺激しようとする、最後のせっぱ詰まった狂おしい努力——すでにおなじみのパターンに沿った努力——へと追いやられた。二十三日の午後に、キーチ夫人は非常に長いメッセージを受け取ったが、それはクリスマスイブに重大な出来事が起きると予報した。そのメッセージはグループに、二十四日の午後六時にキーチ家の前の歩道に集合し、クリスマスキャロルを歌うよう命じていた。グループはそこで宇宙人たちの訪問を受けるだろう、とそのメッセージは続けていた。宇宙人たちは空飛ぶ円盤で到着するであろう。最後に、十二月十七日と二十一日の円盤着陸に備えて敷かれた秘密の態勢とはきわめて対照的なことに、彼らは、予想されるそのイベントをマスコミに通告することになっていただけでなく、人々にそこに来るよう招待することにもなっていたのである。

このメッセージを受け取ったことで、キーチ家における信者たちの活動が再開された。リーダーたちはまた別なマスコミ向け声明文を準備し始め、もう一度、新聞社やマスコミ関係機関の注意を喚起させた。このマスコミ向け声明文の正確な内容については、我々にはわかっていない。それに関して我々が得ている証拠は、二つの点であいまいである。第一に、訪れる宇宙人たちが、誰の目にも見えるのか、選ばれた少数の人間にのみ見えるのかがはっきりしない。第二に、その声明は、信者たちが確かに円盤によってピックアップされるだろうと述べていたのかもしれないが、あるいは、そのようなピックアップが可能だと申し立てていただけかもしれない。もし、これらはっきりしない両方の点に関して、それぞれ後者の可能性の方が正しいとすれば、このマスコミ声明文は、キーチ夫人のメッセージが、はずれることのありえない予知を行なった、という点で画期的だったと言える。もし、それぞれ前者の選択肢の方が正しいならば、結果として生じた騒ぎは、長期間の一連の出来事のなかで起きた、もう一つの予言の失敗だったと言える。

信念に忠実に、クリスマスイブの六時、キーチ夫人、アームストロング夫妻とその子どもたち、エドナおよびマーク・ポスト、それにボブ・イーストマンが、家の前の通りに集まった。新聞社を通じて発せられた招待に、およそ二百人の人々がひかれてやって来た。グループメンバーたちは幾分、気ままなやり方でぐるぐると歩きまわり、その間、小さなバンドがキャロルを歌った。メンバーたちも歌を歌い、おそらく二十分間、宇宙人たちを待っていたが、その後、居間に引きあげた。

この出来事についての最も明確な記述、そして、信者たちは何が起きたと感じたかに関する説明は、ある記者がアームストロング博士と電話で行なったインタビューについての逐語的な記録からの抜粋に見られる。このインタビューは、グループが家に引きあげた後まもなく行なわれたもので、その夕方行なわれた他のいくつかの同様なインタビューを代表するものである。そのインタビューはほとんど一時間続いたが、ここではそのうち、最も教えるところの多い部分だけを再現しよう。

記者――アームストロング博士、お察しの通り、この夕方六時にあなた方が〔円盤に〕ピックアップされると言って新聞社に電話をかけてきたことについて、お話を伺いたいと思ったのです。ええっと、私はただ、正確に何が起きたのかを知りたかったのです……クリスマスイブの午後六時に一団となって待機しているようにというメッセージがあなた方に送られてきたとあなたは言わなかったですか。
アームストロング博士――はい〔言いませんでした〕。
記者――はいですって？　すみません、博士。宇宙人たちが午後六時にあなた方をピックアップすることになっていませんでしたか？

アームストロング博士――そうですね、群衆のなかにヘルメットと白いガウンを身につけた宇宙人が居ましたが、その他には何も。
記者――群衆のなかに宇宙人が居たのですか？
アームストロング博士――ええ、ちょっと説明がむずかしいのですが、もちろん、私たちが解散する最後の瞬間に、とても明らかなことに宇宙人がそこに居たということ、というのも彼は宇宙ヘルメットをかぶり大きな白いガウンを着ていたからなのですが、それはなぜなのか、ですね。
記者――へえ、宇宙人たちがそこに居たのですか？
アームストロング博士――いや、そこに居たのは一人です。
記者――一人の宇宙人がそこに。それで、彼は何か言いましたか？　彼と話をしたのですか？
アームストロング博士――いいえ、彼とは話をしませんでした。
記者――あなたは、あなた方が宇宙人たちによってピックアップされるだろうと言わなかったですか？
アームストロング博士――はい。
記者――じゃあ、あなた方は通りに出てキャロルを歌いながら、何を待っていたのですか？
アームストロング博士――ええ、私たちはクリスマスキャロルを歌うために外へ出たのです。
記者――へえ、あなた方は、単にクリスマスキャロルを歌うために外へ出たのですか？
アームストロング博士――ええ、それに何か起きたとしても、まあ、〔対応は〕大丈夫でしょう。私たちは、一刻一刻を生きているのです。これまで、ある種のとても奇妙なことが私たちに起きていたのですし、それに……
記者――でも、あなた方は、宇宙人たちにピックアップされることを望んではいなかったのですか？　私が理解するところでは……

アームストロング博士――喜んでそうされるつもりでした。

記者――あなた方は、喜んで宇宙人たちにピックアップされるつもりだった。でも、あなたは、彼らがあなた方をピックアップすることを期待していなかったのですか？　私が理解するところでは、あなたは、彼らが来ることを期待するけれど、彼らは気が変わるかもしれないし、彼ら［の行動］は予測できないと言った。その通りですね？

アームストロング博士――ええ、ああ、私はその新聞を読んでいないので、実際その新聞にどう書かれていたのか、わかりません。

記者――ああ、そうですか、でも、それはあなたが言ったことではないのですか？

アームストロング博士――私たちは、そのニュースを、ええ、宇宙人たちがおそらく私たちをピックアップするだろう、ということを伝えるよう指示を受けました。

記者――誰がそういう指示を出したのですか？

アームストロング博士――ええっと、それは、サナンダからの交信を通じて来たのです……

記者――ああ、でも今回は、彼［サナンダ］は、あなた方が宇宙人たちによってピックアップされるだろうと言わなかったのですか？

アームストロング博士――ああっ、そうですね、今回は、ええっと。彼がそういう趣旨の約束をしたとは思いません、ええ。

記者――彼らがクリスマスイブの午後六時にあなた方をピックアップするかもしれない、と彼は言わなかったのですか？

アームストロング博士――はい、私たちはそのことをマスコミに伝えるよう言われたのです。
記者――ほう、あなた方は、そのことをマスコミに伝えるよう言われたのですか？　でも、あなた自身は、本当にそのことを信じなかったのですか？
アームストロング博士――いや、私は、それは起こりうると言ったのです。
記者――はあ。じゃあ、彼らがあなた方をピックアップしなかったという事実はどう説明するのですか？
アームストロング博士――そうですね、私が他の記者君の一人に話したように、あの群衆のなかでは、宇宙人はたいへんに歓迎されているというふうには感じなかっただろうと思います。
記者――ああ、宇宙人は、あそこでは歓迎されているとは感じなかったでしょうね。
アームストロング博士――ええ、そう思います。もちろん、何人かの宇宙人たちが姿を変えて、あそこに居たのかもしれませんね。私たちには見えませんでしたが。私は……私は、それはたいへんありうることだと思います。
記者――何人かが、群衆のなかに居たかもしれないですって？
アームストロング博士――ええ、その通りです。
記者――はあ。ああ……そうすると、宇宙人たちがあなた方をピックアップしなかったのは、彼らが群衆にびっくりしてしまったからだと思われるのですか？
アームストロング博士――そうですね、私は彼らがびっくりしたとは言いませんが、でもまあ、司令官は、もしそうしたければプランを変更する権利はあると思います。
記者――はあ、でも、彼らが群衆にびっくりしてしまったと考えられる、と思われるのですか？
アームストロング博士――いえ、いえ、彼らはびっくりしてはいません。ですが、それに似たことがあったのです。それは、とっさの処置とでも言いましょうか。
記者――とっさの処置?
アームストロング博士――ええ……
記者――どんなふうな?
アームストロング博士――そうですね、私が言うのは、彼らが何かをしようと実際に決める前に、そういった種類のプランに対して群衆反応を起こさせるということです。
記者――言いかえると、そうすると彼らは、もしあなた方をそのときピックアップしたとすれば、騒ぎや何かを起こさせはしなかったわけですね。
アームストロング博士――いや、とんでもない。あれよりは小規模だけれど、騒ぎをもたらしたでしょう。

この矛盾し、のらりくらりした否定、言い訳、それに再確証、といったもののごちゃまぜこそ、グループのメンバーたちがこのクリスマスイブの出来事を説明するために試みた、とりとめのないやり方の典型だった。マスコミとのインタビューや彼ら自身での議論のなかで、信者たちは主に二つのことを指摘した。第一に、彼らが主張するところでは、宇宙人たちはキャロルを歌っているところに現われたのだが、信者でない者たちには見えなかったか、あるいはわからなかったのだ。エドナ・ポストは、ベルタ・ブラツキーとの電話での会話で、熱を込めてこう言った。「私たちには、夕べ、彼らが私たちを取り巻いているのが見えたのよ。彼の歩兵助手たちよ――本当にスリルがあったわ。私は、群衆がただ私たちのまわりに輪をつくっているそのなかに、とっても真剣な顔を見つけることができたのよ。マリアンがね、あなたに、それはちょうどノートルダム大学のフットボールチームが私たちを取り囲んでいるみたいだった、と言えっていうのよ」。第二に、彼らの言うところでは、宇宙人たちは、粗暴な野次馬的群衆の間にパニックを引き起こすことを恐れ、空飛ぶ円盤を着陸させることを手控えたのだった。

十二月二十五日に、新たな参与観察者がグループに紹介された。彼がどのように受け入れられたかを少し詳しく述べよう。というのも、それは、十月と十一月に初めて訪れたレイクシティの観察者たちに対してなされた扱いとは、鮮やかな対照をなすからだ。後者の観察者たちはいんぎんに、しかし、幾分よそよそしく扱われた。今度の新しい観察者は、晩餐に招かれ、言い寄られ、注目の的になった。読者が後で見るように、彼に対するこの暖かい歓迎ぶりは、彼によってとうとうグループに指令がもたらされ、彼らの将来のプランを与えてくれるのだろうという希望や期待に、かなりの部分は帰すことができる。彼がもしそうしたならば、それはまた、彼らの信念を独立に確証することになったであろう。

その新しい観察者は、クリスマスの日の午後一時頃ドアをノックし、キーチ夫人と話をしたいと頼んだ。彼はなかへ案内され、そこでただちに注目の的になった。その話を彼自身の言葉で語ってもらおう。

「キーチ夫人は私に、なぜここを訪れたのかを尋ねましたので、私は、彼女のことを新聞で読み、もっと多くのことを知りたくなったからだ、と言いました。アームストロング夫人、ボブ、それにエドナは、メモ用紙を取り上げ鉛筆を持って、私たちの会話を記録しようとして明らかに身構えました。

「このことの重大さは、私にはすぐにはピンときませんでした。もっとも、すぐに、彼らが捜し求めているものが何らかのサインであり、私が特別な種類のメッセージを伝えることになっていると彼らが考えていることに気づきました……私は、とっている授業の一つが天文学を少し扱っていて、それで宇宙旅行に関心を持つようになったということ、できれば、このことについてもっと学びたいし、彼女が自分の経験について話してくれるのなら、どんなことでも興味を感じるだろう、と言いました。この時点あたりで、彼女は私を見ながら、おそらく私の方にこそ何事か彼女に話すことがあるでしょう、とほのめかしました。それで私は、自分が注目の焦点にあって、何らかの答えを彼女にしなければならないのだ、という気持ちが強くなってきました。私はもちろん、何も彼女に話すことはないし、私は何も知らず、ただ学びたいだけなのだと言いました。

「この時点で、キーチ夫人は、誰かにトムを呼びに行かせました。彼がやって来て、お互いに紹介され、彼は私のことを見ましたが、その眼差しにはある種の期待がこもっていると感じました。彼も私に質問し始めました……私は自分のジレンマがどんどんふくれあがるのを感じましたが、できるだけストレートに役割を演じる以外に、他にやり方は見つかりませんでした。なぜなら、私が何をしても何を言っても、そのことが重大なことになりそうだったからです……

「アームストロング博士が、グループの居るところで私の関心について質問をしたとき、私がそれに合わせて演じた役割というのは、いくらか時代に翻弄され孤独で、今日起きつつあるいろいろなことに関して指針と理解を求めている人、というものでした。私が孤独を感じるということに関連して、アームストロング博士は、私がかつて、あたかもこの惑星に属していないかのように、どこか他の惑星で生まれたかのように、感じたことがあるかどうか尋ねました。私はもちろん、自分がどこか他の惑星上で生まれたかどうかは知らないと答えましたが、むしろ、私は他のあらゆる人が生まれるのと同じように生まれたと考えている、と答えました。こう答えると、キーチ夫人はほほえみを浮かべましたが、彼女はよくわかっているといった眼差しで、もう一度私を見たのです……

「ときどき注意が私の方に戻って来ると、キーチ夫人は、クリスマスの日に私が居るということに感銘を受けている、という事実に言及しようとしました――つまり「このクリスマスは、あなたが来たからこそ、これまでで一番幸福なものになりました」というふうなことを言いました。そして、このような言いまわしが他にもなされました」。

この新しい観察者は、疲れ切って午後四時半に帰って行った。その夕方、マリアンは、彼女に共鳴している友人との電話の会話のなかで、こう言った。「それでね、私たちは、とても、とても、とても、とてもすばらしいお客さんを晩餐に迎えたのよ。彼は今日やって来て、私たちと一緒に食事をしたの。だから、私たちの誰にとっても、これまで経験したなかで一番嬉しい、一番嬉しいクリスマスになったのよ」。同じ観察者は翌日戻って来たが、同じような歓迎にあった。彼は、次のように報告している。

「私はもう一度、イスの配置からして、部屋の少し目立つ場所に座らされました。そして、彼らの注意がまた私に向けられました……アームストロング博士は、待ち受けていたかのように私のことを見ました。グループの他の人々も心待ち顔で私を見ているようでしたが、アームストロング博士はこう言いました。「私は、あなたから話を聞きたいのです。何か私たちに話すことはありませんか?」それで私は言いました。「いいえ、ありません。あなた方に何を話せばよいか、私にはわかりません」。そこで彼は言いました。「じゃあ、私たちに歌を歌ってくれませんか?」私は言いました。「いえ、ダメです。もし私の歌声がどんなであるか御存知でしたら、私に歌ってほしいとは思わないでしょう」。すると彼は、「それなら、私たちにお話をしてくれませんか?」と言い、私にずっと迫り続けました。そして、キーチ夫人もこの点で彼に合わせ、ちょっとばかり私をせき立てようとしましたし、グループの他のメンバーも同じように言いました」。

翌日、キーチ夫人は、その観察者と初めて二人だけで会話を交わすチャンスを得た。彼は、夫人との会話について、こう述べている。

「彼女は、もうとても我慢できないといった声で言いました――そうとしか言いようがありません。彼女はちょっと切羽詰まったかに見えましたが、こう言いました。「私にメッセージはない、というのは確かですか？今、私たちは二人きりですから、話し合えるのですよ」。それで私は言いました。「やれやれ、すみません。私はただ、何かメッセージを持っているのかどうかもわからないのです」。彼女は言いました。「何か心を乱すような力をまわりに感じるのですか？　メッセージを私に与えるのを邪魔する何かがあるのですか？」私はもちろん、そういったものは何も感じないと答えました。」

この観察者は、次の二週間にわたって、ほぼ一日おきにグループを訪問し続けました。レイクシティグループに留まっていた人々は、この期間中ずっと、彼のことを何か特別な人として見続けていた――自分の知っていることをすべては語ろうとしない宇宙の兄弟だと見なして。

この観察者の経験は、グループがクリスマス・キャロルを歌ったという出来事以降の状況の特徴をよく示している――すなわち、指令に対する絶え間ない、しかし満たされない探求。この時点でも、グループにとって一群の外的な力が、メンバーたちをあちらこちらに四散させ始めていた。マリアン・キーチとアームストロング一家はレイクシティを去り、その後はポスト家が、どんなに小規模な活動であろうと、その中心になった。我々は、彼らの活動や信念について熟知していることが不可能になった。もっとも、引き続き次の二ヵ月間は、メンバーの誰かがときおり手紙をくれ、したがって、少なくとも彼らの生活のなかでの大きな変化については知ることができた。レイクシティ・グループの解散とその理由に関しては後で述べよう。次の章では、これまでの話を中断し、我々が述べてきた出来事がグループの個々のメンバーにどのような影響を与えたかもっと綿密に調べ、本書における理論の主要なポイントに関する証拠を引き出し、それらを結びつけようと思う。

第七章　予言のはずれに対するリアクション

十二月二十一日の直前および直後の一連の出来事について述べた際、レイクシティのグループ全体にとって重大であった出来事に焦点を合わせてきた。そのため、キーチ夫人とアームストロング博士は例外として、それらの出来事が個々のメンバーの行動や信念に及ぼしたインパクトについては、詳細には述べなかった。この省略した記述については、本章の前半で、一連の予言の失敗が各メンバーにもたらした短期的および長期的な影響について述べることによって補うことにする。本章の後半は、理論的な観点からして、本研究の中心部である。というのも、そこにおいて、我々の仮説の評価に関連した証拠を要約し、統合するであろうからである。

キーチ夫人およびアームストロング博士　予言のはずれた期間を通じ、キーチ夫人とアームストロング博士は、動揺することなく確固たる信念を持ち続けていた。彼らは、自分たちを導いてくれるかもしれないメッセージを死にもの狂いで捜し求めたが、この全期間中、彼らのいずれも、疑念を示すような容易ならない言葉を発したり、どんなふうにせよ自分たちが間違っていたかもしれないと示唆するようなことは、決してしなかった。実際、彼らの崇高な信念は、レイクシティ・グループが散り散りになった後も、長い間、堅固であった。キーチ夫人は、レイクシティを去った後でさえも、サナンダからメッセージを受け取り続け、それを郵便で信者に伝えていた。

アームストロング博士は家族とともにカレッジビルに戻り、彼らの家を売り、町を離れる準備をした。一月十二日、カレッジビルでの最後の日の午後、観察者の一人が彼らと話をし、こう報告している。「アームストロング博士は、未来に対して非常な確信を持っているように見えた。彼はいつものように元気だった。アームストロング夫人も同様に元気で、プランのことで、はしゃいでいた。あらゆることが、なおも、そのプランにもとづいて進行していた。すなわち、超自然的な存在のメッセンジャーとしての彼らに課されたプランにである」。未来について、アームストロング博士はこう言った。「医学博士であることは、仕事がたくさんあるということだし、私はまあ、講演をしたり人々と話をすることを楽しむよ」。彼は、職を捜そうともしないし、医学的な仕事をやろうともしていないが、信仰を広めるため、講演に出かけたりミーティングに出席しようと思う、と明かしてくれた。彼らの目前のターゲットは、バージニアのケーシー財団でのミーティングだった。この機関は、アームストロング博士のコメントによれば、輪廻に関して、たいへん多くの基礎的な研究を行なった人物の名前をとったものであった。

博士が伝道に出かける意図を持っているという印象は、クライド・ウィルトンが観察者の一人に宛てた手紙で確証される。二月八日付けのその手紙のなかで、彼はこうコメントした。「私は最近、トムに手紙を書き、彼がもし今、職を捜しているのなら、ここの研究機関の一つに応募したらどうかと提案しておいた。彼は、予見できる未来における永続的な雇用の機会を受け入れることはしない、と返事をしてきた。というのも彼は、私たちが受け取った教えに関心を抱く人々に接触するなどの目的で、国中を旅行していたからだ。彼は、デイジーおよび連絡拠点を持つ人々と一緒に旅をしている、と言っていた」。非常に明白なことに、博士は、巡回布教活動家という役割を演じるため、医学を放棄していたのだ。

博士が絶えず確信を抱いていたことに関しては、もう一つ追加の情報があるだけである。五月の初め、つまり大災害の予知から約五ヵ月がたってから、アームストロング博士は、短い期間だったがカレッジビルに再び姿を見せた。彼は、旅行をしている間にエラ・ローウェルから、カレッジビルでいちばん大きなホテルの車庫に至る小道で空飛ぶ円盤にピックアップされるだろう、というメッセージを受け取っていた。一晩中、博士、彼の妻、娘のクレオ、それにエラ・ローウェルは待っていた。実際、彼らの信仰は限りないものであり、予言の失敗に対する抵抗力はたいへんなものだったのである。

デイジー・アームストロングとエドナ・ポスト　アームストロング夫人とポスト夫人は、グループのしもべとして奉仕してきた。十二月十七日から二十六日までの期間中ずっと、彼らは従者として、コックや皿洗いや秘書として、活動した。彼らは、キーチ夫人あるいはアームストロング博士が彼らを賞賛するときは、にこにこと笑みを浮かべる忠誠心ある献身的な弟子たちであり、批判される場合には打ちひしがれてしまうのだった。たとえば十二月二十日の夕方早くに、マリアンは、デイジー・アームストロングのために最近受け取った、ある教えについて彼女と話し合った。デイジーはそのメッセージを燃やしてしまったと報告したが、マリアンは、そんなことはすべきでなかったと答えた。デイジーは、自分が間違いをしてしまったと知って、たいへん狼狽したようだった。冗談めかしてマリアンはこう言った。「それじゃあ、あなたはそのとき［円盤のなかの］席を得られないと思うわ」。博士も笑いながら、こう付け加えた。「おまえを置き去りにしなくちゃならないだろうね」。デイジーは全くがっくりし、ほとんど半時間ばかりも声をあげて泣いていた。何度も何度もすすり泣きながら、教えは彼女にとって貴重だったのだと言った――教えが他の誰にとっても貴重なのと同じくらいに彼女には貴重だったから、彼女はあの教えを焼却したくはなかったのだ。彼女は、その教えを保存しておきたかったのだけれど、燃やすべきだと考えたのだった。

二人の女性はともに、十二月二十一日の予言の失敗にひどく狼狽したが、とりわけエドナ・ポストはたいへんに打ちのめされた。それにもかかわらず、この予言の失敗の期間を通じて、これら二人の女性は疑いもなく、メッセージ、予知、それに、キーチ夫人とアームストロング博士がグループのために考え出した正当化を受け入れていた。彼らは二人とも、予言の失敗に関してリーダーたちが精緻にした正当化をただくり返し、このプランの不思議さと美の前に神経を高ぶらせていた。彼らの信仰もまた、我々が彼らとコンタクトを保っていた期間中ずっと、堅固なままに保たれた。一月二十四日にはデイジーが、バージニアへ行く途中で著者の一人に手紙を書き、こう記した。「信じて下さい。私たちは確かに、途中ずっと神の導きを得ていたのです。途中で「天界」からの指令を受け取るのです」。さらに、こう記していた。「ミネアポリスから来ている他の二人にも「くれぐれも」よろしく伝えて下さい。私たちは未来が「バラ色」であることを知っている、と伝えて下さい。私たちは多くのすばらしいことを約束されていますし、誰が私たちの指導者であるか、依然として認識しているのです。私たちは彼のゲスト——つまり、彼の代理人——として行くのです」。

そしてエドナも、依然として信仰に忠実だった。一月三十日付けの観察者宛ての書簡で、彼女はマリアンに手紙を書いてメッセージを求めていると報告していたが、彼女は自ら買って出て秘書の役割を続けていたことが明らかだった。というのも、彼女は次のようにも書いているからだ。「私は、グループのメンバーたちに役立つかもしれないと思うテープの多くを〔起こして〕タイプに打ち、私の能力の及ぶかぎり、一種の「手形交換所」あるいはコミュニケーション・センターとして奉仕しています」。

マーク・ポスト　もっと若い弟子たちのうち、マークは、あらゆる点で最も熱心だった。彼は、マリアン・キーチが彼に課した規律に完全に従っていた。何日もの間、マリアンが決めたダイエット食を守り、ナッツだけを食べて生活した。彼は、守護霊たちから、どんなことがあっても家を離れないようにという指令を受け取り、数日後にその指令が撤回されるまで、家のなかにずっと居続けた。十二月十七日から二十日までの間、彼は、グループの仕事のうちでささやかな役割を演じたのだが、従順かつ誠実にこまごまとした仕事、たとえば、電話に出たり訪問者を迎えたり、また、指示を受けたときにはグループの信念についてティーンエイジャーたちにレクチャーしたり、といった仕事を処理した。残りの時間は、教えを学んだり、クレオ・アームストロングとトランプをしたり、あるいは、ただ座って高まる緊張感を感じながら、二十一日がやって来るのを待って過ごしたりしていた。

マークには、十二月十七日の真夜中に円盤を待った後、疑問を感じた時期があった。もっとも、この徹夜の待機に対する彼の直後の反応については、推測するしかない。というのも、このことは秘密にしておくよう誓わされていたからである。しかし、十二月二十一日の予言の失敗が正当化されたすぐ後で、マークは、この数日は予言の真実性について幾分疑いを持った、と言った。しかしながら、このような疑問も、二十一日の朝に起きた出来事が葬ってしまったらしく、「クリスマス・メッセージ」について新聞社に電話をした最初の人々のなかに、マークがいた。十二月二十二日、マークは、自分の身体から金属をすべて取り去るため、かつてないほど忙しくしていた。時計の金属のバンドを捨て去り、自分で皮のバンドをつけた。ベルトのバックルを皮紐に替え、さらに、こよなく愛したシガレット用のライターを捨てたのだった。こういった行動が、円盤によってピックアップされる準備を確かなものにするという彼の意図を示すものなのかどうか、あるいは、金属の存在をことごとく嫌うキーチ夫人やデイジーおよびトーマス・アームストロングの意向をこのときまでに共有するに至っていたのかどうか、明らかではない。

マークの情熱は続いており、我々が最後に彼のことを耳にしたときも、その情熱はやはり激しいものだった。マリアンが十二月二十六日に、これまで住んできた家を去る準備をする際、大量の教え、ノート、それにメッセージが、どちらかと言えば無造作に段ボール箱に投げ入れられたのだが、それらは保管のためポスト一家に渡された。キーチ夫人は、中身からしてこの箱を「秘密の箱」と考え、観察者の一人に対し、その箱に保護のための封印をするよう頼んだ。彼はその箱を念入りに紐でしばり、「保護のための封印─開封厳禁」というメモ紙でそれを封じた。エドナ・ポストからの観察者宛て一月三十日付けの手紙に、彼女はこう書いている。「マークはこうあなたに伝えるよう言っています。教えが、外部から遮断され、封印されて箱のなかに入っています。もし、彼がそれを開封する際に、便宜を得られましたら幸いに存じます、と」。その箱がマークの所持するところであったという事実にもかかわらず、彼は明らかな許可なしに、それを開封することを拒否していたのである。彼はなお信仰を持っていたのだ。

クレオ・アームストロングとボブ・イーストマン　クレオとボブは、十二月十八日の夜、レイクシティに到着した。彼らは、その前の週に、エラ・ローウェルと多くの時間をすごしたのだが、彼女は、二十一日の災害と救済に関するキーチ夫人の予知を信じている彼らの信念をつきくずそうとし始めていた。エラ・ローウェルは、この日付けをあえて明白に放棄させようとは決してしなかったが、洪水が起きないかもしれないということを強くほのめかしていた。クレオもボブも、十二月二十一日の予知に深くかかわってはいたが、レイクシティに到着したときは、幾分、疑わしい気持ちになっていた。

十八日から二十日までは、クレオは不幸せな少女だった。彼女は、カレッジビルに弟と妹を残してきたことが心配で、罪の意識を感じていた。レイクシティのグループのなかにいても、気が休まる感じがしなかった。彼らの多くは、見知らぬ人たちで彼女より年上であり、それに、彼女の感じでは陰うつで、大洪水以外の話題を持ち出せない様子だった。彼女は、このピンと張りつめた空気のなかで、居心地の悪い思いをしていた。彼女は、自分の両親の信念に対して、ある面を攻撃したことがあったが、その時の両親の姿が次々に浮かんできた。たとえば、クレオは、キーチ夫人との個人レッスンの際にたくさんのメッセージを受け取り、それらを父親〔アームストロング博士〕に見せたことがあった。父親はそれらについて彼女と議論しようとしたのだが、彼女は突然泣きだしてしまい、何度も「こんなことはナンセンスだわ、ナンセンスだわ、何の意味もないのよ、ナンセンスよ」とくり返した。また別なときには、彼女とその父親は、家にかかってきた電話が単なるいたずらなのか、それとも外宇宙からやって来た少年たちからの純粋なメッセージやテストなのか、ということについて議論をした。アームストロング博士は、それらは暗号メッセージであり、教えの一部だと主張した。これに対して、声に辛らつさを帯びながら、クレオは「そんなことは愚かなことよ」と言い返した。しかしながら、こういった出来事は、全般的には彼女がその信念体系を受け入れていた、という背景に照らして見てみなければならない。それに、この時点では、彼女の行動が全く一方に偏していたとは言えず、彼女は、自分の衣服から金属をはぎ取るといった活動にも従事していたのである。

ボブ・イーストマンも、二十一日の前の数日間は、むっつりとふさぎ込んでいた。気をまぎらわせるために、主にエラ・ローウェルのつくったテープを聴いたり、師であるアームストロング博士と自分の見解について話し合ったりした。彼は、二十一日に先立つ数日間の間、あまりに不機嫌そうにだまっていたので、観察者たちも彼の信念について適切に評定することは不可能だった。しかしながら、十二月二十一日の予言のはずれに対する彼のリアクションは、グループのなかではユニークなものだった。この重大な日の最初の数時間が過ぎた後、予言のはずれについての真相解明のメッセージがまだ届かないうちに、グループのあるメンバーがこう尋ねた。「今夜の教えはどういうことだろう?」と。ボブは進んでこう答えた。「我慢できない退屈さだよ」と。「何についての退屈さか」と問われたとき、彼は答えた。「待って待って、始終待ち通しで――あまりに多くのミーティングが開かれ、僕は実にいろいろなミーティングに出て、もはやどれが本当の情報なのか、どれが真の情報なのか、わからなくなってしまったんだ」。

「真相解明」のメッセージが届いてまもなく、観察者の一人がボブにこう言った。「ほんとに、今夜はおもしろい夜でしたね」と。これに対して、ボブはこう答えた。「ええ、私もおもしろかったと言いましょう。このまわりで起きていることと言ったら、あなたの右手は左手がやっていることを知らない、といったふうなのです。あるいは、もし知っているとすれば、それは先入観なのです。私はもう寝ますよ」。

クレオもボブも、もっと以前の、この秋の頃には、確信を抱いた信者だったけれど、この時点ではグループの信念に対して、以前より幾分、疑念を持っているようだった。

二十一日の後の数日間に、彼らの行動は驚くべき変化を遂げた。予言の失敗後、彼らがその信念を放棄するだろうと予想するなら、それが最もありそうなことだったかもしれないが、全く逆のことが起こったのである。十二月二十二日、クレオは、父親やマーク・ポストが身に付けているものから金属をはぎ取るのを忙しそうに手伝っていた。彼女は、ボタンを取り替え、ベルトのバックルの代わりに皮ひもの代用品をつくるなどした。その夕方、マリアン・キーチは、二人の新聞記者とのインタビューに応じていたが、電話の呼び出しでほぼ四十五分間、その場を離れた。クレオはただちにその不都合を埋め、完璧に引きついだ。まるまるこの時間中、彼女はグループの信念を披露し、新聞記者とわたり合って議論した。クレオがこんなことをしたのは、これが全くの初めてだった。彼女は、二十一日以前は、カレッジビルでは記者たちを避けるか、彼らから離れるためにうそをつくかだったのである。

似たようなことが十二月二十五日にも起きたが、そのときもクレオは、ある記者が彼女の父親やキーチ夫人と行なったインタビューで、特に積極的な役割を演じた。こういった出来事は、彼女が布教活動を著しく活発化させたというだけでなく、自分の信念について新たな確信をも得た、ということを確かに示しているように見えよう。クレオの増大した確信は、彼女がカレッジビルの大学の元のクラスへ戻った後も、長く持続していたようだ。一月十七日に観察者の一人が、ハル・フィッシャーと議論を行なった。ハルは、カレッジビルのグループのうちで代表的な懐疑論者だった。ハルの報告によれば、彼はクレオと議論することがあったが、クレオは、予知やキーチ夫人のメッセージを依然として堅く信じていたという。観察者（クレオがレイクシティに向けて出発する数日前までアームストロング家に住んでいた）は、「へえ、それは面白い。彼女は、レイクシティに行く前は、少々懐疑的だったんですよ」と言った。ハルは「ええ、彼女は、今は堅く信じています」と答えた。

彼女の心変わりが持続していたことは、さらに、当然のことだが五月に起きた出来事においても示される。そのとき、クレオはカレッジの寮に住んでいたのだが、彼女の両親が円盤を待つことに加わったのだ。クレオは、一夜の外泊の許可を得ることはしなかったが、おそらく許可をとることなど無意味なことだという思いがあったのだ。彼女の寮の顧問であるスーザン・ハースは、かつてはアームストロング博士のグループの、献身的で確信を持ったメンバーであったが、この出来事のことを話して、こう評した。「私はもう、こんなくだらないことは信じていませんが、クレオは確かに信じているのです」。

ボブ・イーストマンも、少なくとも一時的には、似たようなリアクションを示した。十二月二十二日の夕方、観察者の一人がボブに、今、さまざまなことに関してどのように感じているかを尋ねたが、それに対してボブはこう答えた。「ええ、昨夜までは僕は本当に懐疑的だったのですが、それから僕たちは教えを得てメッセージを受け取り、そうしているうちに僕は理解し、すべての意味がわかり始めたのだと思います」。次は何をするつもりかと尋ねられたときのボブの答はこうだった。「そうですね、それは僕に対する指令によります。両親は、僕がクリスマスにこんなところへ来ているので頭がおかしいと思っていますが、それは指令によるのです。もし、指令によってスティールシティへ戻るよう命じられるなら、そうします。もし、レイクシティにとどまるよう命じられたら、僕はレイクシティにとどまります」。

明らかにボブも、あの予言の大失敗の後、グループの信念に改めて確信を抱くようになっていた。もっとも、クリスマスイブのキャロルの後にも予言がはずれた結果、キーチ夫人に対する彼の信頼には多少の無理が感じられるようだった。彼がその頃どんな気分だったかは、おそらく、十二月二十五日に彼がキティ・オドンネルにした長距離電話の会話に最もよく示されている。最初のうち彼は懐疑的な様子であるが、信じようとしないキティと話しているうちに、彼は自分の立場を変え、信念を再び固めていくのである。

ボブ——僕にはわからない。僕が間違っているかもしれないけど、ここに来てから僕はマリアンをあまり信じていないんだ。

キティ——あなたはピックアップされなかったわけね?

ボブ——いや、僕たちは、そういう否定しがたい出来事には遭遇したことがないんだよ。

キティ——でも、あの人たちは、外に出ていることになってると思ってたわ……朝の七時か八時に、外でクリスマスキャロルを歌っているはずだと新聞には書いてあったわ。

ボブ——違う、違う、昨日の夜六時だよ。そういったことの裏にはいろんなことがあるんだけど、説明するのは難しい。特に電話だと。でも、あれは、大きな全体像のうちの一部なんだ。あれは、僕たちにとっての訓練なんだよ。

キティ——あなたは信じているわけね、私、うれしいわ。私は信じてないけど……私は、もう彼らとは終わったのよ。そのことなら、いろいろ話してあげる。

ボブ——君は、ほんとに否定的な状況に陥ってしまったんだね。

キティ——状況が全く否定的とは思わないわ……私は、エラ・ローウェルの方をもっと信じているだけよ、それだけ。

ボブ——そうそう、あの人はとってもいい人だよ。僕も、あの人と三日間一緒に居て、とっても楽しかった。でも、彼女とマリアンがそんなに違うとは思わないな。

キティ——そうね、わからないわ。

ボブ——今、このことについて君の意見を聞けるとは興味深いね。

キティ——そうね、わからないわ。でも、私はちょっと残念に思っているだけなの、ボブ……もちろん教えは受けたわ。でも、私はただ、お金や物を捨ててしまって、自分がなんて愚かだったのかと悔むだけなんだけど、わからないわ……

ボブ——二十一日のことで、がっかりしたことを言ってるんだ。

キティ——違うの、必ずしもそうじゃないわ、私はとにかく、全面的に信じたことは絶対にないもの。私はある程度しか信じなかったの。だから、予言の通りにならなくても驚きはしなかった、ということなの。

ボブ——ああ。すると、後になって僕たちに説明があるまで、僕たちのためにつくろっていた、というわけだ。

キティ——でも、私は一つのことには感謝してるわ。私の名前をとにかく新聞には載らないようにしてくれたこと。

ボブ——そう、でも、僕たちの誰もそんなことは欲しなかった。あれも僕たちが受けた訓練の一部だった。僕たちは新聞に出るよう言われたんだ。それも、僕たちが屈辱を受けるプロセスの一環だったと思う……起きることすべてが兄弟たちの承認を得ているんだ……

キティ——あなたが何をしているのか、教えてくれたらいいのに。
ボブ——僕は待っているだけだよ。僕は、完全に彼らの手のなかにあるんだから。
キティ——エラ・ローウェルがあなたに話したことは、どんなことでも信じないの？
ボブ——もちろん、彼女が話してくれたことはすべて信じるよ……彼女の話は、その頃から今に至るまで、僕が学んだことと少しも矛盾しないんだから。

ボブが、よみがえった信念をどれくらい維持していたのか、我々にはわからない。十二月の末、彼はスティールシティに戻って、そこで電子工学の学校に登録し、エラ・ローウェルの交霊会に再び出席し始めた。

ベルタ・ブラツキーとクライド・ウィルトン　ベルタとクライドは、二人とも活動に強くコミットし、グループに深く関与していたが、十二月十七日から二十一日までの間、他の中心メンバーほどには、グループのことで積極的な役割を演じることはできなかった。夫のことを恐れて、ベルタはこの期間中、キーチ夫人の家に定期的に顔を出すことができなかったが、他方、クライドの方も遠方にいて家族のことを心配しており、同じように不利な立場にあったのだ。この同じような要因によって、彼らは予言の大失敗後の期間は、仲間の信者たちから切り離され、孤立して、その期間を耐えざるをえなかった。おそらくはこの状態のため、予言がはずれた後は、幻滅から完全には立ち直れなかったのである。

グループの過去から現在に至るまで、ベルタがキーチ夫人の家に行けば目立ったけれど、実際に行ったのはたまにであった。彼女がその家を訪問できたのは、何か一計を案じたときか、夫の命令にあからさまにそむいた場合だけだった——夫の命令は、すでに見たように、十二月の初めには非常に明白で断固としたものだった。十二月十七日から二十一日までの重大な日々の間では、ベルタは、十八日夕方に初めて姿を現わした。彼女はその夜をその家で過ごした後、十二月十九日の朝早く家を離れ、その日の夕方戻って来て数時間を過ごした。彼女は十二月二十日の朝早く再び現われ、十二月二十一日の朝九時頃までとどまった。この後、彼女は、一月七日にハイベールのエドナ・ポストの家に行くまで、再びグループのメンバーに会うことはなかった。十二月二十一日から一月七日までの間に、彼女がグループのメンバーの誰かとコンタクトを持ったのは、たった二人だけだった。すなわち十二月二十四日夜に、マリアンおよびエドナと電話で会話をし、マリアンとは翌週にもまた電話をしただけだった。この時期に彼女が居なかったのは、彼女の意思ではなく、夫によって強いられたものだった。一月七日に、夫が私的な用事で町を離れたので、ベルタは、この機会をとらえてグループに再び合流したのだ。

大洪水前のこの重大な日々において、ベルタの心境は、内心の混乱と疑問、自分自身の力についての不安、それに予知に対する不信、といったものだった。十二月十八日には次のような会話がなされたが、これは関係した観察者が記述したものである。

「ベルタは、夫について少し話をし、二十一日を過ぎたらこの仕事から足を洗うよう彼に約束したこと、夫は彼女に対してたいへん辛抱強く、二十一日までは彼女がしたいと思うならいろいろやってもよいと許してくれたが、その後はこの運動を離れると彼に約束した、と言った。彼女が言うには、「一番悪いのは、こういった疑念」だった。彼女が二十一日のことを口にしたとき、私は眉をちょっとひそめて彼女にこう言った。「だって、あなたは多分そのとき、その後のことについては何も心配する必要はないでしょう」。すると、彼女はこう言った、「ええ、一番いけないのが疑うということなのよ」。そこで私は、「でも、それ〔疑わないでいるの〕はかなり難しいということは想像できます」と言った。それで彼女は、日付や予言のこと、それに彼女自身の役割についても、いろいろと疑問を抱いていると告白したので、私はこう言った。「そうそう、あなたは火曜日には、メッセージを確証することができず、困っていると言っていましたね。それはもうすっかり解決したのですか？」すると、彼女はこう言いました。「いいえ、でも、そうする責任があるの。私は自分の言っていることが正しいと確信しなければならないのだけれど、わからないの。この家に居るときは疑問を持たない方が簡単なんです。でも、一人で家に居るときや夫と一緒のときは、私は疑問ばかりです。だから、ただ、何をしてよいのか、わからないのよ」。それで、私は、「じゃあ、あなたができる唯一のことは、そのことに固執することですね。そうすれば、あなたの疑問は、とにかくも氷解するでしょう」と言いました。彼女は、「そうね、二十一日までには、もう疑問を残さないようにするわ、きっと」と言ったのです」。

十二月二十一日にあったいろいろな出来事に対して、ベルタは、最初のうちは歓喜でこたえていた。広報を避けようとするどころか、彼女は秘密のテープを公開し、誰の求めに対しても新しいテープを進んでつくり、そして新聞記者と初めて話をした。しかしながら、彼女の興奮の瞬間は、明らかにあっという間に終わってしまった。というのも、一月七日にもう一度グループの人々に会えたとき、彼女は、やつれはて打ちひしがれた女性という姿で、十二月二十一日にグループを離れて以来、本当に地獄のような経験をし、みじめな生活をしてきたと報告したからだ。彼女はこの数週間の間、一人で、これまで何が起きたかをとくと考え、グループにおける自分自身の役割について、あれこれ考えながら過ごしてきた。疑問が再燃し増幅していたのだった。

十二月十八日の朝、クライド・ウィルトンはマリアン・キーチから、すぐにレイクシティに来るようせきたてる長距離電話を受けていた。最初は、自分の家を離れるのは気が進まないようだったが、結局、最後には指令に従った。その日の飛行機には乗れなかったので、彼がレイクシティに着いたのは、翌日の午後二時をまわってからだった。彼はたった一日滞在しただけだった。というのも、キーチ夫人が、彼は十二月二十日には家族のもとに帰るべきだ、という指令を受け取ったからだった。

クライドのコミットメントは、グループの他の中心的なメンバーよりは弱かったが、それでもイデオロギーへの関与は非常に大きかった。彼は、一ヵ月の間に、五百マイル〔八百キロ〕離れたレイクシティへ三度も行ったことがあったが、常に、キーチ夫人を通じて受け取った指令に従ったもので、グループのメンバーに会うだけのためだった。彼は、こういった旅行の費用を自己負担したのみならず、仕事を休むたびに給料を減らされ、そんな具合に仕事を休むため、上司とのいさかいに巻き込まれ始めていた。イデオロギーに対する彼の確信は偏見がなく共感的なものだった、と言うのがおそらく最も適切であろう。彼は、グループのなかでは学者であり、キーチ夫人によって伝達される教えや指導に深く通じていた。グループの信念は一般に、彼には受け入れることのできるもののようだったが、それでも彼は、これらの信念を自分の科学的な知識に関連づける必要性をたびたび表明しており、あるときはこう言った。「みんな、もっと証拠を得たいのじゃないかな。私たちは、たくさん信じるよう求められているのだから」。

クライドは、十二月二十日には自宅に戻っていた。二十一日に予言がはずれたことに対して彼がとったリアクションに関し、我々が得ている唯一の証拠は、二通の手紙に含まれている。最初の手紙は二月八日の日付けで、彼は、その決定的な夜における自身の行動を次のように記している。

「十二月二十日の夜、私はほとんど寝ずに過ごしました――ときどきはまどろんでしまいましたけれど。十二月二十一日の午前五時か六時に、私はマリアンに電話をしました。彼女は私のために、ちょうど受け取ったばかりの新聞社向けのメッセージをトムに読ませました。私は、洪水を避けることができたり、それが起きなかったりするのなら、どうして私たちに洪水が起きると信じさせたのだろう、と不思議に思いました。相当な理由があったのでしょうか？　その筋が私たちをからかったのでしょうか？　私にはわかりません」。

この手紙からクライドの態度について多くを語るのはむずかしいけれど、その後の手紙には、予言の失敗に対する彼のリアクションが幻滅と混乱であった、ということがもっと明瞭に示されている。三月十二日に彼はこう書いている。

「私は、レイクシティに出かけるといったことほどには明確でない目的のために、わざわざ何かをするのは気が進みません。私は、何か重大な事件や出来事がさし迫っている――次の数年か数十年以内に――という感じがしきりにします。ただ、それが何なのか――私にはわからないのです。

「そうです、私はことの結果には失望しています。私はおそらく、教えはすべて真であると信じ込まされてきました。その後、いろいろなことの結果が判明したときに、もし真の部分があるとして、いったい教えのどの部分が本当なのだろうと疑問が残りました。ここに居て、予言その他のことについて私が話をすることのできた唯一の人は、我々の友人の奥さんでした――でも、彼女も、私と同じように混乱していました。

「私は、自らの知識のために努力せよという教えには、何かがあると思うのです。〔しかし〕このことはむずかしいことだし、人々は、比較的まれな場合の他は、確かにそうだとは決して感じないのです」。

多くの点で、クライドのリアクションは、ベルタのそれに似ていた。二人とも予言の失敗に対する疑念を増したが、両者とも、グループの信念を完全には放棄しようとしなかった。彼らのリアクションは、したがって、グループの他の中心的なメンバーのリアクションとはたいへん異なっていた。他の中心メンバーたちは、予言がはずれたことに対し、自分たちの信念を堅固に保つことによって、また、ある場合には実際に確信を増すことによって、対応した。この違いを理解するための手がかりは、おそらく、ベルタとクライドにかぎっては、二十一日以降の数日をグループの他のメンバーから離れて過ごさざるをえなかった、という事実にあるだろう。まぎれもない予言の失敗によって生み出された不協和は、支持を与えてくれるメンバーたちに絶えず出会わないかぎり、はっきりとは低減されえない、と信じることは筋が通っていよう。支持を与えてくれるメンバーたちは、予言の失敗についての正当化を受け入れさせるような社会的現実を互いに与えあえるのだ。仲間の信者たちに少し接触しただけでも、どれだけベルタの信念を強化し、疑念を減らすのに役立ったかということは、次の手紙の抜粋によく示されている。これは、ベルタが観察者の一人に宛てたもので、一月七日にエドナ・ポストの家で彼〔観察者〕およびグループの何人かのメンバーに会ってまもなく書いたものである。

「昨夜、みなさんに一緒に居ていただいて何と気持ちが落ち着いたことか、言うまでもないでしょう。本当に、そんなにすぐにかなえられるとは予想もしていなかった願いが、実際にかなったのです。

「願いが私くらいに大きくなると、そして、それが神に向けられる場合には、神を呼び出さずにはいられないのだ、ということが真に証明されました。私は、依然として知りたいことがたくさんある、ということを認めなければなりません。でも、私がわかっているのは、最も知りたいことはその時期ではない、ということです。そして、その時期が来れば――すべては明らかになり――そして、なぜだか理由はわからないけれど、信頼できる人々に保証してもらうことが、非常にすばらしいことになるのです――光の力はあたりを圧し――そして、それは多くのことを語るのです……

「そうです、私は自分自身の二本の足で立とうとするでしょう。おかしなことに、以前、私は、他人が寄りかかる相手だったのです――それが、今は突然に、私の方が助けを必要とする人間になってしまった。それなのに、私はどんな助けを必要とするのかわからないのです――ただ、そういう渇望があるだけなのです――喪失感だと思います。私がもう一度物事を行なってあきらめ、本当に道に迷ったとき、喪失感が答えになるでしょう。私は、これまでは自制してきたと思います。そして、私たちに教えられた通りに**現在**に対して十分なものを傾注する、ということはしてこなかったのです」。

カート・フロインド　我々が以前の章で指摘したように、カートは、普段はあからさまには語らなかったが、あくまでも懐疑的だった。通常、彼は、何事にも動じることのない宇宙哲学者のポーズをとっていた。彼は、空飛ぶ円盤や他の惑星における生命の存在を確信していたが、予知やメッセージ、それに「宇宙人たち」がキーチ夫人の家を訪問したということについては、はなはだしい疑念を隠さなかった。彼は、二十一日以前の重大な日々を通じて、この態度を変えなかった。たとえば、自らクラリオンから来たと主張する五人の少年が現われた十二月十八日には、カート一人がグループのなかで疑念を口にし、これらの少年は宇宙人ではないと強く言い張った。「僕には〔特別なものは〕何も見えませんでした。彼らは、僕にはただの大学生にしか見えませんでした。彼らがここへ来たのは、ただの冗談のように思えました」と彼は力説した。

グループへの彼のコミットメントも、それに対応して浅いものだった。唯一、彼の側で何らかの犠牲を払ったことを示すのは、アリゾナへのクリスマス休暇の旅行をとりやめたと主張していることだった。なぜそうしたのかを問われたとき、彼は、ひどく忙しいからだと言った。もっとも、彼はただ、十二月二十一日にそこに居合わせたいと望んだだけという可能性が高い。

十二月十七日から二十一日までの期間に、カートは三度そこへ現われた。つまり、十二月十八日、十九日、それに二十日の夕方である。彼は、十二月二十日は一晩中滞在し、新聞記者たちが家に来始める直前に去った。彼は二度と戻って来なかった。

彼がキーチ夫人の家に再び戻ることがなかったのは、彼がこのグループとその特定の信念に対して、完全に幻滅するに至ったことを確かに示しているようだ。しかし、二月二十四日にレイクシティの観察者の一人と行なった会話では、カートはマリアンを非常に賞賛していた。このことが単なる同情を反映しているのか、彼の態度のうちの何か我々が以前には気づかなかった面を表わしているのか、そのいずれであるかはわからない。勘をフルに働かせてみると、カートは予言の失敗以前は本当の信者ではなかったし、それ以後もきっとそうではなかったのだろう。おそらく彼は、このような運動が宇宙の歴史のなかに確固たる位置を占めていると感じ、自分自身のことを冷やかだが関心を抱いた観察者だと見ていたのであろう。

アーサー・ベルゲン　アーサーは若い高校生で、空飛ぶ円盤は本当に存在し、他の惑星にも生命はいると確信していたが、予知やそれに関連したグループの信念については、彼も疑念を持っているようだった。彼は概してシャイで物静かであり、インタビューするのがむずかしかったから、我々はアーサーを中程度の確信を持った信者として分類したけれども、それは、これまで論じてきたどの人間よりも、ずっと乏しい情報にもとづいている。彼の疑念は、十二月十八日に観察者の一人と行なった会話に表われている。その会話で、この少年は、自分が「何を信じてよいのかわからなかった」と述べた。彼は、キーチ夫人の書いた物に真理が含まれているのかどうか、大洪水が実際に十二月二十一日に起きるのかどうか、に関しては不確かであった。

しかしながら、〔言葉以上に〕彼の行動の多くは、彼がもっと確信を抱いていることを反映していた。彼は、おそらくグループの他のどのメンバーよりも、多くの時間をかけてテープを聴いた。十二月二十日に金属を取り除くのに熱狂している間も、彼は持っていたガムのパッケージの一つ一つから銀紙を几帳面にはぎ取っていた。

そして、自分の靴のつま先の金属を取り去ることができていなかったのを発見して、非常にあわてたのだった。彼が洪水の問題に没頭していたことは、彼だけが二十一日の夜が明ける正確な時間をわざわざ調べ、グループにその時間を知らせたという事実によって証明される。

彼のコミットメントが弱かったことは明白だったと思われる。というのも、彼が唯一犠牲を払ったのは、キーチ夫人の家にどれくらい遅くまで居てもよいかを両親と議論をしたことだったらしいからであり、それに、彼がこうした議論について述べたところでは、それが、それほど重大な事件だったとも思えないからである。誰かがアーサーに、両親と何かトラブルがあったのかと尋ねたとき、彼はこう言った。「いいえ、僕の家族はたいへんおかしな家族なんです。母はよく心配するし、父はよく怒ります。僕は、たいていは自分で責任を持って行動するのですが、それでも母には心配しないようにと言っています。それで、母は心配しないのですが、すると、母が心配しないと言って父の方が怒るのです。でも、そんなにトラブルはありません」。

青年らしい虚勢を斟酌し、彼が認めるよりも家族とは問題が多かったと仮定すると、十二月十七日から二十一日までの期間中、アーサーは絶えず、ミーティングにとどまるか両親に約束した時間にほぼ帰宅するか、というジレンマに立たされていたのだが、結局、帰宅していたという事実にやはり遭遇する。明らかに彼は、キーチ夫人の家に長居することによって両親を怒らせる可能性を避けたかったのである。

十二月十七日から二十一日までの間では、アーサーは、十二月十八日の午後に初めて顔を出し、この後、毎日戻ってきたが、十二月二十一日未明二時半に出て行ってしまった。これが、彼が訪れた最後だった。彼はその後、一度電話をしてきたが、その家には二度とやって来なかった。

彼は、十二月二十一日に予言がはずれたことで幻滅を感じたようだった。二月初めに観察者の一人が彼と再び話をしたが、アーサーはもはやキーチ夫人を信じていないことをほのめかした。彼は、まだ空飛ぶ円盤のことを信じていたし、外宇宙とのコンタクトの可能性もやはり信じていたけれど、マリアンのことや彼女の信念については見放していたのである。

予言がはずれたことがグループのメンバーたちの信念にもたらした影響についての証拠を要約してみると、まぎれもない予言の失敗に直面したレイクシティグループの十一人のメンバーのうち、初めから軽度にしかコミットしていなかったカート・フロインドとアーサー・ベルゲンの二人だけが、キーチ夫人の書いた物に対する信頼を完全に放棄した、ということがわかる。グループの五人のメンバー、つまり、ポスト夫妻、アームストロング夫妻、それにキーチ夫人は、皆、強い確信を持って強くコミットしつつ、大洪水に先立つ時期に至ったのだが、彼らの信仰は堅固で揺らぐことなく持続したまま、予言の失敗のこの時期とその余波をくぐり抜けた。クレオ・アームストロングとボブ・イーストマンは、強くコミットしてレイクシティにやって来たのだが、エラ・ローウェルによって確信を揺さぶられたものの、十二月二十一日の予言の失敗の後は、以前よりもっと強い確信を抱いて現われた。そのクレオの心の変化は持続したようだが、ボブの方の変化は一時的だったかもしれない。ベルタ・ブラツキーとクライド・ウィルトンは、当初から幾分疑問を持っていた。予言の失敗に対する彼らの反応は、懐疑的なままに幻滅と混乱を認めるというものであったが、それでも、キーチ夫人や彼女の特定の信念を完全に拒否するというものではなかった。我々が留意したように、クライドとベルタの二人とも、孤立した状態で予言の失敗に直面せざるをえなかったのであり、すでに示唆したように、この要因によって、彼らのリアクションとクレオやボブのリアクションとの鋭い対比が説明されるかもしれない。

次章では、カレッジビルグループにおける予言のはずれの影響を扱うが、そこで孤立状態の影響をさらに詳しく検討する機会があるだろう。

布教活動についてのまとめ

ここで、マリアン・キーチと彼女の仲間に対する我々の関心を刺激した理論的な考察に戻り、以下では、我々の仮説に関連した証拠を要約することにする。

第一章では、予言の失敗が布教活動を増加させるに至る諸条件を明確にしたが、レイクシティグループのメンバーたちの大部分にとって、これら列挙した条件は満たされていた。このグループの大部分の人々は、キーチ夫人の予知を信じ、この信念に強くコミットしていた。予言のはずれは明白であり、それを正当化しようとする試みは、不協和を追い払うという点では完全には成功しなかった。最後に、我々が注目したようないろいろな期待を抱いて、グループのメンバーたちは、予言の失敗とその余波に一丸となって立ち向かった。状況は、我々の仮説を検証するのに理想的だった。

読者はきっとこれまでに、仮説がどの程度支持されているかについて、少なくとも大ざっぱな印象を形成したことだろう。証拠の事例を引用しながら、パブリシティ（広報）への努力、個人的な布教活動、それにグループのメンバーたちが外部の人々に信念をさらけ出す程度といった面で、予言の失敗前後に見られた大きな違いを要約的に示そうと思う。ここでは、おそらくアームストロング博士は例外として、信者たちが出かけて行って直接的かつ無差別的に世の中の人々を回心させようとしたことは決してなかった、ということに注目すべきである。彼らのやり方は、もっと穏やかだった。布教活動が最高潮だったときでも、彼らの努力は主として、彼らの信念に注意を引きつけようとし、それから家に来たり電話をかけてきた人たちを回心させようと試みる、ということから成っていた。

パブリシティへの努力　もちろん、最もドラマチックだったのは、マスコミに対する態度における急激な変化だった。グループが、もし彼らのメッセージを世界に伝え、新たな改宗者を獲得することに関心を持っていたなら、十二月十六日にかけがえのない機会を与えられていたことになる。その日、全米のすべての主要ニュース報道サービス機関の代表者たちがキーチ家に集まり、アームストロング博士が大学を免職させられたという重大な事件を追究する後続記事を書こうと渇望していた。しかるにマスコミは、冷やかで、ほとんど敵意に満ちた出迎えを受け、マスコミの執拗な努力の大部分に対して抵抗がなされたのだった。円盤を迎えるため不断の見張りを行なった二日間において、新聞記者たちは、ただ一本の放送用の短いテープと、アームストロング博士およびキーチ夫人とのそれぞれ一度のインタビューを勝ち取るのに成功しただけだった――それも、実際上、マスコミ側の要求をこれらのリーダーたちに強要して得たものだった。写真を撮ってはいけないという禁制をひそかに破ったあるカメラマンは、裁判所に訴えると脅された。十二月十八日から十二月二十一日の早朝までの間に、記者たちから無数の電話があったが、ほとんどいつも、無条件にきっぱりと「ノーコメント」という応答がなされたのであった。

この状況は、グループが十二月二十一日の予言の大失敗に対する言い訳をつくり出した後の数分のうちに、爆発的に、あっと言う間に、くつがえってしまった。マリアン・キーチは生まれて初めて、新聞社に電話をして記事を提供すべきことを主張した。彼女が受話器を置くや否や、今度はアームストロング博士とマーク・ポストが、あらゆる主要ニュースサービス機関とローカル新聞社に電話をし、独占記事を一つの新聞社だけに提供するという提案を完全に拒絶した。十二月二十一日だけでも、アームストロング博士とキーチ夫人は、ラジオ放送のためのテープ録音を五回行なった。その次の三日間のうちには、マリアンのメッセージが、新しいマスコミ向け声明文を作成して、カメラマンに対する禁止を解く理由づけに利用された。さらに二回、マスコミが呼び入れられたのだが、彼らへのもてなしは暖く友好的だった。記者たちは長時間のインタビューを許され、カメラマンたちも歓迎された。かつて拒絶された求婚者が、今度は熱烈に追い求められたのだ。

個人的な布教活動　面と向かって布教活動を試みることに対する態度は、「準備のある者たちは派遣されて来るだろう」という格言とともに、運動の歴史の初期に結晶化していた――その格言は、アームストロング夫妻、キーチ夫人、ベルタ・ブラッキー、そしてエラ・ローウェルによって共有された教えだった。要するに、彼らは次の警告を説き、そして実践したのだ。信念について語るときには分別を持て、人々に信仰を押しつけようとしてはいけない、という警告である。十二月の初めまでには、秘密の空気がグループを包み込み、外部の者たちに対する感情はさらにもっと極端な立場へと移行した――つまり、それは、ほとんど反布教活動的な警告であった。来る者のうち、選ばれた者たちであることが確信される人々に対してのみ話せ、というものだった。

十二月十七日以前は、グループは実際に、外部の人々への用心深いポリシーを実践していた。この用心深さを示し、最もよく証拠づけられる例は、もちろん、四人の観察者と著者たちが、大洪水の前の数日間にグループへの参加資格を獲得しようとして味わった経験であった。すなわち、一人の観察者だけが容易に参加できたのである〔ただし、筆者たち自身はすでにグループメンバーであった〕――この少女は、アームストロング夫妻のもとへやって来た際、ドラマチックな夢をでっち上げたのである。残りの観察者たちは、自分たちの関心について、もっと普通の説明をした。彼らは、手厚く扱われ自分たちの質問にも答えてもらったが、熱心に勧誘されることは決してなく、最初のコンタクトの際に、また来るように言われることも全くなかったので、再訪するためにわざわざ時間をつくり、口実を自ら考え出さねばならなかった――このような扱いは、〔グループへの参加を求める〕目的意識のもっと薄弱な外部者にとっては、意気をくじかれるものであっただろう。

十二月十六日と十七日には、多数の訪問者が、新聞報道を見てキーチ夫人の家にひかれて来た。彼らのうちの多くは簡単に追い払われてしまった。家のなかへ入ることを許された人々は、観察者について述べたのと似た仕方で扱われた。十二月十七日における二回の予言の失敗の後は、追い払われる人々は明らかに少なくなり、許可を受けた人々も、明らかにもっと誘惑するような仕方で扱われた。グループのメンバーたちは、誠心から説得しようとして彼らの信念を披瀝(ひれき)した。訪れた者たちの多くも、再訪するようすぐさま招待された。十二月十九日までは、まだある程度は戸口での選別があったけれど、家のなかへ入ることを認められたほとんどすべての者が、選ばれた者の一人であると断言され、強く勧誘された。最後に、十二月二十一日以後は、ほとんどすべての訪問者が許可を得た。十二月二十五日にグループに紹介された観察者への待遇は、もちろん、他の観察者に対する待遇と著しい対照をなしていた。彼に対する待遇の違いは、一つは、彼らが誰かに指導してもらうことを明らかに必要としていたことに帰せられるし、もう一つは、予言が確証されることに彼らが依然として希望を持っていたことに帰せられる。こうして非常に絶望的になってからは、全く未知な人間が、選民の一人として――つまり守護霊として――指名されるのである。

秘密　十一月後半までには、グループは秘密のベールに包まれ始めていた。アームストロング夫妻は教えのコピーをすべて焼却し、事実上シーカーズを解散した。こういった行為は、カレッジビルにおける効果的な布教活動をたいへん困難にしてしまった。というのも、関心を持った外部の人間が訪問できる中心的な集団が、もはや存在しなくなったからである。レイクシティでは合言葉や秘密のサインが導入されたが、これは一つには、選ばれた者たちを見分けるための工夫であった。これらの工夫は、「選ばれた者たちだけに話しかけよ」という警告と一緒になっていたが、もしそれが厳守されたならば、新しい人たちは誰も許可されないということが確かになっただろう。そういった秘密が絶対的に順守されることはなかったけれど、それは明らかに、十二月十七日に先立つ数週間の間、グループの行動と態度を支配していた。この時期には、大洪水の予知すら秘密と考えられ、キーチ夫人もアームストロング博士も、空飛ぶ円盤クラブで講演をした際に、一度もそれに言及しなかった。はっきりしているのは、彼らの秘密は、外部の世界から彼ら自身を閉め出す傾向があったことである。

十二月二十一日以降、この状況は完全にくつがえり、グループはその最も深遠な秘密を世界の人々の前にさらけ出した。要するに、彼らは、「私たちに与えられたこれらのすばらしいものを見てごらんなさい。あなたも、もっと知りたくはありませんか?」と言うのだ。録音されたテープは、たいへんな秘密だと考えられていたので、長年のメンバーに対してすら、その内容についてのメモをとることが禁じられていたのに、関心を持つ人なら誰にでも公表され、また〔三大〕ネットワークのテレビ会社にも公開された。キーチ夫人は、記者たちのためにメッセージを受け取ることに同意し、またカメラマンたちのためにポーズをとったが、その際、公開した「秘密本」を手にした。なかでも最もドラマチックだったのは、もちろん、予言の大失敗以前に宇宙人の到来を待っていたときのグループの行動と、その後の行動との対照であった。十二月十七日と二十一日の待機の際は、彼らは部外者から自らを完全に隠そうとし、その最も中心的なサークルだけが、キーチ夫人の家の裏庭あるいは居間で、ひそかに円盤を待ちかまえていた。ところが十二月二十四日の場合には、マスコミに知らせたのみならず、キーチ家の前の通りでクリスマス・キャロルを歌いながらの徹夜の待機に、人々を招待したのだった。予言の大失敗の後、グループのメンバーたちが、自分たちを外部の人々にとって、したがって潜在的な回心者たちにとって、もっとずっと接近しやすいものにした、ということに疑いはない。

パブリシティへの努力、個人的な布教活動、それに秘密に関する証拠からすると、このグループにおいて、第一章に論じた千年王国運動の場合と同様に、予言の大失敗に続けて布教活動が一時的にはなばなしく増加した、という点に何らの疑念も残っていない。

我々がここまで行なってきた比較では、予言の大失敗に先立つ数週間における布教活動と、十二月二十一日以後の数日間における布教活動との対比を含めてきた。我々はもちろん、運動の初期における活動のレベルにも関心を持たねばならない。しかし、この期間の大部分については、詳細な考察は必要ない。なぜなら、八月の終わりまでは、布教活動はごくわずかだったからである。九月末から十二月の初めまででも、布教活動は相対的に停止の状態であった。というのも、この頃は、秘密ということと、「準備のある者が派遣されて来るだろう」ということの、対をなす二つの原理が根づきつつあったからだ。

九月の前半には、大洪水を予知するメッセージを受け取った直後から短期間ではあったが、顕著に布教活動が沸騰したときがあった。いくつかの活動が、福音を広めるために開始された。アームストロング博士は、予知された この大変動の重要性を痛感し、それに備えるとともにマスコミに向けて二つの声明文を送った。これらの声明文に関心を刺激されたある記者のリクエストにこたえて、マリアン・キーチは、マスコミのためにインタビューを一度受けた。アームストロング博士はシーカーズのために教えの手ほどきを行ない、キーチ夫人はある友人の提案にこたえて、形而上学ブックストアで、いくつかの小さなグループのために一、二度、教えの抜粋を読んだ。これらすべてのことは、二ないし三週間の間に起こったことで、もちろん、相当な布教活動の努力を表わしてはいるが、これは、さし迫った災難を世界に警告したいという初期の衝動に帰せられた。しかしながら、こういった諸活動は、主として一人の人間によって始められた――つまり、アームストロング博士によって――ということに注意すべきである。この活動期全体を通じて、キーチ夫人は比較的消極的な役割を演じた。おそらく暗黙にアームストロング博士の活動を是認してはいたのだが、彼女自身は、より大きな世界との接触をほとんど始めることはなかった。予言の大失敗以前は、レイクシティグループの他のメンバーは、誰も大規模な布教活動に携わることはなかったのである。

これとはっきり対照的に、予言の大失敗以後は、熱烈な布教活動が、グループのほとんどすべてのメンバーを特徴づけていた。予言者としての経歴のなかで初めて、マリアン・キーチは新聞社に電話をかけた。ベルタ・ブラッキーは夫のことを恐れ、二十一日以前は死にもの狂いでパブリシティを避けていた。ところが二十一日の朝には、彼女の方から記者たちに話しかけ、秘密のテープを公表し、誰でも求める者にはテープを録音してあげると約束した――それは、NBCからの求めを含んでいた。マーク・ポストは、たくさんの新聞社に電話をかけ、幾人かの記者のインタビューを受けた。クレオ・アームストロングは、まだカレッジビルに居たあいだは、記者を避けるために最大限の努力をしており、彼らと話をするよう迫られたときは、半ば恥じ入りながらも、彼女の家族が全く普通の家族であって、クリスマスを普通のやり方で祝う準備をしていることを彼らに納得させようと試みた。しかし、予言の大失敗の後には、クレオは記者たちに説教し、大胆にも彼らと信念体系の正当性についての議論を行なった。エドナ・ポストとデイジー・アームストロングは、二人とも痛ましいほどにシャイで、脚光を浴びることをしきりに避けたがっていたが、彼らですら、多くのニュース記者と語り、写真を撮られるためにポーズをとり、家にやって来た多くの訪問者のうちの何人かをかわるがわる指導した。予言の大失敗以降、布教活動がみんなの楽しみになっていたのだ。

予知の持続性　我々の研究の焦点は布教行動にあったけれども、布教活動だけで、予言のはずれに対する多様なリアクションのすべてを尽くしているとか、予言のはずれの結果として生じた不協和が解消される多様なメカニズムのすべてであるとか、言っているわけでないことは明白である。我々がすでに注目したことだが、予言の大失敗の後、キーチ夫人は追加の予知を行ない、また、時間がたつにつれて、グループの方でも訪問者たちを宇宙人だと見なす傾向が強まっていった。我々は、研究を始める前からこういった現象を予期していたわけではないけれど、これらの現象は、我々の提示した主要仮説を導いた理論と一貫している、と考える。布教活動は、結局、信念体系に対する支持が獲得される唯一の手段というわけではない。もし、支持的な証拠が直接見出されるならば、もっと好ましい。くり返されたこれらの予知は、事実上、確証のための支持的な証拠を捜し求める行為を示していると思われる。もし、テープが「ロソロの男子グリークラブによる美しい歌」を録音していたならば、もし、宇宙人がクリスマスイブに現われたならば、こういった出来事は、実際、確たる証拠になったであろう。このグループでさらなる予知がなされたのは、ただただ、彼らの布教活動が嘆かわしいほどの不首尾に終わり、たった一人の真面目な回心者というかたちでの社会的支持を獲得することさえできなかった、という理由からかもしれない。

予言に対する確証を捜し求めたという見方は、グループが訪問者のうちのたいへん多くの者を宇宙人と呼ぶことに執着した、ということを理解するのにも役立つかもしれない。十二月十七日の予言がはずれる前の数カ月においては、一人か二人の訪問者が宇宙人だと見なされたけれど、はずれた後は、電話をかけたり訪問して来たりした人々のうち、〔毎日〕二、三人をその立場に任じることなしには一日たりとも過ぎては行かなかった。ある意味で、そのような指名は予知に似ている。もし、ある訪問者が本当に宇宙人であったなら、確証もまたなされたと言えよう。

しかしながら、確証を求めるということは、信者たちが宇宙人というレッテルを貼ろうとするような熱情を示すことを十分に説明するものではない。ある場合には、彼らはただ「クラリオンの少年」を認識することだけで満足しているように見えたが、もっと多かったのは、そのように認識することが、指令やメッセージを求めて嘆願することへの序曲である場合だった。クリスマスイブの際、予言がはずれた後でグループに紹介された観察者の体験は、特に良い例だった。三日間連続して、メンバーたちは、考えつくあらゆる工夫を用いて、彼からメッセージを引き出そうとしたのである。そのような場合における彼らの意図が、指針と方向づけを得ようとするものであったことは、かなり明白なように思われる。予知につぐ予知によって次第に方向を見失い、あがきながら手がかりを捜し求め、指令を求めてテレビを見、さらに暗号メッセージを探そうとして、かかってきた電話を録音し、宇宙人たちに対してその義務を果たすよう懇願した——すべては、円盤による救済に至る道への、次の明確なステップを見出そうとする狂おしいほどの試みであったのである。

第八章　ひとりぼっちで渇ききって

本書の前の諸章、とりわけ前章では、好奇心をそそる興味深い現象——すなわち、ある信念が誤りであることが明白になった後になって布教活動が増加するという現象——をめぐる一つの事例を詳細に記録してきた。しかし、第一章において明らかにした通り、我々の意図するところは、単にそのような現象が生じうるということを示すだけでなく、むしろそこからさらに進んで、そのようなことが生じるか否かを決定するような諸条件を詳述することなのである。我々がリストにあげたのは次の五つの条件であった。

一、〔そもそも〕確信がなければならない。
二、この確信へのコミットメントがなければならない。
三、この確信が明白に誤りであるという〔心理的〕確証を得なければならない。
四、そのような明白な誤りの〔物理的〕証明が生じなければならない。
五、この誤りの証明後に、社会的支持が得られなければならない。

これらの諸条件は、レイクシティグループの人々の大部分にとっては、確かに存在していた。しかし、我々がすでに行なったように、これら五つの条件が存在し、かつ、この現象が生じたことを示すというだけでは十分ではない。もし、これらの条件のいずれかが当てはまらない場合には、この現象は生じないだろうということを示せるとよい。実際、前章では、こうした話の流れに沿って、いくつかのヒントをちりばめておいた。アーサー・ベルゲンとカート・フロインドに関しては、そのコミットメントがあまり強いとは言えず、予言の失敗の結果、布教活動を盛んにするというよりは、むしろ信念を捨て去るに至った。したがって、条件一と二が実際に必要条件であるということには、多少の証拠があるわけである。

条件五が必要条件であるということについても、薄弱ではあるがヒントがあった。ベルタ・ブラツキーとクライド・ウィルトンの二人は、孤立した状態で、予言の失敗に続く全期間あるいはその期間の大部分に立ち向かわねばならなかったが、信仰を失い始めてグループから離れたときには、布教活動を行なおうとする意欲を全く示さなかった。条件五の重要性に関して我々が有する証拠をさらに強化するため、今度は、予言の失敗がカレッジビルの信者たちに及ぼしたインパクトについて考察することにしよう。彼らの大部分も、孤立状態のなかで予言の失敗に直面したのである。もし条件五が実際に必要ならば、彼らのリアクションは、「条件五が存在することの多かった」レイクシティで観察したものとは非常に異なっているはずである。

十二月の初めにアームストロング博士は、シーカーズの学生メンバーたちに対し、ただ彼ら自身の仕事に取り組み、大洪水の日に何が起きようと、それが起きるのを待つよう指示したのだった。もし、彼らが選ばれた人々のなかに含まれるのならば、彼らはどこに居ようとピックアップされるであろう。この指示の結果、メンバーたちの大部分は、クリスマス休暇をとって、それぞれの家庭へ散って行った。この離散は、孤立要因の重要性を検証することができたという点では好運だったが、観察という問題を途方もなく難しいものにしてしまった。その結果として、予言の失敗に対してカレッジビルの学生たちがとったリアクションに関するデータは乏しく、かつ、その大部分は、学生たちが大学へ戻ったときに回想的に得られたのである。大部分のメンバーたちは、孤立状態で予言の失敗に直面したのであるから、十二月二十一日のインパクトについて、利用可能なデータのあるメンバーごとに述べることにしよう。

キティ・オドンネル　レイクシティへ行かなかったシーカーズのメンバーたちのうち、キティは予知に対して、他の人よりはるかに、最高度にコミットしていた。彼女は、仕事を捨てて家を出、そして決定的な日が近づくにつれて、自分の金を全部使ったり、人にあげたりしたのである。

二十一日の数日前に、キティはアームストロング家に引っ越して来て、そこで彼女と観察者の一人は、アームストロングの幼い二人の子どもの面倒を見た。キティはその家のなかで孤立した信者だった。というのも、彼女の仲間の誰も、支持的な社会環境を提供してはくれなかったからである。十二月二十日には、その前夜と同様、キティは主人用の寝室で眠ることを主張した。それは、万一、彼女に対する指令が来るのに備えて、電話の近くに居るためだった。二十一日の朝は、彼女は七時半に起き、レイクシティからのニュース放送を聴いた。彼女の最初のリアクションは、我々の観察者がメモしたところでは、一言だった。彼女はただ、「まあ、レイクシティでは何も起きていないみたいね」と言ったきり沈黙に陥った。九時頃に、アームストロング夫妻がレイクシティから電話をかけてきて、アームストロング夫人がキティに対して、予言のはずれを正当化する「クリスマスメッセージ」を読み上げた。彼女は明らかにその意味を理解した。記者たちが家に到着し始めた際、キティは彼らを無視し、エラ・ローウェルに会うためスティールシティへ行くことにたいへん関心を抱いているようだった。彼女は家を離れるとき、「また会いましょう——もしかしたら」と言い、再び戻っては来ないだろうということを暗に示した。その後、その日は、彼女はローウェル夫人のもとでのグループの一員として居たが、マリアン・キーチの予知に対して常に懐疑的だった人々に囲まれていた。

十二月二十六日までには、彼女は、自らの懐疑をあからさまに表明していたが、それは、まだレイクシティのグループと一緒に居たボブ・イーストマンとの電話の会話のなかで、すでに見た通りである。この会話の一部はすでに引用したが、そのなかでキティは次のようなことを言っている。「あなたは信じているわけね、私、うれしいわ。私は信じてないけど——私はもう、彼らとは終わったのよ。そのことなら、いろいろ話してあげる」。「私はただ、お金や物を捨ててしまって、自分がなんて愚かだったのかと悔むだけなんだけど……」そして、最後にこう言った。「私は、前にしたようなことをしようとは思わないわ。なぜって、私はそれを信じていないから——つまり、聖書のなかに私に向けられた文章があったということよ——エラ・ローウェルからじゃなくて、仲間から教えられたのよ。でも、もう、それに一生懸命じゃないの」。これ以上明白な言明を求めることはできないであろう。キティは、自分が間違っていたことを認め、自分自身が愚かだったことを表明し、そしてアームストロング夫妻とマリアン・キーチや彼女の予知とは手を切る、というのである。

フレッド・パーデンとローラ・ブルークス　フレッドとローラは二人とも、アームストロング博士の最も信心深い弟子だった。彼らは、シーカーズのミーティングにほとんど毎回顔を出していたし、二人とも授業の勉強はやめてしまっていた——フレッドは、重要な試験に落第さえしていた。彼らは二人とも両親の覚えが悪かった。なぜなら彼らは、怒る両親の反対にもかかわらず、キーチ夫人の信念や予知に対する信仰を変えなかったからである。来るべき洪水に備え、ローラはたくさんの高価な持ち物を捨てたり、あげたりしてしまっていた。フレッドとローラは、一緒にカレッジビルを離れたのだが、クリスマス休暇には別れてそれぞれの家へ行き、各々、信心のない両親と一緒に居ながら、予言の失敗に直面したのである。

ローラが後に観察者の一人に語ったことだが、二十日の夜、彼女は「現在に生きることに集中」していた。彼女は夕飯を食べ、それを味わい、テレビを見、そして「内心、幾分おびえを感じながら」十一時頃ベッドに入った。翌朝、目にしたニュース放送のすべてに耳をかたむけ、何紙かの新聞を読み、何かが起きるのを待った。神が介入して大洪水が起きないようにしたのだとアームストロング博士が述べたことを知ったとき、彼女が考えたのは、こんなことは「少々馬鹿げているし、起きなかった後ですべてを説明しようとするだけのことだ」ということだった。彼女の最初のリアクションは、だから、疑惑を感じ、こんな正当化は受け入れられない、ということだった。

休暇後、カレッジビルに戻ったとき、彼女は何度かアームストロング夫妻を訪問した。一月十七日、彼女は自分の信念と現在の心境を観察者の一人と話し合った。彼女が言うには、自分の信念は変わっていないように感じるし、この体験から人間の性質一般について多くのことを学んだのだった。彼女は、起きたことのすべてがたいへん重要だったし、人々は考えるよう仕向けられたと考えた。他方、彼女は、シーカーズあるいはその他のどんな種類のミーティングにも、もはや興味はないし、もはや教えは欲しくない、ときっぱり述べた。その上、彼女は、自分の所持品をあまりにも多く捨ててしまったことを悔んでいた。

ローラは、自分の信念は変わっていないと主張しているが、キーチ夫人の教えに特別な関心を持っているというよりは、それに対する自分の見解全般により多く言及しているようだ。というのも、彼女は予言失敗に対する正当化を拒否し、それに対してそれ以上は具体的な関心を示すこともなく、また、彼女をコミットさせた行為を悔んでいるからだ。ローラの確信は、確かに著しく減じてしまったようである。

フレッド・パーデンが後に、二十日と二十一日の彼の行動について述べたとき、彼は、かなり遅く眠りについたが、もし円盤によってピックアップされるのならば、宇宙人たちが自分を起こしてくれるだろうと確信していたと言った。翌朝、目をさましたとき、何も起きなかったことがわかって、彼はたいへんに驚いたのだった。彼は、二十一日の夜まで新聞を手に入れることができず、新聞を手に入れたとき初めて、予言のはずれを正当化するメッセージを読んだ。クリスマス休暇後、我々が初めて彼とコンタクトを持ったのは一月二十六日であったが、そのときのことを観察者は次のように報告している。

「フレッドは、世間に対して以前よりもっと気楽な感じを持っているようだった。彼の表情はもっとリラックスしていた。災害が起きなくて良かったとしきりに言った。なぜなら、彼は、生きていることに喜びを感じていたからだ。今学期は学業がうまくいっていると言った。先学期は、全然勉強しなかったから、全くうまくいかなかったのだ。彼が言うには、自分の信仰は変化していないけれど、ミーティングに行く必要性は見出さないのである。今、考えるところによれば、洪水が起きることは決して意図されてはいなかったのだ。すなわち、宇宙人たちはただ、私たちに対する試練として、つまり私たちが危機のもとでも耐えられるかどうかを試すために、災害が起きるだろうと私たちに語ったのだ。

「彼が言うには、キーチ夫人は食わせものだと信じる人もいたが、彼はそうは思わなかった。彼女のメッセージは本物なのである。ただメッセージのなかには、正しく受け取られなかったものがあるのかもしれない。彼はこう言った。「いいですか、アームストロング博士は、また災害が起きるだろうと信じているのです。その日付だけが変更になったのです」。それからフレッドが続けて言うには、この災害は、アームストロング博士によれば、あるいは千年後に起きるかもしれないし、一万年後に起きるかもしれない。それは、私たちが生きている間には起こらないだろうというのだ。しかし、フレッドの言うところでは、この災害がいつか起きるとは信じていないのである。彼の言い方はこうだった。「立ち止まって考えてみると、これらすべての人々を、ただある教訓を教えるという目的のためだけに溺れさせるのは、むしろ残酷なことに思われるでしょう？人々に教訓を教える方法、つまり人々を教育する方法とは、彼らを徐々に教育することです。人々を一度大きく揺さぶるだけで教育することはできないのです。それに、人々を溺れさせ、そうして彼らを〔死後に〕星界の生活のなかで教育するということを期待するのは、むしろ馬鹿げたことです。そんなことは、あまり論理的とは思えないでしょう？」

パーデンは、ローラ・ブルークスと比べて、幻滅を感じた程度がかなり小さかったようだ。彼が了解するところでは、洪水が起きなかったのは、予言の失敗というよりはむしろ試練だったのだが、彼はローラのように、かつての信者たちのグループに会う必要性は感じないのだった。そして、全く初めてのことだが、アームストロング博士の信念のある面について、心から懐疑的になっているのである。

スーザン・ヒース　スーザンは、シーカーズのなかでは最も活動的な一人だった。ミーティングのすべてに出席したほか、彼女は、学生グループのなかの最も勤勉な布教活動家であり、アームストロング博士が公式にそうした活動を禁じた後も、他の人々を確信させようとせっせと活動しさえしていた。彼女はまた、信念体系のために、ある程度犠牲も払ってきた。彼女は、学生たちによる宗教活動に参加することはやめていたが、それは、教会の成年顧問がアームストロング博士の教えに反対したからだった。さらに彼女は、信念を放棄するよりはむしろ、懐疑的なルームメイトとの親密な友情関係の方をあきらめてしまっていた。

スーザンは、クリスマスに家へ帰ったが、シーカーズの他のメンバーを連れていた。そのメンバーの確信やコミットメントは、彼女自身のそれに匹敵するものだった。観察者たちは、十二月二十七日にスーザンにインタビューした（彼女の仲間のリアクションに関しては、観察者たちがその仲間に接触できなかったので、全くデータを持っていない）が、そのときスーザンは、運命の二十一日の朝にとった自らの行為を次のように描写した。

「火曜の朝が過ぎつつあったとき、私はちょうど九時のニュースを聴いたので、寝室に戻って私の友人を起こし、彼女にそのニュースのすべてを告げました。それから私たちは、そのことについて半時間ほど話し合い、それから部屋を出て、あたかも何も起きなかったかのように朝食をとりました。それから、私たちは座って、このことについてひどく批判し続けました」。

彼らの議論は明らかに、シーカーズとキリスト教の教義の比較をめぐってのものだった。というのも、スーザンが報告するところでは、彼女は仲間のシーカーと、使徒信経〔祈禱書中にある祈り〕、三位一体説、それにイエス・キリストの天国および地上における姿、といったトピックスについて議論したのだった。彼らは、キリスト教の教義とグループの信念との折り合いをつけたのであるが、その大部分は、アームストロング博士の思想の焼き直しであるようだ。スーザンはそれを次のように要約する。「私の蓄積〔した知識〕から言えば、キリストは、この地上にイエスとして生きたとき以来、いくつもの人生を生きたのであり、今はちょうど、たまたま彼の名がサナンダなのであるが、彼は別な惑星に住んでいるのである。おそらく、サナンダほど高度に発達してはいないが、〔地球人より〕もっと多くの人々が、もっと高度な発展を遂げている惑星であろう」。

このような神学への飛躍は、予言のはずれに対するスーザンの直接のリアクションに関しては、ほとんど何も語ってくれないが、議論の一般的な性質からすると、スーザンがなおも一生懸命に自身の信念を守ろうとしていた、と結論するのがもっともだと思われる。観察者たちとの会話の際、彼女は、予言が大失敗に終わった数日後に、アームストロング博士宛てに手紙を書いたことを自ら進んで述べた。

「私は彼に、私たちが長文記事、おそらくは雑誌記事を書いてもよいかどうか尋ねたのですが、それは、私たちが信じていることを説明できるというだけでなく、実際にそれを説明するのです。なぜって、人々は信じていることについて最も熱狂的な思想を抱くからです。いろいろなものごとをつなぎ合わせようとする——つまり、もし、より高度な力等々が働いて、うまくいけばということですが。〔信じている内容については〕何も知らないけれど、私たちがグループの一員であることは知っているような、もっと多くの人々に語りかけることが構わないのかどうかも、私は知りたいのです。彼らはいろいろ質問があるでしょうけれど、一体どれくらい私たちがそれについて語ることが可能なのでしょう？　彼らに教えやそういったことを示すことができるのでしょうか？」

自分自身としては他の人々に語りかけたいのかどうかと問われたとき、スーザンは、すでに何人かの人に話しかけたことがある、と述べた。彼女の言うところでは、外部の人々が新聞記事を読んでグループに対してつくり上げてしまった「狂気じみた観念を矯正しようとした」ことが何度かあるのだった。そして、彼女はさらに、グループに興味を抱いていた看護学生との出会いについて述べた。「私は、この最後の夜に、彼女のもとへ立ち寄る許可を求めました。私たちは、たくさんのことについて語り合いましたが、すべて空飛ぶ円盤と関係していました。正確にどんなことが起きたかを彼女に話してあげました——私はただ、いろいろな新聞が何を書いたのかをはっきりさせたのです。そのことに関する彼女のいろいろな疑念を晴らしてあげたのです」。

予言の大失敗以前においてさえも、スーザンは積極的な布教活動家であったけれど、他人を説得したいという彼女の欲望は、十二月二十一日以降さらに強まったようだ。彼女は、人々に語りかけるだけにとどまらず、レイクシティの信者たちと同様に、広く世界に向けてグループの見解を公表しようとする、前例のない衝動をあらわにしているのである。彼女は、確かにその信念の堅固さも維持してきたように思われる。少なくとも、十二月の終わりまではそうであった。予言のはずれに対するスーザン・ヒースのリアクションは、レイクシティグループの多くの人々のそれにたいへん似ている。彼らと同様に、だが他のシーカーズとは異なり、彼女はあの決定的な日、予言の失敗後に、ある仲間の信者から社会的な支持を得たのである。

彼女の確信が、一体どれくらい長く強いまま維持されたかについては、わかっていない。だが、最後には、しだいに減衰していった。その次に我々がスーザンと接触したのは五月だったが、彼女はそのときまでには公然と懐疑的になっていた。クレオ・アームストロングと彼女の両親が、カレッジビルで一晩中、空飛ぶ円盤によってピックアップされるのを待っていたとき、我々にこの出来事について教えてくれ、そしてそのこと全体を嘲笑したのがスーザンであった。そして彼女は、今やその信念体系に多くの矛盾を見出したので、洪水が起きなかったことに関する正当化は絶対に受け入れない、と言明した。「クレオはこんなくだらないことを信じているのです」と彼女は言った。「でも、私はそうではないのです」。

ジョージ・シェール　ジョージは、もう一人の信心深いシーカーであって、ミーティングに出席するとともに、別な機会にもアームストロング家を訪問したことがある。彼は、懐疑的な友人たちや両親に予知のことを話し、自分の信念を公に弁明するほどにコミットしていた。しかしながら彼は、観察者たちに非公式には何らかの疑念を表明していた。

ジョージは、クリスマス休暇にはカレッジビルの両親と過ごしていたが、二十一日に先立つ数日間は、アームストロング家の住人たち——つまり、観察者たち、キティ、アームストロングの子どもたち、それに（十八日までは）クレオとボブ・イーストマン——と絶えず接触していた。新聞に記事が出てしまって以来、ジョージは両親との関係に困難をきたしたので、二十日の夜には両親を欺くことが必要だと感じ、実際にはアームストロング家に行くのに、女の子とデートがあると両親に告げた。その夜もまた、別な日の夜にも何度かやったように、彼は、エラ・ローウェルの口を借りるブラウニング博士が語っているテープを聴いた。二十日の夜は、真夜中を過ぎてもアームストロング家にずっと居残っていたが、さし迫った破局についての不安と翌日スティールシティのローウェル夫人を訪問する計画との間を揺れ動いていた。しかし、結局のところ、彼は家に帰ったのだった。遅くベッドに入ったにもかかわらず、ジョージは、十二月二十一日は、朝一番のニュース放送を聴く時間ちょうどに目がさめた。しかし、そのニュースによって満たされることはなく、共感してくれる人々と話をしたくて、観察者の一人に電話をし、もっと情報が得られないのかどうか尋ねた。再び、その夜、彼はアームストロング家に立ち寄り、その日起きたことや彼自身の見解について、二人の観察者と話し合った。観察者たちは、キティが去ってしまった今、ジョージにとって接触できる唯一の「グループメンバーたち」だったのだ。明らかに彼らは、真のグループメンバーなら与えたかもしれないような支持を彼に与えることはできなかったし、すべて研究目的と関連しているので〔彼とそれ以上の接触を持つわけには行かなかったから〕、ジョージはその日、予言がはずれた後、孤立状態のまま過ごしたのである。

三日後、ジョージは観察者の一人に電話をした。その観察者は、彼との会話を次のように報告している。

「ジョージは、事態全体について疑問を感じ始めていると言った。正気を取り戻すようにという嘆願がアームストロング博士に対して持ち上がったとき、彼はただ、気が違ったのは博士ではなく、そういう嘆願行為をもたらした姉なのだと考えていた。ところが、それからレイクシティの家の正面でクリスマスキャロルを歌うという最後の仕事が生じたとき、ジョージは疑い始めたという。そして彼は、アームストロング博士がキーチ夫人に対してあまりに盲目的な信頼を寄せていた、と思っていると述べた。彼はこう言った。「僕は、博士は誠実だと思います。キーチ夫人が他の霊に間違って導かれたのかもしれません。どう考えるべきかわかりませんが」。彼はこのことを何度も言った」。

ジョージはしだいに疑いを抱き始めるようになり、シーカーズとの関係からもしりごみし始めたようだった。別な州に住む親戚への訪問計画を話し合った際、ジョージは、自分がアームストロング博士と親しかったという事実を親戚たちに打ち明けようとは思わない、と明言した。

しかし、ジョージの信仰は、一月一日にアームストロング夫妻と会った後に回復したようだった。というのも彼は、後になって観察者たちに、自分の感情を報告したからだ。観察者たちは、彼とのインタビューを次のように書き留めている。

「ジョージ・シェールは、エラ・ローウェルがカレッジビルのアームストロング夫妻を訪問して交霊会を行なった一月一日には、そこに同席していたと言った。彼が言うには、ブラウニング博士の話はグループに向けられていたのだが、彼、ジョージは、それが自分に個人的に向けられていると感じていた。これ以前は彼は懐疑的だった。もっとも、彼はそうでないよう努めていた。彼は、今はもはや懐疑的ではなかった。私は彼に、二十一日のことについてどう考えるのかと尋ねた。それに対して彼は、それは第一義的にはアームストロング夫妻にとっての試練であり、またグループの他の人々にとっての試練でもあると言った」。

こうして、彼がアームストロング夫妻およびエラ・ローウェルと接触したことは、エラ・ローウェルがこの場合アームストロング夫妻に対して支持的であるのは当然であるから、ジョージの信仰を支えたと思われる。この信仰心の高まりが永続的か、それとも一時的かはわからない。というのも、以上がジョージについての最後の報告だからである。

ハル・フィッシャー　確信をもった神秘論者でオカルト研究者であるハルは、当初からマリアン・キーチの予知に対して疑いを持ち、それを表明していた。彼は、彼女の教えを勤勉に研究してきたと主張したけれど、彼女のことを比較的経験の浅いチャネラーだと考えていた。彼は、グループのなかで最も挑戦的な懐疑論者だった。ハルもクリスマスに帰宅したため、二十日と二十一日における彼の行動については、何もわかっていない。彼の態度を示す唯一のものは、二十一日より前に彼が送った二通のクリスマスカードの趣旨である。アームストロング夫妻宛ての一通は、「十二月二十一日？」と手短かに記されていたが、スーザン・ヒースへのカードには「また次の学期に会いましょう」という文字があった。

観察者たちは、一月十七日まで、ハルと接触することはなかった。その日は、かつてシーカーズのメンバーだった数人の集まりがあった翌日だった。ハルはそれに出席したのでコメントを残したが、それに関して観察者たちが報告している。

「ハルが言うには、五、六人が出席し、彼はクレオ・アームストロングと議論を交わした。彼はこう言った。「私は、彼女が両親にだまされていると思う」と。ハルは、キーチ夫人はメッセージを得るという点では素人だと言い、霊媒になるには長い時間がかかるし、経験を多く積む必要があると言った。彼は、休暇から戻って来てからアームストロング夫妻に会ったと言い、アームストロング博士が、すべて起きたことは偉大なプランの一部だと説明した、と語った。彼はむしろ笑いながら、こう言った。「あなたもよく御存知の通り、起きることはどんなことでも、彼に言わせればプランの一部だったのですよ」」。

ほとんど確かなことだが、ハルはこのときまでに、どんなにわずかであったにせよ、キーチ夫人の教えやアームストロング博士が抱く信念に対して以前は持っていたかもしれない信頼を放棄してしまっていたのだ。ハルにとって、この運動のリーダーたちは素人だったのである。

カレッジビルグループの中心的なメンバー十五人のうち、十人が予言の失敗に対し、どのように反応したかに関する証拠をこれまで提示してきた——そのうち六人については議論したばかりであるし、決定的な日々をレイクシティで過ごした四人は前章で考察した。つまり、アームストロング博士と夫人、クレオ、それにボブ・イーストマンである。カレッジビルの残りの五人のメンバーについては、彼らのリアクションに関するデータが、せいぜいのところ断片的であり、ほとんど何も言うべきことはないので、彼らの確信については何らの結論も引き出すことができない。アームストロング夫妻の息子は、強固な信念を持ったことは決してなく、両親の行為の結果として、そのイデオロギーにコミットさせられてはいたが、二十一日の朝、ニュースを聴くために起きた後、ベッドへ戻り、その日はほとんど終日、壁に向かって誰とも話を交わすこともなく、ベッドから離れなかったのである。後になって彼が言わざるをえなかった内容から、仲間による嘲笑への恐れのあったことが証明されたが、それが彼の主だったリアクションであったようだ。彼の確信については、全く何の証拠もなかった。というのも、彼は、自分の信念について観察者たちと話し合うことを事実上拒否したからである。残りの四人のメンバーについては、ほとんど何もわからず、もっともらしい憶測すら支持できない。

しかしながら、これら四人の未知の人々の性格がどんなものであろうと、カレッジビル・グループが、じきに離ればなれになったことは明らかである。アームストロング博士が一月に町を去った直後に、グループを再び結集しようとする試みがなされたが、失敗した。この機会についてはすでに触れた。このミーティングに現われたのは、ジョージ・シェール、クレオ・アームストロング、ハル・フィッシャー、スーザン・ヒース、それにスーザンが十二月二十一日を一緒に過ごした友人、だけであった。ミーティングのかなりの部分はハルとクレオとの間の議論に当てられた。ハルは、ウィリアム・ダッドリー・ペリーの書いた記事の抜粋を読んだが、それはマリアン・キーチを攻撃しており、それに対してクレオは彼女を擁護した。我々が知りうるかぎりでは、これが最後に持たれたミーティングであった。その後の数カ月間に観察者たちは、ときおり、かつてのシーカーズのメンバーに偶然に出会った。観察者たちは、通例、暖く迎えられたけれど、彼らが十二月二十一日について、あるいは「過去の日々」について話し合おうとする試みは、通例、うまく行かなかった。かつてのアームストロング博士の弟子たちは、この問題全般にわたって話すことを望まなかったし、このことに関してはすべてを隠蔽したいようだった。

予言のはずれがカレッジビルのメンバーたちに及ぼした効果が、レイクシティのメンバーたちに及ぼしたものと非常に違っていたことは明らかである。我々が適切な情報を持っている六人の人々に関する証拠を検討してみると、キティ・オドンネルは、彼女自身が間違っていたとまぎれもなく断言していたことがわかる。ハル・フィッシャーは、二十一日以前にはどっちつかずであったのが、その後は、外部へ向かってアームストロング博士を馬鹿にし、予知は誤りだったと言った。ローラ・ブルークスは、自分の一般的な信念は変わっていないと主張したが、もはやグループと関係を持とうとはせず、予言の大失敗を正当化することを拒絶した。フレッド・パーデンも一般的には信念を保持していたが、洪水に関するアームストロング博士の見解に対しては懐疑的になっていた。スーザン・ヒースは、当初、自分の信念は損なわれていないと主張していたが、五月までには、もはや信じていないことを進んで認めた。そして、ジョージ・シェールは、当初は懐疑的な様子で反応していたが、後にアームストロング夫妻やローウェル夫人とミーティングを持ってからは、信仰を新たにしたのだった。

したがって、結局のところ、これら六人の人々のうち、三人が信念を放棄し、二人がより疑い深くなり、一人だけが、懐疑の時期を経ながらも、その信仰を維持した。スーザン・ヒースを例外として、カレッジビル・グループの誰も、予言の失敗の後は布教活動を行なわなかったようだ。実際、ちょうど記者たちが到着し始めるや否や、キティ・オドンネルはアームストロング家を離れ、ジョージ・シェールは自分がシーカーズのメンバーであることを隠そうと決めたのであり、そのとき、布教とは反対のことが起きていたように思われる。

要するに、我々がデータを有しているところの、カレッジビル出身者たちに及ぼした予言失敗の効果（例外は注記）は、確信を減少させることと、布教活動に対しては何ら効果がなかったか、あるいはそれを抑制したことであった。この結果は、レイクシティにおける一般的なパターンとは全く反対である。レイクシティでは、布教活動のうねりが起き、脱落者はわずか二人であり、懐疑心が増したのも二人だけだった。このように、カレッジビル・グループの大部分は、予言のはずれによって生み出された不協和を低減するために信念を放棄し、他方、レイクシティのメンバーたちの信念は堅固であり、信者たちから成る支持者のサークルをつくり出そうと試みたのである。

レイクシティとカレッジビルの違いを、予言の失敗の後における社会的支持の重要性を証明するものとして受け入れる前に、これらの違いに関して可能性のある他の説明を検討しておかなければならない。そのような説明を二つ考察しておこう。すなわち、コミットメントの程度の違いによる説明と、エラ・ローウェルの見解が確信に効果を及ぼしたという説明である。

他の説明の仕方で最も簡単なのは、カレッジビルの人々は元来、レイクシティの人々よりもコミットの程度が弱く、そのため、困難な現実に直面して、その信念をよりたやすく放棄できたというものである。コミットメントの度合は疑いもなく重要であるが、すべてを説明するわけではないことも確かである。キティ・オドンネルは、レイクシティの多くの人々と同じくらい強くコミットしていたことは確かである。ローラ・ブルークスは、勉学を放棄し、所有物を捨て去り、そしてクラスメートや両親の嘲笑や非難に出会ったのであり、おそらく、ボブ・イーストマンと同じくらい強くコミットしていただろう。しかし、キティの確信は予言のはずれの後には消滅してしまい、ローラのそれは減少し、そして、二人とも、布教活動を行なおうとする気持ちをいささかも表わさなかった。

大洪水を前にした最後の数日間に、エラ・ローウェルは、予知された洪水が起きないかもしれないということを強く示唆していた。このことが、キティやジョージ・シェールだけでなく、クレオ・アームストロングやボブ・イーストマンの確信をも弱めてしまったことがわかっている。この効果については、何ら証拠はないけれども、それがカレッジビル・グループの他のメンバーたちに対しても同じような仕方で影響したかもしれない、ということはありうる。実際、キティやジョージの確信と布教への意欲は、予言の失敗の直後にひどく弱められた。しかしながら、確信が弱められたという観点からの説明は、完全には満足の行くものではない。というのは、クレオとボブはレイクシティに行ったけれども、予言の失敗の後、確信と布教活動への意欲の強度はむしろ著しく増大したからである。

コミットメントがより弱く、かつまた確信が弱められたことが、レイクシティとカレッジビルの信者たちの違いに寄与したかもしれないということはもっともなことではあるが、我々がすでに引用した反例からして、これらの変数だけでその違いを説明できないことは明らかである。それでは、カレッジビルとレイクシティのグループの違いが、予言の失敗後の社会的孤立という要因によって最もよく説明できる、とする見解の意味するところをもっと注意深く検討してみよう。孤立というのは、単純に、仲間の信者が誰も、物理的にその場には居なかったということを意味する。一組を例外としてシーカーズの各メンバーは、十二月二十一日の朝とそれに続く数日に、せいぜいのところ賛成も反対も表明しない人々と一緒に、立ち向かったのである。悪くすると、シーカーズの見解に対して、あからさまに反対する人々と一緒だったのである。

十二月二十一日のニュース放送がもたらした効果は、大洪水に関連した確信とレイクシティが洪水には見舞われなかったという認知との間に、明白な不協和をつくり出した、ということである。そのような不協和がどの程度低減されうるかは、かなりの部分は、個人が得ることのできる外部からの支持の程度による。自身とはあからさまに対立する意見を持つ人々に囲まれたシーカーズは、彼らの強い不協和をそのままにするか、増大させるかにのみ作用しうる議論を聞いたのである。このような状況下で、懐疑心が増し、信念が捨て去られることがあったとしても、ほとんど驚くべきことではない。積極的な反対に出会うことなく、事実上、孤独に信念を守っていた人々も、社会的支持を獲得することは明らかにできなかったが、この社会的支持は、予言のはずれに対する正当化を正しいものとして受け入れるのに必要なのである。すなわち、不協和低減の開始に必要な条件なのだ。

他方、レイクシティでは、大部分のメンバーたちには、予言がはずれた後の時期に、絶えずまわりに仲間の信者たちが居た。レイクシティの人々は、社会的支持を得て正当化を受け入れることができ、したがって不協和を幾分低減し、当初の信念に対する自信を回復した。支持を与えてくれる、ともに信じる人々の存在は、そういった極端な予言の失敗から立ち直るのに不可欠な必要条件であるようだ。

これら二つのグループの各々において、一般的なリアクションのパターンから逸脱した者がいたことについてはすでに留意したが、それは、孤立という要因によって説明されるように思われる。レイクシティ・グループにおいては、クライド・ウィルトンとベルタの二人とも、予言の失敗後に確信が弱くなってしまったが、この両者とも、すでに留意した通り、予言の失敗後の時期を仲間の信者たちから孤立して過ごさざるをえなかったのである。カレッジビルでは、スーザン・ヒースだけが、十二月二十一日の直後の数日間において、信念の点で比較的動揺がなかったように思われる唯一の人間であり、布教活動を行なった形跡を少しでも示す唯一の人であった。彼女はまた、六人のうちで、十二月二十一日の丸一日をともに信じる人と一緒に過ごしたことを示すデータのある、唯一の人なのである。

エピローグ

十二月末、敵意に満ちた世界によって、レイクシティの一団はとうとうディアスポラ〔離散〕に追いやられてしまった。

しばらくの間、キーチ夫人にトラブルが起きていた。我々がすでに見た通り、惑星への植民と宇宙船による星間旅行を夫人が信じていたことが、男子生徒たちへの強いアピールとなり、秋のあいだ中、彼女のもとに彼らが集まった。しかし、十月までには、彼らの両親たちが警察に訴え、警察はキーチ夫人に対し、男子生徒たちを集めることを思いとどまり、集会をやめるよう警告した。この警告によって、夫人は、警察の行動に対する恐怖を身にしみて感じるようになり、その感情は決して消えることがなかった。

それから、十二月二十四日のクリスマスイブにキャロルを歌ったエピソードが、キーチ夫人の隣人たちの怒りを最高潮にまで募らせた。信者たちの一隊は、もはや臆することなくキーチ家の前に集まり、救済を求める最後の努力を行なった。彼らがキャロルを歌いながら宇宙人の訪れるのを待っているあいだ、およそ二百人の手に負えない野次馬たちが彼らを取り巻き、その群衆を統制するために警察の出動が要請された。その夜、警察にはキーチ夫人への苦情が殺到したが、そのなかには、平穏を乱すというものから、未成年者たちの非行を助長するというものまであった。クリスマスは平穏な一日だったが、十二月二十六日の朝には、キーチ夫人とアームストロング博士に対して、具体的な告発を行なう令状が発せられた。

警察自体は、法的機制を発動させることに気が進まなかったようだ。彼らは、キーチ夫人の夫に電話をかけて令状のことを伝え、もし彼の家で行なわれているミーティングや集会をただちに終わらせなければ、令状を執行するだろうと警告した。さらに彼らが強くほのめかしたのは、一旦、法的措置がとられると、コミュニティはキーチ夫人を精神病院に引き渡すこともできる、ということだった。キーチ氏は、家に居残っていたグループメンバーたち——すなわち、アームストロング夫妻とその三人の子どもたち、エドナとマーク・ポスト、ボブ・イーストマン、それにマリアン——にその警告を伝えた。それで、彼らは、ただちに逃亡の準備を行なった。

キーチ夫人とポスト夫妻は、クレオ・アームストロングとボブ・イーストマンに伴なわれ、郊外のハイベールにあるポスト家の隠れ家へ行った。マリアンは、その後の二週間、連絡を断ったままそこに留まった。彼女の警戒心はたいへんなもので、マスコミと外部の者たちを遠ざけただけでなく、ベルタ・ブラツキーのような、以前からのグループ・メンバーたちが夫人と話をすることさえも難しくしてしまった。彼らが逃亡してから数日のうちに、マリアンは、それまでの数週間よりも、さらに孤立してしまった。というのも、クレオ・アームストロングは自ら法的問題をかかえる父親と合流し、ボブ・イーストマンもクレオと一緒に出かけてしまったからだ。レイクシティのグループは、三人〔キーチ夫人とポスト夫妻〕までに縮小してしまった。ベルタは彼女らと合流することができなかった。というのも、夫がなおも、〔グループに参加すれば〕ベルタに精神鑑定を受けさせると言って脅迫しており、彼女は仲間の信者たちとの交わりを渇望していたけれど、あえて夫に逆らって、自分が正気かどうかを鑑定されるリスクを負うつもりはなかったからである。

ポスト家に留まっていた少数の核を成すメンバーたちも、ずっと心を乱さないままではいられなかった。一月初めには、マリアン・キーチはまだ警察のことを懸念しており、レイクシティ地域を完全に離れて、アリゾナのダイアネティックス・センターに参加することを決意していた。夫人は一人で旅行し、偽名を使い、空港で発見されないよう細心の注意を払った。それ以後、彼女にどんなことが起こったかは、正確にはわからない。しばらくの間、夫人は、守護霊たちからメッセージを受け取り続け、それを他の信者たちには郵送で伝達した。それから、我々に宛てた数通の普通の手紙によれば、彼女はなお外宇宙から、将来における何らかの行動や指令を得ることを期待しているようだった。

一月九日までに、レイクシティでは、グループが全く消滅してしまっていた。それでもエドナ・ポストは多くの信者たちと連絡を続け、情報交換所の役割を演じようとした。真夏までには、彼女は、エラ・ローウェルのまわりに居るグループと合流するため、スティールシティへ移ることをほぼ決めていた。マークの活動については何もわからない。

その間、アームストロング夫妻の生活もめちゃめちゃになっていた。十二月二十六日、レイクシティの警察から警告を受けた後、数分のうちにアームストロング夫妻は、カバンに荷物を詰めて、二人の幼い子どもたちを車に押し込み、カレッジビルへ戻る途上にあった。彼らの出発はあわただしいものだったが、予定していなかったわけではない。というのも、彼らにとっても、トラブルがしだいに大きくなっていたからだ。以前に指摘した通り、アームストロング博士の姉が、アームストロング夫妻は十二月二十一日の直前の数日間に二人の幼い子どもたちをおろそかにした、と考えて憤慨していたのである。彼らトーマスとデイジー・アームストロングは、洪水が予定されていた日の直前、その重大な出来事に備えるため彼ら自身がレイクシティへ行く際に、親切な人々のもとにではあったが、子どもたちをカレッジビルに残したのである。しかし、アームストロング博士の姉は、それをこんな風には見なかったのである。十二月二十三日に彼女は、二人の大人であるアームストロング夫妻が正気ではない旨を宣言してもらい、彼らの子どもたちの養育権と彼らの財産を手に入れるための申し立て書を提出した。アームストロング博士は、裁判所が任命した二人の精神科医による精神鑑定を受けた。彼ら精神科医の報告内容は明白なものであった。彼らが断言するところでは、博士は普通ではない思想の持ち主かもしれないが、「完全に正常」であった。申し立てはただちにしりぞけられ、アームストロング一家は、そのまま、自由に何でも望むことをやって構わなかった。博士とその妻は、カレッジビルを離れることが必要だと決心した。

その次の二週間のうちに、アームストロング夫妻は家を売り払い、カレッジビルの彼らの仕事を清算し、トーマスは彼が請け負っていた役割——すなわち、国中に守護霊の教えを広めるという巡回布教家の役割——に備えた。次の数カ月の間、博士は妻と一番下の娘を伴なって、バージニア州、フロリダ州、およびカリフォルニア州の、関心を抱いた人々のグループを訪問し、一、二度はカレッジビルへ戻ったのだった。最後に彼の消息を聞いたのは夏の初めだったが、彼はそのときもなお、その新しい使命に従っていた。彼は、空飛ぶ円盤の狂信者たちがカリフォルニア州南部のユニバーサル・ウィズダム大学で大会を開催した際、狂信者たちの大観衆の前で講演を行なった。

レイクシティの信者グループは、彼らのコントロールの及ばないさまざまな力——すなわち、法的措置や個人的な境遇に由来する何らかのアクシデント——によってちりぢりバラバラにされた。それから、いろいろな状況が重なって不動の信者たちを引き離してしまい、グループは、新たな回心者をたったの一人も得ることができなかった。彼らは拙劣な布教者たちだった。しかしながら、彼らがもっと有能な使徒であったなら、自分たちの機会をどう使ったかを考えてみるのも一興であろう。約一週間にわたり、彼らは全米中のトップニュースであった。彼らの思想に大衆的なアピールがなかったわけではなく、彼らは真面目な関心を抱く市民たちから成る数百人もの訪問者、電話、それに手紙を受け取り、さらに金銭の申し出も受けた（金銭については、彼らはいつも決って拒絶した）。さまざまな出来事があいまって、彼らに対し、そのメンバーの数を増やす本当にすばらしい機会を提供していた。もし、彼らがもっと有能であったならば、予言の失敗は終焉ではなく、始まりの前兆であったかもしれないのである。

方法論に関する付録

データ収集の面で参与観察者に大きく依存する研究においては、たいていの場合、このような観察者は、研究の対象である人々に観察者であることがわかっている。しかし、アームストロング博士とマリアン・キーチのまわりに集まったグループを調査した我々の研究では、観察者たちは、他の信者と同様な信心を持った普通のメンバーを装った。要するに、我々の調査は、グループメンバーたちが観察者たちの正体を知ることもなく、彼らの同意も得ずになされたのである。この状況は多数の問題を提起し、それらは詳細な議論に値する。

我々がグループの中心メンバーたちと初めてコンタクトを持ったとき、彼らの秘密主義と非信者に対する一般的な態度から、オープンには研究を行ないえないことが明らかになった。我々の基本的な問題は、したがって、メンバーたちの活動をカバーするのに必要な、十分な数の観察者たちを出入りさせる許可を得ることであり、これらの観察者たちがグループのメンバーたちの信念や行動に及ぼすかもしれない影響を絶対的に最小限に保つことであった。我々は、自らはグループ・メンバーたちに何かを指示することはせず、共感を示す聞き手となり、受動的な参加者であろうと試み、詮索好きで、他の人々が話してくれることはどんなことでも熱心に知ろうとした。後に示す通り、我々の当初の希望——運動に及ぼすいかなる影響をも回避すること——は、我々がコントロールできないような、またこのような研究を行なう過程に固有な、さまざまな理由から、いくぶん非現実的であることが判明した。この研究の他のいろいろな問題は、もっと戦術的な性質のものであった。我々は、グループのなかで何かが起きるときは、いつでもその現場に居合わせなければならなかったし、また、忘れたり、その後の出来事によって記憶が歪んでしまわないうちに、自分たちの観察を記録する機会をつくらねばならなかった。

出入りの許可を得ること

我々は、九月の末まで洪水の予知については知らなかったし、他の仕事の〔時間的〕プレッシャーのため、その一週間後までグループとの直接のコンタクトをアレンジすることもできなかった。十一月の初めを過ぎて、この運動が我々の仮説を検証するのに必要な諸条件を満たしていると判断できる十分な情報が得られた。何人かの適切な観察者を見出し、彼らに最小限のトレーニングを施すだけで、さらに一、二週間かかり、レイクシティとカレッジビルで、この運動に出入りする許可を彼らが獲得するのに、さらにほとんど同じくらい長い時間がかかった。これらすべてのことは、最大限に手早くなされなければならなかった。というのも、できるだけ多くの「予言の失敗に先立つ」データを収集することが死活問題だったからであるし、グループのなかで十分な場を得て、そのさまざまなメンバーに対し、比較的立ち入った質問をしても安全で居られるようになるのに、かなりの時間を必要とするだろうと予想したからでもある。最後に、この研究が我々の本拠地を遠く離れた地方で行なわれたため、観察者たちにトレーニングを施し監督するには、不利な状況であった。

我々の最初の問題は、二つの遠く離れた場所において、この運動への出入りの許可を素早く、かつ確実に得ることであった。時間のプレッシャーが厳しかったので、観察者たちを紹介するのに最も有効だという見込みのある方法なら何でも採用した。したがって、その手続きは、観察者になった人によっても、また場所によっても、いろいろだった。我々が最初にコンタクトをとったのはキーチ夫人だったが、夫人についての新聞記事が九月後半に現われて間もなく、著者の一人が彼女に電話をかけたのである。彼は名を告げてから、電話をかけたのは、夫人が記者に語った事柄について、特に洪水と空飛ぶ円盤の予知について、話をうかがってもよいか尋ねるためだと言った。彼は、たまたま「仕事で」後日レイクシティを訪れる予定があり、また、彼と自分の町にいる何人かの友人がこの記事を読んで興味を持ったので、衝動的に電話をかけたと言った。キーチ夫人は、電話では、自分の信念のどんな部分であれ、それについて話し合ったり、人々の信奉の度合といった類の事柄に関して詳しいことを述べたりするのは、気が進まなかった。電話をかけた著者は、その時点では彼女を訪問する都合をつけることができなかったので、後日の旅行の際に立ち寄ってもよいかと尋ね、承諾の返事を得た。

およそ十日後に、著者のうちの二人がレイクシティへ旅行したのだが、それは第一に、もし運動が存在するとして、その規模やメンバーたちの活動等々について、できるかぎり多くのことを知るためだった。著者の一人が到着した際、キーチ夫人に電話をかけ、翌朝彼女を訪問する約束をした。彼は自分がビジネスマンであると言い、遠距離旅行の機会を得たのでやって来たと説明した。キーチ夫人は、彼の職業に関しては完全に無頓着らしく、彼とその友人の数人が、頻繁に「集まって、円盤やそれに類した事柄について議論する内輪のグループ」をつくっている、という彼の説明を他愛なく受け入れてしまった。

夫人は、「自動書記」に関する自身の体験を喜んで話し出し、メッセージがいっぱい詰まったノートからその一部を長々と声を出して読み上げたが、全般にたいへん受容的で、友好的で、おしゃべりだった。夫人は洪水の予知については多くを言いたがらないようで、多くの情報を得るのに、いろいろと質問しなければならなかった。彼女は、レイクシティにどれくらいの「信者」がいるのかという質問に対してはつかみどころがなく、大洪水に備えて彼女や（もし、いるとして）その信奉者たちが何をしようとするのかを語ることについては、断固、石のように拒否した。幸いにも、デイジー・アームストロングが、そのときキーチ夫人を訪れていてインタビューの場におり、キーチ夫人が与えようとしなかった答えをいくつかもたらしてくれた。彼女はカレッジビルのシーカーズたちについて著者に語り、十二月後半に〔洪水に備えて〕アレゲニー山脈へ行くことにも言及した。

合計すると、著者はその朝、二人の女性に対してインタビューするのに三時間を費やし、その夕方には同僚とともに再びやって来て、その同僚のことをミネアポリスから来た仕事仲間だと紹介し、さらに三ないし四時間話をした。著者たちは帰るまでに、さらに情報が欲しいときは、再びレイクシティやカレッジビルを自発的に訪れてもよいという保証を得た。こうして、これら二人の人たちと知り合いになり、将来のコンタクトの基盤を確立することが容易になった。

著者の一人は、ほぼ三週間後、カレッジビルにアームストロング夫妻を訪ねた。この機会は、訪問に都合のよい最も早い時期を選んだのであるが、それでも、アームストロング夫妻の側に、その素早さと彼らの活動に対する我々の関心の強さについて、いぶかしく思わせるほどには、一回目のコンタクトと時期的に近くはなかった。この訪問の際は、シーカーズのメンバーたちに会い、ミーティングに出席するよう招待されることが我々の望みだった。我々は実際に多数のメンバーに会い、アームストロング夫妻と話したときには、洪水が襲うことになる直前に山の避難場所へ行くという、彼らのプランに関する重要な情報を得た。この情報にもとづき、我々はカレッジビルにおいて、その地域の観察者を何人か雇うことに決め、それに従って最初のアプローチをするため、社会学専攻の一人の男子学生の尽力を得た。

我々はこの観察者に対して、コミュニティ教会での「初級」シーカーズ（第三章参照のこと）の公開ミーティングに出席し、アームストロング博士と親しくなるよう試みることを教示したが、それは、日曜午後に開かれる「上級」シーカーズのミーティングに招かれることをねらいとしていた。すでに報告したように、この観察者は、アームストロング博士に関心を持ってもらうのに困難を経験した。「上級」のグループ・ミーティングへの招待を出させようとする彼の努力は、すべて不首尾だった。時間は過ぎて行き、貴重な観察の機会を失いつつあった。我々はそれ故、ある作戦をとろうと決めたが、これは、アームストロング博士が観察者に対して、何か「心霊体験」をしたことがあるかどうかを尋ねたことに示唆を受けたのである。それで我々の代表者〔すなわち観察者〕に、超自然的な出来事に関する「体験」があることを装わせることにした。

観察者はメキシコにしばらく居たことをアームストロング博士に話していたので、我々はそこでのフォークロアを借りて状況を設定した。観察者が語った話は次のようなものだった。彼は仲間と一緒に、メキシコの二つの都市の間で車を走らせていた。黄昏の頃、彼らは同じ方向へ行こうとしてヒッチハイクをしていた農民の老婆を拾い、後ろの座席に座らせた。老婆はすぐさま観察者たちに話をし始めたが、それは、今後起きる災害に関する警告に満ちた、長々とした説諭的なモノローグだった。彼らは老婆にほとんど注意を払わなかったが、しばらくして彼女が黙り込んだので、観察者たちは老婆が眠り込んだと思った。彼らは、本拠にしていた町のはずれに到着し、老婆がどこで降りたいのかを尋ねようとして後ろを振り向いた。が、老婆は消えていなかった！ 彼らは途中、全然止まることもなく、速いスピードで車を走らせていた。その老婆が話をやめてから、後部でドアの開いた音も、どんな種類の叫び声や物音も聞かなかったのである。

アームストロング博士の興味はすぐにかき立てられ、またたく間に観察者に対して、はるかに友好的な態度を表わすようになり、彼に興味を示し始めたのだった。観察者は、アームストロング博士の家で開かれるシーカーズの次のミーティングに出席するよう招待された。つまり、我々の代表者を受容してもらうという点で、作戦はまんまと成功したのである。

カレッジビルにおける男性観察者用の計画を練ると同時に、我々は、同様な能力を持つ若い女性を雇って訓練することに決めていた。男性観察者が初級シーカーズを通じてアームストロング夫妻に接近するのは困難だったことが警告となり、我々は、女性観察者を「心霊体験」で武装させ、この話を語らせるためアームストロング家へ直行させることに決めた。アームストロング家を訪れる前の数日間、奇妙な夢を見、そのためとても睡眠が妨げられた、と観察者は語った。彼女は、約一年前にアームストロング博士と専門的な相談をしており、そのとき博士は、「宇宙と波長を合わせる」よう彼女に促したのだが、この示唆が彼女の心にずっと引っかかっていたのだ。それ故、わけのわからない夢を見たとき、彼女はすぐさま彼のもとへ行って、アドバイスと助けを得ようと考えたのだ。彼女の夢は次の通りだった。「私は丘の斜面に立っていました。それは山ではありませんでしたが、しかし、正確には丘でもありませんでした。私は丘を見上げました。すると、丘の頂上に、身体のまわりに光を放ちながら男が立っていました。滔々とした奔流があり、猛烈な水があたりを流れていました。すると、その男が降りてきて、私を持ち上げ、水から救い出してくれたのです。私はほっとしました」。

この話に対するアームストロング夫人のリアクションは熱烈なものだった。彼女は観察者を暖く迎え入れ、この訪問者に対して、ただちに外宇宙の守護霊たちのことを教え始めた。一時間もしないうちに、観察者は信念体系について教え込まれ、予知された洪水や空飛ぶ円盤の使命やそういった類の事柄に関する話を聞かされた。アームストロング博士が仕事から帰って来たとき、彼の妻は観察者のことを「派遣されてきた」者だと誇らしげに紹介した。そして、アームストロング夫妻は、彼女の「夢」を解釈し始めた。次の数日間、観察者はさらに数回、シーカーズの他のメンバーたちに向けて、その「夢」を語るよう迫られ、最後には、テープをレイクシティへ送ったり、遠隔地に居る人々に聞かせられるよう、録音することを頼まれた。再び、我々の計画は首尾よく行き、グループに参加できるようになった。

しかし、あいにく、それはあまりにも首尾よく行き過ぎた。つまり、グループのメンバーたちの信念に合わせて話を仕立て上げ、そうして観察者たちが承認を得る努力をする際、あまりにもうまくやり過ぎたのである。

我々は、守護霊たちが人類を注視しており、大洪水や信念体系に関する特別な指示を求める選ばれた人々をグループのもとへ「派遣して来ている」、とする彼らの信念を意図しないうちに強化してしまったのだ。アームストロング博士が当初、男性観察者に対して冷淡だったので、我々は「夢」の持つ強力な効果を過少評価してしまっていた。きっと、その夢の効果は、男性観察者の話のすぐ後に出て来たことによって、拡大されてしまったのだ（わずか二、三日しか間を置いていなかったのである）。

レイクシティ・グループへの自己紹介では、観察者たちは、あまり面白くはない、むしろありふれてさえいる話をした。男性観察者はキーチ夫人に対し、九月に夫人についての新聞記事を読み、もっと早く彼女を訪ねようと思っていたが、とにかく全然その機会がなかったと語った。それにもかかわらず、彼はずっと関心を抱き続けてきたのである。もっとも、何を知りたいかについては、はなはだ不確かであった。彼はただ、新聞記事以上のことを知りたかったのである。

この自己紹介に対するキーチ夫人の反応は好意的なものであった。ただ、アームストロング夫妻がカレッジビルの観察者たちを迎えたほどには、熱狂的なものではなかった。夫人はその男性観察者に対して、どのようにメッセージを受け取るようになったか、メッセージが空飛ぶ円盤とどう関連するのか、彼女のたくさんの書き物が持つ意義、等々について自発的に語った。夫人は、こういったことを説明するのに二、三時間を費やし、彼にお菓子を出し、そして、彼がまた戻ってきてもよいかと尋ねたとき、こう言った。「私の家のドアはいつも開いています。どうか自由に戻って来て下さい」。

レイクシティの女性観察者は、幾分異なるアプローチを採るよう指示されたが、それは偶然の一致が生じるのを避けるためだった。彼女は、男性観察者が訪れる一日ほど前にキーチ夫人を訪問し、以下の話をした。彼女はそれ以前から、自分の住居と職場の両方がある近隣の地方において、倫理的および宗教的な諸問題に関心を抱く人々のミーティングに出席していた。議論が空飛ぶ円盤の話に移ったとき、彼女の隣に座っていた男が、もし観察者が本当に空飛ぶ円盤について知りたいのなら、キーチ夫人を訪問すべきだという意見を述べ、彼女にキーチ夫人の住所を教えてくれたのだった。観察者はこのアドバイスについてしばらく考え、それから衝動にかられて来たのだ。彼女は少々不安を感じているようで、「ちょっと馬鹿みたい」で「なぜやって来たのかよくはわからない」が、「ただ空飛ぶ円盤に好奇心がある」と言った。

キーチ夫人はここでも好意的な反応を示し、この若い女性を家のなかへ招き入れ、暖く迎えた。そして、空飛ぶ円盤やその乗組員との交信について語り始めた。彼女は、リヨンズフィールドにおけるサイスの話をし、アトランティスとムーとの「戦争」に触れ、観察者のためにサナンダから「教えを得てあげる」と申し出た。合計約四時間にわたって信念体系について語ったが、来るべき十二月二十一日の大変動をもたらす洪水については、一度も言及しなかった。この観察者は、また戻って来てよいかとキーチ夫人に尋ね、夫人は許可を与えたが、ただ、誰か他の学生が教えを受けているときは来れないので、来る前には電話をするよう注意した。

レイクシティの観察者たちがキーチ夫人にした、この比較的ありふれた、特に変わったところもない話にもかかわらず、キーチ夫人はその後、アームストロング夫妻がカレッジビルの観察者たちについて行なったのと同様に、彼女の家の戸口に彼らが現われたことを大いに利用した。キーチ夫人は、想像力によって状況をいくらか脚色し、最初の観察者が訪れて一週間もしないうちに、グループの他のメンバーたちに次のように説明していた。ある少女が彼女の戸口にやって来たのだが、あわてふためき興奮しており、手を握りしめていたのだけれど、あまりの恐怖に口も聞けなかった。その少女は、自分がなぜここへ来たのかわからなかったのだが、明らかに彼女は、守護霊たちによって「派遣」されて来たのだった。それから、キーチ夫人は付け加えて言った。ある男も訪れ、彼もなぜそこへ来たのかわからず、混乱しており、狼狽し、そして用件がはっきりしていなかった。夫人が詳しく述べたのは、観察者たちの当惑と感情的な様子だけでなく、彼女自身が彼らに対して暖く応対し元気づけたということだった。彼女の説明は、カレッジビルでアームストロング夫妻によって再び語られたのだが、それは、観察者たちが彼らを訪問したことに関して、レイクシティで語ったことをさらに彼らなりに改変したものだった。その両方のケースにおいて、その訪問は、「奇妙なことが起きつつある」ことを例証するものとして取り上げられたのだった。

こういった説明を聞いたグループのメンバーたちは、こんなふうに数日の間に急にメンバーが増えたことで感銘を受けたように思われる。かなり小さなグループに、十日もたたないうちに四人もの新しい人々が加わったことが、既存のメンバーたちの確信の状態に影響を及ぼしたということには、ほとんど疑問の余地はない。とりわけ、この信念体系に対する一般の人々〔住民〕の無関心の度合が大きく、カレッジビルやレイクシティのいずれにおいても、ほとんど問い合わせや新入りがなかった時期に、これら四人が現われたように思われたから、なおさらであった。すべてのうちで最も重要なことは、おそらく、既存のグループメンバーたちのお互いの友人や知人のいずれをたどっても、四人の観察者のところへは行き着かない、ということである。したがって、新入りの会員を獲得する場合に予想される最もありふれたチャンネルは、明らかに彼らの出現の源泉ではなかった。それはあいにく、避けることのできない結果だった——我々は、信者たちのいる両都市で、その地域の観察者を得る以外に選択の余地はなかった。それは素早くなすべきだったし、観察者たちがグループのなかを動き回り、質問し、そして回答を得ることを期待してもおかしくない程度に十分受け入れられるため、あえていろいろと「売り込ま」ざるをえなかった。彼らを長いこと、周辺的なメンバーあるいは未知の者にしておくほど、我々に余裕はなかったのである。

もう一人別な観察者は男性だったが、クリスマス以前はグループとコンタクトをとっていなかったのに、そのクリスマスの日、キーチ家を訪問し、最近の出来事に関する新聞記事を読んで、何が起きつつあるのかをもっと知りたくてやって来た、とだけ言った。彼の入会には何ら問題がなかった。すでに指摘した通り、彼は簡単に入会を認められ、宇宙人だと見なされたのである。もっとも、彼は、地上における生まれと職業（ＩＢＭのオペレーターだったが失業した）について、一番率直に話をしたのであるが。

彼が予言の失敗後の段階で現われたことが、おそらく確信の状態にも影響した、ということは明らかなようだ。というのも、彼は、予言の失敗後にグループが引きつけた唯一の新しい会員だったからである。グループは、彼の訪問にそれ自体の意義を付加した。この新しい観察者は、観察のカバー範囲を維持するため導入された者であった。レギュラーの観察者たちと著者たちは、この時点でほぼ十日間、ほとんどフルタイムで「任務に当たって」きたので、疲れ切っていたし、個人的な用事も片づけなければならなかったからである。

メンバーシップの維持　観察者の役割を遂行する上での大きな問題は、必要な程度に友好的になることだった。すなわち、重要な機会に居合わせることができ、他の人々にかなり個人的な質問をすることが許されるのに十分なほど受け入れられ、かつ、グループ活動にとけ込みはするが、それでも他方で、コミットメント、布教活動、確信を示すといった行為、あるいは運動の方向を指示する行為は、一切避けることであった。すでに、観察者たちがグループに加わるだけで、少なくともアームストロング夫妻とキーチ夫人の確信がどれほど高まる傾向にあったかということは示した。しかし、観察者たちがメンバーとして直面した状況がどのようなものであったか、二、三の例を示せば、彼らが出会った困難とそれを彼らがどう処理しようとしたかがわかるだろう。実際、我々は、完全な中立を守るという目標は達成できなかった。さまざまな時点で、観察者たちが何らかの行動をとらざるを得ない事態が持ちあがったし、彼らが何をしたにせよ、その行動はグループの発展状況に何らかの影響を与えたことであろう。

観察者たちに対する最も明白な種類のプレッシャーの一つは、グループのなかで好かれたり行動したりするために、さまざまな種類の責任を果たすことだった。最も明白だったのは、著者の一人が十一月二十三日に遭遇した事態だった。その日、マリアン・キーチは、彼にその夜のミーティングをリードするよう求めたが、事実上は、彼に命令したのだ。彼の対応策は、グループが静かに瞑想し、インスピレーションの湧くのを待とう、と提案することだった。その後に続いた苦悶の沈黙を破ったのは、ベルタが初めてトランス状態に突入したことだった（第三章参照のこと）。それは、沈黙によって、また、著者が任務を全うできなかったことによって、可能になったのは明らかだった。その長いミーティングにおいて再び二度にわたって、マリアン・キーチが著者に、グループのための「メッセージを持ってきた」のかどうかを尋ねた。任務を遂行することを三度拒否するに至るまでに、彼は、自分が明らかに無能だということが、これまで注意深くグループのなかで培い、育んできた良好な関係を傷つけはしまいかと心配し始めていた。

レイクシティにおける二人の「地域〔で調達した〕」観察者たちも、十二月半ばのいろいろな機会に、仕事をやめて、すべての時間をグループに費やすよう、プレッシャーを受けていた。一人の観察者は、自分のプランについて述べることを頑固に一切避けていた。もう一人は十七日まで成り行きをみて、それから仕事をやめたことを告げた。しかし、観察者たちがこういった要請を回避したり、ただちに仕事をやめることができなかったことは、彼らにとって困ったことであり、グループとの良好な関係にとって脅威となるだけでなく、すでに仕事をやめたメンバーたちに対しては、その彼らが正しいことを行なったという確信を弱める効果があったかもしれない。要するに、メンバーとしては、観察者たちは中立ではありえなかった――どんな行為も何らかの結果を伴なったのである。

もう一つ行動を要求されたのは、意見がグループのなかで分かれたときに、どちらかある立場をとるよう観察者たちにプレッシャーがかけられた場合だった。これを例証するのは、造物主が菜食のルールを廃止した後の十二月四日のミーティングにおいて、ベルタがキーチ夫人の家に肉を持って帰った際、観察者たちが直面したジレンマだった。グループの大部分のメンバーは進んで肉を食べたが、キーチ夫人はそれを控えた。観察者たちがどんな行為をとったとしても、サナンダと造物主のどちらかを選ぶことになった。この場合、観察者たちは、肉を食べるのは控えることにした。

観察者がもう一つのタイプの困難に直面したのは、彼らがときおり、外部の者たちと直接やり取りせざるをえない場合だった。十二月半ばに、特に十八日から二十日にかけて、レイクシティの観察者たちは、ときに電話に出るという仕事を与えられた。それを避けることができない場合、彼らは注意深く詳細な指示を求め、厳密にそれに従った。一、二度、彼らは、電話をして来た者たちと信念体系について議論するよう求められた。通例、観察者たちはそのような機会を、問い合わせて来た者たちへのインタビューに変えようとしたが、電話をして来た者からの直接的な質問を常に避けるというわけにはいかなかった。そのような質問はいつも個人的に当惑を感じさせたが、グループの「真の」メンバーが観察者の受け答えを聞ける場所に居たときには、作戦的にも面倒なことだった。我々が言えるかぎりでは、後者の危機においては、電話をかけてきた者に明確な確信を抱かせたり、メンバーの間に疑いを起こさせたりすることなしに切り抜ける道を探した。もっとも、観察者たちの知性と信念体系に関する知識に関わることになった人々については別であった［その知性と知識のレベルは疑いを感じさせたかもしれない］。

観察者たちが首尾よく秘密にしていたグループ外のコミュニケーションのネットワークが、ときおりグループのメンバーたちの間に、非常に貴重ではあるが意図せざる解釈をもたらした。これらのチャンネルを通じて、著者たちはレイクシティで開かれた二度のミーティングのことを知ったのだが、これらはキーチ夫人から「公式に」は知らされていなかったので、これらの日に彼女を訪問するための招待を要請した。彼女が後に言ったことから明らかなことだが、彼女は、我々がミーティングを予期する手段を超自然的な源泉から得ている、と考えていた。一度我々は、観察者の一人がキーチ夫人に告げていた個人的なプランを変えさせたのであるが、それは、我々の側の人手が不足していると思われたミーティングに彼を出席させるためだった。彼が予期せざる（そして招かれざる）出席をしたことについて、何らかの説明をしなければならなくなり、彼は、プランを変更したのは衝動的だったと言わざるをえなかったのであるが、ここで再び、大部分の人々なら奇妙な偶然の一致と見なしたかもしれないことを、キーチ夫人は、守護霊たちが重大な影響力を行使した結果と解釈したのだった。この種の全能さこそ、著者の一人が守護霊への「彼自身の情報チャンネル」を持っているのではないか、と疑わせたものだった。

最後に、活動へ参加することを絶対的に拒否する以外には、信者たちに対する影響を避けることが完全には不可能であることを強く浮き彫りにする、ある出来事について述べておこう。十二月三日から四日にかけてのミーティングの終わりに、ベルタは、個々のメンバーと彼女を通じて語る「造物主」との間で「私的な相談」をするために座っていた。すべての観察者たちが、本分を守って、造物主に対して一、二の質問をし、受け身的に答えを受け入れ、丁寧な形でできるだけすぐにその状況を終わらせようとしていた。ところが、最後の観察者がこの儀式を通過しようとした際には、単に受動的で非指示的であることを許されなかったのである。霊媒の声が、数分にわたってうなり続け、それから言った。「私は造物主だ」。次にその声が観察者に尋ねた。「「私は造物主だ」と言うとき、おまえは何を見るのか？」これに対して、観察者はこう答えた、「何も」と。ここにおいて、その霊媒の声はこう説明した。「それは何もないというのではない。それは、虚空なのだ」。霊媒はそれからさらに迫った。「おまえは虚空に光を見るか?」観察者はこの難問にもがき、こう答えた。「虚空に光ですって?」そして、それへの応答として、「虚空に広がり、かつそれを覆う光」についてのさらに詳細な説明を受けたが、しだいにこまごまとした説明の氾濫状態となり、それが終わったのは、霊媒が、他のメンバーたちを部屋に招き入れ、観察者はたった今「創造を目撃することを許された」と断言したときだった！　霊媒はさらにこう述べた。この「出来事」によって、彼女〔霊媒〕が造物主の声で話すことの効力は確証された。というのも、彼女の声で「私が造物主だ」と言うたびに、観察者は創造の幻影を見たからだ！　この種の手に負えないつくりごとにかかっては、どんなにとぎすまされた非指示的な反応テクニックも無力なのである。

したがって、最善を尽くしたにもかかわらず、我々は運動に対しては、確かに何らかの影響を及ぼしてしまった。あるいはひょっとして、我々の影響力を示す大きな事件のことを長々と話して、観察者たちの影響を過大に述べてしまったかもしれない。しかし、我々の存在自体が、そして我々の行動のあるものが、彼らの確信や行動に対して支持を与えたのは確かである。他方、いかなるときでも、我々が布教活動に対して何らかの影響力を行使したということは、絶対になかった。この点については細心の注意を払い、我々にとって一番重要な従属変数〔布教活動のレベル〕に対しては、いかなるインパクトを与えることも完全に首尾よく回避できたのである。

観察者たちとその仕事　観察者たちはすべて、心理学科あるいは社会学科の学生かスタッフメンバーのいずれかであった。それに加えて、皆、それ以前に面接あるいは観察技法の点で、ある程度の経験を持っていた。

それぞれの地方のチームには、男性と女性を一人ずつ観察者として含めていた。したがって、被験者からデータを集めるのに、同性のインタビュアーの方が有利な場合には、それを利用することができた。そのことによって、ある種の予期しなかった利点を得られることもわかった。というのは、女性の観察者たちは、短い期間、キーチ家やアームストロング家に住むことによって、たくさんの情報を獲得することができたからで、これは、男性なら果たすことがもっとずっと困難な役割であっただろう。

観察者たちに与えられた仕事は、必然的に、内容が確定していたものではなかった。その一番の理由は、彼らの観察すべき事態が、極度に流動的で予測不可能だったことである。観察者たちは、この研究の諸目的に沿った短期間の「トレーニング」を施され、我々が収集することに最も関心を持っていた情報の種類についての教示を受けた。彼らが教わったのは、我々が知る必要があるのは運動に加わっている各個人についてであり、それぞれの個人がどの程度、信念体系のさまざまな諸要素の真実性を真摯（しんし）に確信していたかということだった。さらにそれは、運動に参加しコミットする際にとった（あるいは、とりそこねた）行動の種類であった。そして最後に、それぞれの個人が、信念体系の布教あるいは伝道に従事した度合であった。加えて、観察者たちが留意するよう教示されたのは、どのようなものであれ、信念体系における変化や発展を示すメンバーたちの活動や発話であり、将来の行動プラン（とりわけ、大洪水を切り抜けることに関するもの）であり、そして個人史のいかなる項目であれ、メンバーたちがどのようにして運動に関心を抱き、積極的になったのかということに光を投げかける可能性のあるもの――とりわけ、そういった項目で、確信、コミットメント、それに布教活動にいっそうの光を投げかけるもの――であった。したがって、観察の当初の目的は、信奉者のグループが存在するのかどうか、彼らはどんな人々であるのか、そして、彼らがどのくらい確信を持ち、コミットしていたかということを確定することであった。

観察の前半の段階における第二の重要な仕事は、大洪水の日が近づくにつれて、運動のメンバーたちがどのような行動をとるのかを見出すことであった。我々にわかっていたことは、予言が失敗し、そこから立ち直る段階に参与することが必要不可欠であろうということであり、また、グループが山岳地帯の「安全な場所」へ出かけるというプランに対しても、大きな関心を抱いていた。どんな特定の場所にせよ、何人のメンバーが、あるいは誰が、行こうとするのかがわからず、何人の観察者が必要になるかもわからないので、移動する人々に同伴したり、真冬に丘の中腹で、いつ起こり、いつまで続くかわからない予言失敗の期間中、彼らと一緒に暮らすのに必要な、人員、装備、そして旅装について、たいへん懸念していた。

最後に、イデオロギーそれ自体が変化する可能性がありそうだったし、リーダーたちのインスピレーションは予測不可能なものに思われたので、我々はほとんどどんな偶発的な出来事にも備えなければならなかったが、そのなかには、恐れていたことだったが、予言の日付が変更されたり、延期されたり、あるいは放棄されるという可能性もあった。それは、神経をいらだたせる不確実さであり、十二月二十日の真夜中に待機を行なった、まさにそのときまで我々にまとわりついていたのである。

このように、ここでの観察の仕事は、コミュニティに関する研究や、定期的にミーティングを開き、かなり確定した活動プランを持った、安定した組織立ったグループに関する研究において見出されるのとは、異なっていた。我々は、特定の活動ないしは相互作用が、定期的にくり返されることを当てにするわけにはいかなかった。シーカーズのミーティングの一、二回を例外として、どんな組織的活動であれ、それがいつ行なわれ、また、どこでなされるのかを、二、三日前より先に知ることはめったになかったのである。リーダーたち自身が、彼らへの指示が別な世界から来るため、その活動に計画的な一貫性を与えることができず、将来についてのどんな質問に対しても、彼らは、指令を待っているのだと言い張ることによって、常にきまって肩をすくめて退けた。したがって、我々は、観察者たちにできるだけ多くの責任と自律性を与え、その行動を決定するのに、彼ら自身のイニシアティブと、そこでの状況を心得ていることにまかせざるをえなかった。しばしば気まぐれに支配されているとしか思えない運動に、ただただついて行こうと努めるだけの混乱状態のなかでは、観察の厳密さと系統性という問題は二の次であった。

実際上のあらゆる目的からすると、集中的な観察期間が始まったのは、予知された洪水の〔日付の〕ほぼ一ヵ月前からだった――つまり、十一月十九日からである。この日から集中的な観察の終わった一月七日までの間に、カレッジビルでは二十九日間、レイクシティでは三十一日間、観察を行なった。この間の訪問あるいはコンタクトのうち、あるものは短いものであった――たった一、二時間だった――が、その他の場合には連続して十二時間ないしは十四時間に及んだ。観察は、予知された洪水の日が近づくにつれ、さらに徹底したものになった。カレッジビルでは、十二月九日から二十四日まで毎日観察がなされ、レイクシティでは、十二月十四日から二十七日まで毎日なされた。両方の地域で、十七日から二十二日まで、起きている時間中は、ほとんど常に少なくとも一人の観察者が張りついていた。実際、この期間中、女性観察者たちは、あらゆる実際的な目的に備え、キーチ家とアームストロング家に住み込んでいた。レイクシティの観察者が、十七日にグループに対して、もう私は仕事をしていないと告げると、キーチ夫人は彼女に引っ越して来るよう誘ったのであった。カレッジビルでは、アームストロング夫妻が十三日にレイクシティに向けて出発した際、彼らはただ、その家に居た観察者が喜んで家に残り、彼らの子どもたちの面倒を見てくれることを当然なことと考えた。彼女は足止めを食らい、それについてはどうしようもなかった。

観察を行なった範囲についての以上の説明から、我々が、運動における大きな出来事や展開に際して、観察者を張りつけるために手配をし、また、そういったことを正しく予期できなかった場合には、直後にその現場で誰かをつかまえて、一人以上の参加者から、何が起きたのかについての説明を得ることはかなり首尾よく行った、ということが明らかであろう。十一月二十日から一月七日までのグループ・ミーティングのそれぞれにおいて、代表的な人間〔からの証言〕を得たことは確かであったが、ただ一つ直接にカバーできなかった大きな「出来事」は、十二月二十四日にキーチ夫人の家の正面の芝生で歌われたクリスマスキャロルだった。

観察者が疲労困憊(こんぱい)してしまったため、マリアン・キーチとエラ・ローウェルとの間でなされた会合(十二月十二日から十三日)に関しては、我々が欲したほどの完全な説明は得られなかった。しかし、我々は、最低限必要な細部の情報を手に入れ、したがってその会合の意義もつかんだと信じている。さらに我々が観察期間中にカバーできなかった二、三の小さな出来事もあった。つまり、十二月五日にベルタの家でなされた他の人々によるミーティング、十二月六日にアームストロング夫妻がエラ・ローウェルを訪ねたこと(ただし、この場合には、ブラウニング博士のスピーチのかなり完全なテープ録音を聞いた)、十二月十六日に空飛ぶ円盤クラブでの公開講演の後で私的に持たれた小ミーティング、そして、この種の他のもろもろの出来事である。それらの意義については、参加者たちの事後的な説明によって明らかになった。

完璧な観察は不可欠ではあったが、また困難でもあった。観察者たちの訪問の多くは、情報を生み出すという点では比較的生産性が低かった(もっとも、どんな訪問であっても、完全にムダだったこともほとんどなかったが)。それはただ、前回の訪問後に何も新しいことが起きていなかったり、メンバーたちが「重要な出来事が起きる」時期に備えて待機するということ——どちらかと言えばつまらない活動だった——に従事したりしていた、という理由からだった。特別なことが何も起きなかったときは、観察者たちは通例、背景的な情報を得たり、メンバーの間での噂や報告を二重にチェックしたり、確信や布教活動の度合を尋ねたりし、そして、もしそれ以上のことが起きなければ、信者との間に良好な関係を築くことに引き続き努めた。

観察を計画通りに行なうことが困難だったのは、何かが起きそうなときに、元気があり油断なく注意を払える観察者を常に任務につける、ということが不可能に近いためでもあった。観察するということは、この研究にあっては、神経をすり減らす仕事であった。絶えず観察者の懐疑心を引き起こすイデオロギーに向き合いながら、その感情を隠さねばならず、受容的で受け身的な役割を演じなければならないことから生み出される緊張に加えて、観察者たちはしばしば、知りえた事柄を記録する機会も得られず、長時間にわたってグループにとどまっていなければならなかった。ときには、キーチ夫人やベルタによって長時間そこに居ることを義務づけられた。彼らは、出席の恒常性についてのルールを制定しようとしたのだ。ときには、事情があって、重大な局面で観察者はその観察という仕事に張りつけられ、息抜きを要求することができなかったり、息抜きの機会が生じなかったりした。

観察者たちは、この仕事だけでなく、処理すべき自分たち自身の日々の生活もあったし、ときには病気になったり、睡眠不足から疲労困憊することもあった。この仕事は、しばしばいらいらさせるものであったが、それは、(我々の主要関心の観点からすれば)無関係なことが徹夜ミーティングの時間の非常に多くの部分を占めたことや、言われたことの多くがくり返しであったことや、また、イデオロギーのるつぼを形成する種々雑多な信念の非一貫性のせいだった。この最後の側面は、注意や記憶に緊張を強いられ疲労をもたらすものであっただけでなく、観察者たちはそれをすべて確かなものにしておき、後でできるだけ正確にそれを書きとめる責任を感じていたがために、いらいらさせられもしたのであった。

観察の記録　観察者たちによって集められたデータは、彼らが居るところで起きた出来事を逸話的に説明する、という形であった。すなわち、少し前あるいは別なところでメンバーたちがとった行動に関して観察者たちになされた報告であったり、メンバーたちとのインタビューや会話において引き出された事実あるいは態度に関連したデータであったり、また、グループ全体に対してなされたお話や主張の内容であった。観察がなされた状況では、たった一度の場合を除いて、あからさまにメモをとることは不可能だった。その例外は十一月二十三日のミーティングで、そのときは造物主がメモをとるよう命じたのだった。また、メモを個人的に、あるいは秘かにとることもむずかしかった。というのも、観察者たちは家のなかで一人になることはめったになかったので、一時的にグループを離れるため、言いわけを見出すのに十分な程度に如才ないことが必要だった。ときおり用いられたやり方は、トイレでメモを書くことだった。ただし、これは完全に満足の行く方法とは言えなかった。なぜなら、あまり頻繁にトイレに行くことは、疑いを起こさせなくとも、おそらく不思議に思われたであろうからだ。それで、ときにはリレー式にトイレを用いた。たとえば、十二月二十一日の朝は、すべての観察者がたいへん疲れ切っていて、自分たちの記憶にあまり頼りたくなかった。そこで、一人がメモをとりにトイレに行っている間は、他の人々は残って話を聞いたのだった。

ときどきは、観察者がそっと抜け出して裏庭のベランダへ行き、暗がりのなかでメモをとることができた。ミーティングの休憩時には、観察者たちは新鮮な空気を吸いに頻繁に外へ出歩き、そうしてさらに機会を得た。たとえば、アームストロング博士が著者の一人に対して、十二月二十一日の未明三時半という重大な時刻において、疑念を捨て去るよう促すのをやめた後、アームストロング博士は部屋のなかへ戻って行ったが、著者の方は、一人で考える必要があると言いわけして外に残り、すぐにそのエピソード全体を書きとめた。

他の場合には、会話やインタビューやその他の内容は、テープレコーダーに吹き込めるときまで覚えておくというふうに、記憶に頼らざるをえなかった。観察者は皆、そのような装置を利用でき、メンバーたちとコンタクトを持った場合、その後できるだけすぐに、観察した内容を吹き込むよう指示を受けていた。普通、そういった吹き込みは、観察場所を後にしてから数時間以内に完了することができた。もっとも、ときどきは、観察者が徹夜のミーティングに疲れはて、眠りについた後〔起きる〕まで、吹き込みを延ばさざるをえないときがあった。しかし、我々のデータの大部分は、観察者がコンタクトを終えてから三、四時間以内に、テープに録音したものだった。レイクシティグループについて二十四時間ぶっ通しの観察を行なった期間中（十二月十七日から二十二日までの間）は、キーチ夫人の家から半マイル〔約八百メートル〕ほど離れたホテルに一時的に本部を置き、観察者たちが三台のテープ録音機を忙しくフル回転させてメモを吹き込んだ。この時期に得られた資料の大部分は、〔キーチ夫人の〕家を出て一時間以内に録音されたものだった。

合計すると、観察者たちの報告は、一時間テープほぼ六十五本に吹き込まれ、テープを起こすとほとんど一千ページものタイプ原稿になった。それに加えて我々は、じかに記録した〔逐語的な内容の〕約百ページのタイプ資料も蓄積していた。この後者の資料には、さまざまなものが含まれている。マリアン・キーチとアームストロング博士が空飛ぶ円盤クラブで話をした際、我々は手配して特別にアシスタントをこの公開ミーティングに出席させたのだが、彼は小型テープレコーダーでほとんど全セッションを録音するのに成功した。

我々の逐語的な資料のなかには、電話での多くの会話も含まれている。十二月二十一日の夕方からずっと、グループは、守護霊たちからの指令が電話を通じて送られてくるかもしれないと期待し、かかって来た電話をすべてテープに録音していた。グループは、観察者の一人がこれらのテープを借り出すことを非常に喜んだが、我々はそれらのテープを起こしたのである。それに加えて、カレッジビルの観察者たちは、エラ・ローウェルのテープの多くも起こすことができた。我々はまた、キーチ夫人による最も重要なメッセージの多くについて、逐語的なコピーや、ときにはそのオリジナルも保有している。

我々が収集した資料は、それ故、一方の逐語的な記録ないしは書かれた文書から、他方の非常に長いミーティングのハイライトを要約しただけの二、三の報告に至るまで、正確さの点ではさまざまである。ただし、直接の観察が始まるまでに起きたいろいろな出来事に関しては、主として回想的な資料に頼らざるをえなかった。

我々はこれまで、文書やじかに行なったテープ録音から直接引用してきたが、その他、直接的な引用のかたちを用いたのは、観察者が会話について、それがなされてから数分以内にメモ書きするチャンスがあった場合か、ある重要な声明を特に忘れずに逐語的に記憶し、その趣旨についての注記を付して記録にとどめた場合の、いずれかだけであった。

要約 研究内容を報告した諸章からだけでなく、以上の記述からみても、読者にとってはっきりしているのは、本研究を実施するのに用いられた手続きが、多くの点で社会科学の正統的なやり方からははずれている、ということであろう。ここで、これら逸脱点のいくつかと、それらを必要とした諸事実について、要約しておきたい。

まず第一に、我々が、社会心理学の一連の標準的なテクニカル・ツールに頼ることができなかったことは明らかである。我々の得た資料は主に、数量的ではなく、むしろ質的なものであり、観察したことを簡単な表にまとめることすらむずかしかった。この運動が完全に新奇なものであり、予測がつかなかったため、時間のプレッシャーともあいまって、出来事、行動、声明、感情、その他について、標準的な分類カテゴリーを開発することもできなかった。また、グループのメンバーたちに何らかの標準的な測定道具、たとえばアンケートや構造的インタビューを用いて、予言失敗前後の指標を比較することも、試みてもきっとできなかったことであろう。

実際のところ、我々は、観察の仕事と同じくらいに、探索的な仕事にも直面していたのである。まず最初に、たえず人の話を聴き、探りを入れ、問いただしながら、誰がグループのメンバーであり、彼らがどの程度真面目にイデオロギーを信じているか、信念と一致したどんな活動を彼らが行なっているか、そして、彼らがどの程度、布教を行なったり、他の人々を確信させようとしているかを見出さねばならなかった。その後、引き続き、この種のデータを蓄積し、同時に、運動のなかで次に何が起きつつあるのかをさらに問いただきなければならなかった。つまり、次のミーティングが行なわれる場合、誰が招かれ、グループ（あるいは諸個人）はどこで洪水を待ち受けようとしているのか、といった質問であった。さらに我々は、この探索全体を我々の研究目的を明かすことなく秘かに行なわなければならず、ただ信念体系の正しさに納得し関心を抱くに至った個人としてふるまいながら、グループにおいては受動的で影響を及ぼさないような役割を演じたのである。我々のデータは、いろいろな点で我々が欲するほど完全ではなく、また、我々の活動によるグループへの影響は、我々が望んだより幾分大きかった。けれども、十分な情報を収集でき、一貫した話を展開できたし、幸いなことに、予言のはずれがもたらした効果は、堅固な結論を導くのに十分なほど著しいものだったのである。

宗教思想に関連した人名および用語集

アイアム運動（the I AM movement or the "I AM" religious activity）　オカルトを重視するサークルのうち、兄弟愛を抱き、より高次の存在状態に昇った師たち（the Ascended Masters of the Brotherhood）を最重視するグループの一つ。ガイ・バラードによって、一九三二年に明示的な形で活動が開始された。一九三九年の彼の死後は、その妻エドナが活動を引き継ぎ、さらに発展した。この運動においては、神は個々人の内に宿ると考え、その神の力を解放して利用できるようにし、師の協力を得て、悪を消滅させ、この世に自由と正義をもたらそうとする。

ウィリアム・ダッドリー・ペリー（William Dudley Pelley 1890-1965）　一九三〇年代のアメリカにおいて、キリスト教アメリカ愛国者党、通称シルバーシャツ隊を組織し、反ユダヤ人、親ナチ的な活動を行なった。彼はまたオカルティストでもあり、一九二九年の『アメリカン・マーキュリー』に「あの世での七分間（Seven Minutes in Eternity）」という、自分の星界旅行体験を報告したという記事を書いて、有名になった。彼は、チャネラー（a channel）となって、霊界の多くの師の言葉を語り、三二冊の本を出版した。これらの本のなかでは、地球が高次の師たちによって監視されており、人間は、多くの人生を通じてその意識を拡張することにより進化する、と述べられている。

エノク（Enoch）　旧約聖書創世記に記されている人物名。カイン（アダムの子）の子とアダムから七代目にあたる人物とが記されている。後者の人物は、神とともに歩み、三六五歳のとき、死を見ないよう神のもとへ移された、信仰篤き人の模範とされる。

エリア（Elias）　旧約聖書の先駆的予（預）言者。十戒の信仰を確立した。戦闘の人、行動の予言者であったが、反面、神の声にのみ従う孤独の人でもあった。エノクと同様、彼は、死を見ずに天に移され、その再来はメシア時代到来の序曲と考えられている。新約聖書が書かれた時代には、彼は、旧約聖書の代表的人物とみられていた。

エホバの証人（Jehovah's Witnesses）　キリスト教の一宗派。アメリカ人のチャールズ・T・ラッセルによって一八八四年に創立された。エホバ（ヤハウェ）のみを神として礼拝するが故に、国旗敬礼や徴兵を拒否する。日本でも、輸血や体育の格闘技の拒否で話題になった。奉仕者の個別訪問による「ものみの塔」という冊子の配布伝道でも知られる。

オアフスペ（Oahspe）　ニューヨークの心霊主義者ジョン・バルー・ニューブラフの自動書記によって、一八八一年から八二年に書かれた九百頁にのぼる著作。副題は「新時代のバイブル」であり、「過去二万四千年にわたる高低の天国による地上統治の聖なる歴史」を標榜する。

ガイ・バラード（Guy Ballard 1878-1939）　カンザス州生まれのアイアム運動の創始者。一九三〇年、北カリフォルニア州の山中で、十八世紀のフランスに生きていた近代で最も有名なオカルティスト聖ジャーメインの霊に出会い、より高次の存在状態に昇った師たち（the Ascended Masters）のメッセンジャーになるに至り、三一年にはシカゴへ戻って聖ジャーメインの教えを伝授し始め、さらに三二年にはより公的な運動を開始し、妻エドナと共に聖ジャーメイン出版及び財団を創った。↓ゴッドフレ・レイ・キングも見よ。

ゴッドフレ・レイ・キング（Godfré Ray King）　アイアム運動の創始者ガイ・バラードのペンネーム。一九三四年、彼の最初の著書『ベールをとった神秘（Unveiled Mysteries）』の出版に際して用いられた。

サイエントロジー（scientology）　魔術結社東方騎士団カリフォルニア支部に所属していたSF作家のハバード（L. R. Hubbard）が創設者で、一九五五年に発表した一種の精神療法理論（ダイアネティックス）を教義とするもので、宗派としては、六五年にアメリカで設立されたものである。七〇年代、アメリカ西海岸のオカルト・ブームの先導役として、多数の信者を獲得した。

サイキアナ（Psychiana）　フランク・B・ロビンソンによって、ニューソートのグループとして組織され、一九三〇年代および四〇年代において成長した教団。

再洗礼派（the Anabaptists）　宗教改革に伴なって出現した多様な急進派のなかで、幼児洗礼を否定し成人洗礼を行なった、いくつかの宗派。これらの宗派は、強烈な反教権的反体制的志向にもとづく点で共通しているが、互いに対立し合うことが多かった。再洗礼派の呼び名は、成人洗礼を行なうことに対する反対派が用いた蔑称であった。

再臨（Second Advent）　十字架にかかって死んで葬られたイエス・キリストは、三日目に復活し、やがて昇天して父なる神のもとへ帰った。しかし、彼は、ときが来れば、再びこの地上にやって来て、生けるものと死せるものとを審き、救済を行なう。このことをいう。ときを経て、この希望は、しばしば信仰復興や霊的覚醒の時代に顕著となり、再臨が切迫しているとして熱狂的にこれを期待するような宗教的運動（再臨運動）がくり返し起こっている。

シャバタイ・ツヴィ（サバタイ・ツェヴィ、Sabbatai Zevi）　ユダヤ神秘主義者にして、贋メシア。メシアとしての予言は二二歳までになされ、メシアを待望する大衆の大規模で熱狂的な追随を得た。ユダヤの神秘主義者たちはすでに一六四八年が救済の年であると宣言していたが、シャバタイはその年、自分こそがその来るべきメシアであると告知し、自分の誕生日（四月九日）がメシアの伝統的な誕生日であることを指摘した。

スピリチュアリズム（spiritualism）　霊媒の能力をもつ人々が霊界とコンタクトをもつことができることから、個人は肉体の死後にも霊として存続するという信念を基盤とする宗教的運動。近代スピリチュアリズムは、一八四八年、アメリカニューヨーク州ハイズビルに住むフォックス家の少女たちの質問や指令に対して、男の霊がラップ音によって応答したとされることに始まり（いわゆる「ハイズビル事件」）、霊界との交信が確立されたとする。さらに、アンドリュー・ジャクソン・デーヴィス

（1826-1920）によって、思想体系が樹立された。

ジョン・バルー・ニューブラフ（John Ballou Newbrough 1828-1891）→「オアフスペ」を参照のこと。

神智学（theosophy）　ギリシャ語の theos（神）と sophia（叡智）の合成語。中世、近世を通して、神もしくは天使からの啓示を内的直観により認識する際の方法、及び、その認識内容を表わす言葉であったが、特に宗教改革時代に始まるプロテスタントの精神運動の中で、錬金術や哲学の用語として普及した。

聖書外典（the Apocrypha）　教会の教えの基準を示すものとして、その唯一の拠り所となっている、いわゆる「聖書」を正典とすれば、それとは近い関係にはあるが、区別され排除される傾向のある文書を総称する。旧約外典は、旧約・新約の中間時代の歴史や宗教思想を知るために重要な文献である。新約外典は、現在の正典が三世紀にほぼ決定したので、それ以外の初期のキリスト教会で生み出された文書をいう。

千年王国運動（**至福千年説**、millennium）　キリスト教世界において、終末に際してキリストが再臨し千年間統治すると信じられた王国が、現世に到来することを待望する宗教運動。この思想は、古代ユダヤ教のメシア待望観にその淵源がみられる。後のキリスト教世界にあっては、社会的変動や流行病によって存在条件の急激な劣悪化を被った集団や階層あるいは民族が、そのような思想を抱くことが多かった。

ダイアネティックス（dianetics）　サイエントロジーの教義となった理論。出生以前に細胞に焼き付けられたエングラム（engram）と呼ばれる苦痛の記憶が人間の不幸の源であるとし、これを払拭するための複雑な治療システムを提示する。

ニューソート（New Thought）　十九世紀後半にアメリカにおいて確立された宗教運動。これは、プラトンにまでさかのぼる西洋文化における理想主義の大衆的宗教的表現だとされる。

薔薇十字団（Rosicrucianism）　十七世紀初頭、ドイツに興った精神運動。匿名作家による四つの基本文書公刊を機に姿を現わした秘密結社で、架空の始祖クリスチャン・ローゼンクロイツの名にちなみ、メンバーは薔薇十字の人を自称した。

ファティマの奇跡（the miracle of Fatima）　ポルトガル中部、首都リスボンの北東約百キロに位置する聖地。一九一七年五月十三日、羊を追う三人の子どもが、同地のある丘で聖母マリアを目撃したと言われ、以来、ファティマの聖母が内外の信仰を集めることになり、一九三〇年公認を得た。

ホフマン（Melchior Hoffmann）　再洗礼派の一派であるメルヒオル派の創立者。シュトラースブルクを拠点に、北ヨーロッパで大きな影響力を発揮した。

マッティス（Jan Matthysz）　ミュンスター再洗礼派王国の指導者の一人。全生活領域で徹底的な変革を行ない、カリスマ的な支配を行なった。

ミラー（ウィリアム・ミラー、William Miller 1782-1849）　アメリカのバプティストの農民説教者。聖書にもとづく計算から、キリストの再臨は一八四三年から一八四四年の間に起こると予言した。キリストの再臨は同時に、この世界の終末と審判のときでもあると説き、人々を恐れおののかせたため、財産を売る者も現われた。

メシア（Messiah）　救世主。ヘブライ語動詞マーシャハ（油を注ぐ）の名詞形マーシャーァハ（油を注がれた者）に由来する語。ギリシア語でクリストス（キリスト）と訳された。聖書的伝統によれば、神の介入によって変貌した歴史内世界に立てられる神の支配の代行者を言う。メシア思想は、特に、古代イスラエルの予（預）言者の終末論的歴史観にもとづいて成立されたとされる。注油は、本来、エジプトのファラオ（王）が、官吏や臣下を職に任じる際の慣習であるが、古代イスラエルでは、神ヤハウェがある人物を聖別し、王に任じるとの考えで、油を注がれた者＝メシアと言われた。

メシア運動（Messiah Movements）　メシアによる終末的救済によってもたらされる新しい世界秩序の到来を待望する世界観であるメシアニズムにもとづく宗教運動。

メソジスト派（Methodists）　イギリスのジョン・ウェスリー（John Wesley）らによって十九世紀に確立されたプロテスタントの宗派。生活と宗教研究を「ルールとメソッド」によって律しようとするので、この名が付けられた。

モンタヌス（Montanus ?-170頃）　古代キリスト教の熱狂的終末論者。最初、アポロンあるいはキュベレの祭司だったらしい。一五七年頃、小アジアにて、やがて千年王国が始まるであろうと預言し、そのため厳しく禁欲を守り、迫害を避けてはならないことを訴えた。小アジアのキリスト教会はこれを受け入れなかったので、運動はやがて北アフリカに移り、さらにローマからガリアクションにまで伝わった。ローマ司教と皇帝はこれを禁止し、以後、原始キリスト教にみられる預言と終末待望を教会から排除する機縁をつくった。

予言（預言）（prophecy）　神もしくは死者などの霊が、一時的にある人に乗り移り、その周囲の人々に向かって神意を伝達する行為を言う。日本語では、特に「予言」の語は、未来の出来事に関する予告である場合について多く用いられ、また、一般に必ずしも神意によらないものも、この語で呼ぶ。「預言」の方は、主に聖書および聖書的宗教の伝統における、神意の伝達行為を指す場合に特に区別して使われるのが普通であり、予告や予知に限定されない。

ルシファー（Lucifer）　堕天使の一つ。神が創造した天使のなかでも最高の者であったが、神の地位をも望むことによって高慢の罪を犯し、堕落した。ルシファーは、他の創造物と徒党を組んで、天界の闘いを起こすが敗れ、その力をすべて失うに至る。そのルシファーの魂は人間となって現出し、人間はその魂の故に悩むのである。

ロートマン（Bernhard Rothmann 1495頃-?）　ミュンスター再洗礼派運動の指導者。一五三四年、彼のもとで合法的に市の権力を把握し、再洗礼派千年王国が樹立された。

〔参考文献〕
日本基督教協議会文書事業部・キリスト教大事典編集委員会企画・編集『キリスト教大事典　改訂新版』教文館、一九六三年
The McGraw-Hill Encyclopedia of World Biography, McGraw-Hill Book Co., 1973.
桑原武夫編集代表『世界伝記大事典　世界編』ほるぷ出版、一九八一年
山折哲雄監修『世界宗教大事典』平凡社、一九九一年
ヒネルズ、J・R・『世界宗教事典』佐藤正英監訳、青土社、一九九一年
田丸徳善監修『カラー版　世界宗教事典』教文館、一九九一年

訳者解説

序

本書は、Leon Festinger, Henry W. Riecken and Stanley Schachter, *When Prophecy Fails : An account of a modern group that predicted the destruction of the world*, University of Minnesota Press, Minneapolis, 1956. の全訳である。原著は、今や社会心理学の「古典」ともいうべき本であるが、これまで邦訳はなく、いわば幻の古典であった。

本書の内容は、「予言」を教義の中心的な要素とする宗教グループや教団の布教活動にかかわる社会心理学的な理論的・文献的および実証的研究である。特に、本書の主要部分は、この世の破滅を予言したアメリカのある宗教グループについて、著者（および観察協力者）たちが、参与観察の方法によって丹念にその活動を追いかけ、明確になされた予言が実際にはずれた後、このグループの布教活動が全体的に以前より活発化するという、理論的に予測された逆説的な現象を実証しようとした研究の報告となっている。

このように、予言がはずれた後、かえって布教活動が活発になり、結果として信者も増大して大きな教団となっていくという現象は、これまでの宗教史上でも数多く観察されてきたのであり、キリスト教さえもその事例に数えられる、と著者たちは考えている。本書における実証研究の対象となった宗教グループの場合、この地上が災害などの大変動によって滅びる前にメシアが再臨し、選ばれた民のみが救済されると考えるキリスト教の伝統の延長上にあるのだが、空飛ぶ円盤に乗って地上にやって来る宇宙人たちこそが、「メシア」あるいはその使者であると考えられており、また、心霊・オカルト現象が信じられているという点で、現代的な内容を含んでいるのが特徴である。

神秘主義に覆われた中世のみならず、現代においても、宗教集団が明示的あるいは暗示的に、しばしば予言的言明を行なうことがみられる。特に、西暦での二十世紀末および第二の千年紀末が近づいている今日では、「ノストラダムスの大予言」が西洋および日本において少なからぬ人々の不安をかきたてており、それに便乗して終末論的な教義や予言を提示する宗教集団が多数存在する。この翻訳がたまたま出版されることになった一九九五年は、「オウム真理教」が日本全体を震撼させた年として、将来にわたって記憶され、さまざまに分析され記録されることであろうが、このオウム真理教も教祖の予言的な言明を重要な指針としてきた。

オウム真理教について一言述べておくならば、民を救済すべきものとする真摯な「宗教」のイメージが、これによって破壊されたと言う人もあるし、そもそもオウムは宗教ではないと断言する人もいるが、そうであろうか？　確かに、オウム真理教は教団自身が言ってきたような「仏教」教団ではないかもしれない。しかしながら、オウムと同様な「終末観」を抱いた宗教教団や宗教思想は、キリスト教の歴史にはくり返し現れてきている。それればかりではなく、教皇のような時の宗教権力者を殺害しようとしたり、罪もない（と我々には思われる）一般の民を多数虐殺しようとしたり、実際にそれを実行に移した、鮮血にまみれたキリスト教系の教団は、つい最近の「破壊カルト」と呼ばれる狂気の教団だけにかぎらず、それこそ歴史を遡れば、いくらでも見出される（ノーマン・コーン、一九七八)。それらの多くは、ヨハネの黙示録にもとづく予言や世界観に拠っている。「宗教」は、暴力や殺戮と無縁どころではないのである。ただし、本書で主に扱われる宗教グループは、暴力とは関係していない。

ところで、本書の『予言がはずれるとき』というタイトルは、原著のタイトルを文字通り訳したものであるが、本書は、宗教学の書物ではないし、またオウム真理教の事件に便乗した際物的な書物でもなく、はじめにも述べたが、社会心理学の古典というべきものである。たまたま、訳者の怠慢で原稿が大幅に遅れ、翻訳の出版がオウム事件の発生した後になっただけであり、本来、何年も前に出るべき本であったのである。本文の訳出は二年前には一通り終了していたが、その後、何人かの人に訳稿を読んでもらったりしながら、それに手を加えるとともに、この「解説」の執筆も試みていたのであるが、訳者の浅学非才のため、完成をみていなかったのである。しかし、宗教それ自体や宗教と社会との関係について関心が高まっている今日、この翻訳を世に問い、論議の足しにしていただくことも意味のないことではないと考え、この「解説」については、いまだ極めて不十分なままではあるが、本訳書の出版に踏み切ることとした。

本書の構成としては、まず第一章において、本書の第二章以降で詳細に紹介される宗教グループの実証的研究を行なうことになった背景を説明し、それに関連する予備的な文献研究のまとめがなされている。

その背景とは、一つは理論的なことである。三人の著者の一人、故レオン・フェスティンガーは、社会心理学の理論として、現在、他の学問分野の人々にも知られている「認知的不協和の理論」を提唱したことで、少なくとも社会心理学の分野ではあまりにも有名である。原著は、その不協和理論をフェスティンガーが著書にまとめて世に問う一年ほど前に出版されたものであって、その理論の検証の重要な一部を成すものである。言い換えれば、不協和理論のもつ幅広い妥当性について、フェスティンガー自身が確証を得た研究の一つであると思われる。

背景の二つ目は、その理論を検証しようとして収集した歴史的な文献資料のいずれもが、ここでの理論検証に必要十分な要素を完備していなかった、ということである。とは言っても、いくつかの主要な要素については十分な証言や記録が残っており、かなりのところまではその活動の実態を明らかにできるような、宗教史上有名な人物や宗派が取り上げられている。しかしながら、それぞれ、鍵となる重要ないくつかの要素については不明確な点があり、文献資料だけでは理論を十分には検証できないというわけである。

それ故、第二章以降では、著者たちが折りよく遭遇したところの、「予言」を教義の中心とした現代のある宗教グループに、三人の著者たち自身および彼らが選んだ観察者たちが信者として潜入し、数ヵ月間にわたって、そのグループの活動をつぶさに観察し、予言が明確に「はずれ」た後の結果についても見届け、その観察内容を詳細に記述している。そして、それをもとに理論仮説の適否を考察しているのである。

この第二章から終章に至る記述内容は、かなりの細部にまで及んでいる。「予言」をめぐるグループの動きや、それが「はずれ」たときの個々のメンバーの反応、あるいは、その後の布教および広報活動についても詳しい。つまり本書は、具体的な宗教グループの活動を参与観察にもとづいて詳細に記録した点で貴重な研究報告であり、また、それらの記述を通じて、一つの宗教グループの活動に関するダイナミックスをかなりの程度にまで明らかにするという意味でも、これまでにない、きわめて貴重な内容を含むと言えよう。

ただし、本書は、著者たちの提唱する理論の検証に焦点を絞るため、この宗教グループの多様な面については記述を禁欲しているところがあり、理論と関係のない話については大幅な省略がなされているようである。そのため、残念なことに、この宗教グループの教義や儀礼、その宗教的な特色、あるいはこのようなグループが出現した社会的背景などの点では記述が不十分であり、それらの点について関心をもつ読者にとっては、もの足らない点が多々あろうかと思われる（著者のフェスティンガーや多分シャクターもユダヤ系であったことが、このキリスト教系のグループの記述を不十分にしたところがあったかもしれないが、確かなことはわからない)。

そこで以下では、まず、この宗教グループの諸特徴やグループが活動した時代の社会的背景について、推測を交えながら解説していきたいと思う。また、その次に、本書の理論的な柱である「認知的不協和の理論」について解説を加え、その意義を述べる。さらに、本書の中心的な要素である「予言」と、それに類似した「予知」や「予測」といった概念に関して、それらを必要とする心理などについて解説を加えておくことにする。最後に、著者たちについて、訳者の知るところを述べることにする。

一　本書の実証研究の対象となった宗教グループの諸特徴

本書の著者たち自らが、その身分を隠して、数カ月にわたってそのグループの活動に加わり、第二章以下でその活動を克明に報告している宗教グループは、本書においては、メンバーたちのプライバシーを守るという著者たちの立場から、その活動拠点の地名は仮称となっており、グループの名称すら与えられていない。大阪大学教授で宗教社会学者の大村英昭はその共編著(大村英昭・西山茂、一九八八)で、このグループのリーダーであった夫人の姓をとって「キーチ教」という名称をとりあえず与えているが、読者もそれぞれ勝手な名称を与えてもかまわないかもしれない。

ただし、現在ではゴードン・メルトンの編集した『アメリカ宗教事典』(一九八七、邦訳なし)によって、この宗教グループのリーダーであった女性を特定することができ、彼女がその後、率いてきた宗教教団の状況もある程度はわかる(次項)。このことは、彼女が行なった数々の予言が、客観的にはことごとくはずれたにもかかわらず、彼女の威信が地に落ちたということはなく、逆に、多くの信奉者をもつ新たな教団を率いるほどに威信を保っている、ということを意味する。もっとも、本書の実証研究がなされた時点から、すでに三十年以上の年月が経過しており、彼女の思想や活動も初期とはかなり異なっているだろうと推測される。つまり、彼女がその後、主宰してきた教団の特色や教義は、本書で報告された初期の宗教グループの場合とは異なっていることが考えられる。

したがって、ここでは本書の報告内容それ自体から、当時のグループの宗教的な諸特徴について推測し、記述しておきたい。ただ、それらの諸特徴は、その当時において、全体として一貫した性格を生み出していたというよりは、最近の比較的新しい宗教教団の多くと同様、きわめて多様な要素から成っており、いわば「折衷的」な性格をもっていたと言えるのである（教義の折衷的な性格については、本書の第二章でも指摘されている）。

◇本書において実証的に研究された宗教グループのリーダーの実名とその後の活動

メルトンの『アメリカ宗教事典』によれば、本書でキーチ夫人と呼ばれている女性は、実際にはシスター・セドラ（Thedra）と呼ばれる人物であり、本名はドロシー・マーチン（Dorothy Martin）ということである。彼女は一九八七年現在、カリフォルニアのマウント・シャスタ（Mount Shasta）と呼ばれるところに本部のある「サナンダおよびサナット・クマラ協会」を率いている。また、彼女がかつて率いていた宗教グループが、本書で報告されている実証研究の対象であったことは、この事典の記事に明記されている。

その記事によれば、彼女はサナンダのお告げにより、本書が書かれた頃から後、五年にわたって南アメリカのペルーやボリビアに滞在し、さまざまな試練や苦難を経験し、その間、霊界のさまざまな師、特にキリストと同じ人物であるとされるサナンダと交信していたが、天使モロニの復活が一九六五年に起こるという予言を得た。ただ、その人が力を顕すのは一九七五年の八月だとされた。彼女は一九六一年にアメリカ合衆国へ戻り、六五年に現在の協会を設立した。霊界から彼女を通じて得られるとされるメッセージは、全米および世界の多数の人々の求めに応じて、郵送されているという。一九八五年には、最初の年次集会である「光の子ども集会（Gathering of the Children of Light)」を催した。メッセージを定期的にリクウェストしてくる会員の正確な統計はないが、推定では数千名だとされている。

なお、デヴィッド・ワルチンスキー他『大予言者』（大出健訳、二見書房、一九八二年）によれば、ドロシー・マーチン夫人に感化され、洪水予言を公表したのは、ミシガン州立大学の医師チャールズ・ラフィード博士（本書ではアームストロング博士の名になっている）で、洪水が起きるとされた日付は、一九五四年十二月二十日だったという。

◇崇拝の対象と教祖のタイプについて

本書で実証的に研究された宗教グループには、中心となる人物としてキーチ夫人がいたが、そのリーダーシップは比較的弱いもので、一時は、突如トランス状態に陥って霊媒となったブラツキー夫人がそのリーダーの地位を脅かそうとしたこともあった（ただし、結局、それは失敗に終った）。また、グループの活動を積極的に支え、外部に対する布教活動の中心にいたのはアームストロング夫妻、とりわけアームストロング博士だった。さらに、この宗教グループの崇拝の対象は、霊界の守護霊たちであり、そのなかでもキリストの現在の姿だとされるサナンダであり、それらの者たちは、現在は、太陽系にある別な諸惑星にいるとされる。つまり、ここでは、霊界と太陽系の他の諸惑星とが同一視されている（なお、本書では、「星界」「霊界」および「天界」という言葉が同義的に使われているが、この順でしだいに高次なレベルになるように思われる）。そして、彼らの使者たちが、空飛ぶ円盤に乗って地上へやって来ているというのであった。

ところで、このような信念を持つこの宗教グループのリーダーであるキーチ夫人は、どのようなタイプの「教祖」とみなしうるのであろうか？　島薗　進（一九九二）は、主に日本の新宗教における教祖のタイプの変容を論じているが、その議論はここでも参考になろう。島薗によれば、本来の意味での教祖崇拝とは、一個人たる教祖を至高の存在として絶対的な価値基準とし、教祖の書き残した文書や言行録を絶対的な権威のある聖典とすることを意味するという。しかし、教団の創始者たる教祖が亡くなると、その後は歴代の指導者が崇拝の対象とされるようになっていく。さらに、オカルトや超能力の要素を特徴とする最近の新新宗教では、新しい教祖的指導者として、シャーマンあるいはチャネラーのような存在が主流になりつつあるという（チャネラーについては後述する）。

本書で主な研究対象となった宗教グループのリーダーであるキーチ夫人については、ふつうのイメージで「教祖」と呼ぶほどのカリスマ性や人望があったかどうかは少々疑わしい気がするが、「チャネラー」としての能力を持っていたことは間違いない（ただし、この点についても、経験の浅さを懸念するメンバーがいた）。

◇カルトとしての側面

ここでの宗教グループを分類するならば、「カルト（cult）」の一つと呼ぶことが可能であろう。「カルト」とは、大村英昭の説明によれば、「神秘的儀礼を重んじるミニ教団」（大村・西山、前掲書、一八頁）であり、キリスト教以外の宗教も含めることができるようである。確かに、本書で報告されている宗教グループは、全体のメンバー数ははっきりしないが、活動的なメンバーはせいぜい数十名であり、一時的に活動に参加したことのある人々や郵送リストに載っているだけの人々を含めても（グループの申し立てを信じるとして）三百名程度であったろうと思われる。そして、後でも述べるように、本グループの活動では、霊的な世界との交流やオカルト現象といった神秘的な要素がきわめて重要なのである。

これに対して、アメリカのカルト研究家であるゴードン・メルトン（一九八六）によれば、カルトとは、西洋の宗教的な主流（メインストリーム）からはずれた宗教グループを記述する専門用語であって、どのような分野や文脈で用いられるかによって、その定義は三種類に分けられるという。その一つは社会科学者によるもので、大村が行なっているように、宗教グループを「チャーチ」「セクト」および「カルト」に三分し、チャーチやセクトが既成の文化に根ざしている（セクトは、教義やとるべき行動の点でより厳格なところが、チャーチとは異なる）のに対して、「カルト」の場合には、支配的・体制的な宗教共同体とは相容れないような、全く異なる宗教的な構造をもつとする。そして、多くの場合、異なる宗教文化の移入によって、そのようなカルトが形成されるとする。本書のグループの場合、完全に異なる文化の移入によってその教義が成り立っているわけではないが、その活動に異文化の影響がみられる（たとえば、輪廻思想や瞑想の実践など）。

メルトンの言う二番目の定義は、カルトに対抗する現代キリスト教のスポークスパーソンが、オーソドックスなキリスト教の信仰からはずれたキリスト教以外のすべての宗教を指して言う言葉だとする。これには、キリスト教をルーツとしていながら、基本的に重要な教えの点で正統的なキリスト教からはずれた異端的なものも含まれる。たとえば、自己の救済を神の力にゆだねるのがキリスト教であり、それに対して、人間の力に頼って自己の救済を成し遂げようとする場合にはカルトになるのである。本書のグループは、キリスト教的な発想を基礎にはもつが、神ならぬ宇宙人に救済を期待する点では、その中間と言うべきかもしれないが、とにかく正統的なキリスト教の教義からはずれている点では「カルト」なのである。

さらに三番目は、他の宗教との関連はなく、世俗的な反カルト的な運動から生じた意味合いで、これが一九七〇年代以降の公共的な論争における支配的な定義だとする。具体的には、何らかの特定の宗教グループに入った自分の息子や娘が、その宗教のため人格を根本的に変えられてしまったという告発が主だという。これに関連して、反カルト運動グループでは、特に「破壊カルト」を告発している。これは、催眠や洗脳などの手法を用いて、信者の理性的な判断力を失なわせ、彼らをそのカルトのリーダーの奴隷と化してしまうという。まさに、オウム真理教をめぐって話題になった「マインドコントロール」に通じるものがある。メルトンによれば、これら世俗的な反カルト運動家たちは、当局への告発のアピールのためと宗教上の自由をそこなわせないために、このような「破壊カルト」の要素をもったグループを「カルト」と呼び、他の穏健な宗教グループと区別しようとしたということである。その数は、一九八〇年代の初めには、全米で三千ないしは五千もあったとされる（ということは、多くはきわめて小さな集団だということでもあろう）。先にも述べたように、オウム真理教は宗教ではないという言い方は、オウムを「破壊カルト」と同一視する見方に発していよう。

このように「カルト」の定義には多様性があるが、三番目の定義のカルトは「破壊カルト」として区別しておくのが望ましいであろう。本書で主に扱っている宗教グループは、最初の定義を適用しても二番目の定義を適用しても、「カルト」に分類される。

ただし、実際には、普通の（穏健な）カルトと破壊カルトを分けることは、後者が現実に破壊活動を行なわないかぎりは困難かもしれない。訳者の意見ではむしろ、穏健なカルトから過激な破壊的カルトに至るまでの一つの連続体があると仮定し、正統的キリスト教に属さない比較的小さな宗教グループはいずれも、その連続体のどこかに位置づけられるはずだと考える。

ところで、メルトンは、知名な反カルト作家であるマルシア・ルディンのあげている「（破壊）カルト」のもつ十四の特徴をリストアップしているが、メルトンが注記しているように、それらの特徴をすべて備えている宗教グループはむしろ稀であり、多くのグループはその過半数の特徴をもつだけであろうとされる。

そのリストをみると、確かにオウム真理教にあてはまるような反社会的な特徴もあがっている。たとえば、信者をリクルートする際にしばしば詐欺的な方法を用いるとか、「目的は手段を正当化する」という哲学を奉じる、あるいは、しばしば暴力の雰囲気や潜在がみられる、などである。しかし、他方では、穏健なグループでもみられるような諸特徴もあがっている。たとえば、メシアと信じられる全能のリーダーに完全な忠誠を誓うとか、リーダーがメンバーの人生を決定するとか、カルトは自分たちの生存のためだけに存在する、メンバーはグループのためにフルタイムで働くがそれに対する報酬はほとんどない、また、カルトは黙示録にもとづいており、自分たちはやがて来るこの世の終末に生き残る者たちだと信じている、などである。これらもまた、オウム真理教にあてはまるから、オウムは十四の特徴のうちのほとんどを有する、連続体上の一方の極端に位置するグループと言えよう。しかしながら、本書で実証的に研究されたグループもまた、穏健なカルトにみられる諸特徴は備えており（ただし、メシアはグループのリーダーではなく、想像上の「宇宙人」ではある）、同じ連続体上ではあるが、他方の穏健な極に近いところに位置づけられよう。

本書の宗教グループの場合、カルトであるとして、いわゆる「UFOカルト」ということになるであろう。この点については、後でUFOについて述べるときに説明する。

「カルト」という言葉を無批判的に軽々に用いるべきではないという意見もみられる（たとえば、井上順孝他、一九九五）が、この言葉を用いることには、以上のように、現代に多くみられる宗教諸グループの特徴をある程度明確にするという利点もあるだろうと訳者は考える。なお、井上らが主張するように、多くの教団の初期にはカルト的な要素がみられるという視点からしても、本書の宗教グループが初期段階にあって、したがってカルト的であったと言うことは可能である。

◇ニューエイジ運動的な要素と神智学

ニューエイジ運動は、ふつうには一九六〇年代からアメリカにおいて生じてきたと言われる新しい潮流である。本書で主に扱う宗教グループは、それと共通した諸要素を備えており、そのような大きな流れのなかにあって、ニューエイジ運動の「はしり」（島薗進教授の表現）のような位置づけにあると言えよう。しかし、より大きな思想的な流れからすれば、たとえばレイチェル・ストーム（一九九三）が言うように、「それは数世紀の広がりをもっている」ということになる（邦訳十五頁）。

「ニューエイジ」という言葉自体は、本書にも一箇所（第四章）出てきているのであるが、メルトンの年鑑（一九九一、一三六頁）によれば、一九五〇年代にUFO乗組員と接触したと称する人々、つまり「コンタクティー（contactee）」の用いる用語として現れてきたという。宇宙人との接触により、現代において宇宙規模のまさに「新しい時代」が到来しつつあるという認識によってこそ、この名称が生み出されたと言えよう。

運動としての「ニューエイジ」は、同じくメルトンによれば、一九六〇年代後半に西洋社会における国際的な社会運動として現われてきたとされるが、それよりもっと以前から存在するオカルト、心霊学、形而上学を特徴とする諸運動が、一つの大きな流れとなってきたものと言える。メルトンの年鑑の巻頭にある「ニューエイジ年表」は、一八七五年にヘレナ・ペトロヴァ・ブラバツキーらが、ニューヨーク市に神智学（theosophy）協会を組織したということから始まっている。一九九〇年代に入って、この運動は絶えず流転する西洋文化の発展における、新たに重要な力の一つとなってきているという。ただし、この運動は、きわめて多様な諸々の運動の総称であり、特定の中心人物や組織あるいは運動日程（アジェンダ）があるというわけではない。

もちろん、この総称としての「ニューエイジ」運動に共通の諸特徴はある。メルトンに従って、それらを列挙するならば、まず第一に、西洋の伝統的な生活様式や哲学を基盤としてはいるが、最近になって、東洋からの新しい諸視点を獲得してきたということである。そのなかで鍵となる新しい要素とは、東洋の宗教とトランスパーソナル心理学である。トランスパーソナル心理学とは、岡野守也（一九九三）によれば、きわめて大まかには「「西洋心理学と東洋宗教」「科学と宗教」あるいは「理性と霊性」の融合の試み」だとされる。本書で実証研究された宗教グループも、キリスト教を基盤としていながら、輪廻思想を抱いたり、しばしば瞑想を行なったりしている。

ニューエイジ運動の特徴の第二は、深い人格的「変身（transformation）」体験を重視するということであり、メルトンは、この体験が中心を成していること自体がこの運動の定義になりうるとしている。変身のなかでも、特に「ヒーリング（癒し）」がその目立った方法となっており、そこから、この運動の最大部分を成す「全体健康運動（the holistic health movement）」が現われてきたという。そして、現在では、個人的な癒しのみならず、文化や人間性それ自体、さらには、環境を破壊され瀕死の状態にある地球そのものを癒そうとする動きが出てきており、まさに「ニューエイジ（新しい時代）」への希望が芽生えているという。今日、この運動が平和やエコロジー活動を支援する場合には、社会的な文脈でのヒーリングという要素が、そのイデオロギー的な基盤を成している。本書で実証的に研究された宗教グループの場合には、この要素の存在は必ずしも明確ではないが、「地上の浄化」という発想が随所に見られ、このようなヒーリングと軌を一にしているとも考えられる。もっとも、これも、伝統的なキリスト教思想の延長上にある要素と解釈できるかもしれない。

ニューエイジ運動の特徴の第三は、島薗　進（一九九二）が強調するような、「チャネリング」の流行である。チャネリングとは、簡単に言えば、霊的世界や宇宙的存在と交信することであり、その方法は通常のコミュニケーション手段とは異なっている。言葉は異なるが、この現象そのものは昔から知られているもので、「啓示」を得ることや「霊媒」によるメッセージ伝達などがその例である。

島薗によれば、チャネリングの観点からニューエイジ運動の先駆を求めるならば、スピリチュアリズム（心霊学）や神智学協会などをあげることができるという。本書で実証的に研究された宗教グループも、明らかにこれらの思想に影響を受けており、その点でもニューエイジ運動に連なりうる系譜のグループとみなせるであろう。心霊学とのつながりについては、後で項を改めて少し詳しく述べるが、島薗によれば、ニューエイジ運動は特に神智学協会と直接つながるもののようである。

神智学協会は、スピリチュアリズムに影響を受けたブラバツキー夫人によって、十九世紀末に創始された思想であるが、スピリチュアリズムにおける霊媒とは異なり、身近な死者との交信というよりは、もっと高次の霊的存在との交信が主であるとする。ブラバツキー夫人は、そのような存在から与えられた宇宙的真理を地上の言葉で書き記すという形の「シャーマニズム」であるという（島薗、前掲書、二八六頁）。このようなスケールの大きさは、本書の宗教グループの場合と共通している。

ニューエイジ運動のチャネリングは、したがって、スピリチュアリズムの系譜に連なるものではあるが、そのスピリチュアリズムがアメリカ文化の本流からはずれており、さげすまれてきたという歴史から、「霊媒」という言葉が避けられ、UFOに関心を持つ人々の間で用いられていた「チャネラー」という言葉が用いられたという（同）。ニューエイジ運動とUFOへの関心とが密接に関連していることが推察される。

ニューエイジ運動については、しかし、知的な体系性を持つと同時に、生活に密着した大衆性を持つシャーマニズムであるという点が神智学にはない特徴であるとされ、また、教義や組織を嫌い、個人主義的で、聖なるものの中心の所在もわかりにくく、アイデンティティのわかりにくい宗教運動であるという（同、二八七頁）。こういう点では、本書の宗教グループとは距離があると言える。

なお、今日のアメリカでニューエイジ的な考えやチャネリングが流行するにあたっては、女優のシャーリー・

マクレーンが出版した自伝的な小説(『アウト・オン・ア・リム』一九八三年など)の寄与したところが大きいらしい。

◇終末予言

終末予言が発せられ受け入れられる心理的なメカニズムについては、次節の不協和理論の説明のなかで行なうことにする。ここでは、終末予言の内容が現実的なものとして受け入れられるには、それなりに現実的な(社会的・物理的・科学技術的)裏づけが必要であることを指摘し、本書において主に研究された宗教グループの終末予言の裏づけになる事柄に関しては、さらに項を変えて説明していくことにする。

本書における宗教グループの活動は、世紀末というには少し早い時期であったが、すでに第二の千年紀末と言える時期には入っていた。もっとも、本書でそのような言い方がなされているわけではないが、ここでの宗教グループは、この世の終わりを明確に意識しており、「終末観(終末意識)」をもっていたことは明らかである。その背景として考えられるのは、一つにはキリスト教的な伝統ということであり、もう一つは米ソの二大陣営間の冷戦およびUFOの目撃の始まりといった時代的なものである。

たとえば、世界最終戦争(ハルマゲドン)が起こり、この地球が破滅するというような内容が本当に現実的なものと感じられるようになるには、核兵器のような、それを可能とする武器が開発されることが決定的であったろう。だから、今日では、この世のそのような終焉を現実のものと空想することは、必ずしも荒唐無稽とは言い切れない。しかし、それ以前には、むしろ大洪水によるこの世の終焉の方が現実的だったかもしれない。それは、もちろん、洪水というものが、しばしば起こりうるからである。実際にかつて大洪水が起き、この世はいったんは破滅したという「洪水伝説」は、世界中にあるという(アレクサンドル・コンドラトフ、一九八五)。

本書で実証的に研究された宗教グループが活動していた時代は、第二次世界大戦後の米ソ二大陣営間の対立が険しくなり始めた頃であり、ハルマゲドンが起きる可能性は潜在的にはあったとも言える。つまり、二大陣営の対立による冷戦構造の定着と核戦争の脅威という、きわめて現実的な要素があり、それらは、多くの人々の深層心理に基底的な不安を醸成していたと思われる。第二章でも出てくるが、宇宙規模の歴史においては、他の惑星でハルマゲドンが起こり、その惑星が破壊されるというようなことは確かにあったと、ここでの宗教グループは考えていたようである。ただ、この時点では、すぐに核戦争が始まるかもしれないといった切迫した国際的緊張は実際にはなかったと言うべきであろう。それゆえ、むしろ大洪水や地殻変動といった、大自然災害が起きるとされた。つまり、旧約聖書のノアが遭遇したようなタイプの、伝統的な終末のイメージが持ち出されたと言える。しかしながら、それが持ち出されたのも、そもそも終末を含む直線的な歴史観が前提となっている。これについては、次項で述べる。

局地的ではない地球規模の大災害が起きるとすれば、そこからの救済も地球全体を含む宇宙的なものとなる。「メシア」は文字通り「天」からやってくることになるが、それにはUFOへの関心の高まりという社会的背景がある。これについても項を改めて説明する。

◇終末思想と歴史観

キリスト教の伝統においては、神によるこの世の創造という「始まり」があり、したがってその「終わり」もあるという「直線的な歴史観」がある。このような歴史観は、そもそもはゾロアスター教からユダヤ教やキリスト教に影響が及ぼされたものだという。ユダヤ人は、この世の持続期間を六（あるいは七）千年に限定したという。それは、神の創造の七日間の各一日を千年に該当するとみなすのである（アンリ・フォション、一九七一年、邦訳三六頁。この解釈は、本書の第一章にも出てくる）。ユダヤ人のある歴史家は、天地創造の日付を紀元前四一六三年としたという（ルチアン・ボイア、一九九二年、邦訳五三頁）。ということは、西暦二千年あるいは三千年に達する前に、この世は終わるということである。

この世がいずれ終焉を迎えるという思想は、キリスト教の伝統においては、「黙示録」という形で明示され、定着をみる。それは、具体的には紀元前二世紀の「ダニエル書」（『旧約聖書』）や紀元一世紀の「ヨハネの黙示録」（『新約聖書』）などである。そこでは、この世の最後の千年間に、メシアによる王国つまり「千年王国」が築かれる。その後に、メシアの復活（再臨）と最後の審判があり、さらに永遠の王国がやって来るとされる。

しかしながら、黙示録的な予言については、さまざまなあいまいさが伴なっている。そのため、いろいろな解釈がなされ、無数の預言者が現われ、メシアの再臨が期日を指定されて予言されたりしたのである。ただし、その期日には実際のところ、かなりの幅がある場合が多い。それは、第一章の諸事例にもうかがえる。しかしながら、これらの予言は、キリスト教においては「異端」であり、そのような予言を行なう宗教グループは、今日風に言えば「カルト」ということになる。というのは、正統的なキリスト教の立場としては、聖アウグスティヌスの説によって、「千年王国」は教会によりすでに実現しているのであるが、時の終わりは「神のみぞ知る」であり、人間はその神の意思を知ることはできず、千年王国の終焉がいつであるかを予言したりはできないからである（フォション、前掲書、邦訳四五頁）。

また、そもそも「千年」という言葉も字義通りではなく、単に「長期間」を象徴するだけだとされるのである。もっとも、終焉の日を確定することができなくても、この世の終わりが近づいているという感覚は、西洋世界では多くの人々が共有するものであった。紀元一千年近くの時代には、このような確信が持たれていたという。つまり、現実世界にはさまざまな苦悩や罪が蔓延しているけれども、とにかく「千年王国」はすでに実現しており、もうじきやって来るはずの「メシア」の再臨を待つ状況になっている、というわけである。メシアがやって来れば、その時この地上の世界のすべてが一掃され、浄化された新たな世界に変化するとされる（ボイア、前掲書、邦訳七三頁）。

本書における宗教グループも、明らかにこの世の終焉が間近いことを信じていた。そして、旧約聖書におけるノアのように、選ばれた少数の者たちだけは、あらかじめその終焉の時を教えられ、救済されるのである。ただ、ノアの場合と違い、この場合には、「箱舟」によってではなく宇宙人の差し向ける「空飛ぶ円盤」によって救済されるのであり、「アララト山」ではなくて「他の惑星」へと運ばれて行くのである。また、空飛ぶ円盤には、おそらく限られた数の人間だけが搭乗を許される（物理的に言っても、その座席には限りがある）のであり、そのこともあって、ここでの宗教グループは、これに関する「予言」をグループ外の人々には秘密としていたのではないかとも考えられる。

◇空飛ぶ円盤（UFO）とチャネリング

もう一つの時代的な背景としては、アメリカにおいて、ここでの実証研究がなされる数年前からUFOの目撃が相次ぎ始めたということがある。一番最初は、一九四七年六月二十四日にアメリカ西部のワシントン州にあるレイニア山の上空で、銀色に光る九つの三日月型の飛行物体が目撃された。そのスピードは、時速二千キロほどであると推定された。これらを目撃したのは、民間パイロットのケネス・アーノルドという人物であったが、この話を聞いたビル・ベケットという新聞記者が、その物体の動きは水の上をはねていくソーサー（カップの受け皿）のようだったというアーノルドの説明から、「空飛ぶ円盤（フライング・ソーサー）」という言葉をつくりあげ、それを通信記事にしたという。

空飛ぶ円盤を単にＵＦＯ（未確認飛行物体）として目撃したという「ユーフォロジスト（Ufologists）」ではなくて、それを物体として確認し、しかもそれに搭乗していた生物と接触をもったと主張するのが「コンタクティー（contactee）」であるが、その最も早い時期の証言の一つは、やはりワシントン州に在住していたサミュエル・イートン・トンプソンという年配の人物だった。それは、一九五〇年三月二十八日に起きたとされる。彼は、人里離れた森林地帯を歩いているときに、空飛ぶ円盤が着陸しているのに遭遇し、その乗組員の一行とおよそ四十時間も一緒に過ごしたという。彼らは金星からやって来た無垢な美しい人々であったが、このように太陽系の他の惑星から来る人々は、この地球の人類を啓蒙し、紀元一万年頃になされるキリストの再臨に備えさせようとするのだと教えた、というのである。これ以降も多くのコンタクトに関する証言がなされているが、そのような話を他の目的に利用しようとする者が多いらしく、この点でトンプソンは例外だという。

コンタクティーとして最も有名なのは、ジョージ・アダムスキーである。本書の宗教グループの中心メンバーの一人であるアームストロング博士も、アダムスキーを探しあてて親しく会話したことが述べられているが、アダムスキーこそは一九五二年に金星人に会い、宇宙人たちのリーダーであるグレート・マスターにも会って、この太陽系には全部で十二個の惑星があることを教えられたと発表した人物であり、その後続々と現われたＵＦＯカルトの実質的な生みの親でもある。

宇宙人に直接接したというわけではないが、すでに述べたような「チャネリング」と呼ばれる方法で、地球外の生命体から霊的なメッセージを得ると称する人々もいる。そのなかには自家用飛行機のフライト中に行方不明になった後に、その本人から他のチャネラーにメッセージが届き、そのなかで空飛ぶ円盤によって連れ去られたと主張したといわれる者もいた（実際には飛行機事故にあったらしい）。本書で実証的に研究された宗教グループは、まさにそのようなチャネリング（ただし、この言葉は、本書では一箇所で「チャネラー」の意味で使われているa channelという言葉がある以外は用いられていない）の能力があるとされるキーチ夫人を中心としており、いわゆる「UFOカルト」の一つとみなすことができる。

UFOカルトは、異星人をいわゆる「神」と同等なものとみなすところに特徴がある。本書で扱われた宗教グループは、著者たちが本文の最後で書いているように、もし布教活動が上手であったなら、多数の信者を獲得することも可能であったかもしれない。そうすれば、今ならUFOカルトの老舗として繁栄を誇ることができたかもしれない。実際には、UFOカルトとして現在有名なのは、クロード・ボリオン・ラエルというフランス人が一九七三年に異星人と接触したという体験に基礎をおく「ラエリアン・ムーヴメント」といわれるもので、日本にも支部がある。ラエルは、聖書のエゼキエル書に出てくるエロヒムたちが、地球上に人類を人工的につくり出したとし、そのエロヒムを地球に迎える運動をしているのである（室生　忠　一九八六、志水一夫　一九九〇、など）。

最近は、「天使ブーム」だという。天使に関するさまざまな出版物やグッズが売られ、いろいろな雑誌の特集テーマにもなっている。この天使については、最近では、伝統的な解釈に近いものとしては、「守護天使」が「心霊家の守護霊やチャネラーの「実体」」と同一視されているという（マルコム・ゴドウィン、一九九三、邦訳九五頁）。また、天空から飛来するという特質などから、別な現代的解釈として、異星人であるとする説がある。つまり、異星人としての天使は、UFOが話題になるずっと以前の昔から、何度も地球を訪れ、人類にメッセージを送り続けてきているというのである（同、二八三頁）。

なお、精神分析学者のC・G・ユング（原著　一九五八）も、UFO現象について関心を寄せていた。もちろん、その解釈は、UFO現象を現実のものとみなすのではなく、九九％までは心理的な所産であって、天空に丸い光る物体を見るというのは幻視にほかならないとする。それは、無意識の元型的な像だとする。古代においては、そのようなＵＦＯは単純に「神」だと考えられた。現代においては、さまざまな奇跡を可能としてきた物理学の発達によって、むしろＵＦＯの現実の存在が簡単に信じられてしまうとする。ただ、このＵＦＯが第二次世界大戦以後、特に頻繁に現われるようになったことについては、何らかの不可解な空中の現象が確かにあり、それに対して「宇宙旅行の空想」や「いたく脅かされている地上の生活」からくる無意識内容が投影されるという「共時的現象、つまり意味上の一致」だと考えられるという（邦訳、一八六頁）。きわめてもっともな解釈である。

◇神秘主義やオカルトへの志向と科学への志向

本書の宗教グループのメンバーには、博士や大学生など、知的にかなり高い人々が多く見受けられる。彼らにおいては、知性と神秘主義あるいはオカルトへの志向とは、必ずしも矛盾していないようである。むしろ、科学への志向がそれらの非合理的な志向と結びついている。この項では、これら二つの志向の関連について、西洋とりわけアメリカと日本における一般的な傾向をみておく。

合理的な科学的思考習慣と非合理な存在への関心の共存という現象は、西洋においては、特に珍しいことではない。近代科学の祖ともいうべきニュートンが、一方できわめて信心深い人であったとか、名探偵シャーロック・ホームズの生みの親として有名なアーサー・コナン・ドイルは、医師でもあったが心霊研究協会（ＳＰＲ）に属し、心霊学（スピリッチュアリズム）を広めるのに貢献した、というのはよく知られた話である。また、最近では、「ニューサイエンス」と呼ばれる新たな動きがあり、西洋の科学と東洋の宗教思想との融合が試みられている。天外伺朗（一九九四）によれば、多くの高名な理論物理学者たちが、最新の科学理論（たとえば「ホログラフィー宇宙モデル」や「超ひも理論」など）と東洋哲学（たとえば、インド哲学や「易経」「般若心経」など）との類似性を指摘しているという。

最近のギャラップ調査の結果をみると、一九九四年末現在、アメリカ人で神あるいは宇宙の霊的存在を信じている人は、実に九六%もいる。第二次大戦後、この比率はほとんど変わっていない。最低でも、一九四〇年代後半および七〇年代後半の九四%であり、最高では九九%である。この最高の比率を記録したのが、五〇年代前半であり、本書の宗教グループの活動が始まった時期でもある。このように、アメリカ人のほぼ全員が神あるいは霊を信じているわけであるから、科学技術関係の職についている人々も例外ではないわけである(なお、神を信じ重んじるという点で、ヨーロッパ人の信仰心ははるかに弱い)。

むしろ日本において、ごく最近まで(あるいは今日もなお)、教育の現場や社会におけるタテマエとして、欧米に比して、科学的合理的な思考に対する過度とも思われる強調がなされてきたのである。それは、日本人が明治以降、短期間に西洋と肩を並べるという目標のため、西洋の可視的な優れた面としての合理主義の所産の吸収に専ら努めてきたということによる。非合理的な側面については、特に多くの科学者や文化人によって「迷信」などとして退けられ、それへの関心すらも抑圧される傾向があった。大学で超能力を研究しようとした心理学者が、結局、大学を追われるということすらあった(一柳廣孝、一九九四)。要するに、日本においては、ホンネとしての非合理的な現象への関心や恐怖といったものが、少なくともこの一世紀以上にわたって、抑圧され続けてきたわけである。

であるから、日本には表面上「無神論者」が多く、西洋の科学と深層では深く結びついてきたキリスト教でさえ、日本ではたいして普及しないまま今日に至っている。NHKの一九八八年の調査によれば(横山　滋、一九九四)、「宗教や信仰とかに関係していると思われることがらは、何も信じていない」という回答の比率が二六%ある(七三年には三〇%いた)。先に引用したギャラップ調査において、アメリカ人で神や霊は信じないとはっきり否定した比率は九四年で三%であり、日本人ではそのおよそ十倍もいることになる。

ただ、それでも、半世紀以上前の無謀な戦争に民衆を動員したときには、非合理的な心情に訴えるものに力があった。それは、近代日本人にも非合理的な心情が深層に満ちていたことを示している。最近になって、特にテレビや雑誌において盛んに取り上げられる超常現象（超能力とか霊体験など）は、おそらく視聴者の関心も高いのであろう。それに対して、主として大学で科学的な研究教育を担当している人々や科学ライターによって、それらは批判され、反証が試みられている（坂本種芳・坂本圭史　一九九〇、志水一夫　一九九一、安斎育郎　一九九三、大槻義彦・大槻ケンヂ　一九九五、など）。もちろん、テレビや雑誌などで紹介される現象を無批判的に受け入れることは危険なことであるが、実際のところ、非合理的な現象に対する関心にこたえてくれる情報源が、これらのメディアしかなく、学校や家庭ではそのような関心をただ嘲笑するか無視することが多いとすれば、その方がむしろ問題であるかもしれない。

今日の日本の若者においては、新新宗教やオカルト的なことへの関心が高いということがよく言われ、データによってもそのことがある程度裏づけられる。ＮＨＫの調査でも、「あの世、来世」や「易や占い」を信じる人は、すべての年齢層のなかで、二十歳以下で最も比率が高い（横山滋、前掲書）。訳者らが最近、オウム真理教の事件に関連して行なった調査でも、若者ほど霊魂や超常現象などを信じており、六十歳以上の人の方がはるかに信じる率が低かった（埼玉大学、東京大学、筑波大学による合同調査、一九九五）。

日本の若者が霊的な存在やオカルト現象などに強い関心を示す理由を考えてみると、第一に、さまざまなものに対して寛容な最近の日本の社会文化状況のなかで、少し前の「近代人（特にエリート）」ほどには、誰もが抱きうる非合理的なものに対する関心を抑圧されず、素直に非合理な現象を信じることが許容される、ということがあるかもしれない。また、第二に、先にも述べたが、テレビや雑誌のような時代の先端を行くメディアによって、より具体的なかたちで超常的な現象や霊魂の存在の可能性などについての情報を豊富に与えられ、それらに接触する機会も多いと考えられる。

また、第三に、テレビもある程度そうであるが、進歩した先端的な科学技術の存在や利用自体が、非合理的な不可思議な現象と「親和的」ないしは「融合的」ということがあるかもしれない。たとえば、日本の若者にとって、今やテレビや電話というものを個人所有することは容易なことである。事実、大学生となって下宿生活するような場合、テレビや電話は必需品だという。これらのメディアは、それが作動するメカニズムを知らなくとも、つまり、その中身はうかがい知れない「ブラックボックス」であっても、簡単な操作で遠くの映像や音声を居ながらにして見聞きできるのであり、実に不可思議なものである。それも、テレビや電話が、まだ初期の技術的に未成熟な要素を多分にもっていたり、電話交換のような人間が介在していた時代を知っている人間よりも、現在の若者にとっては、複雑だがすぐれた機能をいとも簡単に発揮するメディアは、おそらく無意識的には、きわめて不可思議というか、超常的なものなのではないだろうか。

若者たちは、以上に述べたようなことを特に意識もせず、そのようなメディアをきわめて自然なものとして受け入れている。発達した科学技術が達成してくれた不思議な機能と、いわゆる心霊現象のようなものとは、現象的にはむしろ区別しがたいほど類似しているともいえる。たとえば、遠く隔たった人々を一瞬に結びつけたり、無から有を生み出したりするようにみえる、という点においてである。「不思議さ」のレベルでは、超常現象も先端的な科学技術も同じということではないだろうか。

かつて、写真というニューメディアの登場によって、心霊現象や念力などがむしろ確信されたということがあったと思われる。「真」を写し出すすぐれたメディアであるからこそ、そのような霊的なものも把捉されると信じられる、ということであろう（写真によって魂を吸い取られるという俗説もあった）。現代でも、ときにレコード（CD）の録音のなかに奇妙な音が入り込んでいるといった話もある。映画「ゴースト」のなかでは、ゴーストがコンピュータの端末を通じて、自己の存在を証明するシーンがある。「電子的」にすぐれた機能を持つ装置と「霊的」な存在との間には、何か結びつくところがあるという感覚があるのであろうか、しばしば電子的な装置のなかに霊的な存在が混じったり、棲みついたりするのである。

本書の主要な研究対象であった宗教グループには、秘密結社として知られる「フリーメーソン」に特有な要素も多々見出される。フリーメーソンは、現在ではアメリカを中心とした世界的な慈善団体であり、老人クラブ的な親睦団体のようであるが、その起源ははっきりせず、いくつかの神秘的・秘教的な宗教や組織に由来するという説があるという（吉村正和、一九八九年。以下の説明も吉村の著書に依拠している）。そうして、この団体には、それに特有な合言葉や儀礼が用いられる。本書における宗教グループでも、合言葉が使われ、また、身体から金属類をすべて取り除くようにという指令がグループのメンバーたちに出された。後者の指令は、本書では、地上の金属の存在が空飛ぶ円盤への塔乗に支障をきたすかのように書かれているが、実は、フリーメーソンへの参入儀礼に、これと全く同じものがあるのである。つまり、身につけているすべての金属類をはずすというものだが、ただ、その理由は「清貧の証（あかし）」であって、参入儀礼が財産や社会的な地位とは無関係なことを示す意味があるというのである。フリーメーソンの精神を表現したと言われるモーツアルトの「魔笛」にも同じように、笛も銀の鈴も持たないで案内されるという場面があるという。他にも、参入志願者は、ここへ来た目的は何かと問われ、

以下の二つの項目では、以上で述べたように、本書で実証的に研究された宗教グループにみられる神秘主義・オカルト志向と科学志向の融合の具体的な現われとして、フリーメーソン的および心霊学的な要素について述べておく。

◇フリーメーソン的要素

それに対して「光を見るため」だと答えることになっていたというが、フリーメーソンが「光」への展開に特に関心を持っていたことと、本書の宗教グループにおいても光についてしばしば語られるところも共通している。さらに、フリーメーソンにおける中心的な概念の一つに、自由・平等・博愛などと並んで「兄弟愛」があげられるが、本書の宗教グループでもこの兄弟愛がくり返し強調されている。このように、少なくとも形式的には、フリーメーソンの諸要素が取り入れられていると思われる。

さて、近代フリーメーソンは、十八世紀初めにイギリスに誕生し、またたく間に全ヨーロッパへ広がり、さらに新大陸へと広まったものである。もともと社交クラブであったフリーメーソンには独自の思想というものはなく、その時代の思想を反映しているにすぎない。そのため、十八世紀における思想的傾向のうち、一方の啓蒙主義・理神論・科学主義と、他方の神秘主義・心霊主義の双方の要素が含まれ、それらが互いに区別されずに、むしろ融合していたのである。ただ神の存在と魂の不滅性という原則を信じることが必要であったという。しかも、この西欧神秘主義というのは、実は、近代科学そのものを準備したものだと言われるのである。フリーメーソンの活動自体も、近代科学の確立に貢献した。たとえば、フランス啓蒙思想の集大成とも言うべき『百科全書』の執筆者の多くが、フリーメーソンであるか、その支持者であったという。

フリーメーソンにおいては、神秘主義的なものへの関心が科学主義によって合理化されていると言えるのである。

◇ここでの宇宙観と心霊学的要素

神秘主義的な思想に科学の裏づけを試みるのは、フリーメーソンの思想ばかりでなく、心霊学（スピリチュアリズム）の場合もそうである。本書の主たる研究対象である宗教グループの場合、この心霊学的な見方が、特にその宇宙観のなかに反映されていると思われる。

本書の宗教グループでは、宇宙に関する二つの見方が混合している。一つは、UFOを飛来させることができるような高い文明をもった惑星がわが太陽系にもあるとする、今ではほとんど否定されている類の宇宙観である（ただし、現在、もっと広い範囲の宇宙のなかには、確かに高度な文明を持つ生命体は存在するであろうと推定されてはいる）。もう一つは、より上位の密度層（という表現が用いられている）における惑星というものが仮定されている（これと先の惑星は同じということなのかもしれない）。つまり、この宇宙は何層かの構造になっており、より上位の層の惑星へ行くほど、霊的に進化した生命体がいるとし、この地上では死んだとされる者たちも、いずれかの（地上より上位の）層に存在していて、地上とほとんど変わらない生活をしているとする。ということは、地上での肉体の死後、霊魂（スピリット）は天へとのぼっていくだけでなく、行った層において地上の肉体に似た肉体を再びまとうということのようである。そして、各層での霊的進歩の状況いかんで、さらに上位の層へとのぼることもできるのである。

この後者の宇宙観は、心霊学の描く死後の世界とたいへん似ている。すなわち、死後の世界はいくつかの層を成すが、それらは「界層」と呼ばれ、地球の周囲に存在している。各界層で、霊魂は地上の肉体に似た肉体をまとい、それよりさらに上位の界層へと移る場合は、地上における死に似た形体上の変化があるという。このような見方は、霊性の程度によって上下の構造を持っているという点では、キリスト教における死後の世界とも共通しているが、ただ、キリスト教でいうところの地獄は存在しないとされる点で大きく異なる。なお、キリスト教における天国の構造については諸説があり、有名なものにはダンテのものなどがある。天使のいる世界が九つの階級に分かれているという説が一般的なようだ（マルコム・ゴドウィン、一九九三参照のこと）が、七つの天があるというような説もある（フランソワ・グレゴワール、一九九二）。

心霊学的な見方は古代から存在していたが、近代心霊学は、よく知られているように、一八四八年にニューヨーク州ロチェスター近郊のハイズヴィルに住むフォックス家の姉妹が、叩音（ラップ音）によってその家にいる霊と交信し、その結果、殺人による非業の死を遂げたその霊の、もとの肉体かもしれないとされる白骨がその家の地下から発見されたということに発する（白骨の正体は結局は不明）。この事件は大きな社会的反響を呼び、多数の当代一流の学者をも巻き込む近代心霊学成立に至る。この影響力はやがて日本にまで及び、明治四十年代（二十世紀初頭）には心霊学関係の出版ラッシュが起きたという（一柳廣孝、前掲書）。

近代心霊学の中心となる信念は、第一に、生命の本質的な要素としての「霊魂」の存在ということである。霊魂は肉体とは分離されうるものであり、霊魂こそが本質で肉体は殻のようなものにすぎないとする。このことは、肉体の死後も生命は存続することを意味する。第二に、地上における死後に別な界層へと移った霊魂と、何らかの手段によって「交信」できるということである。この事実こそが、霊魂と死後の世界の存在の動かぬ証拠であり、われわれはそれによって死後の世界についての情報を得ることができるとされる。このような科学的な実証精神に裏づけられた事実にもとづく霊的世界への信仰と、そこからこの地上への啓示を読み取ることが、近代心霊学のもつ意義なのである。その点で、伝統的なキリスト教は、科学的な裏づけがなく、納得のいかない教えであるとする（コナン・ドイル、原著一九一八年）。

ところで、コナン・ドイルによれば、心霊学が説明する死後の世界は、この地上の世界と形態的にはあまり変わらない。家族や集団があり、また別な死があるのである。交信の手段については、主なものは「自動書記」と「霊媒」によるメッセージである。前者は人間の手を媒介に死者の霊の意思が綴られるもので、本書の宗教グループの中心メンバーであるキーチ夫人はこれによって霊界と交信している。後者の方は、日本でも恐山の「いたこ」が有名であるが、トランス状態になった「霊媒」の口を借りた霊が語るというものである。本書のグループでは、ブラッキー夫人とエラ・ローウェルがそれを行なっている。他の交信手段としては、直接空中から声がしたり、ハイズビル事件のように叩音（ラップ音）による場合があるが、これは本書には出てこない。さらに、きわめてポピュラーな手段としてテーブルターニング（その日本版が「こっくり（狐狗狸）さん」である）を家庭で行なう「交霊会」があり、本書でも何回かエラ・ローウェル主宰で開かれたことが報告されている。

なお、本書の宗教グループの話のなかでは、キーチ夫人が、自分は自動書記によって間接的にしか交信できないのに対して、ブラッキー夫人の場合は身体に霊が乗り移ってメッセージを直接伝達できるのでうらやましいとするくだりがあるが、コナン・ドイルの邦訳の訳注で心霊学研究家の近藤千雄は、むしろ「スピリットが高級になると（霊媒に）直接乗り移らずに」書くというかたちで交信するとしている。

また、本書の宗教グループでは、ブラッキー夫人の口から「造物主（つまり創造神）」の言葉が出てきて驚かされるわけであるが、コナン・ドイルによれば、心霊学で言う界層の最上位には最高級の霊（スピリット、伝統的には天使）がいるが、これは絶対神とは異なるという。なぜなら、絶対的存在は無限の普遍的存在であって、一個の存在とは認識されないからである。このことから考えるならば、本書に登場する造物主も一個の霊にすぎず、絶対的な存在ではないということになる。だからこそ、キリストの現在の姿であるサナンダと張り合ったりするわけであろう。近藤千雄によれば「地上に降誕した高級霊の中でも、イエスほどの高い霊格をそなえたスピリットはそれ以前にもそれ以降にもいないし、これからも出ないというのが、高等霊界通信の一致した言い分である」としている（コナン・ドイルの訳書、第二章訳注）。

心霊学が流行した二十世紀初頭までは、コナン・ドイルの著書にもうかがえるのであるが、人類の進歩や科学技術の発展に対する信仰は、むしろ現在よりも純粋に強かったのではないだろうか。それだからこそ、科学的な方法によって、長年の神秘を解明できるという固い信念も生じたのであろう。

◇現代の科学技術への不信感と汚れた地球観

以上述べてきたように、科学的な思考と神秘的なものへの関心は、必ずしも矛盾しない。むしろ神秘的で不可思議なものを科学的・合理的な精神で追究しようとするのである。二十世紀末の今日においては、たとえば、人類は科学技術の驚くべき発展によって、人類を宇宙へと送り出し始めた。今や、宇宙は新たな「フロンティア」でもある。しかし、その神秘の空間に人間が送り込まれ、そこで神の啓示を得た宇宙飛行士もいたのである。同じように、物理学や生物学などの科学の最前線にいて、むしろ科学の有限性・限界を悟り、超越的な存在に想いをはせるということがありうる。また、すでに述べた「ニューサイエンス」では、まさに科学的な思考と神秘的なものに関する思想とが融合しつつあると言える。

しかしながら、今日の世紀末（千年紀末）における神秘的超常的なものへの関心の高まりは、また逆に、「科学技術の行き過ぎ」あるいは「行き詰まり」という現実によっても、説明しうるところがあるだろう。たとえば、二十世紀は未曾有の大規模戦争の時代でもあった。人類を破壊し尽くすような兵器が開発されたが、このことは、黙示録にいうところの「ハルマゲドン」（世界最終戦争）を空想ではなく現実の可能性とし、神話やＳＦの話をリアルな物語へと変えてしまった、という面がある。

科学によって起こりうる最悪の結果は、科学それ自体から必然的に生じる結果とは言えない。むしろ、それは科学を善用しようとするか、悪用しようとするか、その利用者の姿勢で決まるということであろう。本書で報告された宗教グループがコンタクトをとっているとされる守護霊たちは、他の惑星にいる高次の存在であって、そこでのテクノロジーは地球上のそれより百万年も進んでいながら、霊的にも進化しているという。ここには、むしろ、無限の可能性をもつ科学技術そのものへの信仰がみられるとも言えよう。

しかし、本書の宗教グループが信じるところでは、第二章の初めに出てくる『オアフスペ』という書物のなかに描かれている物語に似て、かつて太陽系に存在した惑星カーにおいて、核兵器を用いた戦争が起こり、その惑星が木っ端微塵に爆発したことがあったという。そして、カーから脱出した二つの陣営のうち、科学を悪用したグループこそが、この地球における文明をつくり出したとしているのである。他方の霊的にすぐれたグループの方は、惑星クラリオンにすぐれた文明を築くとともに、空飛ぶ円盤でこの地球をしばしば訪れ、地上の人類を目覚めさせようと努めてきたとされる。彼らこそ、この汚れた地球を浄化しようとする者たちなのである。

以上の考え方は、「イザヤ書」や「ヨハネの黙示録」における「曙の子」堕天使ルシファー（ルシフェル）の話に似ている。彼は天使のなかでも完全な存在であったが、神の地位を望むという高慢の罪を犯したため、天界でこの悪に対する善の戦いが生じたという（パオラ・ジオベッティ、一九九四）。本書の宗教グループの教え（第二章）では、惑星カーの破滅後に地球にやってきた者たちこそ、同名のルシファーの陣営だったとされるのである。したがって、この地球は必然的に悪に染まり汚れたものとなっており、それを救ってくれる者こそが、霊的によりすぐれたサナンダたちを中心とする守護霊＝異星人たちというわけである。もっとも、人類が大気の「エーテル波」のバリアーを破壊してしまったからこそ、守護霊たちが地球とコンタクトできるようになったという。これは、核実験開始以降にUFOが頻繁に目撃されるようになったことの一つの解釈なのであろう。

本書の宗教グループの教えのなかでは、詳しい説明はないが、かつて地球に存在したとされるムー大陸とアトランティス大陸の沈没も、この両大陸間でかつて行なわれた核戦争が原因だとされているようである。とにかく、その教えにあるように、この地球こそは「戦争と憎しみの存在する唯一の惑星」なのである。

二　信念およびそれをめぐる心理的なメカニズム

ここでは、本書で実証的なデータによって検証が試みられた「認知的不協和の理論」についての解説を加えるとともに、その他の心理的なメカニズムについても若干ふれることにする。

◇認知的不協和の理論について

この理論の登場については、社会心理学という学問領域における、それまでの関心動向の変遷を説明しておくのがよいだろう。社会心理学においては、一九五〇年代に、いわゆる「社会的知覚」という現象に大きな関心がもたれ、たとえば貧困家庭の子どもほど貨幣の大きさを過大視するというように、認知や知覚というものが社会的な要因によって左右されることが明らかになった。また、「対人知覚」にも関心がもたれ、そのなかにハイダーのバランス理論というものがあった。そこでは、二人の人間および事象の三者についての認知要素を互いに関連した全体とみなし、人が、それらの間の調和のとれた状態を求めて、認知を変化させることを実証した。

このように社会的な状況での認知や知覚に関心がもたれるとともに、認知や知覚あるいは態度のレベルでの「バランス」や「一貫（斉合）性」という性質に関心がもたれるようになる。そのような流れのなかで、この認知的不協和の理論（略して不協和理論）が提唱されるわけであるが、認知的一貫性に関連した諸理論のなかでも、理論が簡潔で一般性・抽象性が高く、したがって応用範囲が広いという点で、最もすぐれたものである。社会心理学の理論としても、その着想のすばらしさに対する評価は高い。その全容については、Leon Festinger, *A Theory of Cognitive Dissonance*, 1957（末永俊郎監訳『認知的不協和の理論』誠信書房、一九六五）に詳しい。私事であるが、東京大学の故池内一先生に提出した私の修士論文（一九七五年）は、「コミュニケーション行動に対する認知的不協和の理論の適用について」と題するもので、その当時までになされた、この理論をめぐる諸研究のレビューを中心とする拙いものであった。

さて、不協和理論においては、自己の行動や信念あるいは外界に関する認知（知識）における一貫性が問題になる。そこでは、基本的に二つの認知要素（AとBとしておこう）が対比される。もし、一方の認知要素Aから他方の認知要素B（あるいはBからA）が論理的または心理的に帰結しないときに、それらの要素は互いに「不協和（dissonance）」の関係であると言われ、矛盾し心理的には不快な状態である。それらの認知要素が個人にとって重要なものである場合、そのような不協和の状態は耐えがたく、それをより調和のとれた状態つまり「協和（consonance）」の関係に近づけようとする、不協和低減への動機づけが生み出される。

協和的な関係に至る方法として最も単純な場合には、認知要素のAまたはBを変えてしまうということがある。たとえば、卑近な例としてよく持ち出される状況としては、ある人が「タバコを吸っている」（認知要素A）が、同時にその人は「タバコが有害であることを知っている」（認知要素B）というものがある。ここでは、BからAは心理的には帰結せず、不協和が生じている。その場合、タバコをやめてしまう、つまりAを非Aに変化させるのが、不協和を解消する根本的なやり方であろう。しかし、タバコをどうしてもやめられないとすれば、Bの方を何とか変えなければならない。つまり、タバコは有害ではないというふうに認知を変えなければならない。そのためには、タバコ有害説を論じる可能性のあるような情報源を避ける（情報への選択的接触）などの努力が必要になる。けれども、現実問題としては、今日、タバコの有害性は多くの人が説くところであり、Bを変えるのも難しい。そうなると、不協和を低減する別な戦略が考え出されなければならなくなる。

認知的不協和を低減する別な戦略は、まず、その不協和の重要性を減らすことである。右の例では、たとえば、タバコの有害性は究極的には人を死に至らしめるようなものであるかもしれないが、人間は誰でも最後には死ぬわけであるから、それは別にたいしたことではないと考えたりするわけである。もう一つの戦略は、認知全体における不協和の比重を減らすことである。そのためには、不協和関係にある要素の一方に、それと協和的な要素を付加するということが必要である。先の例では、タバコを吸っているという認知要素Aの方に、喫煙は気分をリラックスさせるとか痩せさせる効果がある、といったタバコの効用についての協和的な認知要素を付け加えることである。

現実の生活においては、不協和を低減しようとしても、以上のような諸戦略の多くがうまく行かないことも多い。本書における宗教グループは、まさにそのような状況下にあったと言える。この宗教グループの各メンバーの場合、認知要素Aは、自分が予言を含むグループの教えを確信しているという信念である。逆に、認知要素Bは、その予言が完全にはずれ、客観的に否定のしようもないという事実に関するものである。AとBが同居していることは、心理的にきわめて不快な不協和の状態である。したがって、不協和を低減しなければならない。ところが、AもBも変えることができない。認知要素Aの方は、あまりに強く確信していた信念であるため、容易に変えることが困難である。もっとも、この困難さは個人の性格によって異なるかもしれないが、認知要素Aについては、すでに家財を売り払ったり職を放棄したりしていて、その信念に深くコミットしており、それを変えることが実際上むずかしいのである。認知要素Bの方も、みんながそれを知っている客観的な事実であって、否定することができない。さらに、生活の中心をなしていたその宗教グループや信念の重要性についても否定することは不可能なのである。

認知要素AもBも変えることができず、不協和の重要性も減らすことができないような苦境にあって、人々はどのようにするか？　それこそが、本書の主要テーマとなっている。その場合、現象的には、過去のさまざまな宗教教団についてもみられたように、予言がはずれた後になって、むしろ布教活動が活発化し、その結果、大きな教団へと発展していくことがある、というような逆説的な結果が生じる。本書では、第一章において具体的に、過去のよく知られた宗教教団の事例をあげて、この逆説的な現象の存在を指摘している。そして、第二章以降においては、現実に活動している宗教グループで、具体的な予言の言明を行なっており、しかもそれが失敗に至る過程をリアルタイムで観察できるような集団を選び出し、そのなかに信者として潜入して、克明にその過程を報告しているのである。

この逆説的な現象が起きるメカニズムについては、本書の説明はあまり詳しくないと思われるので、ここでもう少し説明を試みることにする。ある個人の信念にもとづく予言が客観的にははずれたときでも、その個人のまわりに、なおもその信念を信奉する人がいる場合、そのこと自体がその信念にとって協和的な要素になる。しかしながら、協和の大きさが不協和の大きさと比べて十分大きくなければ、依然として不協和の不快さは残存し、その不協和を低減しようとする動機づけが存在するわけである。そして、この場合に不協和をより低減できる方法は、同じ信念を抱く人をさらに見出し、自己の信念と協和的な要素をより多く得ることなのである。そのため、布教活動が活発化するわけであるが、その結果として信者が多くなれば、予言失敗の正当化を含めて、自分および自分のまわりには現実を同じように見る人々ばかりになる。そして、この皆によって抱かれた「共同主観」は、事実上「客観的現実」に転じるのである。こうして、予言のはずれによっては、もはや信念が揺らぐことがなくなるわけである。

このように、客観的には誤った現実が、多くの人々によって同様に受け入れられている事態は、社会心理学では「多元的無知」と呼ばれる。童話の「裸の王様」は、まさにそのような事態を典型的に示している。不協和理論は、このように、ある文化において一見非合理的な信念が広く信じられ、事実上「客観的現実」となっている現象を裏づける理論ともなるのである。

なお、社会学者のピーター・L・バーガー（一九七九）は、たとえばキリスト教世界の「現実性」を維持するためには、その内部に生きる個々人が、その世界がリアルと知覚されるような正当化によって社会化がなされる社会構造が必要であると述べ、その社会心理学的なメカニズムとして不協和理論をあげている。また、メシア期待―至福千年（千年王国）タイプの神義論は経験的に傷つきやすい（予言がはずれるということなどであろう）という弱点があるが、経験的に反証が生じた場合でも、それを正当化するためにその神義論を「何らかの形で匿されているもう一つの真実に移し換えること」によって解決されるとしている。このことは、不協和理論の観点から言えば、別な協和的な認知要素を探し出すということに対応しよう。事実、バーガーは『予言がはずれるとき』の事例研究の内容と新約学者たちが「来臨の繰り延べ」と呼んだ現象とが驚くほど類似していると指摘し、非常に示唆的だと述べている。

◇終末論的信念あるいは荒唐無稽な信念を抱くに至る要因について

本書で実証的に研究された宗教グループは、終末的論な内容を持つ荒唐無稽と思われるような信念を抱いていたと考えられるが、そのような信念内容が抱かれたことについても、不協和理論によって、ある程度は説明できるであろう。

ここでの宗教グループの主要メンバーは、それほど若くもないが、年配者も少ない。リーダーのキーチ夫人は当時五十代半ばだったと推定されるし、アームストロング博士夫妻は四十代で、子どもたちは二十歳以下である。その他の主要メンバーは三十代から二十代が多かったと思われる。そのうちには、大学生も含まれるし、職業をもっていた者も多い。アームストロング博士など科学的な訓練を経てきた者もみられる。分別がありそうな人々が多いわけであるが、そのような人々が、地球全体にわたる大変動と「空飛ぶ円盤」による救済といった、少々荒唐無稽な考えを信じるに至ったのである。

これから考えられることは、このような信念を抱くに至るのに、オウム真理教の信者についてしばしば語られるように(たとえば、井上他)、人生経験の不足や従来のような明確な現実感覚が欠如しているといった要因が、必ずしも主要なものとは言えないのではないか、ということである。現実感覚の欠如という点で言えば、本書のこのグループの話は一九五〇年代のむしろテレビ草創期の時代のものであり、テレビメディアの影響を云々することも適切ではないだろう。また、アームストロング博士やクライド・ウィルトンが医学や自然科学の領域で博士号をもっており、科学的な思考力の欠如ということも、決定的な要因とは言えないだろう。

したがって、これはオウム真理教の信者の場合にもあてはまりうることであるが、現実体験やメディア体験が全く関係していないとは断言しえないにしても、それらが、ある種の信念体系を受け入れさせるように短絡的には機能しないのではないだろうか。それに、もし、それらの要因が決定的なものであるならば、現代のもっと多くの(むしろ大多数の)若者が、オウム真理教のような新新宗教に吸収されてもおかしくないはずである。

そうしてみると、一般的な見方からは荒唐無稽にみえるような信念を抱くのは、もっと個人的な資質によるのではないかとも思える。いわば心理特性における「個人差」のようなもので、平均的な人々よりも被説得性が高かったり、あるいは想像力がより豊か(空想的・誇大妄想的)であるとは言えるかもしれない。それに加えて、オウム真理教の信者たちの場合には、アドルノやフロムの言うような、権威ある人に服従し、逆にそうでない人には攻撃的になる、権威主義的な人格をうたがってよいかもしれない。

ただ、そのように個人的な資質に帰される部分が多いとしても、現代的な状況において、少々荒唐無稽な空想的な内容のものから、大地震の発生といった現実的可能性のもっと高そうなものまで、さまざまな終末論的あるいは破壊を願望するような信念を抱くにいたる、より一般的な心理的メカニズムが働いている可能性はある。そして、その一つの可能性として、認知的不協和理論をあげておくことができる。というのは、何らかの理由で強い「怖れ（あるいは不安）」をいだいていながら、それに対応する具体的な認知がない場合、強い「不協和」が経験されるのであるが、そのような不協和を低減するのに、怖れ（不安）を抑えようとすることは現実にはあまり効果的でなく、逆に、漠然としていた怖れ（不安）を正当化するような具体的な認知を与えるほうが、むしろ不協和は低減されて心理的には安定する、ということが不協和理論から言えるからである。

この点に関してフェスティンガーは、フロイトの説明も引き合いに出している。すなわち、強い情緒を感じながらも観念内容が欠けている場合には、何らかの内容を代用品として捉えるというのである。誰もが納得しうる卑近な例をあげるならば、たとえば暗闇のなかで強い恐怖を感じている人は、その恐怖の具体的な原因と解されるような幽霊やお化けと思われるものの姿を発見しやすい、ということがあげられよう。これは、生理学的な原因から起こると言われる「金縛り」において、その生理現象に対応するような幻覚を体験することが多いことをも説明するかもしれない。

フェスティンガーはさらに、常識とは少々相容れないような研究結果を引用する。それは、インドで起きた地震および地滑りの際の流言内容を研究してわかったもので、大きな災害が起きたために壊滅的な被害を受けた地域とその周辺の地域では、異なる種類の流言が生じたのであるが、周辺地域の方では、近い将来に再び大きな災害が起こり、今度こそは壊滅的な被害がもたらされるとする「予言」的内容をもつ流言がみられた。それに対して、すでに壊滅的な被害を受けた地域では、誇張されたり近い将来の大災害再来を予言する流言は生じなかったのである。

これら二つの地域で、すでに実際に経験した災害の際に感じられた「怖れ」という点では、それほどの違いはなかったかもしれない。違いがあったのは、一方の地域では、その怖れに見合った現実の被害が目の当たりにされたのに対して、他方の地域では、その怖れに対応する被害が実際にはなく、いわば怖れだけが宙に浮いて存在していたということであった。この後者の場合には、その「怖れを正当化する流言」が必要だったのであり、実際にその怖れに対応するような壊滅的被害を予言する流言が流布したのであった。

このようにみていくと、終末論的な予言が強く信じられる一つの有力な心理的要因として、現実状況において、強い「恐怖」ないしは「不安」がそもそも存在していたことが考えられる。それも、最初から具体的で直接的な原因が存在していたというのではなく、そもそもは漠然とした、かたちの定かではない恐怖や不安であったと言えよう。

◇マインドコントロールと不協和理論

オウム真理教に関する一連の報道で一躍有名になった「マインドコントロール」であるが、その主要な手法の理論づけに不協和理論が言及されている。たとえば、スティーヴン・ハッサン（一九九三）は、不協和理論の観点から、破壊カルト集団によるマインドコントロールのメカニズムを説明している。ただし、その説明には不備なところがある。たとえば、不協和理論を行動・思想・感情という（態度の）三構成要素間の関係に限られるかのように言っている。つまり、異なる要素のいずれかが変われば異なる他の二つの要素も変わる、とのみ説明している。けれども、これは重要な面ではあるが、すべてではない。二つの要素が同じ種類であっても、同様に不協和理論を当てはめうるのであり、それだけにこの理論は広い適用範囲を持っているのである。

さて、「マインドコントロール」には、広義には、さまざまな物理的なやり方や薬物による洗脳も含まれうるが、より典型的には、個人が特に意識を操作されていることを自覚しないうちに実際には操作されていることを言うと思われる。

通常の説得の手法としては、まず知識・情報が提供されて、それが理解され、それに応じた信念や態度が形成される。そして、究極において、その論理的帰結として行動へと向かうようになるということが想定されていよう。この手法を用いても、同様な知識や情報が反復して提供されれば、理解率があがり、かなりの効果をあげることが可能である。ふつうの広告や説得もこの考え方によっている。しかし、この方法では、たとえば、その信念と対立する別の知識や情報によって、せっかく形成された信念が容易に変容するかもしれない。つまり、強固な信念をつくりあげにくいのである。また、そもそも行動にまで持っていくのに時間がかかるという欠点がある。

そこで、他者の態度をもっと巧妙に変えるやり方として、表面上は強制ではなく、とにかく人に自発的に何らかの行動をとらせる（選択させる）ように仕向け、そのことによって不協和の理論が説明するようなメカニズムが働くようにし、その後は自動的に態度が変容するのを待つという手法があるのである。もし、ある人がいったん行なった行動とその人の本当の信念とが食い違っているならば、大きな不協和を感じるはずであるが、いったん行動をとった以上は行動したことを取り消すことはできないわけで、不協和を低減させるには、主として、自らの信念を変化させ、すでに行なってしまった行動に対応した協和的な信念をもたざるをえなくなる、ということである。それというのも、行動をとったのは自らの意思である（断ろうと思えばできたかもしれない）から、それをしたことを他人のせいにはできず、自らがそれを意味のある行動と考えたからこそ行なったのだと思い込むようになるというわけである。要するに、「信念から行動へ」という方向づけではなくて、「行動から信念へ」という方向づけを行なわせるのであり、行動を取り消せない以上は、それに対応する信念も強固なものに保たれるというわけである（西田公昭、一九九五参照のこと）。

◇信念体系の社会心理学

何らかの確固たる信念体系を有する人々は、物事を虚心坦懐に客観的にみることはできない。すべてをその信念体系という偏光プリズムあるいは色メガネを通して見ることになり、その観点から物事を解釈し、判断する。本書で実証的に研究した宗教グループの場合、多くのことが、「霊魂」の存在やそれとの神秘的な交信という観点からみられるため、たとえば、著者たちや観察者たちが、そのグループのあらゆる活動に通じていて、少数の者にしか知らされていなかった会合についても知っていたということが、そのような観点から解釈され、最後には、著者たちが超自然的な情報源をもった宇宙人自身であるかのように誤解されるに至った。そのような存在への期待が大きかったので、会合について知ったのは偶然であったとか、別な人的ネットワークを有しているにすぎない、というような常識的な解釈を曲げてしまったのである。

以上のようなことは、何らかの信念体系を有する人間に特に顕著にみられるであろうが、そうでなくとも、何らかの先入観をもっているような場合にも、このような認知の歪みは生じる。そもそも、「認知」あるいは「知覚」という現象は、物理的なレベルでのみ語れるものではなく、認知する側にあらかじめ認知の枠組み（あるいは図式＝シェマ）があり、認知あるいは知覚をするということは、そのような枠組みを外界に投射するということなのである。つまり、あらかじめもっている何らかのパターンを外界に投射することこそ、認知あるいは知覚の本質なのである。したがって、そのようなパターンをもたない人間、たとえば、生まれたての赤ん坊や、生まれながらに盲目だったのが、ある程度成長してから手術によって眼が見えるようになった人などは、既成の視覚的な認知の枠組みをもっていないが故に、すぐには外界を十分認知あるいは知覚できないのである。

ある文化に属する人々は、共通の認知あるいは知覚の枠組みをもっていて、その結果、あたかも「客観的な事実」というものがあるかのように、同様な認知を行なう。しかるに、信念体系のようなレベルで人々の間に食い違いがあると、そのような客観的な事実というものは実際にはなく、「共同主観」とでも言うべきものがあるにすぎない、と気づかせられるのである。事実、さまざまな信念およびそれが構造化した信念体系というものは、同様に信じる人々によって支えられているものであり、文化や社会あるいは集団が異なればそれらも虚偽のものとなりうる。たとえば、「たたり」というものは、山本七平(一九八三、三三頁)が指摘しているように日本人にはなじみの現象だが、同じことでも文化が違えばたたりとは感じられないのである。

◇布教活動とマスコミへの対応について

本書では、実証研究の対象になった現代の宗教グループが、テレビや新聞・雑誌などのマスコミにどのように対応したかが一つの焦点になっている。この宗教グループは、大洪水が起きると予言された十二月を数カ月さかのぼる八月末から九月中旬にかけて、アームストロング博士を中心に、初めてマスコミへのアプローチを行なった。その第一回目の声明文は、あまりに長すぎたためか、予言の日付が本文に欠けていたためか、完全に無視された。しかし、第二回目の声明文は、ずっと短くしたうえで、予言の日付も明記され、ドラマ仕立てにされた。それを地元のローカル紙が取り上げ、それをきっかけに他のマスコミからも関心が寄せられるに至る。一回目の完全な無視に懲りて、マスコミの好む形に声明文を書き直したのが功を奏したと言うべきであろう。また、今も昔も、マスコミは逸脱した「物語」に対して好奇心旺盛であり、かつ、他のメディアに同調する傾向があると言うべきであろう。

この夏の終わりから秋口にかけての「布教活動」(原語ではキリスト教からの「改宗活動」である)の活発化については、洪水の予知そのものが重大な緊急事態であるからという常識的な解釈しか本書の説明では与えられていない。その後、この活動は、キーチ夫人のもとへ自称「宇宙人」が訪問して来て、「まだ機は熟していない」

という理由でストップをかけられ、以後は「選択的な布教活動」へと後退する。つまり、広く不特定多数に呼びかけるということはせず、あらかじめ守護霊たちによって（本人は気づかなくとも）選ばれ、したがって「準備」のある人が「派遣」されて来るのをただ待つ、という消極的な活動に限られるに至る。このような撤退のために、キーチ夫人が守護霊から得た教えを書物にして出版するという企ても実現しなかったのだが、もしこれが実現していれば、おそらく「チャネリング」のきわめて早い段階での出版となったことと思われる。

このように布教活動が選択的となり、公には「秘密主義」的になっていく。このことについては、すでに「準備」のある人には知らせる必要がないということと、多くの人々に混乱や「パニック」をもたらすことを避けるという、もっともらしい口実が考え出されるわけであるが、不協和理論の観点からすれば、喚起される可能性のある不協和をあらかじめ防ぐという意味もあるのである。すなわち、世間の人々の大多数は、この宗教グループの信念体系を受け入れるとは予想できず、むしろ冷笑や嘲笑に出会う可能性の方がずっと高い。また、冷やかされるだけでなく、世間とのつきあいのなかで信念と矛盾するような情報が流入する可能性も高い。とすれば、あえて信念を公にして、それを受け入れてもらう努力をするよりは、最初からその信念に共感を示す人々とだけ接する方が協和的で、心理的な安定性は保たれるわけである。ここでの宗教グループに関しては、十二月十六日以降にアームストロング博士の免職に関連して掲載された新聞記事の多くに、嘲笑的な見出しが用いられたと報告されている。また、警察権力の発動すらされそうになる。

ただし、新聞読者が、その嘲笑的な論調の記事を額面通り否定的には必ずしも受け取らず、むしろ内容に大いに関心をもってキーチ夫人の家にまで来た若者たちも多かった。これは、見出しをつけた送り手のマイナスの意図とは逆のプラスの効果を内容それ自体がもたらしたわけで、「ブーメラン（やぶへび）効果」と言うことができる。さまざまなスキャンダル事件においても、いろいろと騒がれることによって、その騒ぎの原因とは切り離された形で騒ぎの対象そのものに関心が抱かれることがある。それは、今度のオウム真理教の事件でもみられたことである。このことに関しては、人間にはそのような心理的メカニズムがあるとしか言いようがない。

マスコミや世間の人々への対応については、予言がはずれる以前には、不協和理論が理論的基礎づけを与えたと言われる「情報への選択的接触」がグループメンバーのあいだにみられる。予言がはずれた後は、生じた大きな不協和をこのような情報への選択的接触だけでは解消できず、すでに述べたように、新たな信者を獲得する方向へと進むのである。

なお、蛇足であるが、宗教は、布教宣伝を行ない、教義などの情報を主に扱うので、情報産業とも言われ、歴史的にも情報化の先端を行く傾向があった。古いところでは、十六世紀ヨーロッパの宗教改革を促進したものとして当時の先端的ハイテクであった活版印刷術があり、現代では、宗教教団による出版物の刊行はあたりまえであり、多くの新新宗教の教団が通信衛星やパソコン通信を積極的に利用したりもしている。本書の第一章で取り上げられた近代の宗教諸教団では新聞を自ら発行していた。第二章以降の主役である宗教グループでは、目立つところは(オープンリール)テープの利用であったが、時代状況からすれば、これも当時の先端ハイテクの活用と言えるかもしれない。

三　予言・予知・予測

◇超常現象としての「予言」と科学的「予測」

日本語でもあいまいに使うことは多いかもしれないが、本書の原著(英語)では「予言(prophecy)」や「予知(prediction)」あるいは「予測・予報(forecast)」といった語がそれほど区別なく使われている。と言っても、辞書をみると、英語でもやはりニュアンスの違いがあるようであるし、その違いは、日本語のそれに似ているようではある。ここでは、本書の中心概念である「予言」や「予知」「予測」について、多少の区別を考えながらも、それらに対する一般的な関心の拠って来たるところを主として社会心理学的に考えてみる。

まず、宗教では、「予言」が重要なことが多く、しばしば教義の中心になる。それは、ふつう根拠が示されるわけではなく、超常的な能力や霊界とのコンタクトによってもたらされる（神のお告げの場合には特に「預言」と表記される）。したがって、それは「霊感」や「啓示」という、きわめて個人的な主観的経験となる。しかしながら、本書の宗教グループでもしばしば強調されているように、個人的な経験であっても、複数の人々が独立に、つまり共時的に同じ霊感や啓示を得ていれば、それらは「正しい」ものと見なされる。

ただ、予言が実際に当たったか否かの判断はたいへんむずかしい。それは、まず、予言そのものにあいまいな点が多いからで、実際に何かが起きたとして、どの「範囲」までがその予言の指定した現象と見なせるかという点で、不確定なところがあるからである。本書の宗教グループの場合も、予言で指定された日に、宗教グループのメンバーたちが居たところでは何も起こらなかったが、アメリカ国内および海外のかなり離れたところでは地震が観測されたということがあった。これなどは、地震は常にどこかで起きているものであるから、予言の範囲が限定されていなければ、遠く離れたところに起きた地震でもって予言が当たったと言うことは可能である。このことは、今年起きた阪神大震災（一九九五年一月十七日）を事前に予知して当たったとしている人々にも当てはまる。ある西洋占星術の大家は、およその二十日前に、一月十七日に大地震が起きると予言し、まさに当日に大震災が発生したという（ただし、その公表は震災発生後に刊行された月刊誌上である）。しかしながら、その予言された場所は、遠く北海道東岸あるいは三陸沖だったのであり、事実上、予知によるメリットは何もなかった（大槻義彦・大槻ケンヂ、前掲書）。

予言的中の判断をめぐるあいまいさについては、他にも、予言的中の「基準」とその客観性という問題がある。これは、予言の「解釈」にかかわることである。たとえば、本書の宗教グループの一行が空軍基地の近くで円盤の着陸を期待して空を見守っていたときに、不思議な男が一行のそばへ歩いてやって来たが、振り向くと消えてしまっていたと説明される事件があった。これなども、この男こそが宇宙からやって来た生物であると事後的に解釈され、おそらくは円盤着陸も（場所は離れた別なところであったかもしれないが）事実あったと見なされたのであろう。同様に、クリスマスの日に宇宙人がキーチ夫人の家の前まで来ていたとされたが、その宇宙人は見える人には見えるという存在であり、客観的な基準を完全に欠いていた。

予言をめぐる問題は、結局、いろいろな意味で「社会的現実」に関する正当化の問題に帰着しそうである。予言が「はずれ」たときに最もよく用いられる論理は、霊あるいは神によって「人々が試された（試練が与えられた）」と考えるか、霊や神への祈りが届いて「危険が回避された」とするか、である。本書の宗教グループでは、異なる機会にこれら両方の正当化がなされた。その後は、この正当化をいかに維持していくかという問題になる（この点については、すでに前節で扱った）。

科学（および技術）においても、理論を確立したり実用化する上で「予測」の成功が重要である。たとえばアインシュタインの相対性理論は、理論が提唱された当時はそれを実証する手段が十分整ってはおらず、将来それが確証されるかもしれないという意味で「予言」というふうに表現されたことが多かったかもしれない。その後、測定手段が開発され、数々の理論「予測」が観測結果によって数値的にほぼ正確に証明されてきた。相対性理論のように体系的な理論の場合には明確な論理にそってデータが解釈されるが、メカニズムのはっきりしない場合には経験的にデータを収集し、統計学的に予測を行なうことになる。この場合も数理統計学者の林知己夫（一九七五）が言うように、「予測さるべきことが明確にされ、当り外れの意味が明確にされていなくてはならない」

のは当然である。しかしながら、科学の場合であっても、確率的にしか予測できない場合には、地震や天気について言われるように、「予知」あるいは「予報」という言葉の方がふさわしいようである。

◇「予言」を求める心理

ところで、科学的な予知や予報を含めて、広い意味での「予言」が求められる心理的な理由は何であろう？「予言」は、秘義的な仕方で「お告げ」として提示されることもあるし、また、科学に範をとったり、経験的に法則があるとされる「合理的・客観的な手法」によって求められることもしばしばあるが、その背後には、それを動機づける「非合理的な（論理的には説明しがたい、あるいはむしろ情緒的な）欲求」というものがあるだろう。

そのような非合理的な欲求の第一は、「遊び」や「好奇心」あるいは「射幸心」にもとづくもので、社会的には通例それほどの影響はない。第二は、いろいろな意味での「不安」や「不確定性」の解消ということであり、個人的あるいは社会的に大きな影響をもたらす場合がある。

第一の、遊びや好奇心あるいは射幸心にもとづく「予言」というものは、あくまで個人的な娯楽や慰みであり、それがはずれたからといって、ふつうは社会的に大きな影響はない。たとえば、スポーツの勝負の結果をあてることは楽しい遊びであり、場合によっては個人的な利益あるいは不利益の源泉となる。

第二の不安や不確定性という理由のなかには、まず一つには、比較的現実的な怖れにもとづくものがある。たとえば、中年にさしかかって、統計的にみてそろそろ癌の危険性があることを自覚してきたような場合である。このような場合には、自分が近い将来癌になるか否かについての「予言」を得ることは重要なことであり、それによって自分の危険をあらかじめ回避することが可能になる。

もう一つは、もっと漠然とした「先行き不安」や「生存の不安」といったもので、先に不協和理論のところで説明したように、後から、その不安に対応した具体的な「原因」を信じることで、むしろ心理的には安定する。この場合には、必ずしも現実的でない（たとえばもうじき、この地球が破滅するというような）原因を受け入れることがありうるのであり、それによって非現実的な結果が生じる可能性がある。その例が、非現実的な内容を教義とする宗教を信じるということなのである。

さらにもう一つ、何か決断できなくて迷っているというような場合がある。たとえば、ある人と結婚すべきか否か決めかねている（あるいは特定の人との相性がいいかどうか判断しかねている）というような場合である。このような場合には、あなたの結婚はすばらしいもの（あるいはその逆）になるだろうといった「予言」が、決断を後押ししてくれる。この種の予言の場合には、それに沿って行動しようとする意思が働き、結局のところ「予言の自己実現（成就）」と呼ばれる現象が生じうる。

◇「予言の自己実現（成就）」現象

予言の自己実現あるいは自己成就とは、予言が明示されたことによって、その予言を達成すべく意識的に努力するが故に、最終的にそれが現実化することを言う。したがって、その予言は、自然や無機物について言うのではなく、人間や社会について言うのであり、その予言が行動に影響するほどには意識されていなければならない。

何らかの予言を受けた人間がそれを実現すべく努力するようになるという心理的なメカニズムとしては、やはり認知的不協和の理論による説明をあげることができよう。たとえば、ある人が幼い頃に誰かから、この子は天才である、したがって何か非常に創造的なものを将来成し遂げると予言されたような場合、本人はこのことを強く自覚し、その認識と自らの現状とを常に自身のなかで比較し、もしその間に大きな懸隔があるような場合には、大きな不協和を感じる。それというのも、自分がひとかどの者であるはずだという認識は、その人にとって重要な「アイデンティティ」となっていることが多いだろうからだ。したがってその不協和を低減するため、原因となっているギャップを埋めるべく努力し、その結果として非常に創造的なものをつくりあげるというようなことが起こるわけである。サイバネティックスの創始者であるノバート・ウィーナーはそのような人物の例であろう。彼は神童の名をほしいままにしたが、大学を出てもそれほどぱっとした業績はなく、やっと大学教員の口にありついてから、努力の末、新しい学際的な領域を開発することになったのである。もっとも、幼い頃に神童と呼ばれても、実際には才能がなくダメになる例の方がずっと多いだろうから、このような予言があたる確率はそれほど高くないかもしれない。

この「予言の自己成就」という考え方は、社会学者のロバート・マートン（一九六一）がその著書で詳しく説明している。これは、ある状況についての非現実的な定義であっても、それが一旦真実であると人々に見なされると、そこから現実的な結果が生じるという、社会学者W・I・トーマスが定式化した命題（トーマスの公理）の典型的な事例とされる。つまり、「社会的現実」というものは必ずしも客観的なものではなく、その社会に住む人々が、ある状況を主観的にではあっても同様に規定し認識すれば、つまり共同主観あるいは共同幻想をもてば、それが確かな現実となり、それに対応してとられた行動は、やはり現実の結果を生み出すということを示している。

マートンのあげている例は、実際に社会的にゆゆしい結果を生み出したものである。それは、経済恐慌下の一九三二年のアメリカで、経営状態の決して悪くはなかったナショナル銀行が、破産するかもしれないという噂を立てられ、多数の預金者がそれを信じて預金を引き出し、現実に銀行が破産したというものである。日本でも、石油ショックのあった一九七三年に、破産こそしなかったが豊川信用金庫の取付騒ぎという同様な例があった。

マートンが述べているように、このような非現実的な（あるいはまだ現実化していない）「状況の定義」を「予言」あるいは「予測」と言い換えることができる。ただし、マートンは、これは人間界特有のことで、人間の手が加わらない自然界ではみられないとしている。つまり、人間の場合は、予測をしたことが当の予測の対象に影響してしまうのである（予測の再帰性）。しかし、今日の科学技術の進歩は自然界にさえも大いに「人間の手」を加えさせ、「予言」の影響が自然界に及びうる状況になっている。そのようにして、すべからく予言を実現させようとする傲慢さをもつに至った人間の悪い例が、今回のオウム真理教の事件に示されていると言うべきかもしれない。

四　本書の著者たちについて

本書の主な内容となる実証研究を実施した当時、三人の著者とも、アメリカ中部にあるミネソタ大学に在籍していたが、筆頭著者のレオン・フェスティンガーは、本書刊行時にはスタンフォード大学心理学教授（一九六八年まで）に転じていた。ヘンリー・W・リーケンとスタンレー・シャクターは、本書刊行時には、それぞれミネソタ大学の社会学と心理学の准教授であった。

レオン・フェスティンガーは、一九一九年、ニューヨーク市に生まれ、ニューヨーク市立大学で学士号を取得した後、グループダイナミックスを創始した社会心理学の巨人とも言うべきクルト・レヴィンが教鞭をとっていたアイオワ大学へ移り、そこで修士号（一九四〇年）と博士号（一九四二年）を取得した。当初、レヴィンの強い影響下にあったが、しだいに独創的な理論を発表するようになり、特に『認知的不協和の理論』（一九五七年刊行、邦訳書は誠信書房から一九六五年刊行）は、社会心理学の動向に大きな影響を与えて、一九六〇年代の研究をリードし、また、社会心理学以外の領域でもよく知られた理論となっている。他に、「社会的比較理論」の提唱でも知られる。一九八九年に死去。

ヘンリー・W・リーケンは、集団におけるコンセンサスの発展と感情表現との関連を研究したり、集団のコミュニケーションの研究などを行なったが、詳しいことは不明である。

スタンレー・シャクターは、一九二二年生まれで、学士号と修士号（一九四四年）をイェール大学で取得し、博士号はミシガン大学で一九五〇年に取得した。一九六〇年以降はコロンビア大学の心理学教授である。彼は、何らかの感情が喚起されるには、生理的な状態の喚起だけでは不十分で、その感情に関連した認知が必要であるという理論を提唱したり、親和欲求の実験研究などを行なった。

本訳書の完成に思いもかけぬほどの長い時間を要してしまったが、私の遅々として進まぬ訳業に対して、留学中のアメリカにまで手紙をいただき、しばしば厳しい言葉で叱咤激励して下さった、勁草書房編集部の富岡勝氏に深く感謝したい。また、訳文の原稿に親切にも目を通していただいた東京大学文学部宗教学教授の島薗 進先生には、メルトンの貴重な書物も貸していただいた。大いに感謝する次第である。同じく原稿を読んでいただいた、友人の作家朝松健氏と桃山学院大学社会学部教授の沼田健哉氏にも感謝する次第である。

最後に、とかくくじけがちな私を励まし、とにかく訳書を完成するよう叱咤してくれた妻の伸江にも感謝する。

原稿には何度も手を入れ、解説の執筆にもある程度の時間はかけたが、それでも思わぬ誤りや不足があることと思う。読者には、忌憚のない御批評と御教示とをお願いしたい。

解説についての参照文献（日本の出版物については、著者の姓の五十音順に配列）

J. Gordon Melton, *Encyclopedic Handbook of Cults in America*, Garlandpublishing, 1986
J. Gordon Melton, *Encyclopedia of American Religions*, 2nd Edition, Gale Research Company, 1987
J. Gordon Melton, et al., *New Age Almanac*, Visible Ink Press, 1991.
安斎育郎『超能力ふしぎ大研究』労働旬報社、一九九三年
一柳廣孝『〔こっくりさん〕と〔千里眼〕日本近代と心霊学』講談社、一九九四年
井上順孝・武田道生・北畠清泰編著『オウム真理教とは何か　現代社会に問いかけるもの』朝日新聞社、一九九五年
岡野守也「トランスパーソナルの可能性」『ｉｍａｇｏ』一九九三年七月号
大槻義彦・大槻ケンヂ『少年サンデーグラフィック　超常事件簿』小学館、一九九五年
大村英昭・西村　茂『現代人の宗教』有斐閣、一九八八年
フランソワ・グレゴワール『死後の世界』白水社、一九九二年
ノーマン・コーン『千年王国の追求』紀伊國屋書店、一九七八年
マルコム・ゴドウィン『天使の世界』大滝啓裕訳、青土社、一九九三年
アレクサンドル・コンドラトフ『ノアの大洪水　神話か事実か』金光不二夫訳、社会思想社、一九八五年
坂本種芳・坂本圭史『超能力現象のカラクリ』東京堂出版、一九九〇年
パオラ・ジオベッティ『天使伝説』柏書房、一九九四年
島薗　進「新宗教の教祖崇拝の変容」小田　晋編『現代のエスプリ292宗教・オカルト時代の心理学』至文堂、一九九一年
島薗　進「ニューエイジ運動の信仰構造——チャネリングの流行を中心に」井門富二夫編『アメリカの宗教

——多民族社会の世界観』弘文堂、一九九二年
志水一夫「UFOは宗教になってしまった！」『いまどきの神サマ』別冊宝島114、宝島社、一九九〇年
志水一夫『大予言の嘘　占いからノストラダムスまでその手口と内幕』データハウス、一九九一年
レイチェル・ストーム『ニューエイジの歴史と現在　地上の楽園を求めて』高橋巖・小杉英了訳、角川書店、一九九三年
天外伺朗『ここまで来た「あの世」の科学』祥伝社、一九九四年
コナン・ドイル『コナン・ドイルの心霊学』近藤千雄訳、新潮社、一九九二年
西田公昭『マインド・コントロールとは何か』紀伊國屋書店、一九九五年
ピーター・L・バーガー『聖なる天蓋　神聖世界の社会学』新曜社、一九七九年
スティーヴン・ハッサン『マインドコントロールの恐怖』浅見定雄訳、恒友出版、一九九三年
林知己夫「予測について考えること」『思想』岩波書店、一九七五年十月
アンリ・フォション『至福千年』神沢栄三訳、みすず書房、一九七一年
ルチアン・ボイア『世界の終末　終わりなき歴史』パピルス、一九九二年
ロバート・K・マートン『社会理論と社会構造』森東吾他訳、みすず書房、一九六一年
室生　忠『新人類と宗教　若者はなぜ新・新宗教に走るのか』三一書房、一九八六年
山本七平『「空気」の研究』文春文庫、文藝春秋、一九八三年
C・G・ユング『空飛ぶ円盤』ちくま学芸文庫、筑摩書房、一九九三年（原著　一九五八年）
横山　滋「〝宗教回帰〟と社会変動」坂田義教他編著『社会変動の諸相』ミネルヴァ書房、一九九四年
吉村正和『フリーメーソン　西欧神秘主義の変容』講談社現代新書、一九八九年

新装版解説

釈徹宗

このたび『予言がはずれるとき』の新装版が出ることになった。刊行から三十年を経ての新装版である。

本書はスタンレー・シャクター、ヘンリー・ウイリアム・リーケン、そしてレオン・フェスティンガーによる研究の結果をまとめたものである。

共同研究者のひとりスタンレー・シャクターは、実験社会心理学で知られた学者だ。対人親和傾向の実験研究で、不安と親和欲求に関する仮説を提唱した。情動の認知的・社会的な問題について取り組んだことで有名だが、初期の研究としてフェスティンガーと共に小集団内のコミュニケーション研究を行っている。

ヘンリー・W・リーケンという人は、翻訳者の水野博介も「詳しいことは不明である」と書いている通り、私も本書の共同執筆者ということ以外は知らない。ハーバード大学やミネソタ大学やペンシルベニア大学などで教鞭をとった心理学者で、社会科学研究評議会の会長も務めた人物らしい。

レオン・フェスティンガーは、対人関係や態度形成や集団内コミュニケーションの問題などの研究を行った社会心理学者である。なんといっても、認知的不協和理論を提唱したことで知られている。

フェスティンガーは、三十八歳頃に「コミュニケーションと社会的影響」というテーマに取り組み始めたらしい。マス・メディアの効果から、個人間のコミュニケーションに関する研究まで、広範囲にわたるテーマであるが、彼が最初に着手したのは「流言の伝播」だった。不思議なことに、地震が起こった後で流布される流言には、「ごく近い将来、もっと恐ろしい不幸に見舞われる」といった内容が多い。なぜ災害後に、さらに不快な噂が拡がるのであろうか。一般的な「快を求め不快を避ける」という心理からすれば、不思議な現象である。どうして人は不安な時により不安な情報を受け入れるのか。フェスティンガーは、このような流言は「不安を起こさせる」という働きではなく、「不安を正当化する」機能が働いているのではないかと考えた。つまり、不安な自分を肯定したい心理といったところである。このアイディアを定式化した仮説が、「不協和」であり、「不協和低減」であった。

フェスティンガーが"*A Theory of Cognitive Dissonance*"（邦訳『認知的不協和の理論』）を発表したのが一九五七年、本書の原著"*When Prophecy Fails*"が出版された翌年である。

そして、キーチ夫人たちによる「大洪水が起こり、ＵＦＯがサルベージに来る」とされた日は、一九五四年十二月二十日。本邦において、水野博介による『予言がはずれるとき』の翻訳が出たのは一九九五年だ。訳者解説でも触れられているが、オウム真理教によるサリン事件が起こった年である。それから三十年。

あらためて本書を精読してみると、本書が解き明かそうとする問題は、「推し活」「コミュニティ」「信仰」「カルト二世」など、私たちの社会や人間のさまざまな場面へとつながっていることに気づかされる。なにしろ我々の暮らしや社会のいたるところで「認知と現象のズレ」は起こっている。そしてそのズレが、「自分というものの危機」であるほど大きな場合、我々はどんな反応をするのか。どのような態度をとる傾向にあるのか。ぜひ本書を通じて社会や人間がもつある一面へと目を向けてもらいたい。

＊　このような思いがあって、本書を「100分de宗教論」（「100分de名著スペシャル」二〇二四年一月二日Eテレ放送）というテレビ番組で取り上げて論じた。放送後、なかなかの反響があったようで、それがこの新装版発刊につながったとも聞いている。私自身、本書によって宗教研究のアプローチが拡がった経験をもつので、多くの人が注目してくれたことは喜ばしい限りである。

◇信者が止まらない

フェスティンガーたちによる調査・研究で浮かび上がるのは、信仰の挫折・危機状況に直面した際、よりいっそう信仰・信念を強化させることがある、という心理メカニズムである。

その先例として、本書では十六世紀のキリスト教再洗礼派や、十七世紀のユダヤ教のシャバタイ・ツヴィによるメシア運動や、十九世紀のキリスト教ミラー派の事例などを紹介している。

ここで取り上げられているのは、主としてユダヤ教やキリスト教など、「メシア信仰」「最後の審判」「終末期の大災害」などの信仰要素がある宗教である。いわゆるアブラハム宗教とくくられる啓示型宗教における事例が挙げられている。

いくつか手短にまとめられた事例のうち、最も興味深いのは「一八四三年の終末」を予言したウィリアム・ミラーのミラー派である。ミラー派は、千年王国到来やキリスト再臨を提唱した。ミラー派では次のような事態が確認できる。

興味深いことには、十月の予言の日を受け入れるべきだと言い張ったのは、ミラー主義運動のなかでも普通のメンバーたちだった。運動のリーダーたちはこれに抵抗し、長い間、この予言の日を受け入れるべきではないと忠告していたが、結局むだだった。（本書二五頁）

つまり、「リーダーたちは予言日を否定するのだが、信者が止まらない」という現象である。これは宗教理念や宗教共同体が、自己目的的に活動し始め、次第にコントロールできなくなる事態である。共同体というのは、しばしば特定人物の思惑を離れて、どんどん突き進んでいく状況が起こる。特に宗教というのはそれが起こりやすい領域だと言える。ことほど左様に宗教というのは取り扱い注意案件なのである。

ところで、ある年代の人たちは、この第一章を読んで連想したに違いない案件がある。これも訳者解説で少し出てくるが「ノストラダムスの大予言」である。一九九九年七の月に人類が滅亡するという、あれである。あの騒動を想起した人は少なくないはずだ。

この予言が人口に膾炙されたのは、私が小学校六年生の頃であった。同級生が、休み時間に黒板で「一九九九年に自分は何歳か」を計算していたので、目ざとく見つけた私は「お、ノストラダムス？」と声をかけたのを憶えている。

実際、どうせ一九九九年までしか生きられないのだから、と無茶な行動をした人たちが結構いたらしい。何世紀も前のヨーロッパの出来事ではなく、つい数十年前にもこんなことが身近で起こっていたのだ。おそらく現代でも局所的には起こる可能性はあるだろうし、今も予言を信じて暮らしている人たちは世界各地にいるだろう。予言には特有の魅力があるようだ。しかし、本書で論じられているのは、予言と小集団とコミュニケーションが生み出す事態なのである。

◇マリアン・キーチとその背景

まずは本書で報告されているキーチ夫人たちの事例をざっと振り返ってみよう。大きな構成要素としては、「地球外霊的存在からのメッセージ」「大災害の予言」「UFOによる救済」である。最初に注目すべきポイントとして、マリアン・キーチ（仮名）のスピリチュアリズム遍歴がある。これについては、本書の第二章の冒頭に概説されている。それによれば、神智学や、ダイアネティックスや、サイエントロジーや、UFOの会など、あちこちに参加している。そしてその結果、亡き父からのメッセージを受けることになる。

> 私の手は、私ではない別人の筆跡で、何かを書き始めました。（中略）私は、誰か他人が私の手を使って書いているのを悟り、「あなたの正体は誰ですか？」と言いました。そして、答えがありました。たいへん驚いたことに、それは私の父だったのですが、父はすでに亡くなっていたのです。（本書四五頁）

死者の霊魂は実在しており、それとコミュニケーションすることが可能である、これはスピリチュアリズムの重要な特性だと言える。

そして、キーチ夫人はさらにそこから次のフェーズへと進んでいく。すなわち、地球外からのメッセージを受けるようになるのだ。元・イエスであったと称する地球外霊的存在であるサナンダから指導されるようになっていく。

◇集う人々

やがて、夫人の元へ人が集まるようになる。その中の重要人物として、医師のトーマス・アームストロング博士と、その妻デイジーがいる。大学教員でもあるアームストロングは、キーチ夫人に比べて求心力も強く、コミュニティの運営能力もある。

キーチ夫人はメッセージを受け取り伝える媒介の役目を果たし、イノセントな聖的存在といったところだ。一方、アームストロングは、制度的ロゴス的役割を担っており、二人はさながらヒメヒコ制のようになっている。

とはいえ、このコミュニティはせいぜい十数人の規模である（シーカーズという学生サークルが参加する場合は、数十名の時もあったようだが）。宗教教団と呼べるほど制度化も組織化もされておらず、いわばサークル的活動である。前世や輪廻や守護霊からのメッセージを信じ、瞑想メソッドを実行する。喫煙や食肉を避けることで霊格が上がると考え、地球外霊的存在や不滅の霊魂や宇宙人とのチャネリングを信じる。ニューエイジャーにはおなじみのものばかりだが、かなりつぎはぎだらけの観がある。

このコミュニティに、「十二月二十一日に大洪水が起こる。その後、一年かけて世界は水没する。選ばれた者たちは、十二月二十日にUFOでピックアップされて救われる」という予言がおりてくる。

本書を精読すると、このコミュニティは、予言が発せられてから勢いが出たことがわかる。ある種の「信仰の熱狂」状態へと移行していくのである。

この予言のもとに集ったメンバーたちを何人か列挙してみよう。

ボブ・イーストマン　学生でありシーカーズ（求道者たちの意）のメンバー。真剣に信じている。

キティ・オドンネル　学生ではないが、シーカーズのメンバー。工場の仕事も辞めて、予言に向けての活動に専念する。幼い息子もいる。

フレッド・パーデンとローラ・ブルークス　二人とも学生のシーカーズ。婚約している。フレッドはパウロの生まれ変わりとされる。

スーザン・ヒース　シーカーズのメンバー。広報能力に長けている。

ジョージ・シェール　シーカーズのメンバー。あまりキーチ夫人たちにコミットしていない。

ハル・フィッシャー　シーカーズのメンバー。理論派。キーチをちょっと稚拙と見ている。

エドナ・ポスト夫人と息子のマーク　サイエントロジーのメンバー。このコミュニティにベルタを誘った人物。

ベルタ・ブラツキー　エドナに誘われて参加。サイエントロジーのメンバー。予言の日が近づくにつれてトランス状態になり、サナンダからのメッセージを受けたと主張。一時期イニシアチブを握る。自分こそがマリアだとも言う。

クライド・ウィルトン　自然科学の博士、研究職。

メイ・ノヴィック　ベルタに誘われて参加。秘書の仕事を失っている。夫のフランクを連れて来たが、彼は懐疑的。

カート・フロインドとアーサー・ベルゲン　カートは出版の仕事をしており、アーサーは空飛ぶ円盤好き。予言の日の一週間前にやって来た。キーチ夫人のグループが二人を「派遣されて来た人」と考えたため、迎え入れられる。

エラ・ローウェル夫人　カレッジビルで暮らす霊能力者（ローウェルたちのカレッジビル組と、キーチたちのレイクシティ組に分かれていた）。以前からアームストロングと交流していた。予言の日が近づいた時、キーチ夫人と会う。

この他に注目すべき人物として、キーチ夫人の夫であるキーチ氏、そしてアームストロングの娘クレオがいる。この二人については後で触れよう。

◇参与観察する者たち

フェスティンガーたちの研究調査は、十月から始まる。参与観察としては、十一月十九日から一月七日まで行われたようだ。学生も手伝って、潜入観察が実施されている。現在の参与観察の方法に照らし合わせると、かなり問題が多い調査であった。このことは著者たちも自覚しており、「方法論に関する付録」において「多くの点で社会科学の正統的なやり方からははずれている」（本書三二五頁）と書いている。正体を隠して普通の参加者を装っているし、観察対象の同意も得ていない。その上、観察者が超自然的な体験があるとの嘘までついてアプローチしている。観察調査対象者の信念を強化する方向へと誘導を行ってもいる。そもそも、少人数グループの中に、何人も潜入したのでは観察者の影響が大き過ぎる。いくつもの問題点がある観察調査なのである。

ただ、観察調査対象（キーチ夫人グループ）が展開する事態があまりにも興味深いので、研究報告として読むというよりも、一読者として魅了されてしまう。困ったものである。

中でも面白いのは、ベルタが神がかりになって「私は造物主だ！」などと言った時、参与観察していた学生が実際にそのような幻影を見たと証言するくだりだ。

この「出来事」によって、彼女〔霊媒〕が造物主の声で話すことの効力は確証された。というのも、彼女の声で「私が造物主だ」と言うたびに、観察者は創造の幻影を見たからだ！（本書三一七頁）

そして、著者は「この種の手に負えないつくりごとにかかっては、どんなにとぎすまされた非指示的な反応テクニックも無力なのである」(同右)と続けている。だから「中立の立場を保つことはできなかった」と言うのであるが、ここを読んだ時はちょっと鳥肌ものであった。まさに宗教という領域のやっかいさ、手に負えなさを端的に見ることができるからである。

◇宗教教団未満

キーチ夫人とアームストロングの二軸構造をもつこのグループには、いくつか特徴を見ることができる。そのひとつに、「人類を救う」とか「この教えを伝道する」などといった思いは希薄であることが挙げられる。特にキーチ夫人にはその傾向が見られる。

また、系統だった思想や教義をもっているわけでもない。当時のスピリチュアリズムやオカルトをつぎはぎしたような体である。

そんなグループであるが、少なくとも当初の時点では、節度ある態度を保持しているし、私利私欲で集っていたわけでもなく、反社会的活動もしていない。しかし、会合を繰り返しながら、メンバーたちの日常生活は次第に崩れていく。エドナは妹から「母の病状がひどい」と電話をもらったが、キーチ夫人から一人の人間と兄弟愛の世界のどちらを選ぶのかと指摘され、苦悩の結果、グループの場にとどまった。アームストロングは大学を免職される(彼はこれを迫害だと考える。ここもポイントである。殉教者なのだ)。自分たちは監視されていると考え出す。みんなで深読みや解釈を繰り返す。

これらの様子を見て、研究者たちは「これは、教団でもなければ、宗教でもないのだった」(本書一七五頁)と捉えるのである。

◇予言がはずれる

予言が世に知られるにつれて、報道陣が押しかけ、ついには全米で報道されることになる。そして予言の日が近づくにつれて、グループ内の空気が次第に緊迫していく、ここは本当に迫力がある。

そして、予言がはずれた後に起こる「すり替え」「合理化」「再解釈」「歪み」「代替案」「取引」の数々、なんといってもここが最も読み応えのある部分だ。単に、「なんだバカバカしい」などと結論づけるわけにはいかない。

「家の中に身知らぬ者（メンバーでない者）がいたために、宇宙人はピックアップをやめた」、「この日は警告であって、みんなを訓練・熟練者にするための演習だった」、「メッセージ解釈に誤解があった。我々のプランは正しい、でもメッセージを正しく解釈しないと。三年後か四年後に起こるのかもしれない」、「たとえ洪水がやってこなくても、人々を神に目覚めさせるのはとても良いことである」、「宇宙人は来ていたが、集まっている群衆に歓迎されていると感じなかったので去って行った」など、自分の信念を防衛し活動を肯定する解釈が噴出する。

ことに、注目すべきは、キーチ氏（キーチ夫人の夫）の問題である。「なぜ我々は集まらねばならなかったか。それは不信心なキーチの夫が居たためである。彼がいずれ死んで復活することを目撃するためなのだ」との解釈が出る。これはかなりあぶない。危険水域である。一歩間違えれば、みんなでキーチ氏に暴行を加えたり殺害したりする可能性もあったのではないか（あくまで文章から読み取った推測だが）。

これは「予言の問題」を「キーチ氏の不信心問題」にすり替えたのである。集団内で生贄を見つけ出そうとするのは、カルト宗教教団で時に見られる現象である。

◇宗教教団への道筋

そして、キーチ夫人は「この地上のときの始まり以来、今、この部屋を満たしているような神と光の力があったことはなかったが、この部屋のなかに放たれたものが、今や、地上全体を満たすのだ」(本書二一七頁)とのメッセージを受ける。ちょっとわかりにくいが、つまりは「夜を明かして待ったこの小さなグループが、大いなる光を放っていたので、神は大洪水を取り消した」「このグループが世界を救った」ということなのである。ここにおいて、ついに神が登場である。フロインドなどは失望して出ていったようだが、残った者たちはこれで納得するのだ。

キーチ氏の言葉によって認知的不協和状態を低減したメンバーたちは、すぐにこれまで好意的だった記者へ電話し、大々的にこのことを伝えようとする。伝道が始まったのである。ここに至るまでの予言やグループの内容をコピーして渡し、録音テープを公開し、それまで頑なに拒否していた写真撮影や録画もOKとなる。コミュニティは「教団」への道を歩き始める。観察者たちは、この大きな変化に注目し、驚きをもって見ている。

さて、もう一人、注目すべき人物であるアームストロングの娘のクレオであるが、彼女はいわばここ数年取り沙汰されている宗教二世(あるいはカルト二世)である。彼女は両親の信仰の影響で大学を辞めることになる。キリスト教の聖人マルタの生まれ変わりだという扱いを受けるのであるが、著者は彼女を「否応なく信じなければならないところへ追い込まれていた」と評している。予言が外れた時、クレオは「こんなことはナンセンスだわ」と繰り返したという。ところが彼女はこのグループを去らなかったのである。むしろ、次第に取材記者たちにグループの信念を披露・主張するようになる。積極的に布教活動も行うようになり、信仰を確立していくのである。ハル・フィッシャーはクレオと議論した後に、以前は懐疑的だったクレオのことを「今は堅く信じています」と証言している。ちなみに、ボブ・イーストマンも、もともとは半信半疑だったが、予言が外れてから教えを確信するようになっている。

◇理性や知性で解決しない問題

本書は社会心理学の研究結果であり、宗教心理に肉薄している。そして「信仰とコミュニティ（教団）」の一面を解明している。

予言がはずれた際の「合理化」や「すり替え」は理解しやすいが、なぜ伝道を始め、活動を拡大し、宗教教団確立へと進んでいくのか。ここを読み解くのに認知的不協和の仮説が生きてくる。強い認知的不協和状態なので、社会的支持を求めるということであろう。つまり不協和状態を緩和するために「自分の信念・信仰を強化する」、そして「その信念・信仰を共有するメンバーを増やす」ことで、さらに自分の不安を低減させようとする。また、そのメンバー内において生まれる安心を得ようとする。すなわち、同じ信念・信仰を共有する仲間や教団の必要性・必然性を見て取ることができるのである。

人生の深刻な不協和において、信仰がとても有効であることは間違いない。なぜ宗教があるのか、それは不安があり、後悔があり、生きていく上での苦悩があるからである。不協和が大きいほど強い低減力が必要となる。ただ、本書で描かれている認知の歪みや自己欺瞞や事実の歪曲などは、決して宗教の領域だけに見られるのではない。我々の日常で頻繁に起こり、我々の無意識的な反応・自我防衛機制にも関わっている。

本書が浮き彫りにした問題を理解して、自分自身の認知的不協和とどう向き合うのかを追求すればするほど、一筋縄ではいかない人間の懊悩を垣間見ることになる。

なにしろ、生きる上での不安や後悔や苦悩に対して、理性や知性や意思の力など無力な場合も少なくないのだ。人や社会は理知性ですべてが解決するようにはできていない。このことを『予言がはずれるとき』は教えてくれるのである。

新装版への訳者あとがき

本訳書が出版されてから約三十年が経ち、新たに「新装版」が出ることになった。この三十年間でも、さまざまな予言や予知がなされてきたことであろう。しかし、そのような予言や予知の日時は通例「はずれる」ことが相場となっている。当たることはまずない。そして、その日時は延期されることによって、もとの予言や予知への信仰は維持されていく。あるいは本書のように、信仰はむしろ強化される。

例えば、近年、非常に話題となることの多いＡＩ（人工知能）に関連して、その能力が人間の能力を凌駕する「シンギュラリティ」の時期が迫っていると言われる。有名なカーツワイルによれば、それは二〇四五年だという。ところが、実は、このシンギュラリティの時期についての予知はもうすでに何回も「延期」されてきたという（ジャン＝ガブリエル・ガナシア『虚妄のＡＩ神話』早川書房、二〇一九年、三一―三三頁）。今日の科学技術については、その能力に関して多くの人が「信仰」に近いものを抱いているのであり、宗教と同じように予言や予知がなされ、したがって同じく予言や予知の失敗と延期も繰り返されているのであろう。

本書においても、宗教と科学への関心は混ざり合っており、単なる宗教的信仰からではなく、一見科学的な裏づけがあるような装いの「予言」がなされていることが特徴である。今後も、この種の予言が生み出され、本書にあるような経過をたどることが予見される。

今回、訳文にわずかな修正を行ったほか、従来の訳者解説だけでなく、この新装版では宗教学者の釈先生による宗教論の立場から見た解説が新たに加えられた。

Leon Festinger
本書執筆当時，スタンフォード大学教授（社会心理学）。1919 年生まれ。1989 年死去。

Henry W. Riecken
本書執筆当時，ミネソタ大学准教授（社会学）。1917 年生まれ。2012 年死去。

Stanley Schachter
本書執筆当時，ミネソタ大学准教授（社会心理学）。1922 年生まれ。1960 年以降，コロンビア大学教授。1997 年死去。

水野博介
1950 年兵庫県生まれ。東京大学大学院社会学研究科博士課程単位取得退学。1990-1992 年フルブライト客員研究員。現在：埼玉大学名誉教授（コミュニケーション論・社会心理学）。共著書：『社会心理学を学ぶ人のために』（世界思想社），『コミュニケーション論』（有斐閣），『ポストモダンのメディア論』（学文社），ほか。

釈徹宗
1961 年大阪府生まれ。大阪府立大学大学院博士課程修了，博士（学術）。現在：浄土真宗本願寺派如来寺住職，相愛大学学長，同大学人文学部教授。著書：『歎異抄　救いのことば』（文藝春秋），『ダンマパダ――ブッダ「真理の言葉」講義』（KADOKAWA），『維摩経――空と慈悲の物語』（NHK 出版），ほか。

予言がはずれるとき　新装版
この世の破滅を予知した現代のある集団を解明する

1995年12月5日　第1版第1刷発行
2025年2月15日　新装版第1刷発行

著者　L.フェスティンガー
H.W.リーケン
S.シャクター

訳者　水野博介（みずのひろすけ）

発行者　井村寿人

発行所　株式会社　勁草書房（けいそう）
112-0005　東京都文京区水道2-1-1　振替　00150-2-175253
（編集）電話　03-3815-5277／FAX　03-3814-6968
（営業）電話　03-3814-6861／FAX　03-3814-6854
精興社・松岳社

ISBN978-4-326-25181-0　Printed in Japan

＊落丁本・乱丁本はお取替いたします。
ご感想・お問い合わせは小社ホームページから
お願いいたします。

https://www.keisoshobo.co.jp